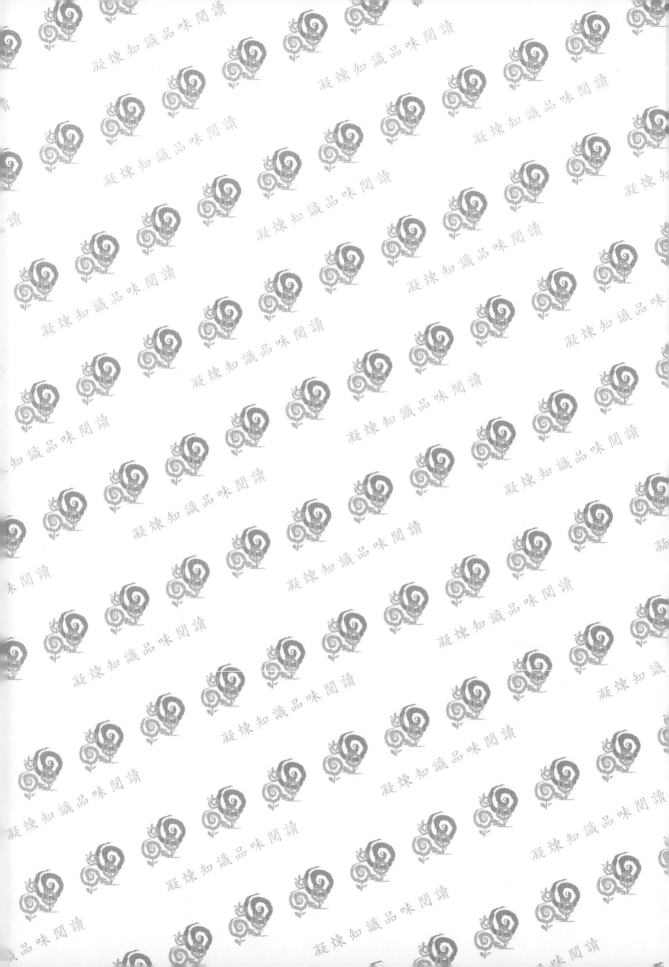

結構方程模型 運用 **AMOS** 分析

第二版

陳寬裕 著

五南圖書出版公司 印行

序

結構方程模型（structural equation model, SEM）又稱為共變異數結構分析（analysis of covariance structure) 或線形結構方程（linear structural equation），它結合了傳統統計學上的因素分析與路徑分析技術，是一種運用統計學中的假設檢定方法對有關現象的內在結構理論，進行分析的一種統計方法。

結構方程模型除了可以處理觀察變數與潛在變數以及各潛在變數之間的關係外，同時也考慮了誤差變數的問題。而一般我們所常用的統計方法如迴歸分析、主成分分析、因素分析、路徑分析及變異數分析等，其實都可看成是結構方程模型的特例。但是，結構方程模型的本質上卻都具有上述統計方法所無法比擬的優點。也正因為如此，近年來，結構方程模型在心理學、教育學、管理學，以及行為科學等領域中皆能被廣泛的應用。

回顧過去幾年，個人在學習與運用結構方程模型的過程中，遭遇到不少困境，也因而走了不少冤枉路。有鑑於此，後學本著從實務面學習結構方程模型分析的初衷而編寫本書。期盼有心學習結構方程模型分析的研究者能更簡單、更有效率的理解其概念並運用於實際的論文研究中。相信對於首次接觸結構方程模型的初心者而言，皆能透過書中實際的論文範例而理解結構方程模型的基本概念並學會運用 Amos 執行結構方程模型分析的過程。

本書特別適用於需進行學術論文寫作或個案專題者，另外亦非常適合於教學單位授課時使用。其內容幾乎涵蓋了一般論文或專題中，運用結構方程模型時，所需用到的各種分析方式，諸如：多元常態性檢定、驗證性因素分析、收斂效度檢驗、區別效度檢驗、潛在變數的路徑分析、影響效果分解、模型修正、中介變數檢驗、多重中介效果檢驗、多群組分析、干擾變數檢驗、Bootstrap 法、測量恆等性與模型泛化等。而且書中幾乎所有的範例都是實際碩士論文的原始資料與分析結果，期盼讓讀者能身歷其境，融入研究之情境中。

本書以淺顯易懂的方式介紹結構方程模型與 Amos 軟體的操作介面，是一本兼顧理論與實務應用的教材。其特色為：

1. 系統而有條理：本書於內容的編排上，對於每一統計方法先簡略闡述其基本概念與理論，然後介紹該方法的功能與應用，最後透過範例介紹怎樣去做。對於想快速入門的讀者，可以先從範例部分開始掌握基本的資料處理和分析技巧，而後讀者若有興趣可以再專研其理論部分。

2. 實務應用導向：本書每一章中所講述的內容，皆會以實際碩士或期刊論文為範例，實務示範分析過程與結果。且幾乎每一章後皆附有習題，方便授課教師驗收學生的學習效果。

3. 影音教學：本書的編排方式尚有一大特色，即對於每一範例的操作過程與報表解說或內文中需額外講解的部分，皆附有影音檔。藉由影音檔，當可促進讀者的學習效率，亦可減輕授課教師於課堂上的負擔。

　　本書得以順利出版，首先感謝五南圖書公司的鼎力支持與協助，其次感謝屏東科技大學提供優質的教學環境，還有對我容忍有加的家人以及默默協助我的同事、學生。由於編寫時間倉促、後學水準亦有限，錯誤之處，在所難免，敬請批評指正，後學不勝感激！

陳寬裕　謹識

2018 年 7 月

使用本書前

　　本書可應用在兩個方面，一者可作爲大學院校「進階統計學」或「高階統計學」等課程的教科書；另一則可作爲研究生完成論文時的參考書。使用本書時，建議讀者先行閱讀下列說明：

一、範例檔與習題檔的使用

　　本書中所有的範例與習題皆附有相關檔案，範例檔案爲 ZIP 格式（檔名：sem_amos.zip）。於下載後，使用解壓縮程式解開即可使用。下載網址如下：

　　範例檔與習題檔的網址：https://goo.gl/UbHFtV

　　解壓縮後，「sem_amos」資料夾中包含以各章編號爲名稱的子資料夾，各章的子資料夾中又包含兩個資料夾，其名稱分別爲「example」（範例檔）與「exercise」（習題檔）。範例檔的編號以「ex」爲頭文字、習題檔則以「hw」爲頭文字。欲使用檔案時，可依下列方式，找到檔案。

1. 欲開啓「第 5 章」之「範例 5-2」所使用的 SPSS 資料檔時，其檔案路徑即爲：

　　路徑：「..\sem_amos\ chap05\example\ex5-2.sav」

2. 欲開啓「第 7 章」之「練習 7-2」所使用的 SPSS 資料檔時，其檔案路徑即爲：

　　路徑：「..\sem_amos\ chap07\exercise\hw7-2.sav」

二、教學影音檔的使用

　　以本書爲「進階統計學」或「高階統計學」等課程的教材時，課程內容可依本書的目錄循序漸進，在每週 3 小時的課程中，若能配合教學影音檔的使用，當可完成全部章節的課堂教學。而課程若爲每週 2 小時的話，則建議教師能以課程目標爲考量，選取部分章節於課堂教學，另以家庭作業方式與配合影音教材使用，鼓勵學生自行學習、研究其餘章節。

　　教學影音檔已發布於「YouTube」影音平臺。使用時讀者可藉由搜尋關鍵字

「結構方程模型：運用 Amos 分析」或下列網址或掃描 QR code，而選擇、觀賞所需的教學影音檔。本書之頻道網址如下：

本書的頻道網址：https://goo.gl/AGvjgC

QR code：

欲觀賞所需的教學影音檔時，請先至本書的頻道，然後依「範例編號」即可找到所需的教學影音檔。例如：欲觀賞「範例 7-2」的教學影音檔時，只需至本書的頻道，然後找到標題名稱為「SEM Amos 範例 7-2: xxxx」的影音檔即可。另外，亦可於各章節中，直接掃描附於各「範例題目」旁的 QR code。

Contents

Contents

Contents

Chapter

01

概　　述

　　傳統上，研究者在探討變數間的關係時，最常使用的統計方法包括：相關分析、迴歸模型和路徑分析……等。然而我們也不難發現，這些方法在運用上往往也存在著許多不足或不合理之處。例如：我們不能拿兩個變數間的相關係數，來當作單方向的因果關係之推論。因為即使兩變數間呈現高度相關時，也可能存在多面向的解釋方式，如兩變數可能「互為」因果關係；或者，此兩變數亦可能是共同受到此兩變數之外的某其他變數之影響等。

　　此外，當我們進行迴歸模型時，雖然能夠將較多的變數同時納入分析與討論，但是由於這些變數之間或許並不存在明確的時間順序，因此將它們之間的關係，莽撞的直接以單方向的因果關係來解釋的話，也是蠻危險的。另外，更令人詬病的是，若以數學的角度來看，迴歸模型的前提假設中，須滿足每個自變數在測量時，不會有測量誤差的存在。然而我們都知道，在社會科學領域的相關研究中，很多變數都是屬於不可直接測量的潛在變數（latent variable，如忠誠度、滿意度……等），這些潛在變數卻都存在著測量誤差。因此，這個前提假設很難在社會科學領域的相關研究中獲得滿足。

　　再者，較為複雜的路徑分析技術，雖然已克服了迴歸模型中未能考慮變數間之時間先後順序的缺點，而已能將變數客觀的、按事件發生的先後順序而建立關係，進而間接的推論變數間之單方向因果關係。但是，令人遺憾的是，路徑分析中所使用的變數，也存在著與迴歸模型一樣的先天缺陷，即假設變數是沒有測量誤差的。

　　結構方程模型（structural equation model, SEM）又稱為共變異數結構分析（analysis of covariance structure）或線形結構方程（linear structure equation），它是一種運用統計學中的假設檢定概念，對有關變數的內在因素結構與變數間的因果關係進行驗證、分析的一種統計方法。它是近年來在社會科學領域的研究中，發展甚為快速，應用愈來愈廣泛的一種多變量統計分析方法，並已成為一種十分重要的資料分析技巧。由於結構方程模型對於潛在變數、測量誤差和因果關係模型皆具有獨特的處理能力，除了在心理學、教育學等領域的應用日臻成熟和完善之外，還不斷的被應用在其他多個領域。而先前我們所提及的相關分析、多元迴歸模型、因素分析和路徑分析等等第一代的統計分析方法，都只不過是結構方程模型的特例而已。因此，瑞

典經濟學家 Claes Fornell 便將結構方程模型視爲第二代統計學，並致力於推廣、運用於社會科學領域的相關研究。

1-1　線性迴歸模型

當我們要探討一個變數或某些變數（自變數）對另一個變數（依變數）的解釋或預測能力時，一般而言，我們會使用線性迴歸模型（linear regression model，又稱線性迴歸分析）。線性迴歸模型，即是一般我們所通稱的傳統迴歸模型。講白一點，一個迴歸模型就是一條數學方程式，它利用數學方程式來測量、驗證、解釋自變數對依變數的影響力大小和方向。也就是說，它可以利用一個模型（一條數學式）來描述一個被解釋變數（依變數）和一組解釋變數（自變數）之間的線性關係。當自變數只有一個時，我們稱這樣的迴歸模型爲簡單迴歸模型（simple regression model）；而自變數有多個時，則稱爲多元迴歸模型（multiple regression model）；但是無論如何，在傳統迴歸模型中，被解釋變數（依變數）就只能有一個，而解釋變數可以是一個或多個。迴歸模型（尤其是線性迴歸模型）在變數關係之研究方面，應用非常廣泛，且也已具有最成熟的理論和應用基礎。

一、模型

數學方程式本身是數字的組合罷了，但是這些方程式若具有實質、可解釋之意義的話，那它才有價值。因此，建立迴歸模型的基本概念是：研究者首先必須依據一定的經驗、文獻探討、推理或理論基礎，先驗的用一條數學方程式來表示研究範圍內之變數間的關係，然後再根據可茲利用的樣本資料，進而選擇適當的估計方法（如最小平方法、最大概似估計法等）而求出迴歸模型中未知參數（如迴歸係數）的估計值。

估計出迴歸模型中的未知參數後，迴歸模型即已建立完成。但是這個迴歸模型是否可以從文獻中獲得理論支持、符合實際樣本現況，能否解釋實務現象，則還需要進行檢定，以確定它們在理論上是否具有意義，而在統計上是否顯著。如果模型確實通過了這些必要的檢定後，就可以被概化

（generalized）至實務的應用領域。

傳統迴歸模型的數學方程式相當簡單，如式 1-1。

$$Y = \beta X + \varepsilon \tag{1-1}$$

式 1-1 中，Y 表被解釋變數（依變數），它只能有一個；X 表解釋變數（自變數），可以是一個或多個。β 是迴歸係數（屬未知參數）；ε 是隨機干擾項（或稱殘差項，residual）。

當自變數只有一個時，分析較為簡單。但是，在多元迴歸模型中，由於自變數達 2 個以上，於分析時就需要特別去注意各變數的尺度問題，如果自變數的測量尺度不同時，就需要對各變數之樣本原始資料進行標準化處理，然後再利用最小平方法去估計未知參數，這樣所得到的迴歸係數，一般稱為標準化迴歸係數。利用標準化迴歸係數之絕對值的大小，還可以比較不同自變數對依變數直接影響效果的大小。

二、基本假設

傳統的迴歸模型中，對變數和模型具有下列的前提假設：

1. X 是非隨機變數，亦即 X 固定變數或事前已決定的變數，它不具有測量誤差；Y 是隨機變數，可以具有測量誤差。
2. 隨機干擾項（ε）須服從常態分配，其期望值為 0，且隨機干擾項間相互獨立。
3. 隨機干擾項（ε）與自變數（X）間，不相關。

三、特點

1. 由於，僅僅使用一條簡單的線性數學方程式，就可以解釋、衡量、檢驗多個變數間的直接影響效果。所以透過這條數學方程式，變數間的關係就可以相當簡單、直覺且簡潔的觀察出來。
2. 通常採用簡單的最小平方法（如式 1-2）就可估計出未知參數。

$$Min\Sigma(Y - \hat{y})^2 \tag{1-2}$$

式 1-2 中，Y 是觀察值；$\hat{y}$ 是式 1-1 中 Y 的估計值，$Y - \hat{y}$ 即為殘差之意。殘差在統計學中的價值不在話下，在許多統計方法中，諸如迴歸模型、變異數分析、因素分析等，其基本概念都是針對殘差進行分析的。一般而言，最小平方法就是種追求殘差平方和最小化的過程，當殘差達最小化時，就可得到待估計之參數值。

3. 透過已估計出的標準化迴歸係數，就能直觀的理解每一個自變數對依變數的直接影響程度，亦即能夠反映出變數間的結構關係。

　　在迴歸模型分析中，雖然研究者可以根據經驗、文獻探討、推導或理論基礎而先驗的預設出自變數和依變數之間的因果關係，並運用數學方法加以量化描述。但是，實際的因果關係不能完全只依據迴歸模型分析的結果而得到證明。在迴歸模型中，所假設的變數間之因果關係即使可以從樣本資料中得到很好的擬合效果，也不能完全肯定其間的因果關係確實是存在的。因為如果我們在模型中，將自變數和依變數的角色互換時，也很有可能可以同樣的得到很好的擬合效果。所以，迴歸模型分析並不是驗證變數之間是否存在因果關係的統計方法，而是先在假定因果關係存在的前提下，驗證測量變數間之因果關係的一種統計方法而已。

　　此外，傳統迴歸模型還具有一些先天上的其他缺陷，比如無法處理多個依變數的情況；無法對一些不可直接測量的變數（潛在變數）進行處理；沒有考慮變數（自變數、依變數）的測量誤差，以及測量誤差之間的關係等問題。

1-2　因素分析

　　一般研究中，研究者針對特定問題進行「探索」時，往往須對與議題相關的變數進行實際觀測與資料蒐集，進而建立模型。一般而言，所觀測的變數愈多，則其所反映的資訊也愈豐富，愈有利於探索事件的本質與特徵。但是，隨著變數的增加卻也容易產生反效果。為何會如此呢？其中的主要問題源自於，各變數間所存在的各種不同程度的相關性。這種客觀存在的相關性，將導致問題分析時的複雜性大為提高。為瞭解決這一問題，因素分析的

概念乃孕育而生。

因素分析（factor analysis）是一種非常重要的處理資料降維問題的方法。它能將具有錯綜複雜關係的變數綜合爲少數幾個因素，以重現原始變數與因素之間的結構關係（簡稱因素結構），同時亦可根據不同因素而對變數進行分類。它實際上就是一種用來檢驗潛在結構是怎樣影響觀察變數的方法。具體來說，因素分析會透過對變數之相關係數矩陣的內部結構進行研究，以找出能控制所有變數的少數幾個隨機變數，並用這些隨機變數去描述多個變數之間的相關性。但在此，須特別注意的是，這些少數的幾個隨機變數是不可觀測的，通常我們就稱之爲共同因素（common factor，簡稱因素，有時又稱構面、構念、潛在因素、潛在變數）。然後亦可根據相關性的大小把變數分組，使得同組內的變數之間相關性較高，但不同組的變數間相關性較低。

簡而言之，因素分析是透過研究眾多觀察變數之間的內部相關性，以尋找隱藏在可觀測的觀察變數中，而無法直接觀察到，卻影響或支配觀察變數的潛在因素，然後使用這少數的幾個假想變數（潛在因素）來表示觀察變數間基本之資料結構的方法，所以也稱作探索性因素分析（exploratory factor analysis, EFA）。它是利用原始資料，萃取出一些共同因素（潛在因素），估計共同因素對觀察變數的影響程度，以及共同因素間之關聯性的統計方法，如圖 1-1。

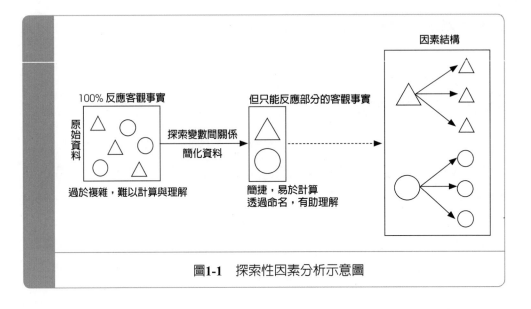

圖1-1　探索性因素分析示意圖

一、模型

探索性因素分析模型的一般數學模型為：

$$X_i = w_{1i}F_1 + w_{2i}F_2 + \cdots\cdots + w_{ji}F_j + w_iU_i + e_i \tag{1-3}$$

式 1-3 中，X_i 表示觀察變數，F_j 代表共同因素，它們是各個觀察變數所共有的因素，它們解釋了變數之間的相關性，U_i 代表獨特因子（unique factor），它是每個觀察變數所特有的因素，無法被歸類，其角色相當於多元迴歸模型中的殘差項，代表示該變數不能被共同因素所解釋的部分；w_{ij} 代表因素負荷量（factor loading），它是每個變數在各共同因素上的負荷，相當於多元迴歸模型中的迴歸係數，它代表著第 j 個共同因素 F_j 對第 i 個觀察變數 X_i 的影響程度；而 e_i 則代表了每一觀察變數的隨機誤差。

二、基本假設

探索性因素分析要求變數間的關係須滿足下述假設：

1. 所有的共同因素（F_j）相互獨立。
2. 所有的共同因素（F_j）都會直接影響所有的觀察變數（X_i）。
3. 獨特因子（U_i）間不相關，且其為平均數為 0，變異數為常數的常態隨機變數。
4. 所有的觀察變數只受一個獨特因子（U_i）影響。
5. 所有的共同因素（F_j）和所有獨特因子（U_i）間不相關。

三、特點

1. 因素分析能探索隱藏在多個觀察變數（通常為原始問卷中的每一個題項）中，無法直接觀察到，卻影響或支配觀察變數的潛在因素。因素分析要求萃取出的潛在因素間必須是相互獨立的，而且要能盡可能的解釋原來之觀察變數所代表的資訊，並且要有實際意義，亦即每個因素都能具有一個合理、有意義的名稱。
2. 因素分析能將多個觀察變數間的關聯性，轉化為少數幾個潛在因素間的關係。也就是說，因素分析只須透過幾個潛在因素就能呈現出多個觀察變數

間之關聯性所代表的大部分意義。因此，可以將所研究的變數變得更簡潔、更直觀和更容易解釋。

1-3　路徑分析

路徑分析（path analysis）又翻譯爲通徑分析（觀察變數的路徑分析之簡稱），是由生物學家 Wright（1921）最先提出並發展出來的一種分析因果關係的建模方法。它可分析多個觀察變數之間的關係，特別是變數間存在間接影響關係的情況。

路徑分析是迴歸模型的一種延伸，傳統的迴歸模型中，自變數（X）可以有多個，但只能有一個依變數（Y）。然而，在管理學的因果關係研究中，往往存在多個依變數。而且傳統的迴歸模型只能研究解釋變數對結果變數的直接效果，無法分析具有間接效果的問題。在有間接效果的因果關係模型中，中介變數（mediator）的角色既是自變數，又是依變數；有時還存在一些變數互爲因果的問題。這時，傳統的迴歸模型就顯得無能爲力了。於是，路徑分析模型逐漸的應用到因果關係模型的分析中。

路徑分析的內容包括三個部分：路徑圖、路徑分析模型與影響效果分解。利用路徑分析，可以分析自變數對依變數作用的方向、作用的大小以及解釋的能力，亦可以用於預測。

一、路徑圖

路徑圖是進行路徑分析時，最有用的一個工具。它使用圖形方式界定變數之間的各種線性關係，包括直接的和間接的關係。從路徑圖中，可以直觀地展示各觀察變數間的關係，給人一目了然的認識。

一般在路徑圖中，任意兩個變數 A 和 B 間，有四種可能的基本結構關係：

1. A 可能影響 B，但 B 不影響 A。A 和 B 之間的直線爲單向箭頭，由 A 指向 B。
2. B 可能影響 A，但 A 不影響 B。A 和 B 之間的直線爲單向箭頭，由 B 指向 A。
3. A 可能影響 B，B 也可能影響 A。A 和 B 之間的直線爲雙向箭頭。
4. A 和 B 之間沒有結構關係（即路徑關係），但可能有相關關係。A 和 B 之間有一帶雙箭頭的弧線相連。

如果在路徑圖中，只有單向的箭頭，即模型中變數之間只有單向的因果
關係，且所有的誤差項彼此不相關，即解釋變數與其結果變數的誤差之間或
解釋變數的誤差之間相互獨立，也就是相關係數為 0 的模型，這種路徑模型
通常稱為遞迴模型（recursive model，如圖 1-2），否則，就稱為非遞迴模型
（non-recursive model）。

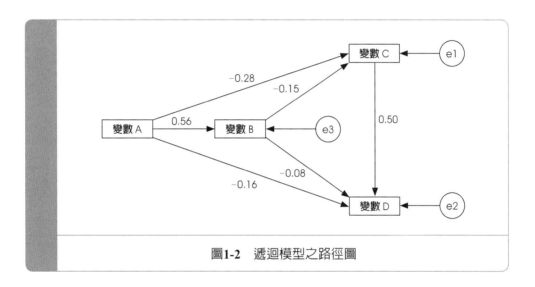

圖**1-2**　遞迴模型之路徑圖

二、路徑分析模型

路徑分析模型可以反映出多個變數間的關聯性或依存關係型。路徑分析
模型的一般形式，如式 1-4：

$$Y = \alpha + \beta Y + \gamma X + \varepsilon \tag{1-4}$$

式中，α、β 與 γ 是待估計的路徑係數矩陣；ε 是殘差項矩陣。

而為了要能保證式 1-4 能得到不偏的路徑係數估計值，模型須符合下列
的假設條件：

1. Y 為隨機變數、服從多元常態性（multivariate normality），且每一個 Y 變
　數的殘差項之間相互獨立。
2. X 為非隨機變數，無測量誤差，且相互獨立。

3. ε 為隨機變數、且服從平均值為 0，變異數為常數的多元常態分配，且須與 X 不相關。

三、影響效果分解

　　路徑分析的最終目的是進行因果效應的分解，其中因果效應可分為直接效果和間接效果。直接效果是自變數對依變數的直接影響力，其值即為自變數到依變數之間的路徑係數。例如：圖 1-2 中「變數 A」到「變數 D」的直接效果為 -0.16，到「變數 C」的直接效果為 -0.28 等等。間接效果是自變數透過中介變數到依變數的效果。當只有一個中介變數時，間接效果是兩個路徑之係數的乘積，例如「變數 A」透過「變數 B」對「變數 D」的間接效果是 $0.56 \times (-0.08) = -0.0448$。對於遞迴模型，中介變數不止一個時，間接效果就是從依變數出發，通過所有中介變數到依變數形成的「箭頭鏈」上所有路徑係數的乘積。對於非遞迴模型，間接效果的計算比較複雜，此處不予討論。

　　與迴歸模型分析一樣，路徑分析也是一種實證性技術，其能根據樣本檢驗假設的因果關係是否合理，而不應去指望利用路徑分析來尋找和發現某個新的因果關係。儘管路徑分析模型解決了一般迴歸模型不能處理依變數多於一個和中介變數等問題，但這種方法在使用上仍然有一些缺陷。這些問題主要是：路徑分析假定變數沒有測量誤差的存在，只能處理可以觀測的觀察變數的因果關係問題，至於潛在變數則不能進行處理。這些問題的解決就需要靠屬第二代統計技術的結構方程模型來完成了。

1-4　結構方程模型的產生

　　一般而言，研究者在分析多個自變數與單個依變數間的因果關係時，通常會採用多元迴歸模型的分析方法。多元迴歸模型可以同時使用多個自變數去預測一個依變數。在此過程中，多元迴歸模型將使用最小平方法去估計所有自變數對依變數的影響程度，而且尚可在控制其他自變數的情況下，分析某個自變數對依變數的單獨解釋能力。然而，應用多元迴歸模型時仍有其限

制：

1. 在多元迴歸模型中通常會假設自變數沒有測量誤差，即自變數可以被完全的測量出來。此假設將導致運用最小平方法來估計參數時，容易產生偏差。

2. 多元迴歸模型僅能表示出自變數對依變數的直接作用，無法探究可能存在的間接影響效果。

3. 單一條的多元迴歸模型中，僅允許一個依變數存在。

　　為了克服上述的一些問題，路徑分析因而產生了。路徑分析由一組聯立的迴歸方程式所組成，透過研究者所建立的假設性因果關係模型（即概念性模型或假設模型），利用觀察到的資料與根據概念性模型而製作的理論數值進行比對，進而評估假設的路徑模型是否能夠有效解釋觀察到的資料，並確認研究變數間不同型態的關係。路徑分析或多或少能彌補迴歸模型之不足，如：能探究變數間的中介效果或干擾效果、從總效果中分離出間接效果與直接效果，使得由模型所分析出來的結果更能反映出變數間的真實相關性及相關的強度。但是，應用路徑分析時，仍舊會存在一些問題，諸如：

1. 假設模型之路徑圖相當複雜，且對同一問題所畫的路徑圖，可具有很多不同的型式，此將導致路徑分析的結果具有不確定性。

2. 前提假設甚多，導致實際資料往往難以滿足。

3. 尚無用以檢定理論模型與抽樣資料之間配適程度的機制。

　　雖然路徑分析於解析因果關係的過程中，已相當程度的進化。然而路徑分析也僅能處理可直接觀測的變數，亦即其前提假設仍是變數不能具有測量誤差。很不幸的是，在社會科學領域的研究中，我們所要研究的變數，大部分都是不能或不易直接測量得到的，即使能測量到，也總是存在著測量誤差。例如：在研究「遊客體驗」、「目的地意象」對「重遊意願」的影響時，這三個變數都是不能或不易直接觀測得到的。在統計學中，我們稱這種變數為潛在變數（latent variable）；而與之對應的則稱為觀察變數（observed variable）或稱外顯變數（manifest variable）。潛在變數所代表的意義是一種抽象的客觀事實，雖然無法直接測得，但是可以透過測量指標（即觀察變

數，代表問卷中的每一個題項）或稱指標變數（indicate variable），而對潛在變數間接地加以衡量。

1904 年 Spearman 提出了因素分析技術，該技術可以用來尋找那些潛藏在觀察變數中，無法直接觀察到，卻影響觀察變數的潛在因素，並可估計潛在因素對觀察變數的影響程度以及潛在因素之間的關聯性。此外，因素分析尚允許對潛在變數設立多元指標，也能夠處理測量誤差。但是，因素分析仍不能探究因素（潛在變數）之間的結構關係（因果關係）。然而這種潛在變數之間的因果關係，卻往往是研究者所關注的主要議題。在這種情況下，就需要尋找一種能夠有效地解決這類問題的統計分析技術了。

隨著統計理論和電腦技術的持續發展，結構方程模型（structural equation modeling, SEM）乃孕育而生了。在 20 世紀 70 年代，Jöreskog（1973）、Kessling（1972）等人於潛在變數的相關研究中，結合了路徑分析與因素分析的概念，而形成了結構方程模型。其原理為，運用驗證性因素分析技術（confirmatory factor analysis, CFA）結合潛在變數與觀察變數，而構成了結構方程模型的測量模型部分，另藉助路徑分析模型探究各潛在變數之間的因果關係，此即結構方程模型的結構模型部分，最後將測量模型與結構模型整合於一個整體的架構中，即形成了完整的結構方程模型。

結構方程模型是一種相當複雜的因果關係模型，它除了可以處理觀察變數與潛在變數間的測量問題與計算各潛在變數之間的關係外，同時也考量了測量或結構誤差的問題。而一般我們所常用的統計方法如迴歸模型、主成分分析、因素分析、路徑分析及變異數分析等，其實都可看成是結構方程模型的特例。因此，結構方程模型的本質上卻都具有上述統計方法所無法比擬的優點。也正因為如此，導致近年來，結構方程模型在心理學、教育學、管理學以及行為科學等領域中能被廣泛的應用。

第 1 章　習題

Ⓢ 練習 1-1

試說明迴歸模型於因果關係之研究中的不足之處。

Ⓢ 練習 1-2

試說明路徑分析於因果關係之研究中的不足之處。

Ⓢ 練習 3

試說明多元線性迴歸、路徑分析與結構方程模型於

(1)使用目的的異同？

(2)前提假設條件的異同？

(3)使用時機的異同？

Ⓢ 練習 1-4

請翻閱多變量分析相關書籍，試說明進行探索性因素分析時，須經歷哪些步驟？

Ⓢ 練習 1-5

試說明結構方程模型於因果關係之研究中的優勢。

02

結構方程模型簡介

2-1 結構方程模型的基本概念

結構方程模型是種能對潛在變數間之因果關係進行分析與假設檢定的一種統計方法。且是近年來在社會科學領域中發展最快速，應用愈來愈廣泛的一種多變量統計方法。由於其對潛在變數、測量誤差和因果關係模型具有獨特的處理能力，因此除了在心理學、教育學等領域的應用日趨成熟和完善之外，還不斷的被應用在其他多個領域中。

由於社會科學領域中，一般研究者所關注之議題的相關研究中所涉及的變數，大都是屬於不能準確、直接測量的潛在變數（如：滿意度、忠誠度……等）。對於這些潛在變數的處理，傳統的統計方法如迴歸分析、因素分析與路徑分析都無法妥善處理。此時，就須運用到能同時處理潛在變數與觀察指標的結構方程模型了。以下將先介紹有關結構方程模型的一些基本概念。

2-1-1 結構方程模型中的變數類型

基本上，結構方程模型中包含了三類變數：外顯變數（manifest variables）、潛在變數（latent variables），以及誤差變數。此外，亦可根據變數間的相互影響關係，將結構方程模型的變數分為外生變數（exogenous variable）和內生變數（endogenous variable）等兩類（榮泰生，2008）。

一、外顯變數與潛在變數

外顯變數，是指可以直接觀測或測量的變數，又稱為觀察變數（observed variables）。這些觀察變數通常是指問卷中的每一個題項，一個題項就是一個觀察變數。當然，在一些因素結構較為複雜的構面中，觀察變數亦可能是數個觀察變數的平均值。例如：在圖 2-1 中，「遊憩知覺壓力」這個構面是由「遊憩干擾」、「擁擠感」與「不當行為」等三個觀察變數所衡量。然而，在真實問卷中，「遊憩干擾」子構面又包含了三個題項（觀察變數）。因此，在結構方程模型的分析過程中，我們會將該三個題項得分的平均值設定給「遊憩干擾」子構面。故，觀察變數亦可以是數個觀察變數的平均值。在結構方程模型的路徑圖中，觀察變數通常以長方形圖表示，如圖 2-1 中的 x_1、

x_2、x_3、y_1、y_2 與 y_3。

此外，在結構方程模型中觀察變數與測量誤差變數合稱爲指標變數（indicator variable）。結構方程模型中的誤差包括三類：外生觀察變數的測量誤差（如圖 2-1 中的 δ_1、δ_2 與 δ_3）、內生觀察變數的測量誤差（如圖 2-1 中的 ε_1、ε_2 與 ε_3）和結構模型的結構（預測）誤差項（ζ_1，ζ 讀音：zeta）。雖然這些誤差也是不能被直接觀測到的，但是一般不將其視爲潛在變數。在結構方程模型的路徑圖中，測量誤差或結構誤差通常以圓形圖表示。

在很多社會科學的研究中，所涉及的變數常都不能被準確、直接地測量，這種變數即稱爲潛在變數。雖然潛在變數不能直接測得，但是由於它是一種抽象的客觀事實，所以潛在變數是可以研究的。方法是透過測量與潛在變數相關的觀察變數作爲其指標變數，而對其間接地加以評價。傳統上，屬第一代統計技術的統計分析方法，並不能有效的處理這種含潛在變數的問題，而結構方程模型則能同時處理潛在變數及其指標間的測量問題。在結構方程模型的路徑圖中，潛在變數通常以橢圓形圖表示，如圖 2-1 中的 ξ_1 與 η_1。

二、內生變數與外生變數

外生變數在模型中不受任何其他變數影響，但會影響模型中的其他變數，也就是說，在路徑圖中，外生變數會指向任何一個其他變數，但不會被任何變數以單箭頭指向它（如圖 2-1 中的 ξ_1）。在一個因果模型中，外生變數的角色就是解釋變數或自變數。

而內生變數，是指在模型內會受到任何一個其他變數所影響的變數，也就是說，在路徑圖中，內生變數會受到任何一個其他變數以單箭頭指向它（如圖 2-1 中的 η_1）。在一個因果模型中，內生變數會被看作是結果變數或依變數。

通常我們會用 x 表示外生觀察變數（如圖 2-1 中的 x_1、x_2 與 x_3），y 表示內生觀察變數（如圖 2-1 中的 y_1、y_2 與 y_3）。而外生潛在變數和內生潛在變數則分別用 ξ（讀音：ksi）和 η（讀音：eta）表示。

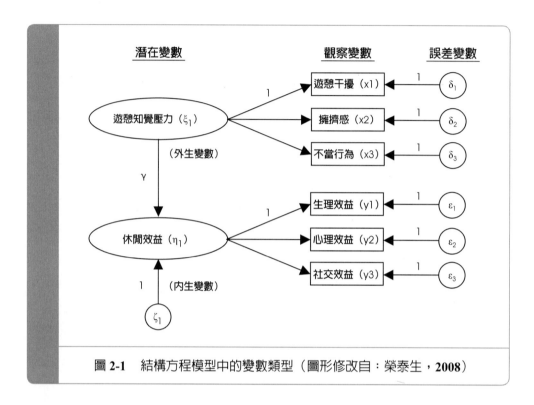

圖 2-1　結構方程模型中的變數類型（圖形修改自：榮泰生，2008）

三、路徑圖及其規則

　　與路徑分析類似，在進行結構方程模型分析時，常須繪製模型路徑圖，以界定概念性模型。模型路徑圖能直觀地描繪變數間的相互關係。應用路徑圖有一些規則，如圖 2-1 所示：

➤ 長方形：表示觀察變數。如圖 2-1 中的 x_1、x_2、x_3、y_1、y_2 與 y_3。

➤ 橢圓形：表示潛在變數。如圖 2-1 中的 ξ_1 和 η_1。

➤ 圓形：表示測量誤差或結構誤差。如圖 2-1 中的 δ_1、δ_2、δ_3 與 ε_1、ε_2、ε_3 分別表示以觀察變數 x_1、x_2、x_3 和 y_1、y_2、y_3 來間接測量 ξ_1 和 η_1 時的測量誤差；而 ζ_1 則是代表外生變數預測內生變數時，所產生的結構誤差（預測誤差）。

➤ 長方形←橢圓形：代表潛在變數的因素結構，而各觀察變數與潛在變數間的迴歸路徑，其真實意義就是因素負荷量之意。

➤ 橢圓形←橢圓形：代表因果關係，即外生變數 ξ_1 對內生變數 η_1 的直接影

響力（或路徑係數）。

此外，在路徑圖中，兩個潛在變數間的單箭頭表示，所假定的一個變數（起點）對另一個變數（終點）的直接影響力。而兩個變數間的雙箭頭曲線則表示，假定這兩個變數間沒有直接關係，但這兩個變數間可能具有相關性。

2-1-2　結構方程模型的構造

一般而言，結構方程模型可以分為測量模型（measurement model）和結構模型（structural model）兩部分。測量模型用以描述潛在變數與指標變數之間的關係，也稱為驗證性因素分析模型（邱皓政，2004）。如圖 2-2 虛線的範圍，即表明了結構方程模型圖中包含了兩個測量模型，分別為外生潛在變數「遊憩知覺壓力」的測量模型與內生潛在變數「休閒效益」的測量模型。「遊憩知覺壓力」的測量模型描述了「遊憩干擾」、「擁擠感」與「遊客不當行為」等觀察變數與外生潛在變數「遊憩知覺壓力」的測量關係；而休閒效益」的測量模型則描述了「生理效益」、「心理效益」與「社交效益」等觀察變數與內生潛在變數「休閒效益」的測量關係。

而結構模型則用以描述潛在變數之間的因果關係，例如：「遊憩知覺壓力」與「休閒效益」間的因果關係，即圖 2-3 的虛線範圍。實務上，進行結構方程模型分析時，要先驗證測量模型具有信度、收斂效度與區別效度後，才能驗證結構模型。也就是說，唯有潛在變數的測量是可信的、有效的情形下，驗證潛在變數間的因果關係才有實質意義（邱皓政，2004）。

指標變數中含有隨機誤差和系統誤差，隨機誤差是指測量上的不準確性（與傳統測量誤差相當），系統誤差則反映測量出潛在變數（即因素）以外的特性（與因素分析中的獨立因素相當）。這兩種誤差可以統稱為測量誤差或簡稱誤差。

一、測量模型的數學方程式

對於指標變數與潛在變數間的關係，通常可以寫成如下測量方程式（黃芳銘，2002）：

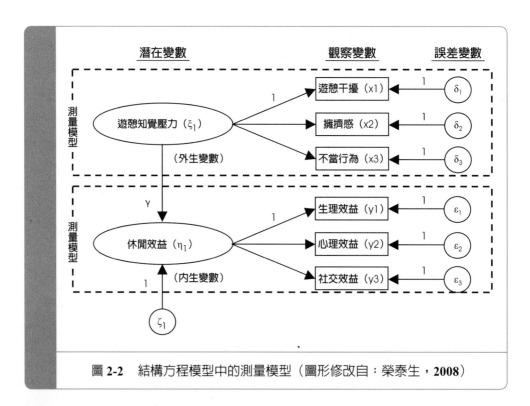

圖 2-2　結構方程模型中的測量模型（圖形修改自：榮泰生，**2008**）

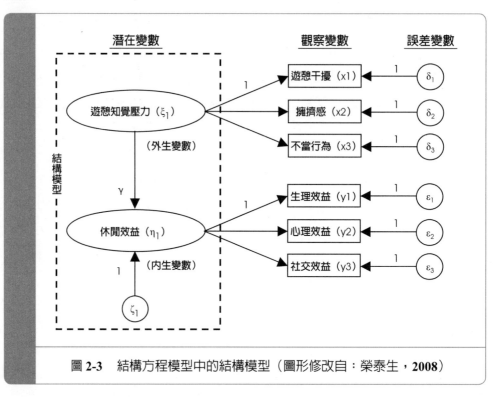

圖 2-3　結構方程模型中的結構模型（圖形修改自：榮泰生，**2008**）

$$x = \Lambda_x \xi + \delta \qquad (2\text{-}1)$$
$$y = \Lambda_y \eta + \varepsilon \qquad (2\text{-}2)$$

其中，

x：外生觀察變數組成的矩陣。

y：內生觀察變數組成的矩陣。

Λ_x（lamda x）：描述外生觀察變數與外生潛在變數之間的關係，是外生觀察變數在外生潛在變數上的因素負荷矩陣，即 Λ_x 描述了外生觀察變數與外生潛在變數間的因素結構。

Λ_y（lamda y）：描述內生觀察變數與內生潛在變數之間的關係，是內生觀察變數在內生潛在變數上的因素負荷矩陣，即 Λ_y 描述了內生觀察變數與內生潛在變數間的因素結構。

δ（delta）：外生觀察變數 x 的誤差項矩陣。

ε（epsilon）：內生觀察變數 y 的誤差項矩陣。

二、結構模型的數學方程式

對於潛在變數間的關係，則通常寫成如下結構方程式（黃芳銘，2002）：

$$\eta = \mathbf{B}\eta + \Gamma\xi + \zeta \qquad (2\text{-}3)$$

其中，

η（eta）：內生潛在變數矩陣。

ξ（ksi）：外生潛在變數矩陣。

$\mathbf{B}$（beta）：描述內生潛在變數間的關係，所形成的矩陣。即內生潛在變數間的路徑係數，所形成的矩陣。

Γ（gamma）：描述外生潛在變數對內生潛在變數的影響程度，所形成的矩陣。即外生潛在變數與內生潛在變數間的路徑係數，所形成的矩陣。

ζ（zeta）：結構模型的誤差項矩陣，反映了內生潛在變數 η，在模型中未能被解釋的部分。

2-2　結構方程模型的基本原理

　　一般而言，結構方程模型的基本原理若從其字面的含義觀之，不難想像結構方程模型應該包含了結構化、假設模型與模型分析等基本意涵。基於此，下面將以假設檢定、結構化驗證與模型比較分析等三個概念，來說明結構方程模型的基本原理（邱皓政，2004）。

2-2-1　假設檢定

　　簡單來說，假設檢定是利用母體事先所外露的訊息，建立適當的假設，並從母體中抽出隨機樣本，再利用機率學原理，判斷所設定的假設是否成立的統計方法。這是一種科學驗證的過程，也是推論統計學的最主要內容。當研究者欲運用結構方程模型來驗證自己所提出的理論觀點之適用性時，必須針對該理論觀點進行觀念的釐清、文獻整理與假設推導等理論性的辯證與演繹過程，然後提出一套有待檢驗的假設模型（或稱概念性模型）。驗證此假設模型的過程中，不論是針對整體模型的配適度檢驗，或是潛在變數間關係的路徑係數估計，都是以假設檢定的方式來檢定之。例如：可以利用卡方值檢定假設模型與抽樣資料的擬合程度，據以判斷接受或否定假設模型（當然，在結構方程模型中，我們都是希望能夠接受假設模型的）；此外，亦可針對模型中的個別參數進行假設檢定，以釐清該參數的統計意義。由上述說明不難理解，研究者若欲從結構方程模型中得到良好的結果，進而驗證所提出的理論觀點之適用性時，應該從研究的理論基礎與嚴謹的推理過程著手，如此才不失運用結構方程模型的真正意涵。

　　因此，結構方程模型的基本概念是：研究者首先會根據先前的理論、已有的知識與經驗，經過文獻整理、理論推導和假設，從而建立一個能清楚描述一組變數之間相互關係的假設模型，然後再經過對觀察變數的測量，獲得一組觀察變數的資料和基於此資料所形成的共變數矩陣，這個共變數矩陣稱為樣本矩陣。結構方程模型就是要將假設模型中，各類變數之路徑關係所形成的共變數矩陣（又稱再生矩陣）與實際的樣本矩陣進行配適性檢驗。如果經估計後的再生矩陣與樣本矩陣間的差距很小，就可推論假設模型與實際的

樣本資料配適良好，那麼就表示假設模型是可以接受的；否則就要對假設模型進行修正，如果修正之後，仍然不符合學術上對配適指標的要求，那麼就須否定假設模型，一切得從頭再來。

2-2-2 結構化驗證

結構方程模型的基本數學原理是運用變數間的共變程度，以釐清變數間的結構關係（黃芳銘，2002；邱皓政，2004）。一般而言，社會科學領域中所關注的議題，通常會涉及一組變數間結構關係的討論，而且此結構關係是相當錯綜複雜的。變數間的關係除表徵性、數學性的關係外，亦可能存在著因果性或階層性（邱皓政，2004），因此需要利用結構化的方法加以釐清。

在結構方程模型中可檢驗兩種結構關係，一為潛在變數與指標變數間的關係（即檢驗所使用之量表的內在品質）；另一為潛在變數間的關係（檢驗因果關係）（黃芳銘，2002；邱皓政，2004）。這兩種關係的確認，是研究者於其研究中的主要目標，然此目標是否能達成，實有賴於事前對研究變數之性質與內容的釐清與界定，以能清楚描述變數間的假設性關係，進而提出具體的假設性命題，最後尋求統計上的檢驗支持。

2-2-3 模型比較分析

當研究者對所感興趣的議題，經過觀念的釐清、文獻探討與分析、或是研究假設的推導等理論性的辯證與演繹過程後，將提出一系列的研究假設，進而整合這些研究假設而成為一個具有學術價值或意義的假設模型，接著就可運用統計方法來針對此一假設模型進行檢驗了。

在社會科學領域的研究中，研究者對於相同一組變數間的相關性，常會因其所關注的議題或理論觀點的不同，而對變數間的假設關係提出不同的論點，進而發展出多個變數相同但假設關係不同的替代模型（alternative model），又可稱為競爭模型（competitive model）。這些替代模型將逐一擬合樣本資料而進行競爭比較。從而，研究者能從多個替代模型中，依據各種配適度指標，從而挑選出最配適樣本資料的假設模型。

　　除了模型的配適度要符合一般學術要求外，另外也需注意模型須符合精簡原則（principle of parsimony）。所謂精簡原則意指當兩個模型（互為競爭模型）利用相同資料進行配適時，結果各項配適指標所反映的配適程度，相差不大的情況下，那麼應該取兩個模型中結構較為簡單的模型。例如：某研究者對某班級所有同學的微積分、統計學和理則學成績進行研究，該研究者最終提出了兩個假設模型，模型甲與模型乙。在甲模型中，研究者認為微積分、統計學和理則學等成績的綜合能力，可以透過一個名為「邏輯能力」的潛在變數加以描述；而在乙模型中，研究者認為微積分、統計學成績是潛在變數「數理能力」的觀察變數、理則學成績則為潛在變數「邏輯能力」的觀察變數、且「數理能力」又是「邏輯能力」的影響因素。從模型的結構來看，模型甲要比模型乙簡潔，因為僅僅需要估計 3 個因素負荷量，而乙模型不僅需要估計3個因素負荷量，還要估計「數理能力」對「邏輯能力」的路徑係數。

　　在上述的例子中，由於研究者對實際問題的認識、觀點不同，很有可能會提出不同的假設模型。當兩個模型所採用的原始資料相同時，若模型甲和模型乙的配適程度接近，那麼模型甲應該是個更可取的模型。因為採用一個潛在變數（邏輯能力）的簡單模型，已經能夠解釋各個變數之間的關係且符合實際意義和最初的假設，從精簡原則的角度來看，應該採用甲模型。

　　Jöreskog and Sörbom（1979）指出有關結構方程模型的模型分析，可分為三種層次的研究，第一是純粹驗證模型（strictly confirmatory），其意義為只針對單一的假設模型，評估其配適性；第二是產生模型（model generating）的研究，其過程為先設定一個初始模型，然後與實際樣本資料進行配適度評估，若有必要，則對初始模型進行修正，如此，反覆進行配適度評估的試驗，以求得最適配樣本資料的模型；第三是競爭型研究，其本質為替代模型的競爭比較，以決定何者最能配適真實的樣本資料。在此三種層次的研究中，應用最廣者應為產生模型的研究。然而，在臺灣的研究環境下，不難發現，發表於期刊中的論文研究，大部分皆屬純粹驗證模型之相關研究。

2-3 結構方程模型的功能

結構方程模型主要有以下三方面的功能：

一、結構方程模型可以處理潛在變數的測量問題（黃芳銘，2002；邱皓政，2004）

如前所述，很多經濟、社會科學的研究中，所涉及的變數都是不能被準確、直接地測量的，這種變數稱為潛在變數。但研究者可以退而求其次，用一些可觀察變數作為潛在變數的指標，以間接測量這些潛在變數。傳統的多元統計方法並不能有效處理潛在變數的測量問題。然而，結構方程模型則能同時處理這些潛在變數及其指標的測量問題。

二、結構方程模型可以允許自變數存在測量誤差（黃芳銘，2002；邱皓政，2004）

大多數的統計方法，如迴歸分析，在建立模型時雖然允許依變數存在測量誤差，但通常需要假設自變數不含測量誤差。例如：當我們利用迴歸方法分析某植物的高度與生長時間之間的關係時，若令生長時間是自變數，記為 x，高度是依變數，記為 y，則得出的線性迴歸方程為 $y = \beta x + \varepsilon$，其中 ε 為殘差項，代表依變數 y（即高度）的測量誤差。而前提假設為自變數 x，即生長時間不存在測量誤差。這顯然不太符合實際的情況，嚴格來說，這樣透過迴歸得出的兩個變數間的關係是不完全準確的。若要能符合實際的狀況，那麼做法上應該是要允許自變數也存在測量誤差。因此，必須在模型中，加入代表自變數之測量誤差的殘差項。而結構方程模型正是這樣一種允許自變數也可存在測量誤差的建模方法。

三、結構方程模型可以用來比較不同的競爭模型（黃芳銘，2002；邱皓政，2004）

在社會科學的各研究領域中，由於專業背景、個人主觀判斷等因素，不同研究者對於同一議題或不同資料，通常會提出不同的解釋模型。甚至同一

研究者從不同角度考量，也會提出多個解釋模型。我們利用結構方程模型這一工具，可以對不同解釋模型進行比較，再從中得出最優者。例如：教育心理學的研究中，就可能遇到這樣的問題：如何衡量學生各學科能力的結構？假設受測學生已進行了多個科目的測驗（語文、數學、英語、生物、化學、物理、地理、歷史等），教育學家提出了不同模型來解釋學生各種能力間的關係，包括：(1) 所有能力可以用一個一般能力來表示；(2) 各種能力可分為語文、數理及社會科學三大類；(3) 各種能力只分為文、理兩大類。在這種情形下，我們就可以使用結構方程模型為工具，將同一組實驗資料（受測學生的各科目成績）用不同的模型去擬合，看哪一個模型擬合得最好，從而推想出受測學生之各學科的能力結構。

2-4 結構方程模型的建模過程

結構方程模型的建模過程，大致上可概分為模型發展與模型評鑑等兩個階段。模型發展階段主要在推演與解析假設模型的理論基礎，並使假設模型能符合結構方程模型的技術要求。因此，在此階段中，研究者的首要目標在於各假設命題之推導與考量結構方程模型的技術應用。而模型評鑑階段則主要在利用可以執行結構方程模型的軟體，應用樣本資料以擬合假設模型，從而評鑑假設模型的配適度，若配適度不佳時，則需進行適當的修改（邱皓政，2004）。有關結構方程模型的建模過程，大致可分為七大步驟，如圖2-4。圖 2-4 在本章先做簡略說明，待第 4 章再進行詳細闡述。

2-4-1 模型發展階段

模型發展階段的主要目標在於，以理論為基礎，推衍出符合研究者所關注議題的假設模型，並使這個假設模型能符合結構方程模型的技術要求，它包含了理論發展、模型界定與模型識別等三個步驟（邱皓政，2004），如圖2-4。須特別注意的是，此三個步驟的進行將會交互影響且是個不斷循環的遞迴過程（邱皓政，2004）。

有個觀念讀者必須先理解的是，運用結構方程模型技術所完成的研究，

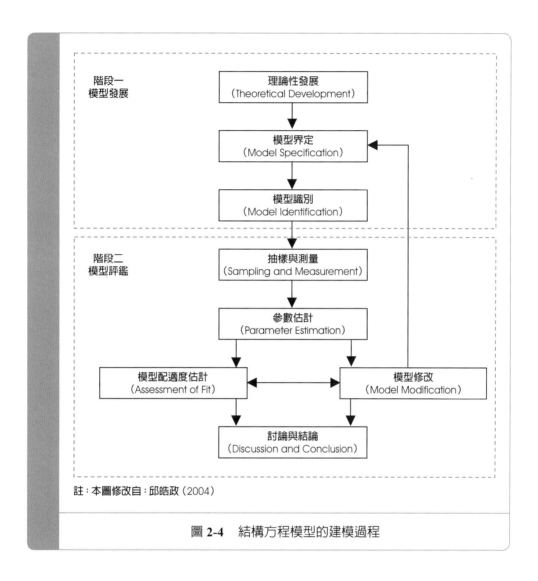

圖 2-4　結構方程模型的建模過程

　　其價值並不在於樣本資料和假設模型的擬合程度有多麼的良好，而是在於研究者所建立的假設模型，其理論基礎是否扎實。也就是說，假設模型的建立必須經過觀念的釐清、文獻探討與分析、並經由理論性的辯證與演繹過程而推導出研究假設，再整合成概念性模型等歷程。唯有經過嚴謹的理論推演過程所發展出來的假設模型，才有資格運用結構方程模型技術，如此探討假設模型的配適度才有其意義。而這觀念就是結構方程模型所強調的一個重要特性，即理論的先驗性（黃芳銘，2002；邱皓政，2004）。

在進行理論發展的過程中，研究者同時必須注意此假設模型是否符合結構方程模型之技術要求。在此所謂的技術要求可分為兩種層次，即模型界定（model specification）與模型識別（model identification）（黃芳銘，2002；邱皓政，2004）。模型界定的主要工作為將假設模型利用線性聯立方程式表示出來。由於結構方程模型是一種驗證性技術，而不是探索性技術。因此，研究者應用結構方程模型的目的在於：確認其所發展的假設模型於解釋所研究的議題時是否合理。因此，應用結構方程模型時，都是從設定一個初始模型開始，然後擬合實際的樣本資料，透過每次的計算及研究者對其所關注議題的相關知識、經驗去驗證假設模型的合理性，然後進行修改，最終得到一個最合理的模型。界定模型時最簡單、最直接的方法就是透過路徑圖將自己的假設模型描述出來（黃芳銘，2002；邱皓政，2004）。路徑圖有助於研究者將其對各個變數之間的關係清楚表達，並且可以直接轉化為建模時所需的聯立方程式或再生矩陣。利用路徑圖界定模型時須設定以下的內容：(1) 觀察變數與潛在變數之間的關係；(2) 模型中各個潛在變數間的相互關係；(3) 在複雜的模型中，可以根據實際情況去設定或限定因素負荷或相關係數等參數的數值或關係。

模型界定完成後，則須進行模型識別。對模型進行識別意指判斷模型中所有的自由參數是否都至少可以由觀察變數的共變數矩陣中的一個或多個元素的代數函數來表示。當模型可識別時，結構方程模型的各項數學估計方程式才得以順利進行。如果假設模型不能識別時，則無法得到各個自由參數的唯一估計值。目前尚未有簡單的充要條件可協助判斷模型是否可識別。然而，有兩個有關識別的必要條件應該要特別予以關注，一是資料點的數目不能少於自由參數的數目。其次，必須為模型中的每個潛在變數建立一個測量尺度標準。例如：為了建立此一尺度，可以將潛在變數的變異數設定為 1。

2-4-2　模型評鑑階段

經界定模型並確認模型是可識別的以後，研究者就要根據所界定好的指標去製作問卷，然後進行抽樣並測量，以獲得實際的樣本資料來檢驗所提出的假設模型的適用性。當所獲得之樣本資料經過必要的處理後，即可輸入

結構方程模型之分析工具中（如 Amos、Lisrel），以便進行模型的配適度檢驗與求得各類參數之估計值。樣本的獲得對於結構方程模型分析的結果有重要的影響力，除了樣本規模大小的影響外，由於結構方程模型涉及潛在變數的測量，因此，結構方程模型之分析結果與樣本結構及測量品質有密切的關係，也就是說結構方程模型具有樣本資料的依賴性（邱皓政，2004）。故樣本大小一般最小應當是多少？每個潛在變數至少要有多少個觀察變數？這是研究者必須要回答的問題。

完成抽樣與測量工作後，那麼下一個工作就是要設法求出模型的解，其中主要的任務就是估計模型的各類參數，這個過程通常稱為模型擬合或模型估計。參數估計的過程中，結構方程模型所追求的是樣本的變異數或共變數與模型估計的變異數或共變數之間的差異最小化。可用以估計參數的方法很多。例如：在 Amos、Lisrel 等結構方程的分析軟體中，常見的方法有最大概似估計法（maximum likelihood estimation）、一般化最小平方法（generalized least squares method）等。

模型配適度估計就是把樣本資料拿來與假設模型進行擬合，並用特定的配適指標對其配適程度進行評估。須特別注意的是，進行模型配適度估計時，模型配適度不單是要看配適指標是否合乎一般學術論文的標準，還要看每個路徑上的參數估計值在理論上是否合理、有實質的意義，否則所得的模型將無學術價值。因此，研究者要去檢查模型中的每一個參數，以確認沒有不合理的或不正常的關係存在。如果有不合理的關係，那麼就不能接受此模型，因為這個模型對事實的解釋能力並不強。故即使一個假設模型擬合了樣本資料，也並不意味著這個模型是正確的或是最佳的。基於此，模型配適度估計時，首要目標是所有的估計參數應該都能得到合理的解釋。

雖然，結構方程模型的主要目的在於確認潛在變數與觀察變數間的因素結構、估計潛在變數之間的關係，並用來驗證所假設的概念性模型能否與所提供的資料配適。但是，在實證的過程中，研究者也往往會發現假設模型與樣本資料並不配適，因而研究者常常會面臨假設模型是否需要修正的窘境。

模型修正的主要意義在於：當我們使用經由問卷設計、抽樣、蒐集資料等程序所獲得的資料來檢驗依據相關理論所提出的初始假設模型時，如果假

設模型已偏離資料所反映的現況事實時，那麼就需要根據資料所反映的現況對初始假設模型進行修正。而且須不斷的重複這個修正過程，直到可以得到一個能與資料配適良好，同時整體模型具有實際的意涵、潛在變數間的實際意義和參數估計值都能得到理論支持或合理解釋的模型為止。

　　模型修正在結構方程模型中，往往是個爭議性很高的議題。因為在不斷利用既有資料從事修正的過程中，總讓人覺得研究者把本質是驗證性的研究變成是資料導向式（data-driven）的探索性研究了。所以，有些學者就呼籲，在模型發展過程中的修正行為必須要有理論基礎或合理的解釋。雖然模型修正的作法違反了結構方程模型之理論先驗性的精神，但是從模型的修正過程中，也可能引導研究者繼續推導出更有意義的概念或假設，重新提出一套更趨合理的結構方程模型（邱皓政，2004）。

2-5　整體模型的評鑑及配適指標

　　執行結構方程模型獲得了參數的估計值後，研究者需要對假設模型是否擬合（配適）資料進行評鑑。一般而言，評鑑過程需提供幾個方面的資訊：(1) 參數估計的合理性及顯著性檢定；(2) 測量模型的評鑑；(3) 整體模型的評鑑。

2-5-1　參數估計與假設檢定

　　在假設模型界定正確的前提下，參數的估計值應該具有合理的取值範圍與正確的符號（代表方向），反之如果出現與合理性背離的情形，如變異數為負值，相關係數的絕對值大於 1，共變異數或相關矩陣為非正定矩陣等，則代表模型的界定有誤或輸入矩陣缺少足夠的資訊。估計值除了要合理外，還須具有顯著性。也就是說，還應該針對每一個所估計出的自由參數進行是否為 0 的檢定。檢定時的虛無假設是：$\theta_i = 0$（θ_i 代表自由參數）。參數的檢定過程中，研究者期望能拒絕虛無假設，因為這代表該參數估計值是顯著的、是合理的；反之，當結論為不拒絕虛無假設時，則代表將該參數設為自由參數可能是不恰當的。此時，應結合實際理論而將其固定為 0。

2-5-2 　測量模型的評鑑

　　結構方程模型主要目的在於檢驗觀察變數和潛在變數之關係與數個潛在變數間的因果關係，它結合了因素分析與徑路分析，亦即結構方程模型包含了測量模型與結構模型。其中測量模型在於建立測量指標（觀察變數）與潛在變數間之關係，對於研究者而言，主要是透過驗證因素分析以考量測量模型的可靠性和有效性。至於結構模型則主要在考驗潛在變數間之因果路徑關係，主要針對潛在變數進行路徑分析。根據 Anderson and Gerbing（1988）及 Williams and Hazer（1986）等學者的建議進行結構方程模型分析時應分為兩階段法，第一階段先進行測量模型分析，以針對各研究構面及其衡量題項進行 Cronbach's α 係數分析及驗證性因素分析，進而瞭解各構面的信度、收斂效度（convergent validity）及區別效度（discriminant validity）；第二階段為將多個衡量題項縮減為少數衡量指標，再運用線性結構關係發展結構模型並運用路徑分析技術加以分析，以驗證研究中對於各影響途徑之假設的檢定。

　　由以上的說明可理解，在對潛在變數進行路徑分析前，必須先解決潛在變數的測量問題，當潛在變數能夠充分有效的測量後，資料才能正確估計出各類參數。測量模型的驗證性因素分析便是確認所調查的資料是否能將潛在變數精確地測量出來的一種方法。此外，在驗證性因素分析模型中，也可檢定模型中兩種重要的建構效度，即收斂效度與區別效度。

2-5-3 　整體模型的評鑑及配適指標

　　傳統的統計分析方法，如變異數分析、多元迴歸、因素分析等，都是從已有的資料中探索、發現客觀性的規律，屬於探索性分析技術。相對的，驗證性分析技術則不同，其基本概念是首先根據先前的理論和已有的知識，經過推論和假設，形成一個關於一組變數之間的相互關係模型（即假設模型，通常屬因果關係模型）。經過抽樣調查後，獲得一組觀察變數的資料和此資料所產生的共變異數矩陣 S（樣本矩陣）。當假設模型成立時，我們可以根據架構起假設模型之迴歸方程式中的參數而重組一個共變數矩陣，這個共變數矩陣一般又可稱之為再生矩陣 C（此時再生矩陣內的元素，皆為待估計參數，

其值未知）。待執行估計後，研究者即可觀察 C（此時再生矩陣內的元素，皆為已估計出的參數值）與 S 的差異是否足夠小，從而可以檢驗假設模型對資料擬合的配適程度。

一、卡方值

結構方程模型的首要任務是用樣本資料對所設定的假設模型之參數進行估計，而參數估計的目標就是再生成一個以假設模型為基礎的共變數矩陣 C（即再生矩陣），使之與樣本共變異數矩陣 S 盡可能的接近。當將估計出的參數值代入而所重建的共變數矩陣 C，非常接近於樣本共變異數矩陣 S 時，則其殘差矩陣中的各元素就會接近於 0，此時就可以認為假設模型與實際資料得到了充分擬合。

評鑑假設模型與樣本資料擬合效果的指標有很多，其中最常使用的指標是 χ^2 統計量（卡方統計量），$\chi^2 = (n - 1) \times F$。$F$ 是模型擬合函數的最小值，n 為樣本大小。χ^2 檢定的虛無假設是：假設模型配適樣本資料（即 H_0：C=S）。所以，在此研究者期望能接受虛無假設。但是，對於比較大的 χ^2 來說，虛無假設會被拒絕的機率相當高，此則代表模型對資料的配適程度不好；而較小的 χ^2 則代表模型對資料的配適程度較好（邱皓政，2004；黃芳銘，2002）。

但使用 χ^2 來評鑑模型配適程度的好壞標準並不太恰當，原因是：χ^2 對樣本大小的敏感度相當大，χ^2 和樣本大小 n 成正比。也就是說，在樣本數 n 較大時，χ^2 也變的比較大，因此 χ^2 可能容易拒絕掉，實際上能夠配適資料的模型；而在樣本較小時，則不容易拒絕一個對資料配適程度較差的模型。也就是說，樣本數 n 會模糊掉 χ^2 的檢定能力。那麼應該怎樣做出判斷呢？積極考慮樣本數 n 的影響程度吧！因此，χ^2/df（卡方自由度比）的概念就被提出來，以修正 χ^2 值的缺點（Jöreskog, 1970）。如果 $\chi^2/df < 3$（df 代表模型的自由度），那麼就可以認為假設模型對資料的配適程度良好（Kline, 2005）；但也有學者認定較寬鬆，而認為 $\chi^2/df < 5$ 即可（Schumacker & Lomax, 2004；邱皓政，2004；黃芳銘，2002）。

由於 χ^2 在評鑑模型配適效果時，易受樣本數影響而產生誤判。因此，一

些研究者發展了許多其他的配適指標。從比較嚴格的角度來看，這些指標僅屬描述性統計量，但它們確實能從不同的角度為評鑑模型的配適程度提供了一些適當的參考方向。原則上，理想的配適指標應不受樣本數的影響，而且應能懲罰參數過多的模型（複雜的模型）。這些指標可以大致可分成三類：絕對配適度指標、增量配適度指標和精簡配適度指標。

二、絕對配適指標

　　絕對配適指標是對單一目標模型所進行的配適，常用的指標有配適度指標（goodness of fit index, GFI）、調整後配適度指標（adjusted goodness of fit index, AGFI），而 χ^2 亦屬於絕對配適指標的一種。

1. 配適度指標（goodness of fit index, GFI）（Jöreskog and Sörbom, 1981；黃芳銘，2002）

$$GFI = 1 - \frac{F(s, \Sigma(\hat{\theta}))}{F(s, \Sigma(0))} \qquad (2\text{-}4)$$

　　式 2-4 中，分子的部分代表假設模型的擬合函數，分母部分所代表的意義則是獨立模型（independence model）的擬合函數，所謂獨立模型是指所有的參數被固定為 0 的模型，即配適度最差的模型。因此，GFI 即表示假設模型與獨立模型相比時，假設模型在擬合上的改善程度，它代表著觀察變數的共變數矩陣 S，有多大的程度是能被再生矩陣 C 所預測的。

2. 調整後配適度指標（adjusted goodness of fit index, AGFI）（Jöreskog and Sörbom, 1981；黃芳銘，2002）

$$AGFI = 1 - \frac{(p+q)(p+q+1)/2}{df}(1 - GFI) \qquad (2\text{-}5)$$

　　p 是外生觀察變數的個數，q 是內生觀察變數的個數。因此，$p + q$ 即是觀測變數的數目，而 $(p + q)(p + q + 1)/2$ 則是模型中各類參數的總數，df 是自由度。AGFI 是 GFI 依模型中所有估計參數之總數，調整後所得到的指

標，其已包含了對過多參數的懲罰，當估計參數相對於資料點總數愈少或自由度愈大時，AGFI 愈接近於 GFI。

GFI 與 AGFI 可用來測量在樣本變異數內，估計變異數所占有的加權比例。GFI、AGFI 的取值範圍都在 0～1 之間。它們的值愈大愈好，一般認為大於 0.9 時，即可以認為假設模型與觀測資料的配適度良好。

3. 殘差均方和平方根（root mean square residual, RMR）（Jöreskog and Sörbom, 1986；黃芳銘，2002）

$$RMR = \left[2 \sum_{i=1}^{p+q} \sum_{j=1}^{i} (S_{ij} - \hat{\sigma}_{ij})^2 / (p+q)(p+q+1) \right]^{\frac{1}{2}} \qquad (2\text{-}6)$$

RMR 是對平均擬合殘差的測量，當以相關矩陣分析時，它的取值範圍在 0～1 之間；若為共變異數矩陣，則其最小值為 0，但無上限。所以，對它的解釋時應考量變數的測量尺度。標準化 RMR（SRMR）即代表所有標準化殘差的平均值，其範圍在 0～1 之間，該值愈小愈好，小於 0.05 或更小表示模型配適度良好。

4. 漸進殘差均方和平方根（root mean square error of approximation, RMSEA）（Browne and Cudeck, 1993；黃芳銘，2002）

$$RMSEA = \sqrt{\hat{F}_0 / df} \quad \hat{F}_0 = \max \left[\hat{F} - df/(n-1), 0 \right] \qquad (2\text{-}7)$$

F_0 是母體差異函數（population discrepancy function）的估計。這個差異是擬合函數最小值 F 與 $df/(n-1)$ 之間的差。當其為正值時取其值，當其為其他值時則取 0。RMSEA < 0.05 表示模型的配適度非常好，達到 0.08 表示假設模型尚可合理配適，在 0.08～0.10 之間表示中等程度的配適，而大於 0.10 表示配適度不好。RMSEA 考慮了母體的近似誤差，在能夠得到參數估計值的情況下，評鑑了選擇最佳參數的模型對母體共變異數矩陣的配適程度，它所測量出的誤差被表示成每個參數的配適程度。所以，RMSEA 對模型中自由參數的數目相當敏感，即受模型複雜度的影響較大。雖是如此，RMSEA 仍被認為是評鑑模型配適度的較好指標之一。

有一點應該注意的是：χ^2、GFI、AGFI、RMR 只是測量了整體模型對資料的配適度，無法對整體模型配適度較好或較差的情形做出判斷。而且，當整體配適度不好時，無法具體指出哪一部分錯了。

三、增量配適度指標

增量配適度指標是比較假設模型的配適度與獨立模型的配適度之差異程度而計算出來的。獨立模型指假設所有變數之間沒有相關性，即模型中所有的路徑係數和外生變數之間的共變異數都固定為 0，只估計其變異數。因此，獨立模型是適配適度最差的模型。增量配適度指標就是在測量假設模型和獨立模型相比較，在配適度上的改善程度。常見的增量配適指標有規範配適指標（normed fit index, NFI）、相對適配指標（relative fit index, RFI）、增值配適指標（incremental fit index, IFI）、非規範配適指標（non-normed fit index, NNFI）以及比較配適指標（comparative fit index, CFI）等。

1. NFI（Bentler and Bonett, 1980；黃芳銘，2002）

$$NFI = \frac{\chi_0^2 - \chi_t^2}{\chi_0^2} \qquad (2\text{-}8)$$

χ_0^2 是獨立模型的卡方值，χ_t^2 是假設模型的卡方值。因為獨立模型是比假設模型更嚴格、更差的模型，所以 χ_0^2 總是大於 χ_t^2。當 $\chi_0^2 = \chi_t^2$ 時，NFI=0，表示假設模型配適不好；當 $\chi_t^2 = 0$ 時，NFI = 1，表示假設模型完美配適。所以 NFI 的取值會落在 0～1 之間，一般建議，NFI 值大於 0.90 時，表示模型配適良好。然而，NFI 對資料偏離常態性和樣本大小非常敏感，且無法控制自由度的影響，當樣本數較小時容易被低估。因此，許多學者都不建議使用 NFI。

2. RFI（Bentler and Bonett, 1980；黃芳銘，2002）

$$RFI = \frac{\dfrac{\chi_0}{df_0} - \dfrac{\chi_t}{df_t}}{\dfrac{\chi_0}{df_0}} \qquad (2\text{-}9)$$

由式 2-9 不難看出，相對適配指標 RFI 的數值會介於 0 與 1 之間，且 RFI 值愈大表示模型適配度愈好。一般學術上建議，RFI 值必須超過 0.9，才代表模型的配適度佳。

3. IFI（Bentler and Bonett, 1980；黃芳銘，2002）

$$IFI = \frac{\chi_0^2 - \chi_t^2}{\chi_0^2 - df_t} \tag{2-10}$$

IFI 是對 NFI 的一種修正，能減小 NFI 值對樣本數量的敏感度。IFI 的取值範圍在 0～1 之間，當 IFI 值大於 0.90 時，表示模型的配適度良好。

4. NNFI（Bentler and Bonett, 1980；黃芳銘，2002）

$$NNFI = \frac{\dfrac{\chi_0}{df_0} - \dfrac{\chi_t}{df_t}}{\dfrac{\chi_0}{df_0} - 1} \tag{2-11}$$

NNFI 在 Amos 的輸出報表中稱為 TLI（Tacker-Lewis Index），NNFI 校正了自由度對 NFI 的影響，所以能懲罰較複雜的模型，並能準確的區分出模型之配適度的好或壞。所以，在競爭性模型分析與多群組分析時，常運用的巢套模型（Nested Model）比較過程中，NNFI 常被使用於替代模型比較或不受限與受限模型的比較。NNFI 的取值變化較大，可能會超出 0～1 的範圍。當 NNFI 值大於 0.90 時，表示模型的配適度良好。

5. CFI（Bentler, 1990；黃芳銘，2002）

$$CFI = 1 - \frac{\tau_t}{\tau_0} \tag{2-12}$$

CFI 也是以比較假設模型與獨立模型的方式，來評鑑假設模型的配適程度，但它採取了不同的方式。CFI 運用了非中心化卡方分配（noncentral Chi-square distribution）與非中心化參數 τ（noncentral parameters）。τ 值愈大，假設模型的錯誤愈大；$\tau = 0$ 表示完全配適。CFI 即使是對小樣本的模型，於估

計其模型配適時也能做得很好。其中，$\tau_0 = \chi_0^2 - df_0$，$\tau_t = \chi_t^2 - df_t$。CFI 的取值範圍在 0～1 之間，當 CFI 值大於 0.90 時，表示模型的配適度良好。

四、精簡配適度指標

一般而言，研究者對假設模型如果瞭解愈少（限制愈少），那麼則愈有機會得到較好的配適指標。在這種情況下，當我們得到一個較理想的配適模型時，我們就不清楚是因為假設模型推導正確，還是由於釋放了更多的參數（增加了自由參數）而導致的結果。實務上，精簡配適度指標常運用於競爭模型分析中，當各替代模型皆具有相同的配適度情況下，模型若能愈簡約就愈好。因此，為了懲罰釋放過多的參數，精簡配適度指標（parsimony fit indices）乃孕育而生了。一般而言，如果我們得到了大的配適度指標及大的精簡配適度指標則代表著假設模型正確。如果二者相差較大則代表模型中自由參數過多了。精簡配適度指標大致上有下列三種：

1. PGFI（parsimonious goodness of fit index，精簡配適度指標）

PGFI 是 GFI 乘以精簡化比值所獲得的指標，如式 2-13。

$$PGFI = GFI \times \frac{2df}{k \times (k+1)} \qquad (2\text{-}13)$$

式 2-13 中，df 為模型的自由度，k 為所有的觀察變數個數，$2df/(k \times (k+1))$ 即為精簡化比值（自由度與模型之所有參數數量的比值，$k \times (k+1)/2$ 即為模型之所有參數數量）。PGFI 值會介於 0 與 1 之間，其數值愈大表示模型愈精簡。學術上建議 PGFI 值必須超過或等於 0.50，方可接受模型。PGFI 在比較幾個競爭模型時，尤為有用（黃芳銘，2002）。

2. PNFI（parsimonious normed fit index，精簡規範配適度指標）

PNFI 能修正 NFI 對樣本數太過敏感的缺點。其計算方式如式 2-14。

$$PNFI = NFI \times \frac{df}{df_i} \qquad (2\text{-}14)$$

式 2-14 中，df 為假設模型的自由度，df_i 為獨立模型的自由度。明顯的 PNFI 藉由假設模型與獨立模型之自由度的比值，來消弭 NFI 對樣本數太過敏感的缺點。PNFI 值也會介於 0 與 1 之間，其數值愈大表示模型愈精簡。學術上建議 PNFI 值必須超過或等於 0.50，方可接受模型（黃芳銘，2002）。

3. CN（Hoelter's critical number）

　　樣本數是結構方程模型運作時必須考慮的因素，樣本數若不足將會影響其估計的精確性及代表性。樣本數太大，模型又缺乏精簡性。樣本數要多少才算適當，真是個令人頭疼的問題。Hoelter（1983）提出了一個合理樣本數的驗證指標，能使研究者知道其所使用的樣本數是否足夠用來估計模型的參數以及模型配適度，他認為當 CN（critical number）值大於或等於 200，其樣本數已達到可接受門檻。CN 值的算法如式 2-15。

$$CN = \frac{\chi^2_{(0.05,df)}}{F_{min}}$$ （2-15）

式 2-15 中，df 為假設模型的自由度；$\chi^2_{(0.05,df)}$ 為在顯著水準為 0.05 下，模型卡方值顯著的門檻值；F_{min} 為模型擬合函數的最小值。

　　雖然有這麼多的配適指標可用，但沒有一個指標可以作為唯一的標準來檢驗結構方程模型的配適成功與否。相對可靠的指標有 NNFI、CFI、AGFI 及 RMSEA 等。一般建議研究者最好同時檢驗多種指標，而不要只依賴一種選擇。此外，模型及配適度的評鑑並不完全是統計問題。即使一個模型配適了資料也不意味著這個模型是正確的或是最好的。因為：(1) 模型中所有的估計參數也應該能夠得到合理的解釋；(2) 對於不同的資料也應能配適同樣的模型，即模型具有測量恆等性（measurement invariance）或模型具有泛化性（generalizability）之意。那麼，怎樣選擇一個「最佳」模型呢？我們的原則是：接受精簡模型，即模型中的參數能夠愈少愈好（邱皓政，2004；黃芳銘，2002）。

2-6　樣本大小與觀察變數之數目的選取

在結構方程模型的實際建模工作中，樣本大小的選取標準很重要。樣本大小一般最小應當是多少？每個潛在變數至少要有多少個觀察變數？這是研究者必須要回答的問題。

從國外學者的研究來看，目前還沒有一個統一的樣本大小之選取標準，各篇文獻的結論與建議都不盡相同，有的甚至相互矛盾。Boomsma（1982）研究發現樣本數愈大，模型的收斂性、參數估計的精確性愈好。反之，當樣本數低於 100 時，所產生的相關矩陣將不夠穩定，致使結構方程建模的信度降低。Boomsma（1982）建議樣本大小最少應達 100 以上，而最好能大於200。Nunnally（1967）則建議樣本數最好是問卷之題項數（觀察變數、指標變數）的 10 倍以上。不過，Velicer 和 Fava（1987, 1998）透過回顧相關文獻，指出 Nunnally（1967）的結論並無可靠依據。

此外，指標數目的選取目前也同樣沒有一個統一的標準。根據 Nunnally（1967）的結論，當樣本大小受種種限制而不夠大時，那麼就應該減少指標的數量。但實際情況並非如此，事實上，增加潛在變數的觀察變數個數，可能會令潛在變數更加穩定，進而增加整個模型的穩定性，這或許能部分抵消樣本大小不夠大，所帶來的不利影響。因此，在結構方程建模前的問卷設計中，不妨為每個潛在變數多設計幾個指標，然後根據預試結果再去刪掉一些多餘的指標。當然，在增加、刪除指標時，不僅要以預試結果的統計性質為依據，也應該綜合考量該指標是否有效反映了所對應之潛在變數的內涵和特性（侯杰泰、溫忠麟、成子娟，2002）。

總之，對於一般的結構方程模型，樣本大小的取值在 100 到 200 間較為合適，但於實證研究中，我們一般會採 Nunnally（1967）的建議，即樣本大小為問卷之題項數的 10 倍以上。而每個潛在變數的指標，一般會取 3 個以上。

有關樣本的量與質所衍生的問題，長久以來一直是研究者心中的痛。我們往往可發現，午夜夢迴時，在研究室一隅，常會聽到碩士或博士生淒厲的哀號聲：「為什麼我這麼認真、嚴謹的進行文獻探討、理論推導與問卷設計，但是模型的配適度怎麼這麼差！」。由於樣本抽樣的過程具有隨機性，

故所蒐集回來的樣本資料，於配適模型時，往往不盡理想。也或許有些研究者因人力、物力、財力或時間等因素，無法進行大量的抽樣。這時，可以尋求一些代蒐資料的合作機會。

或許，研究者也可將問卷調查的任務，委託給本書作者所帶領的問卷調查團隊（https://goo.gl/dqtNGC），該團隊於回收樣本資料後，會根據研究者所建立的假設模型進行測試，待測試成功並保證模型配適良好且各路徑係數顯著後，才會將回收的紙本問卷與樣本資料電子檔交予委託者。該問卷調查團隊每年服務 50 個案件以上，品質保證，研究者可放心交付任務。

第 2 章　習題

Ⓢ 練習 2-1

何謂兩階段結構方程模型分析法？其原理為何？

Ⓢ 練習 2-2

測量模型分析的目的為何？結構模型的分析又為何？

Ⓢ 練習 2-3

就你所知，可用於分析結構方程模型的軟體有哪些，其各有何優缺點？

Ⓢ 練習 2-4

研究者所建立的假設模型（觀念性模型），該如何建立？

Chapter

03

Amos Graphics 基本操作

　　目前用來分析結構方程模型的應用軟體中，國內使用最多、最廣者有 Amos、Lisrel。雖然 Lisrel 能提供資訊齊全的輸出報表，但由於須由使用者編寫程式碼、語法命令，對一般初學者來說，入門、學習上較爲困難。相對的，Amos 軟體由於完全採用圖形介面，因此相當友善，使用者只要於繪圖視窗中畫出假設模型（理論模型）之路徑圖、完成界定並作相關的識別設定與輸出設定後，即可輸出內含各種參數估計值與各類配適指標的輸出報表。因此，愈來愈多的研究者，於進行結構方程模型分析時，多採用 Amos 統計軟體（本書採用 Amos 24 版）爲主要的研究工具。

　　在本章中，主要將學習如何將假設模型轉換成 Amos 中的路徑圖，這是分析結構方程模型的第一步。唯有路徑圖繪製與設定正確，結構方程模型分析才能正確估計出各類參數與輸出所須的報表。因此，本章將先介紹 Amos 應用軟體中，各類視窗、各類功能表、繪圖工具箱中的各種繪圖工具。唯有熟悉這些基本元素，才能運用自如。然而，由於 Amos 應用軟體本身爲英文版，各類介面、工具於使用上、唸法上可能較爲不便、較爲繞舌。因此，本書將參考國內有關 Amos 應用軟體的相關書籍（如：吳明隆，2007；榮泰生，2008）對各基本元素的翻譯方式，爲各元素的名稱進行中文化工作。

3-1　Amos Graphics 的視窗介紹

　　【Amos Graphics】程式是於 Amos 應用軟體中繪製、設定與執行結構方程模型的主要程式。安裝好 Amos 應用軟體後，啓動 Amos Graphics 軟體的方法，有以下二種：

1. 直接在 Windows 作業系統的視窗桌面上，於 Amos Graphics 應用程式的捷徑圖示 ⬚ 上快按二下，即可啓動 Amos Graphics 軟體。說來簡單，但是我上課時，曾被一個 72 歲的學生問我說：「老師！我的食指已經沒辦法連續動那麼快了，該怎麼辦？」。當然，此時也可於圖示 ⬚ 上，按滑鼠右鍵，待出現快顯功能表後，選取【開啓】功能即可。

2. 執行【開始→所有程式→ IBM SPSS Statistics → IBM SPSS Amos 24 → Amos Graphics】。

　　執行後，即可開啓 Amos Graphics 應用程式，Amos Graphics 的主要視窗包含以下四大介面：最上方爲主功能表、左邊爲繪圖工具箱、中間爲模型資訊視窗、右邊爲模型圖繪製區，如圖 3-1。以下將先大略介紹各介面的主要功能。

一、主功能表

　　這是 Amos Graphics 的控制中樞，【Amos Graphics】程式的所有功能皆可由此開始執行。包含【File】、【Edit】、【View】、【Diagram】、【Analyze】、【Tools】、【Plugins】與【Helps】等八大功能，透過這些功能，使用者可隨心所欲的繪製、設定模型圖並執行各項分析程序。

二、繪圖工具箱

　　繪圖工具箱是 Amos 應用軟體最引以爲傲的人性化圖形操作介面。繪圖工具箱是 Amos Graphics 應用程式繪製、設定路徑圖的主要操作核心，大部分 Amos Graphics 功能表中的操作程序，均包含在繪圖工具箱中。因此，只要點選繪圖工具箱中的小圖示，即可執行特定的功能，相當方便。

三、模型資訊視窗

　　模型資訊視窗中可顯示出執行模型後，模型執行概況的相關資訊，如群組名稱、模型名稱、參數格式、計算摘要……等。

四、模型圖繪製區

　　模型圖繪製區（白色網底區）是使用者主要的編輯介面，它可讓研究者繪製假設模型的路徑圖，只要熟悉繪圖工具箱中的各種圖示功能，那麼便可輕鬆的畫出假設模型的路徑圖。

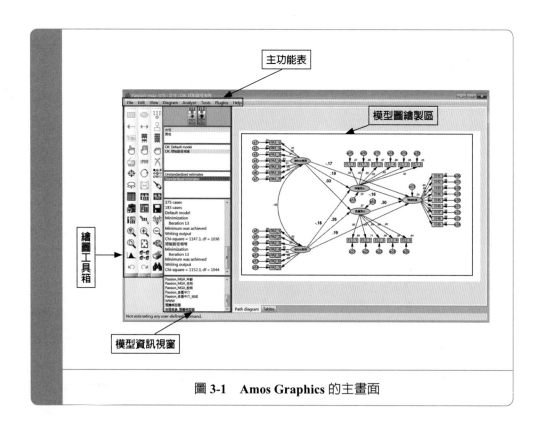

圖 3-1　**Amos Graphics** 的主畫面

3-2　Amos Graphics 的主功能表

　　Amos Graphics 的主功能表中有【File】、【Edit】、【View】、【Diagram】、【Analyze】、【Tools】、【Plugins】與【Helps】等八大功能，除【Helps】功能（輔助功能）在此不予介紹外，透過其他七大功能，使用者皆可隨心所欲的繪製模型圖、設定模型圖並執行各項分析程序。這些功能表中各子功能的中文化名稱，為求能於國內與各學者的著作翻譯一致，特參考知名學者兼作家吳明隆（2007）的翻譯方式，詳細介紹如下：

一、【File】：檔案功能

　　【File】功能表中，主要的功能為對檔案進行操作，常用的子功能如：

　　New：建立新檔案。

Open：開啓舊檔，Amos 檔案的副檔名為「*.amw」，這是基本常識。

Save：儲存檔案（模型圖）。

Save As：另存新檔。

Data Files：選取資料檔，並將資料檔匯入模型圖中。

Print：列印模型與資料。

File Manager：檔案管理。

Exit：結束，即離開應用程式。

二、【Edit】：編輯功能

【Edit】功能表中，主要功用在於物件的編輯處理。【Edit】功能表中的各項子功能，在繪圖工具箱中均有各式按鈕與之相對應。常用的子功能如：

Undo：還原設定，相當於繪圖工具箱中的 ⟲ 鈕。

Redo：重作設定，相當於繪圖工具箱中的 ⟳ 鈕。

Copy to clipboard：複製到剪貼簿，將編輯中的模型圖複製到剪貼簿或 MS Word 等其他應用軟體，相當於繪圖工具箱中的 🖨 鈕。

Select：選取單一物件，相當於繪圖工具箱中的 ☝ 鈕。

Select All：選取全部物件，相當於繪圖工具箱中的 ✋ 鈕。

Deselect all：解除全部物件的選取狀態，相當於繪圖工具箱中的 🖐 鈕。

Move：移動物件，相當於繪圖工具箱中的 🚚 鈕。

Duplicate：複製物件，相當於繪圖工具箱中的 🖨 鈕。

Erase：刪除物件，相當於繪圖工具箱中的 ✗ 鈕。

Move Parameter：移動參數位置，相當於繪圖工具箱中的 🎈 鈕。

Reflect：鏡射指標變數，相當於繪圖工具箱中的 ⚏ 鈕。

Rotate：旋轉指標變數，相當於繪圖工具箱中的 ↻ 鈕。

Shape of Object：改變物件形狀或大小，相當於繪圖工具箱中的 ✤ 鈕。

Space Horizontally：調整所選取之物件的水平距離。

Space Vertically：調整所選取之物件的垂直距離。

Drag Properties：拖曳物件的屬性，相當於繪圖工具箱中的 ▦ 鈕。

Fit to Page：將圖形放大或縮小至適合頁面大小，相當於繪圖工具箱中的 ▦ 鈕。

Touch Up：模型圖最適交會點，相當於繪圖工具箱中的 ▦ 鈕。

三、【View】：檢視功能

【View】功能表中，可對物件進行各類型態或屬性的檢視，包含下列的子功能：

Interface Properties：設定模型圖繪製區的介面風格。透過此功能可以設定模型圖繪製區的風格，該風格可分為兩種，分別為【玉照風格】（Portrait）與【風景照風格】（Landscape）。Amos 預設為【玉照風格】，即縱向式的長方形之意，它的高比寬的長度還長，而【風景照風格】，即橫向式長方形之意，它的寬比高的長度還長。

Analysis Properties：分析屬性，相當於繪圖工具箱中的 ▦ 鈕。

Object Properties：物件屬性，相當於繪圖工具箱中的 ▦ 鈕。

Variables in Model：模型中的變數，相當於繪圖工具箱中的 ▦ 鈕。

Variables in Dataset：資料集中的變數，相當於繪圖工具箱中的 ▦ 鈕。

Parameters：參數，可顯示模型中的各參數類別。

Text Output：輸出報表，可顯示模型執行成功後的各類輸出報表，相當於繪圖工具箱中的 ▦ 鈕。

Full Screen：全螢幕。可全螢幕顯示模型圖。

四、【Diagram】：圖形功能

【Diagram】功能表中，可對模型圖繪製區中的圖形或物件進行各種操作，這些功能在繪圖工具箱中均有相對應的圖示按鈕。包含下列的子功能：

Draw Observed：描繪觀察變數，相當於繪圖工具箱中的 ▦ 鈕。

Draw Unobserved：描繪潛在變數，相當於繪圖工具箱中的 ⬭ 鈕。

Draw Path：描繪單向箭頭路徑圖，相當於繪圖工具箱中的 ← 鈕。

Draw Covariance：描繪雙向箭頭的共變數圖，相當於繪圖工具箱中的 ↔ 鈕。

Figure Caption：圖示標題，相當於繪圖工具箱中的 Title 鈕。

Draw Indicators Variable：描繪指標變數，相當於繪圖工具箱中的 ⦵ 鈕。

Draw Unique Variable：描繪誤差變數，相當於繪圖工具箱中的 ⬚ 鈕。

Zoom In：放大圖形物件，相當於繪圖工具箱中的 🔍 鈕。

Zoom Out：縮小圖形物件，相當於繪圖工具箱中的 🔍 鈕。

Zoom Page：放大成整頁，相當於繪圖工具箱中的 🔍 鈕。

Scroll：捲軸移動，相當於繪圖工具箱中的 ⤴ 鈕。

Loupe：放大鏡檢視，相當於繪圖工具箱中的 🔍 鈕。

Redraw diagram：重新繪製圖形。

五、【Analyze】：分析功能

【Analyze】功能表中，主要進行模型中各類參數的估計與模型相關資料的管理，包含下列的子功能：

Calculate Estimates：計算估計值，即執行模型之意，相當於繪圖工具箱中的 🔢 鈕。

Stop Calculate Estimates：中斷估計值的計算程序，即中斷執行模型。

Manage Groups：管理群組並進行多群組之設定。

Manage Models：管理模型病進行多重模型之設定。

Modeling Lab：模型實驗室。這是個有趣的功能，利用此功能可以逐步的觀察模型執行的過程與結果。

Toggle Observed/Unobserved：將目前物件改變成觀察變數或潛在變數。使用此功能可將觀察變數轉變成潛在變數，或將潛在變數轉變成觀察變數。

Degree of Freedom：自由度的資訊。可顯示出模型自由度的相關資訊。

Specification Search：模型細項的搜尋。

Multiple-Group Analysis：多群組分析。可用以設定測量恆等性中，各類
參數的恆等性。

Bayesian estimation：適用於小樣本的貝氏估計法。

Data imputation：遺漏值資料的替代法。

六、【Tools】：工具功能

【Tools】功能表中，包含下列的子功能：

List Font：設定顯示於模型資訊視窗中之文字的字型。

Smart：維持對稱性，相當於繪圖工具箱中的 ⬚ 鈕。

Outline：於模型圖繪製區中，只顯示出路徑圖的線條。

Square：以方型比例繪圖。選取此功能後，將來以 ⬚ 鈕繪製觀察變數
時，所繪製出的圖形，都將是等比例的正方形。而以 ⬚ 鈕繪製
潛在變數時，所繪製出的圖形，都將是等比例的圓形。

Golden：以黃金分割比例繪圖。選取此功能後，將來以 ⬚ 鈕繪製觀察
變數時，所繪製出的圖形，都將是黃金分割比例的長方形。而
以 ⬚ 鈕繪製潛在變數時，所繪製出的圖形，都將是黃金分割
比例的橢圓形。

Customize：自訂功能列。

Seed Manager：種子管理。

七、【Plugins】：增益功能

【Plugins】功能表中，可以「擴增」Amos 應用軟體的原有功能，以補原
始功能之不足。【Plugins】功能表中目前擴充了各項參數標籤名稱的自動設
定、雙箭頭路徑圖的自動繪製與標準化殘差均方和平方根（standardized root
mean square residual, SRMR）的計算等功能，包含下列的子功能：

Draw Covariances：自動繪製雙箭頭的相關線，但繪製前，必須要將需要
繪製雙箭頭圖的物件先予選取。

Growth Curve Model：擴增曲線模型。此功能也蠻神奇的，只要輸入觀察
變數的數量，系統將自動於模型圖繪製區中繪製
出預設的模型圖（只假設有 2 個潛在變數的因素結
構）。所輸入的觀察變數數量必須大於 3（含）。

Name Parameters：為參數命名。執行此功能，系統將為模型圖中尚未命
名的參數自動命名。

Name Unobserved Variables：為潛在變數自動命名。執行此功能，系統將
為模型圖中尚未命名的誤差項和潛在變數自
動命名。

Resize Observed Variables：重新設定觀察變數大小。執行此功能，系統
會自動配置模型圖中各變數圖形的外觀大小。

Standardized RMR：計算 SRMR 值。

3-3 　繪圖工具箱

　　繪圖工具箱是 Amos Graphics 編輯視窗中的主要操作介面。繪製或執行
假設模型之路徑圖時，所會用到的工具，幾乎都已包含在繪圖工具箱中。操
作繪圖工具箱時，只要點選工具圖示，即可執行它的功能。被點選的工具圖
示按鈕，會呈「有邊框的下凹」狀態，當圖示按鈕呈「有邊框的下凹」狀態
時，再點選一次，則圖示按鈕即恢復成原來的狀態，此時即解除對該圖示按
鈕的操作。當滑鼠移到圖示按鈕上時（不按），也會出現該圖示按鈕的功能
提示。以下將簡要介紹繪圖工具箱中的各圖示按鈕之基本操作與意義，各圖
示按鈕的中文名稱，為求能於國內與各學者的著作翻譯一致，特參考知名學
者兼作家吳明隆（2007）的翻譯方式。

□：**Draw observed variables**【繪製觀察變數】

　　在 SPSS 資料檔中的所有變數（即欄位名稱，問卷中每個題項的名稱），
在 Amos 中均會被視為觀察變數。一般而言，潛在變數是不可直接測量的變
數，但是可以透過觀察變數而間接測量得到。故我們所指的觀察變數，通常

就是量表、問卷或測驗中的每一題題項。當然這些觀察變數可以透過問卷發放、抽樣調查的過程獲取其實際的資料值。

在模型圖繪製區中，可以使用▭工具，繪製代表觀察變數的長方形圖。實務操作時，須先點選▭，然後在模型圖繪製區中的適當位置上，按住滑鼠左鍵不放，接著進行拖曳（滑鼠往右下、右上、左下、左上方向移動均可），適當拖曳後，放開滑鼠即可描畫出一個長方形，它將代表一個觀察變數。

⬭：**Draw unobserved variables**【繪製不可觀測的變數】

結構方程模型中，不可觀測的變數有兩種：一為測量（或結構）誤差項；另一為潛在變數。測量誤差項通常不須使用者自行繪製，當使用🎛鈕繪製潛在變數的圖形時，就會自動帶出代表測量誤差項的圓形。但是，結構誤差項和潛在變數就必須由使用者自行繪製了。

所謂潛在變數是指不可直接被測量，但是可以透過觀察變數（通常指問卷中的每一個題項）而間接測量後所得到的變數。例如：消費者行為研究中，常見的消費者滿意度、忠誠度、服務品質⋯⋯等都屬於潛在變數。結構方程模型中，潛在變數又可分為二種，通常被假設為因者稱為潛在自變數或稱為潛在外生變數；而被假設為果者稱為潛在依變數或稱潛在內生變數。

在模型圖繪製區中，可使用⬭工具可繪製代表潛在變數的橢圓形。實務操作時，須先點選⬭，然後在模型圖繪製區中的適當位置上，按住滑鼠左鍵不放，然後進行拖曳（滑鼠往右下、右上、左下、左上方向移動均可），適當拖曳後，放開滑鼠即可描繪出一個代表潛在變數的橢圓形。在此，須特別強調一下，將來使用者要為這個潛在變數命名時，它的名稱不能與 SPSS 原始資料檔中的任何一個變數名稱（欄位名稱）相同，否則 Amos 會將潛在變數視為觀察變數，並出現警告使用者視窗訊息，此時模型當然無法順利進行估計任務，如圖 3-2。

圖 3-2 中，所顯示出的訊息說明了：「hp」這個變數已存在於 SPSS 資料檔中，所以「hp」應該是個觀察變數。因此，橢圓形的潛在變數，就不能再使用這個名稱。

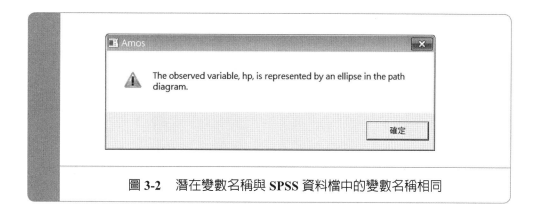

圖 3-2　潛在變數名稱與 SPSS 資料檔中的變數名稱相同

：Draw a latent variable or add an indicator to a latent variable
【繪製潛在變數或增加潛在變數的指標變數】

　　通常，在結構方程模型中，指標變數是指觀察變數和測量誤差項的合體。也就是說，觀察變數和測量誤差項合稱為指標變數。使用 工具，除可和一樣，可繪製代表潛在變數的橢圓形外，也可以在已繪製好的橢圓形上，點擊以增加觀察變數及誤差變數的數量。 工具是繪製模型圖時，最常使用的工具。

　　若使用者只想利用 工具來繪製代表潛在變數的橢圓形時，那麼其操作過程就會和使用 鈕時一模一樣。而當使用者想利用 工具來增列指標變數時，只要先點選 工具，然後將滑鼠移到已繪製完成的潛在變數上，按一下滑鼠左鍵即可增列一組觀察變數及誤差變數。若再按一下就可再增列一組指標變數。Amos 應用軟體相當貼心，指標變數（觀察變數及誤差變數）的形狀大小會隨指標變數的多寡而自行調整，以免所繪製的圖形，在比例上太過於突兀。

　　此外，使用者應該也不難觀察得到，在增列指標變數的過程中，Amos 應用軟體又展現了其相當貼心的一面，即 Amos 應用軟體會同時考量到未來模型的識別問題，而將所有測量誤差項和觀察變數間的路徑參數值均設定為 1。此外當有多組指標變數時，這些指標變數和其所屬的潛在變數之連接路徑中，必須要有一條路徑（且只有一條）之迴歸加權係數（代表因素負荷量）

要設為 1。

←：Draw paths-single headed arrows【繪製路徑─單向箭頭直線】

　　結構方程模型中，兩變數間的因果關係，將以單向帶箭頭的直線代表，直線起點處的變數代表「因」，常通稱為自變數；箭頭端的變數即代表「果」，亦稱為依變數。

　　← 工具可描繪代表兩變數間因果關係的單箭頭線路徑。其操作方式為，先點選 ← 工具，然後從變數屬性為因的變數（自變數）開始按住滑鼠，拖曳至結果變數（依變數）即可。單箭頭的起始點為自變數（代表因，屬外生變數）、方向所指向的變數為依變數（代表果，屬內生變數）。

↔：Draw covariance-double headed arrows【繪製共變異數─雙向箭頭曲線】

　　結構方程模型中，兩變數間的雙向關係（共變異數或相關係數），將以雙向箭頭曲線表示。在一階的驗證性因素分析（測量模型）中，所有的潛在變數間都須用以雙向箭頭曲線加以連接，否則將產生模式識別問題，導致模型無法正確估計。而在結構模型中，所有外生變數間也須設定雙向箭頭曲線，否則將來執行模型估計時，Amos 會跳出如圖 3-3 的警告訊息。該警告訊息內容提醒使用者是否該回到模型圖中，設定好兩潛在自變數間的相關性後再執行（即按【Cancel the analysis】鈕），或者也可因假設模型中，並沒有界定這兩個潛在自變數間的相關性，故視而不見，繼續執行（即按【Proceed with the analysis】鈕）。

　　↔ 工具可描繪代表兩變數間相關關係的雙向箭頭曲線。其操作方式為，先點選 ↔ 工具，然後按住滑鼠左鍵，從第一個變數拖曳至第二個變數，放開滑鼠後即可在二個變數間畫出具雙向箭頭的曲線。二個變數以雙箭頭連結時，代表此二個變數間具有共變異數（相關性），其值將被模型自由估計。在標準化模型中，當順利估計參數值後，雙向箭頭曲線上所顯示出的數字，即為此二個變數間的相關係數，同時這也代表著二個變數間沒有因果關係，而只有相關性。

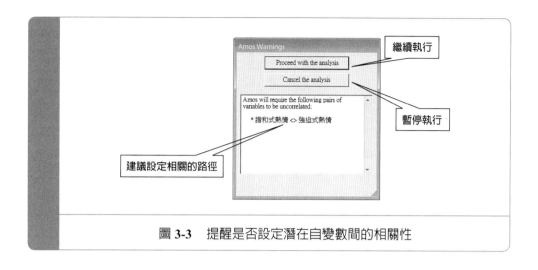

圖 **3-3**   提醒是否設定潛在自變數間的相關性

: **Add a unique variable to an existing variable**【增加誤差變數到現
存的變數中】

誤差變數通常是指測量或預測時所產生的誤差項。在結構方程模型中，
誤差變數有兩類：一類為測量模型中，使用觀察變數間接測量潛在變數時，
所產生的測量誤差（代表誤差變數的圓形畫在代表觀察變數的長方形上）；
另一類為使用潛在自變數預測潛在依變數時，所產生的結構（預測）誤差（代
表誤差變數的圓形將畫在代表潛在依變數的橢圓形上）。

可在觀察變數或潛在變數上增加誤差變數。其操作方式為，先點選
工具，然後，直接在內生變數（觀察變數或潛在變數皆可）上按一下滑鼠
左鍵，即可在內生變數上增加一個誤差變數。在 Amos 中繪製模型圖時，觀
察變數上的誤差變數，系統會自動繪製，並自動設定其間的路徑係數為 1。
但是，需要特別注意的是，結構模型中，所有性質屬內生變數（依變數）的
變數都要由使用者自行手動設定誤差變數，而且誤差變數和內生變數間的迴
歸加權係數一定要設定為 1。這點常常被使用者所遺忘。若模型中有內生變
數沒有增加誤差變數，那麼於模型估計時，就會跳出如圖 3-4 的警告視窗，
以告知研究者哪些內生變數沒有設定誤差變數。

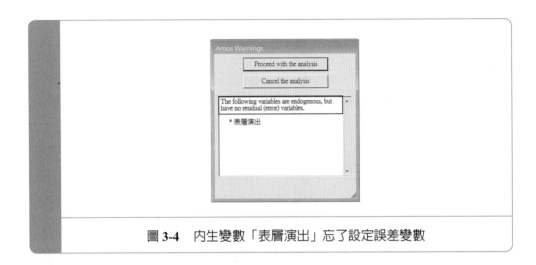

圖 3-4　內生變數「表層演出」忘了設定誤差變數

Title：**Figure captions【設定模型圖的標題內容】**

一般而言，當模型執行估計成功後，模型圖中的各路徑上即可顯示出各類的參數估計值，但是並無法即時顯示出模型的配適狀況。此時，若想讓各類配適指標也能顯示於模型圖繪製區時，那麼就須設定模型圖的標題內容（captions）。

Title 工具可輔助使用者於模型圖繪製區中設定模型圖的標題內容，以便能將模型名稱或各類配適度指標直接的顯示於路徑圖中。其操作方式為，先點選 Title 工具，然後，在模型圖繪製區中任意位置上按一下，此時就會出現【Figure Caption】的對話框（如圖 3-5），於【Caption】輸入欄內可直接輸入路徑圖的標題或相關配適度統計量。但輸入時，各配適度統計量有其固定代碼。

例如：要顯示卡方值（CMIN）與 P 值時，須於【Caption】下的輸入欄內輸入：

> 卡方值 =\CMIN
> P 值 =\P

「\CMIN」即代表卡方值，「=」前的文字會直接顯示於畫面上，而「=」後面才是要顯示的統計量（數值），每個統計量都有其特殊代碼，這些代碼

如表 3-1 所示。

此外，若是要顯示模型之參數估計值的格式（標準化或非標準化估計值），其代碼為「\FORMAT」。顯示群組名稱的代碼為「\GROUP」。顯示模型名稱的代碼則為「\MODEL」。

例如：我們想要於路徑圖中可以直接顯示群組名稱（代碼：\GROUP）、模型名稱（代碼：\MODEL）、參數估計值的格式（代碼：\FORMAT）、卡方值（代碼：\CMIN）、P 值（代碼：\P）、自由度（代碼：\DF）、卡方自由度比值（代碼：\CMINDF）、GFI（代碼：\GFI）、AGFI（代碼：\AGFI）、NFI（代碼：\NFI）、CFI（代碼：\CFI）、RMR（代碼：\RMR）、RMSEA（代碼：\RMSEA）等配適度指標時，就須於路徑圖中設定標題為：（如圖 3-5）

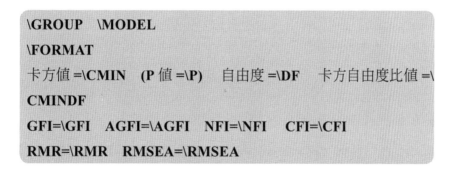

\GROUP　\MODEL
\FORMAT
卡方值 =\CMIN　(P 值 =\P)　自由度 =\DF　卡方自由度比值 =\CMINDF
GFI=\GFI　AGFI=\AGFI　NFI=\NFI　CFI=\CFI
RMR=\RMR　RMSEA=\RMSEA

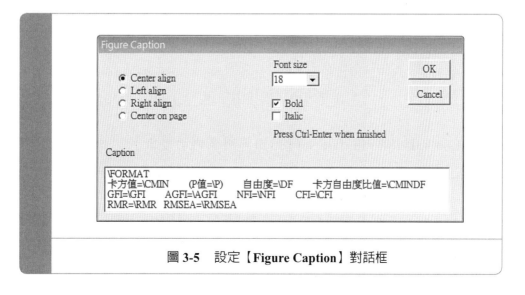

圖 3-5　設定【Figure Caption】對話框

表 3-1 配適度統計量的代碼

配適度指標	代碼	配適度指標	代碼	配適度指標	代碼
AGFI	= \AGFI	F0 HI90	= \F0HI	P 值	= \P
AIC	= \AIC	F0 LO90	= \F0LO	PARTIO	= \PARTIO
BCC	= \BCC	FMIN	= \FMIN	PCFI	= \PCFI
BIC	= \BIC	GFI	= \GFI	PCLOSE	= \PCLOSE
CAIC	= \CAIC	HOELTER (A = 0.01)	= \HONE	PGFI	= \PGFI
CFI	= \CFI	HOELTER (A = 0.05)	= \HFIVE	PNFI	= \PNFI
CMIN	= \CMIN	IFI	= \IFI	RFI	= \RFI
CMIN/DF	= \CMINDF	MECVI	= \MECVI	RMR	= \RMR
DF	= \DF	NCP	= \NCP	RMSEA	= \RMSEA
ECVI	= \ECVI	NCP HI90	= \NCPHI	RMSEA HI90	= \RMSEAHI
ECVI HI 90	= \ECVIHI	NCP LO90	= \NCPLO	RMSEA LO90	= \RMSEALO
ECVI LO90	= \ECVI LO	NFI	= \NFI	TLI	= \TLI
F0	= \F0	NPAR	= \NPAR		

資料來源：吳明隆（2007）

：List variables in model【列出模型內的變數】

點選 工具後，會出現【Variables in Model】對話框，在此對話框中可以查看模型圖中已使用到的所有變數之名稱。這些變數名稱包含觀察變數的名稱、測量模型中誤差變數的名稱、結構模型中誤差變數的名稱與各類潛在變數的名稱。這些名稱中，一般而言，各類誤差變數與潛在變數是由研究者所自行命名的（當然也可以執行【Plugins】/【Name unobserved variables】後，由系統自動命名），而觀察變數則可直接由所匯入的 SPSS 資料檔中讀入。

：List variables in data set【列出資料集內的變數】

點選 後，會跳出【Variables in Dataset】對話框，在此對話框中，可以查看資料檔內的所有變數名稱（即 SPSS 資料檔中所有欄位的名稱）。【Variables in Dataset】對話框所顯示出的變數，均為觀察變數，但這些觀察變數不一定會於模型圖中被使用到。當要為路徑圖中的觀察變數設定變數名

稱時，只要於開啟【Variables in Dataset】對話框的狀態下，直接拖曳對話框內的變數名稱至代表觀察變數之長方形物件內即可。此外，順便提一下，未來替潛在變數命名時，其名稱不得與【Variables in Dataset】對話框內所顯示出的變數名稱相同，否則執行模型估計時，將出現如圖 3-2 的錯誤訊息。

✋ ：Select one object at a time【只選取一個物件】

在 Amos 的編輯視窗中，要對物件進行編修或設定時，必須先選取該物件。點選 ✋ 後，再於變數或路徑（箭頭）上按滑鼠左鍵一次，則該變數或路徑就已被選取。在物件以被選取的狀態下，即可以進行後續的編修、設定等操作。對於已被選取的變數或路徑，其圖形之顏色或外框會變為藍色。雖然 ✋ 一次只能選取一個物件，但若連續點選，亦可達選取多個物件之效。

🖐 ：Select all objects【選取所有物件】

點選 🖐 後，可以一次選取模型圖繪製區內的所有物件。選取物件後可進行物件的編修、設定等操作。

🖐 ：Deselect all objects【取消所有物件的選取狀態】

點選 🖐 後，會取消模型圖繪製區內所有物件的選取狀態。

📠 ：Duplicate objects【複製物件】

點選 📠 後，將滑鼠移向物件上，按住滑鼠左鍵不放，拖曳至適當位置，然後再放開滑鼠，即可於新位置上複製一個與原先一模一樣的物件。

🚚 ：Move objects【移動物件】

點選 🚚 後，將滑鼠移至物件上，然後按住滑鼠左鍵不放，待拖曳至適當位置後，再放開滑鼠，即可將物件拖移至新的位置上。

✗ ：Erase objects【移除物件】

點選 ✗ 後，將滑鼠移至物件上，按一下左鍵，即可將該物件移除。

：**Change the shape of objects**【變更物件的形狀與大小】

點選 後，將滑鼠移至物件上，按住左鍵不放並「小幅度」拖曳，即可重新調整物件的形狀與大小。如果同時選取全部物件，則相同幾何圖形的物件，其形狀會一起改變大小。要特別注意一下，誤差變數和潛在變數會被視為相同的幾何圖形，所以盡量不要在全選的狀態下，變更物件的形狀與大小。基於此，如果使用者要改變數個誤差變數的大小時，可按 ，然後分別選取要改變形狀的誤差變數，待選取完成後，即可利用 一起變更已選取物件之形狀與大小。

：**Rotate the indicators of a latent variable**【旋轉潛在變數之指標變數】

點選 後，將滑鼠移至潛在變數上，按一下滑鼠左鍵，潛在變數之指標變數（觀察變數及誤差變數）會按順時針方向，每次旋轉 90°。但是，旋轉後整體圖形的大小比例會變動，因此有點麻煩，需要再微調。

：**Reflect the indicators of a latent variable**【鏡射潛在變數之指標變數】

點選 後，可以迴歸加權係數設為 1 的指標變數為基準點，進行水平鏡射或指標變數位置的垂直鏡射。其操作方式為，將滑鼠移至潛在變數上，然後按左鍵一次，則就會再以迴歸加權係數設為 1 的指標變數為基準點進行水平鏡射（即左、右對調），再按一次，則指標變數的位置會進行垂直鏡射（即上、下對調）。

：**Move parameter values**【移動參數值的位置】

點選 後，可移動路徑圖或模型圖中，估計參數的顯示位置。

：**Reposition the path diagram on the screen**【在螢幕上移動路徑圖的位置】

點選 後，滑鼠旁會出現 scroll（捲動）的提示字，此時將滑鼠移至模型圖繪圖區內，按住滑鼠，可於螢幕上拖曳整張模型圖。

🖊 : Touch up a variable【變數路徑最適接觸】

當繪製之路徑圖於各物件之交會為至上，呈現不對稱時，可利用 🖊 讓電腦自行調整。操作時先點選 🖊，然後在路徑圖交會的變數上按一下即可。

▦ : Select data files【選擇資料檔】

要能執行模型的估計任務，必須先指定資料檔到模型中。▦ 工具可輔助使用者指定模型所將配適的資料檔。點選 ▦ 工具後，待出現【Data Files】對話框時，按對話框中的【File Name】鈕，即可出現【開啟】子對話框，使用者在此對話框中，即可指定要配適假設模型的資料檔。選定資料檔後，按【開啟】鈕，此時所選取的資料檔名稱會出現在【Data Files】對話框中。按【OK】鈕，即可將資料檔匯入假設模型中。

▥ : Analysis properties【分析屬性】

在 Amos 中，模型估計後，需要輸出哪些報表，都需要使用 ▥ 工具來輔助設定。其操作方式為，點選 ▥ 後，會出現【Analysis Properties】對話框，在此可以設定要顯示或輸出到報表中的統計量或參數估計值。

在【Analysis Properties】對話框的【Output】標籤頁中（如圖 3-6），可以勾選未來將在報表中顯示的統計量，其內容包括：

【極小化過程的統計量】（Minimization history）

【標準化估計值】（Standardized estimates）

【多元相關平方】（Squared multiple correlations）

【樣本動差】（Sample moments；即樣本共變數矩陣）

【隱含動差】（Implied moments；即隱含共變數矩陣）

【全隱含動差】（All implied moments）

【殘差動差】（Residual moments；殘差矩陣）

【修正指數】（Modification indices）

【間接效果、直接效果與總效果】（Indirect, direct & Total effects）

【因素得分加權值】（Factor score weights）

【共變數估計值】（Covariance estimates）

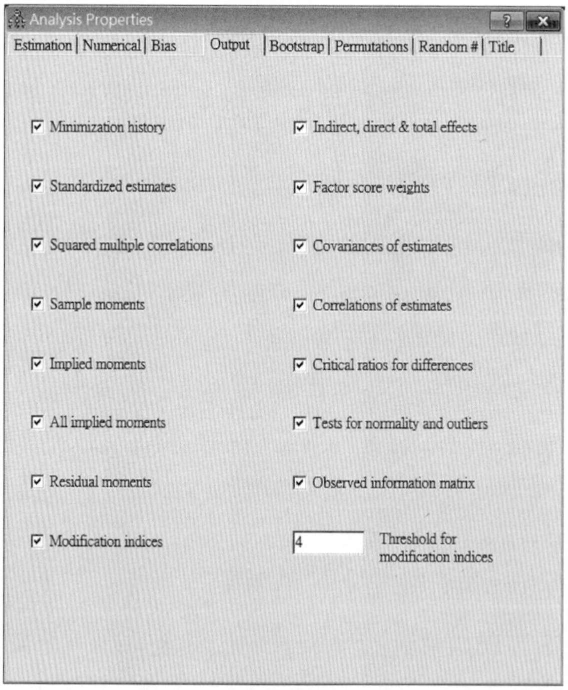

圖 3-6　【Output】標籤頁

【相關係數估計值】（Correlations of estimates）

【差異值的臨界比值 / 差異值的 Z 檢定】（Critical ratios for difference）

【常態性與極端值的檢定】（Test for normality and outliers）

【觀察的資訊矩陣】（Observed information matrix）

【修正指數的門檻值】（Threshold for modification indices）

其中【修正指數的門檻值】預設為 4，表示將來報表輸出時，那麼會在報表中顯示出修正指數值大於 4 的路徑或共變關係，此門檻值可由使用者自行修改。修正指數值對研究者很重要，當模型無法達到良好適配度時，可參考修正指數值所建議得修正路徑而進行模型的合理化修正（當然，模型修正時最好也須有強韌的理論依據）。

此外，對於模型估計，【Analysis Properties】對話框的【Estimation】

標籤頁中，也提供了五種不同的估計法（如圖 3-7）：【最大概似估計法，簡稱 ML 法】（Maximum likelihood）、【一般化最小平方法，簡稱 GLS 法】（Generalized least squares）、【未加權最小平方法，簡稱 ULS 法】（Unweighted least squares）、【尺度自由最小平方法，簡稱 SFLS 法】（Scale-free least squares）、【漸近分配自由法，簡稱 ADF 法】（Asymptotically distribution free）。上述五種主要參數估計法中，以【最大概似估計法】及【一般化最小平方法】二種最為常用。Amos 預設之估計方法為【最大概似估計法】。然而，使用最大概似估計法前，研究者應該要先檢定樣本資料是否具有多元常態性。

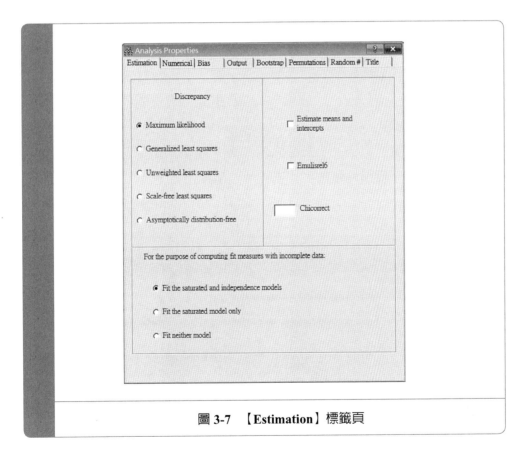

圖 3-7　【Estimation】標籤頁

iiii ：**Calculate estimates**【計算估計值】

點選 **iiii** 後，即可估計模型路徑圖中各種參數值、統計量值與各種配適指標值。如果過程中沒有任何錯誤，則模型資訊視窗之模型欄的提示訊息將由【XX：Default model】變成【OK：Default model】或【XX：模型名稱】變為【OK：模型名稱】。

執行過程中，常發生的錯誤大致上有兩類：一為資料界定問題，另一為共變數矩陣的正定問題。茲說明如下：

➢ 資料界定問題

執行計算估計值的過程中，如果原始資料檔中任何一個觀察變數有遺漏值時，那麼就會出現如圖 3-8 的錯誤訊息。該錯誤訊息告知使用者，於嘗試配適模型時發生錯誤。所以建議使用者要估計模型前，最好先確認 SPSS 資料檔中，已無遺漏值存在。若有遺漏值時，可用平均數替代法（mean value replacement）、整列刪除法（casewise deletion）與成對刪除法（pairwise deletion）等方法來處理。

所謂「平均數替代法」，顧名思義，就是看該遺漏值是發生在哪個變數（資料檔中直的一行稱為變數，代表一個題項或指標），然後以該變數的整

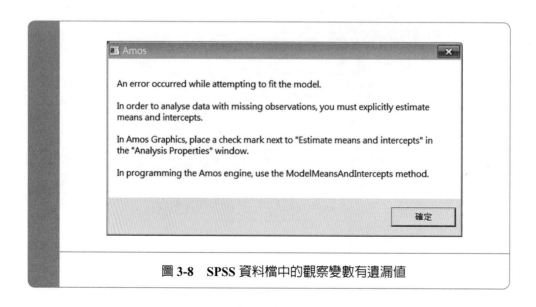

圖 3-8　SPSS 資料檔中的觀察變數有遺漏值

體平均值來取代該遺漏值。例如：教學評量問卷中，某同學第一題未填寫，所以就以其他學生填寫第一題答案的平均數來替代。平均數替代法雖然簡單容易，但會降低資料的變異程度導致對資料間關係的探索會產生偏誤。所以此方法較適合於當某變數之遺漏值的比例只占全體樣本的 5% 以下時（Hair et al., 2014）。

整列移除法則比較乾脆，某樣本（資料檔中橫的一列稱為樣本或個案）所具有的諸多變數（題項、指標）中，只要有一個變數是遺漏值時，那麼就把整個樣本刪除，當然這樣的作為樣本數就會少了一個。因此刪除的時候要小心，當遺漏值多時，很有可能因為樣本被刪除而導致樣本數過少的問題。此外，由於是整個樣本刪除，很有可能會連續刪到一群具有相關意義的樣本，這樣的話，將來進行估計時也容易導致偏誤。

成對刪除法是指在進行統計分析時先保留遺漏值，等到要分析時，分析內容真的涉及到這些有遺漏值的個案或變數時，才將擁有該遺漏值的個案或變數刪除。此方法的優點是盡可能極大化可以利用的資料，避免樣本的大量減少；但其缺點是會產生不一致的相關係數矩陣，甚至此一相關係數矩陣的特徵值（eigenvalues）可能會出現負值。由於這個方法會改變相關係數矩陣的變異性質，整個研究的檢定力也會隨之變動，導致後續利用多變量分析進行統計推論時，困難重重（劉正山、莊文忠，2012）。

➤ 共變數矩陣的正定問題

若是樣本共變數矩陣無法正定（positive definite），則會出現如圖 3-9 的錯誤訊息方塊，該訊息方塊提供了模型無法正定的可能原因：(1) 樣本共變數矩陣或樣本相關矩陣包含的資料有誤；(2) 觀察變數因為樣本數太少，產生線性相依的情形；(3) 使用成對刪除法時，造成資料不完整，導致無法估計出樣本共變數矩陣或樣本相關矩陣；(4) 與產生動差相關比較之下，樣本相關矩陣包含其他無關相關係數。實務上這種錯誤往往都是因為資料檔中的變數，其相關性太高（共線）或原始資料檔（*.sav）具有遺漏值所引起的（吳明隆，2007）。

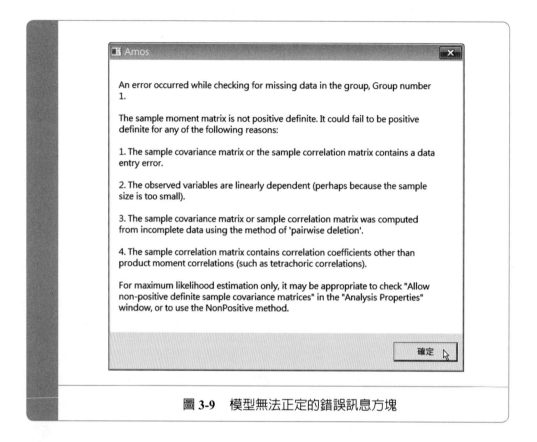

圖 3-9　模型無法正定的錯誤訊息方塊

：Copy the path diagram to the clipboard【複製路徑圖到剪貼簿中】

點選 後，可將路徑圖複製到其他的應用軟體，如 MS Word 中，以從事更進一步的編輯並展示成果。

：View text【瀏覽輸出報表】

點選 後，會跳出【Amos Output】視窗，視窗中將展示模型路徑圖中各項參數的估計結果與各項配適度指標值，如圖 3-10 所示。【Amos Output】視窗會將各類輸出結果予以分類，這些分類會顯示在視窗的左半邊，包含下列這些目錄：

【Analysis Summary】（分析摘要）

【Notes for Group】（群組說明）

【Variable Summary】（變數摘要）

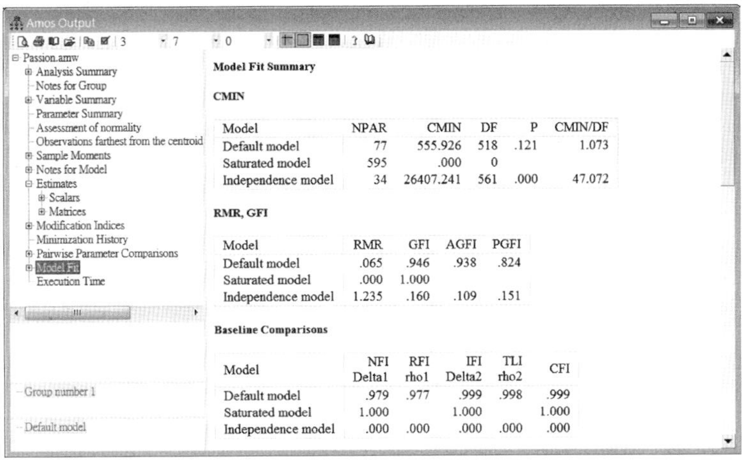

圖 3-10　【Amos Output】視窗

【Parameter summary】（參數摘要）

【Assessment of normality】（常態性估計）

【Observations farthest from the centroid】（距離群體形心最遠之觀察值）

【Sample Moments】（樣本動差）

【Notes for Model】（模型說明）

【Estimates】（估計值）

【Modification Indices】（修正指數）

【Minimization History】（最小化歷程）

【Pairwise Parameter Comparison】（成對參數比較）

【Model Fit】（模型配適度）

【Execution Time】（執行時間）

　　這些輸出目錄中，最常使用者為【Estimates】與【Model Fit】目錄，在【Estimates】目錄中會顯示出各類參數的估計值與檢定結果。而【Model Fit】目錄中則會顯示出用以評鑑模型的各種適配度指標值。

🖫：Save the current path diagram【儲存目前的路徑圖】

　　點選 🖫 後，可儲存目前模型圖繪製區中的路徑圖，其副檔名為「*.amw」。模型圖在計算估計值之前，一定要先將模型圖存檔。如果模型圖沒有存檔，點選 ▦ 後，會出現【另存新檔】的對話框，要求使用者先將模型圖存檔後，再執行。此外，利用 Amos 繪製的假設模型圖，於存檔時會同時儲存三個檔案，即一個原始路徑圖檔案（*.amw）、二個備份檔案（*.bk1，*.bk2）。這些備份檔案，沒什實質作用，可定時的予以刪除。

▦：Objects properties【物件屬性】

　　點選 ▦ 後，會出現【Objects Properties】對話框，然後在物件上按一下，即可設定該物件（路徑或變數）的顏色、顯示文字大小與變數名稱、物件邊框的粗細、參數值的內容與格式設定等，該對話框包括五個標籤頁：【文字】（Text）、【參數】（Parameters）、【顏色】（Color）、【格式】（Format）與【可視性】（Visibility），如圖 3-11。此外為了操作方便起見，使用者也可直接在物件上，按滑鼠右鍵，然後從快顯功能表中選取【Objects properties】功能，如此也可以直接開啓【Objects Properties】對話框，以進行相關的設定工作。

　　在【Objects Properties】對話框中，最常使用的標籤頁為【Text】（如

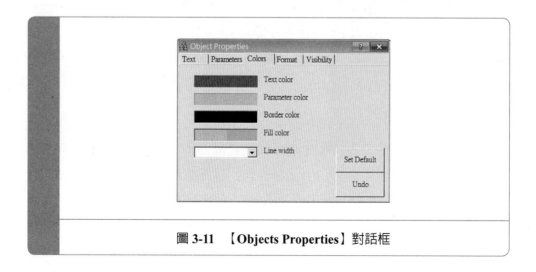

圖 3-11　【Objects Properties】對話框

圖 3-12）與【Parameters】（如圖 3-13）。在【Text】標籤頁中，使用者可於
【Variable name】下的輸入框內定義變數的名稱，而於【Variable label】下的
輸入框內則可定義該變數於路徑圖中將顯示的文字。而在【Parameters】標籤
頁內的【Variance】或【Regression weight】輸入欄中可設定物件的初始參數
值，特別須注意的是，該輸入欄之名稱，會隨所選物件而改變。例如：選取
潛在自變數時，會出現【Variance】；而點選路徑時，則會出現【Regression
weight】。

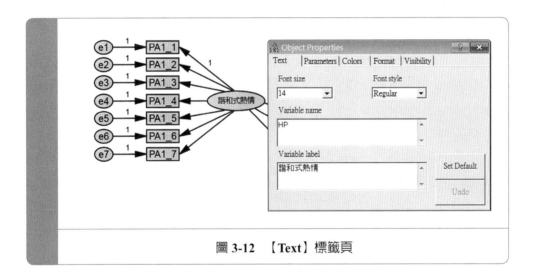

圖 3-12 【**Text**】標籤頁

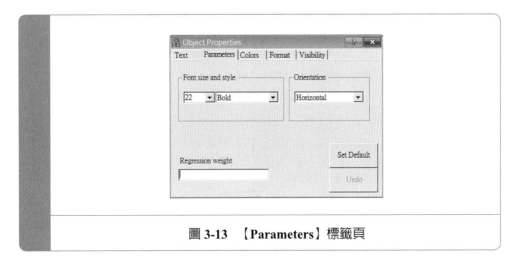

圖 3-13 【**Parameters**】標籤頁

▦ ：**Drag properties from object to object**【將物件的屬性在物件間拖曳】

此功能與 MS OFFICE 系列軟體中的【複製格式】功能類似。點選 ▦ 後，可開啟【Drag properties】對話框，在此對話框可以勾選將複製到其他物件的格式，包含字型、顏色、變數的高度、寬度、參數的位置與參數的字型等格式屬性。操作時，【Drag properties】對話框不可關閉，否則無法複製格式。

▽ ：**Preserve symmetries**【維持對稱性】

點選 ▽，可以維持物件於移動或複製時的整體性。也就是說，此功能會將潛在變數及其指標變數（包含觀察變數與誤差變數）結合成一群組物件（類似 MS Word 的群組物件概念），於移動或複製時，整個群組物件會一起移動或複製。如果沒有點選 ▽，進行移動或複製時，由於潛在變數與指標變數是分開的物件，因此整個路徑圖將失去對稱性，相當難看。在模型圖繪製區裡，複製或移動物件，建議使用者，最好利用 ▽ 工具，如此在操作上將能達到省時省力之效。

🔍 ：**Zoom in on an area that you select**【放大檢視選取區】

點選 🔍，於模型圖繪製區內，按滑鼠左鍵及拖曳可放大檢視所選取的區域。

⊕ ：**View a smaller area of the path diagram**【放大檢視路徑圖】

點選 ⊕，可直接放大檢視整個路徑圖。

⊖ ：**View a larger area of the path diagram**【縮小檢視路徑圖】

點選 ⊖，可直接縮小檢視整個路徑圖。

🔍 ：**Show the entire page on the screen**【於螢幕上以整頁模式顯示路徑圖】

點選 🔍，模型圖繪製區（白色網底的區域）內的路徑圖會以整頁模式顯

示。

⊕ ：**Resize the path diagram to fit on a page**【重新調整路徑圖的大小
　　以符合編輯畫面】

　　點選 ⊕ ，則原本超出模型圖繪製區（白色網底的區域）的路徑圖，會自
動調整到模型圖繪製區（白色網底的區域）內。

🔍 ：**Examine the path diagram with the loupe**【以放大鏡檢核路徑圖】

　　點選 🔍 ，可以使用放大鏡的功能，放大觀看路徑圖的某個區域內容。

👥 ：**Multiple-Group Analysis**【多群組分析】

　　點選 👥 ，可進行多群組分析的相關設定。

🖨 ：**Print the selected path diagram**【列印所選取的路徑圖】

　　點選 🖨 ，可列印所選取的路徑圖。

↺ ：**Undo the previous change**【還原】

　　點選 ↺ ，可還原先前的改變。

↻ ：**Undo the previous undo**【重做】

　　點選 ↻ ，可重做。

3-4 模型資訊視窗

　　模型資訊視窗包含六個區塊分別為：【路徑圖輸出入模式切換區】、【群
組檢視區】框（Groups）、【模型檢視區】（Models）、【參數格式切換
區】（Parameter Formats）、【計算摘要區】（Computation Summary）與
【目前目錄中的檔案區】（Files in current directory），如圖 3-14 所示。當模
型計算估計完成後，若沒發生任何錯誤，則【路徑圖輸出入模式切換區】內
的輸出模式鈕 🔼 會呈可作用狀態，此時按 🔼 鈕，即可於模型圖繪製區內的

路徑圖上直接顯示參數之估計結果。此外也可在【參數格式】框內選取要顯示的參數值格式，此格式有標準化值（Standardized estimates）和非標準化值（Unstandardized estimates）兩種。

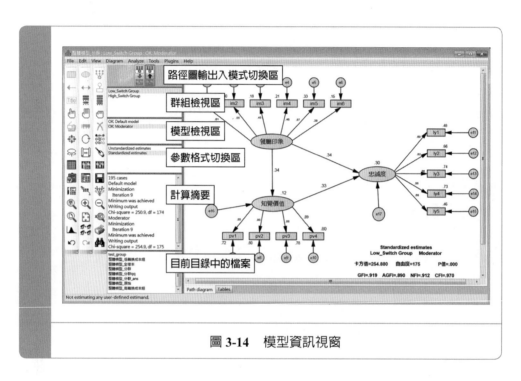

圖 3-14　模型資訊視窗

　　圖 3-14 為一多群組結構方程模型，其主要目的在探討「轉換成本」於「餐廳印象與忠誠度」間的干擾效果是否顯著。由於必須進行干擾效果的驗證，因此模型將以「轉換成本」來分成兩群，即「高轉換成本」組與「低轉換成本」組，所以在【群組檢視區】內可看到「Low-Switch Group」與「High-Switch Group」等兩群組。而【模型檢視區】內亦有二個模型，即「Default」模型與「Moderator」模型，這是為了檢驗在干擾變數「轉換成本」的作用下，「Moderator」模型與「Default」模型的 χ^2 值是否有顯著差異，若兩模型的 χ^2 值確實具有顯著差異，那麼可證明干擾變數「轉換成本」確實是有作用的。執行完後，按 鈕，並選擇【Standardized estimates】，就可在模型圖繪製區內的路徑圖上直接顯示標準化參數值。

3-5 模型圖繪製區

模型圖繪製區（白色網底的區域）就是讓研究者繪製概念性模型圖的區域，該區域為一長方形區域，Amos 預設為【玉照風格】（Portrait），即縱向式的長方形之意，它的高比寬的長度還長，畫模型圖時，超出該長方形編輯區（白色網底區）的部分，雖然其統計量也會被計算，但卻無法列印。如果要改變模型圖的繪製區域為【風景照風格】（Landscape）（即橫向式長方形之意，它的寬比高的長度還長）時，可以執行【View → Interface Properties】，待出現【Interface Properties】對話框後，選取【Page Layout】標籤頁，在【Page Layout】標籤頁內，除可設定頁面的邊界（Margins）外，也可以在【Paper Size】中選取各種規格、大小的「玉照」或「風景照」風格，如圖 3-15 所示。另外，也可於【Hight】（高度）、【Width】（寬度）的輸入欄內直接指定繪製區域的大小。

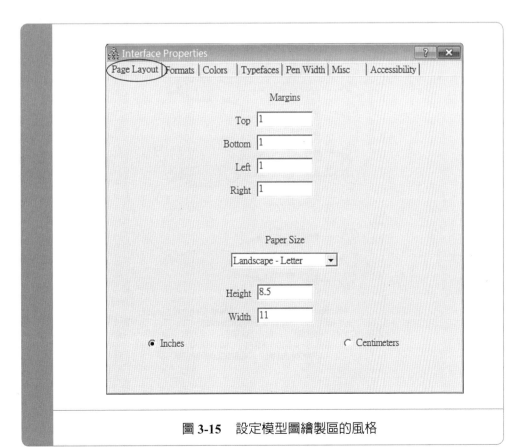

圖 3-15 設定模型圖繪製區的風格

第 3 章　習題

S 練習 3-1

試問完整的 Amos 中，將包含哪些輸出目錄？最常用的為哪些輸出目錄？。

S 練習 3-2

Amos 的模型資訊視窗中，包含哪些區塊？各能顯示出哪些訊息？

S 練習 3-3

試於 Amos 中，繪製如圖 3-16 的空白一階驗證性因素分析圖，完成後請另存新檔為「hw3-1_CFA_ 空白 .amw」。（提示：標題的製作可利用「設定標題 .txt」輔助設定）

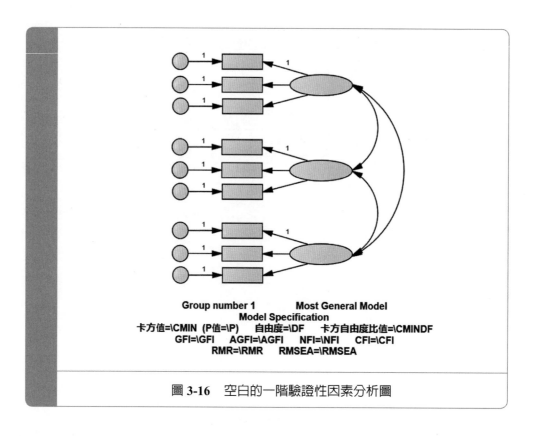

圖 **3-16**　空白的一階驗證性因素分析圖

結構方程模型的應用

　　傳統的探索性分析技術是一種資料導向的分析方式。也就是說，研究者會純粹從資料的角度出發，對資料進行分析以探索、發現變數關係間的本質、特徵與客觀規律。因此，探索性分析技術將從經抽樣調查所獲得的資料而建立變數間因素結構的相關模型。相對的，結構方程模型則屬於一種驗證性的分析技術，驗證性的分析技術會先釐清問題點、然後建立模型，最後再利用資料去驗證模型的適用性。

　　因此，結構方程模型的基本概念是：研究者首先會根據先前的理論、已有的知識與經驗，經過文獻整理、理論推導和假設，而建立一個描述一組變數之間相互關係的假設模型（又稱為概念性模型），然後經過對觀察變數的測量，獲得一組觀察變數的實際資料和基於此樣本資料所形成的共變數矩陣，這個共變數矩陣稱為樣本矩陣。結構方程模型就是要將假設模型中，各變數之路徑關係所形成的共變數矩陣（又稱再生矩陣）與實際的樣本矩陣進行配適性檢驗（即檢驗樣本矩陣到底有多接近再生矩陣），如果假設模型與實際的樣本資料配適良好，那麼就表示假設模型是可以接受的；否則就要對假設模型進行修正，如果修正之後仍然不符合配適指標的要求，那麼就須否定假設模型，一切得從頭再來。

　　在本章中，將介紹結構方程模型所可以發展的模型種類、實際分析步驟與模型的界定過程，以便能為將來於 Amos 中的實務分析工作奠定良好的基礎。

4-1　結構方程模型的應用分類

　　依研究者之研究目的與型態，一般可將結構方程模型的分析類型，分為三大類（Jöreskog and Sörbom, 1993），分別為：純粹驗證模型（strictly confirmatory, SC）、替代模型（alternative models, AM）與產生模型（model generating, MG）。

一、純粹驗證模型

　　就研究者的角度來看，在純粹驗證模型（SC）的應用中，其實研究者

早就對於所欲探究的模型早有定見，其運用結構方程模型的目的，只是要去證明該模型的正確性而已。因此，研究者所期盼的是能以實證資料去驗證模型，並接受模型。也就是說，只有研究者心目中的模型，才是最合理和最符合所調查之資料的。所以，這類型的結構方程模型，其分析資料的目的就在於，驗證模型是否配適樣本資料，從而決定是該接受，還是拒絕這個模型。

這一類的結構方程模型分析並不太多，因為無論是接受還是拒絕這個模型，從研究者的角度來說，總還是希望能有其他更好的模型存在。然而，在臺灣的研究環境中，以博、碩士論文與期刊論文而言，純粹驗證模型卻是最常見的結構方程模型。

二、替代模型

在替代模型（AM）的應用分析中，研究者會根據文獻理論、已有的經驗或知識，從不同的角度，對議題進行不同層次的推導、推論，從而提出數個不同結構關係的可能模型，並讓這些可能模型（也稱為競爭模型）以所蒐集回來的資料進行配適，然後再根據各個模型對樣本資料配適的優劣情況，來決定哪個模型是最可取的。

這種類型的研究分析，雖然較純粹驗證模型常見，但實務上，在研究過程中，即使模型研究者能夠得到一個最可取的模型，但仍然不免要對模型進行許多的修改作為。於是，這樣的過程就有點類似產生模型類的分析了。

三、產生模型

在所有結構方程模型的應用中，最常見的就是產生模型（即 MG 類模型）。在這類型的分析中，模型研究者會先提出一個或多個基本模型，然後檢查這些模型是否配適樣本資料。在分析過程中，研究者會以理論或樣本資料為基礎，試圖找出導致模型配適不良的原因，進而據此修改模型，並透過同組樣本資料或同類的其他樣本資料，去檢查修正模型的配適程度。這樣的一連串遞迴過程，其目的就是要產生一個「最佳」的模型。

從上述的說明，讀者應不難理解，結構方程模型除可作為驗證模型和比較不同的模型外，也可以用於評估模型及修正模型。因此，常可見到研究者

往往會先從一個預設的初始模型開始，然後將此模型與既有的樣本資料相互印證。如果發現初始模型與樣本資料配適不良的話，那麼就對初始模型進行修改，然後再檢驗，不斷重複這一個過程，直至最終獲得一個配適程度令研究者「滿意」且對於各個參數估計值也都能有合理解釋的模型為止。

結構方程模型雖然屬於驗證性的分析技術，但在研究過程中亦不排除使用探索性分析。Anderson and Gerbing（1988）認為，理論的發展往往是先透過探索性分析建立模型，再用驗證性分析去評估和修正模型。探索性分析和驗證性分析是研究過程的兩個階段，不能截然分開，只有兩者結合，研究才能更具深度。

4-2　結構方程模型的分析步驟

進行結構方程模型分析時，研究者首先會根據先前的理論、已有的知識與經驗，經過文獻整理、理論推導和假設，而建立一個描述一組變數之間相互關係的假設模型（又稱為概念性模型），然後經過對觀察變數的測量，獲得一組觀察變數的實際資料和基於此樣本資料所形成的共變數矩陣，這個共變數矩陣稱為樣本矩陣。結構方程模型就是要將假設模型中，各變數之路徑關係所形成的共變數矩陣（又稱再生矩陣）與實際的樣本矩陣進行配適性檢驗（即檢驗樣本矩陣到底有多接近再生矩陣），如果假設模型與實際的樣本資料配適良好，那麼就表示假設模型是可以接受的；否則就要對假設模型進行修正，如果修正之後仍然不符合配適指標的要求，那麼就須否定假設模型，一切得從頭再來。

結構方程模型的實務應用，具體而言可分為以下七個步驟：

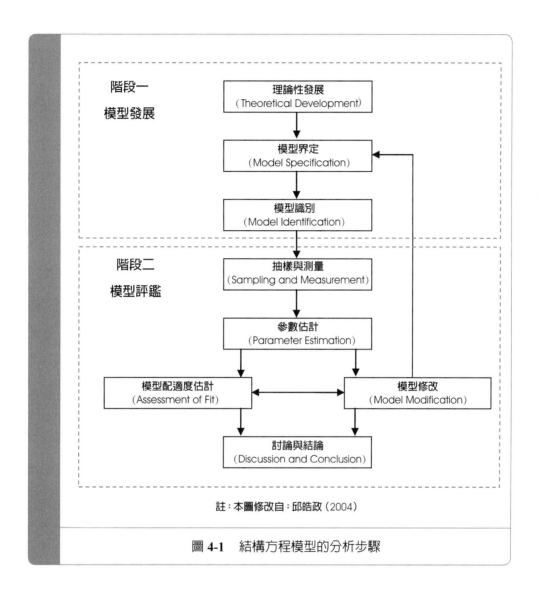

圖 **4-1** 結構方程模型的分析步驟

接下來，我們詳細敘述結構方程模型的分析步驟：

一、理論性發展

由於，在結構方程模型中，模型的建立必須以正確的理論為基礎，否則無法正確解釋變數間的關係。所以進行結構方程模型的實際建模工作之前，研究人員應該對所研究的管理性問題有很深的理論理解，且對研究的問題中

所涉及的各種變數間的相關性應盡量釐清，這些都是結構方程模型建立前所需的準備工作。

二、模型界定

　　模型界定的目標就是希望能用線性聯立方程式表示出假設模型的數學型態，進而製作用以描述假設模型中，各變數之路徑關係的共變數矩陣（又稱再生矩陣）。模型界定主要將依據以下各類的假設而達成：

1. 模型可以適當的表達出觀察資料特徵的相關假設。
2. 觀察指標與潛在變數關係的相關假設。
3. 潛在變數或觀察指標作用方向及屬性的相關假設。

　　雖然結構方程模型的本質是一種驗證性的分析技術，而不是一種探索性的分析技術。然而，很多時候，結構方程模型的發展都是從設定一個初始模型開始的，然後將這個模型與實際的樣本資料進行配適，透過每次的配適結果及研究者對相關主題的理論基礎、知識、經驗去驗證模型假設關係界定的合理性，然後進行修改，直到能得到一個最終的最合理的模型為止。從這樣的過程中，當然難免也會有探索性分析的味道。但須特別注意的是，研究者的初衷主要是想應用結構方程模型，來確定假設模型針對某個研究議題是否合理，而並不是要去尋找和發現一種合適的模型。

　　模型界定的主要內容是要去確認模型中涉及到的變數間的關係。因此，模型界定時，主要將確認以下相關事項：

1. 確認觀察變數（即指標，通常是指問卷中的題項）與潛在變數（即因素，通常是不可直接衡量的概念）間的關係。
2. 確認各個潛在變數間的關係（即指定哪些因素間有相關的或直接的影響效應）。
3. 根據研究者對所研究問題的掌握程度與經驗，在複雜的模型中，可以去限制因素負荷或因素間的相關係數等參數數值或關係。例如：我們可以設定某兩個潛在變數間的相關係數就直接等於0.38；某兩個因素負荷必須相等。

　　界定模型可以有不同的方法。最簡單、最直接的一種方法就是使用路徑

圖。路徑圖是建立視覺化統計模型的一種非常常用的手段，因為它將使研究者所界定的模型以最直觀和明瞭的方式表達出來。路徑圖有助於研究者確認變數間的關係且路徑圖可以直接轉化為建模的方程式。

透過模型界定，就可以得到結構方程模型中，測量模型（觀察變數與潛在變數之間的關係）與結構模型（潛在變數與潛在變數之間的關係）的數學方程式。在模型界定完成以後，就可以根據這些方程式建構出再生矩陣。當然，再生矩陣中的元素有很多都是由未知數（統稱為參數）所構成的，這些參數如：待估計的路徑係數、因素負荷量、誤差變異數等等，為了要估計出這些未知參數，我們可以假設再生矩陣和樣本矩陣（實際的樣本資料，已知數）相等，然後就可以利用各種計算方法，估計出結構方程模型中的各個未知參數了。當然，要求出這些待估計的未知參數，除了模型的界定要有意義且正確之外，解方程式時，也要讓聯立方程式得到一組合理的解，若方程式無法得到一組合理的解，那麼就是模型識別的問題了。

三、模型識別

在結構方程模型中，模型的識別是個重要的關鍵點，模型要能夠被識別才能夠順利的估計出各個參數。模型識別的一個必要但非充分的條件是，模型的自由參數個數不能大於觀察資料的變異數和共變異數的總個數。

雖然有數種方法可以協助使用者判斷模型是否能識別，然而這些方法都牽涉到相當高深的數學理論。但是，若以使用 Amos 執行結構方程模型分析的觀點出發，只要所繪製的模型路徑圖能符合下列幾點規則，基本上模型都能被識別。這些規則如下：

規則一：在結構模型中，潛在依變數必須設定誤差變數，誤差變數的迴歸加權值必須設定為 1。

規則二：在測量模型中，各潛在變數的指標變數中，要有一個（且只有一個）觀察變數須設為參照指標，參照指標將限制其參數之估計，其參數之估計值須設定為 1。

規則三：在測量模型中，每個觀察變數均須有一個測量的誤差變數，該誤差變數的迴歸加權值均須設定為 1。

規則四：在驗證性因素分析模型中，若一階潛在變數（子構面）超過三個時，二階潛在變數（主構面）指向一階潛在變數之路徑中，其中一條路徑其迴歸加權值必須設定為 1。

規則五：在驗證性因素分析模型中，若一階潛在變數恰好只有兩個時，二階潛在變數指向一階潛在變數之兩條路徑，其路徑的迴歸加權值都必須設定為 1。

四、抽樣與測量

在界定模型並已確認模型是可識別的以後，研究者就可根據所界定的觀察變數著手進行抽樣並蒐集資料，以作為模型分析之用。

五、參數估計

當模型界定完畢且資料已備妥後，下一個工作就是要設法求出模型的解，也就是求出模型中各參數的估計值。這個過程也叫模型配適（model fitting）或叫模型估計（model estimating）。這些參數包括測量模型中的因素負荷量、誤差變異數、多元相關平方；結構模型中的路徑係數、潛在自變數的變異數、多元相關平方、相關係數等。

傳統迴歸分析中，使用最小平方法配適迴歸模型，研究者的目標就是求參數使得殘差平方和最小。但是結構方程模型的估計過程不同於傳統的統計方法，在結構方程模型的參數估計中，它不是追求預測值與觀測值之間差異的最小化，從而使得殘差平方和最小，而是追求樣本的共變異數與模型估計的共變異數間的差異能最小化。從這個觀點來看，很明顯的，結構方程模型是從整體上來考慮模型之配適程度的。

六、模型配適度估計及模型修改

模型配適度估計就是將透過抽樣調查所獲得的實際樣本資料與假設模型進行配適，然後利用諸多學者所提出的各類配適度指標標準，來評估樣本資料與假設模型的配適程度。在進行模型配適度估計時，我們要注意的是，研究者必須要先檢驗各個因素負荷量、路徑係數等參數的估計值在理論上是否

合理、有實質意義、是否存在違犯估計的問題，以保證沒有不合理的或不正常的關係存在。如果有不合理的關係，那麼就不能接受此模型，因為這樣的模型對事實的解釋能力並不強。有了這樣的準備工作後，再來討論、檢驗各類配適指標是否合乎要求，才有意義。

有時，我們也會發現，所有的參數估計值都能得到合理的解釋。但是，也可能存在其他的等價模型（equivalent models）。也就是說，有兩個以上的模型，無論從配適指標或參數估計值的合理性來看都是並駕齊驅的，在這種情況下，基於精簡原則，我們會選取構造較為簡單的模型。所以，在運用結構方程模型建立模型時，研究人員應該使得模型中的參數數量愈少愈好。因此，使用結構方程模型建立模型時，需要經過多方面的考量。在進行模型的評估及模型修改時，應該將結構方程模型建立在有說服力的理論之上。

此外，在實證的過程中，往往會發現假設模型並不合適，因而研究者常會面臨假設模型是否需要修正的窘境。雖然導致模型不配適的原因很多，但是大致可歸為兩類，一類是模型界定誤，即模型的假設有誤，而另一類則是資料的分配問題（如非常態性、遺漏值以及名目或順序尺度資料）（黃芳銘，2002）。模型界定誤屬結構問題，又可分為兩種，一是外在界定誤，另一為內在界定誤。外在界定誤意指界定模型時，遺漏了一些觀察變數或遺漏了一些潛在變數等；內在界定誤則是資料具有遺漏值或錯誤假定測量模型和結構模型的路徑（黃芳銘，2002）。

當模型不配適的原因是因為內在界定誤所導致時，那麼模型尚可透過不斷的修正而加以改進，至於其他原因所導致的不配適，則無法透過修正作為而改進模型，這時就須根據導致不配適的實際原因，而採取相對應的措施來進行改進。

然而，模型修正在結構方程模型中，往往是個爭議性很高的議題。因為在不斷利用既有資料從事修正的過程中，總讓人覺得研究者把本質是驗證性的研究變成是資料導向式的探索性研究了。所以，有些學者就呼籲，在模型發展過程中的修正行為必須要有理論基礎或合理的解釋。也就是說修正過程不應該是盲目的，而是應該要有一些基本的要求如：

1. 結構方程模型的分析結果必須是合理的

結構方程模型的分析結果必須是合理的，這個概念相當重要。修正模型的過程中，研究者往往會盲目的追求高配適指標。但是，隱藏在高配適指標背後的，往往是違犯估計問題。因此，當現存的樣本資料並不否決假設模型、模型的各項配適指標也都達到一般學術論文的基本要求時，我們更應該去檢查看看，每個所估計出來的參數值是否在合理的取值範圍內（例如：加權迴歸係數不要太接近 1）；每個參數估計值的標準差是否太大；或者各類變異數有沒有產生負值的現象。

2. 整體模型具有實際的意涵且參數估計值都能得到理論支持或合理解釋

研究者在其研究歷程的初期，往往對於某些變數之間的關係沒有充分認識或釐清，導致將來用實際樣本資料進行驗證時，可能會確認或否決研究初期所假定的關係。或者，也很可能會發現樣本資料和假設模型並不配適，而需要進行模型的修正。但是，研究者應有正確的觀念：如果修正的過程中，沒有考慮到現實意涵或理論價值，那麼再好的配適結果都是無意義的。所以，我們總是希望，修正過程中，對於那些已可確認的關係，於模型修正後，也不能相違背或者產生矛盾的現象。而對於原本否決掉的關係，經修正後，或許能重新獲得重生，但我們也希望這些關係能有合理的解釋或理論支持。

3. 謹守精簡原則（principle of parsimony）

精簡原則意指當兩個模型（競爭模型）利用相同資料進行配適時，結果各項配適指標所反映的配適程度，相差不大的情況下，那麼應該取兩個模型中結構較為簡單的模型。例如：某研究者對某班級所有同學的微積分、統計學和理則學成績進行研究，該研究者最終提出了兩個假設模型，模型甲與模型乙。在甲模型中，研究者認為微積分、統計學和理則學等成績的綜合能力，可以透過一個名為「邏輯能力」的潛在變數加以描述；而在乙模型中，研究者認為微積分、統計學成績是「數理能力」這個潛在變數的觀察變數、理則學成績則為「邏輯能力」這個潛在變數的觀察變數、且「數理能力」又

是「邏輯能力」的影響因素。從模型的結構來看，模型甲要比模型乙簡潔，因為僅僅需要估計 3 個因素負荷量，而乙模型不僅需要估計 3 個因素負荷量，還要估計「數理能力」對「邏輯能力」的路徑係數。

由於研究者對實際問題的認識、觀點不同，很有可能會提出不同的假設模型。當兩個模型所採用的原始資料相同時，若模型甲和模型乙的配適程度接近，那麼模型甲應該是個更可取的模型。因為採用一個潛在變數（邏輯能力）的簡單模型，已經能夠解釋各個變數之間的關係且符合實際意義和開始的假設，從精簡的角度來看，應該採用甲模型。

七、討論與結論（即解釋模型）

最後，必須對模型的分析結果進行解釋。在結構方程的建模過程中，重心一般都放在潛在變數間的關係上。但各個潛在變數都是透過相對應的觀察變數來測量的，所以首先必須檢查各個潛在變數的測量指標。這也就是說，應當先檢查每一個測量模型。如果測量模型中觀察變數的信度、收斂效度與區別效度都符合要求的話，那麼解釋潛在變數間的關係才有實質意義。

此外，當使用標準化參數值描述潛在變數間關係時，由於已去除量尺規模的影響，因此可以探討到底是哪一個變數的影響程度較大，直接影響效果與間接影響效果，進而理解變數間的影響途徑。

4-3　概念性模型的界定

研究者對於有興趣的議題，要開始進行研究前，首先會根據先前的理論、已有的知識與經驗，經過推論和假設，而提出一個可以清楚描述變數之因素結構與變數間關係的模型，這個由理論所推導出來的模型稱為概念性模型或假設模型。在假設模型中將清楚說明：(1) 觀察變數與潛在變數間的關係；(2) 各個潛在變數間的因果關係；(3) 根據研究者對所研究問題的掌握程度與經驗，而限制因素負荷或因素間的相關係數等參數數值或關係。因此，模型界定的主要工作就是透過文獻整理與理論推導釐清上述三件主要事項，進而繪製模型的路徑圖，最後根據路徑圖之各項關係與設定即可建立模型的

數學模型（聯立方程式）。

因此，模型界定的工作內容，大致可分為下列三個步驟：

1. 潛在變數的選擇。
2. 觀察變數的選擇。
3. 概念性模型的建構。

4-3-1 潛在變數的選擇

相信讀者學習結構方程模型至此，應該都能明瞭，結構方程模型是一種能針對潛在變數的測量與潛在變數間的關係進行驗證的分析技術。也因此，概念性模型的建立必需要依據已有的經驗或堅強的理論基礎。

如前所述，在既有的理論基礎下，對於觀察變數、潛在變數的選擇，其間關係的設定，即為模型界定的重要工作。因此，不難理解在模型界定中，變數（觀察變數與潛在變數）是主角，而且潛在變數的選擇是結構模型建立的基礎。一般而言選擇潛在變數的方法有兩種：一為研究者根據對實際問題的理論、知識與經驗而確定之；二為藉助探索性因素分析的結果而建構。

一般來說，研究者會根據研究的主題搜尋與該議題相關的潛在變數，然後再聚焦於少數幾個較有創意、較有價值的潛在變數上。也通常會使用這些被篩選出來的潛在變數，來為其研究主題命名。當確定潛在變數後，研究者就可依據已有文獻、理論或經驗，界定該潛在變數的操作性定義、測量方式、決定其觀察變數，進而推導各潛在變數間的關係，並據以建立假設模型。

▶ 範例 4-1 ┃ 觀光工廠服務場景、解說服務品質與遊客行為意圖關係之研究
　　　　　　 ——潛在變數的確定

這是一個有關於如何選擇潛在變數的範例，作者初始的研究主題為「探討影響觀光工廠遊客的行為意圖的因素與途徑」。由於影響遊客行為意圖的因素眾多，因此研究者必須先透過文獻探討、理論分析，而將研究聚焦於少數幾個較有創意、較有價值的潛在變數上，並以這些潛在變數間的關係為其研究主題命名。在此將示範選擇出潛在變數的過程。

一、理論分析

隨著經濟的快速發展，臺灣產業結構也產生明顯的變化。傳統產業在臺灣經濟發展歷程中，長久以來一直扮演著重要的角色。然而，由於近年來經濟環境的劇烈轉變，高附加價值產業與高科技產業成為目前經濟發展的重心，傳統產業因而逐漸沒落而失去光環。過去曾經創造臺灣經濟奇蹟的傳統製造業，由於生產成本逐漸上升，且面臨低勞工成本國家的積極競爭，導致傳統產業外移甚至面臨倒閉危機的問題日趨嚴重。值此之際，傳統製造業若想保持競爭力，創造永續經營的契機，進行創新與改革已是刻不容緩的議題。

為協助傳統產業因應目前所面臨的窘境，行政院依據「挑戰 2008 —國家發展重點計畫」之規劃，提出「創意生活產業發展計畫」，其目的即為協助傳統產業轉型、改善結構性失業問題及提升國民生活品質。在結合文化體驗思考模式與創新傳統產業策略思維的概念下，將傳統產業、文化與休閒觀光產業結合，導入產業觀光（Industrial Tourism）的概念，透過觀光的形式，運用產業本身的營運、製程與產業歷史沿革等內涵，提供遊客創新、知性與感性的體驗機會，提升產業單純製造生產外的附加價值，創造新意，拓展內需市場。

發展產業觀光的目的，便是藉由開放遊客進入產業面從事觀光行為，進而期待能提升傳統產業的實質收益。在觀光工廠的參觀過程中，遊客會花很多時間於其營運、製程等實體環境的體驗，在此情形下，遊客所知覺的實體環境品質（即服務場景，servicescape）或許將影響遊客的滿意度（或正面情感），進而影響其所願意的花費、口碑或重遊意願。一般而言，消費者所感知的服務品質常被功能品質、技術品質與服務場所之實體環境的交互作用所影響（Lehtinen and Lehtinen, 1982; Rust and Oliver, 1994）。由於消費者於被服務的過程中需持續的與實體環境互動，因此實體環境將於服務傳送的過程中扮演著重要的角色，也因而服務場景常被認為是增進消費者再購與忠誠度的重要因素（Bitner, 1992; Baker, Grewal, and Parasuraman, 1994; Wakefield and Blodgett, 1994; Wakefield and Barnes, 1996）。

此外，對於產業觀光而言，解說功能亦是重要的元素。透過解說導覽的帶領，將使遊客對於觀光工廠的遊憩體驗更為深入與豐富。解說對於

遊客具有提供資訊、引導、教育、娛樂、宣導、鼓舞的功能（Grinder and McCoy, 1985）；解說亦可作為管理機構、遊客與環境之間的橋梁（吳忠宏，2001）。透過解說，遊客可以瞭解經營者的目標與作法、產業歷史沿革並形塑觀光工廠的形象與知名度。因此，對於觀光工廠的服務品質而言，解說扮演著重要的角色（楊勝評，2003），所以解說系統的建立，對於觀光工廠的參觀品質應具有顯著的影響，進而影響遊客的忠誠度（吳忠宏，黃文雄，李介祿，李雅鳳，2007）、重遊意願（李宜曄，林詠能，2008）與付費意願（陳宗玄，陸地，2006；李明聰，黃儀蓁，2006）。

雖然服務場景與解說服務是影響忠誠度、口碑、重遊意願與付費意願等結果變數的重要因素。然而，對於觀光工廠業者而言，為了能從這些有用的知識中獲取最大利益，業者必須全然瞭解各變數間的影響途徑，而非僅是簡單的兩兩關係。此外，其間關係，亦可能是受到其他變數或變數間的交互作用所導致的。因此，實有必要針對諸如整體服務品質、正面情感與知覺價值等較常被討論的因素綜合研究，檢驗其是否也會顯著影響遊客於未來的旅遊決策。基於此，為了能更周延的確認出影響遊客行為意圖之主要因素與途徑，本研究將上述各變數皆納入考量。此外，為能確實釐清各變數如何影響觀光工廠之遊客的行為意圖，本研究將採用結構方程模型（structural equation modeling, SEM），以探討各變數是否確實會影響遊客的行為意圖，並瞭解其間的因果關係。

二、變數的確認

根據前面的理論分析，可以由觀光工廠服務品質的角度來探討遊客後續的行為意圖。首先將服務場景與解說服務滿意度納入假設模型中。由於根據過去的理論基礎，服務場景與解說服務滿意度並不會直接影響遊客的行為意圖，而是會透過一些中介變數而影響行為意圖。在該研究中，雖然影響遊客行為意圖的變數眾多，但研究者較感興趣的潛在變數有整體服務品質、正面情感與知覺價值。因此模型中將以服務場景與解說服務滿意度為自變數，遊客行為意圖為依變數，而中介變數則有整體服務品質、正面情感與知覺價值。

經歷理論分析，再根據研究者本身的經驗、知識後，即可確認所欲真正

進行研究的潛在變數。甚至進而可以使用這些變數間的關係定義爲該研究名稱，如本例，研究的主題將變更爲「觀光工廠服務場景、解說服務品質與遊客行爲意圖關係之研究」。

三、利用探索性因素分析萃取

探索性因素分析是種資料導向的分析技術，它可以透過樣本資料觀察眾多變數（觀察變數，通常是問卷中的每一題問項）間的相關性後，釐清其資料結構關係，而用少數幾個假想變數（潛在變數）來解釋這些眾多變數間之基本資料結構。也就是說，當已經獲得相關變數的樣本資料後，此時，雖然我們尚無法清楚理解這些觀察變數間的關係時，那麼就可以透過探索性因素分析技術，從觀察變數出發，而萃取出可以解釋這些觀察變數之大部分資訊的公共因素。如果我們所萃取出來的公共因素，經檢視其所包含的觀察變數後，若能夠得到合理的命名，也就是說，這些公共因素可以得到合理解釋的話，那麼，命名後，我們就可以將這些公共因素當作所研究問題中的潛在變數了。

所以讀者應不難理解，當我們無法確認研究中的潛在變數時，若從觀察變數著手，那麼就須用到探索性因素分析了。但是，使用探索性因素分析時，最爲人所詬病的是，太過於資料導向、太過於主觀，容易流於研究者自說自話。因此，在這種情形下，研究者有必要去證明潛在變數是具有信度、效度的。驗證的方法是使用結構方程模型中的驗證性因素分析技術，但是運用時須特別注意：所讀入的樣本資料不能與進行探索性因素分析時一樣，研究者應該要再重新蒐集一組樣本資料以進行驗證性因素分析，這樣才能達到交叉驗證的效果，也才不脫離驗證性分析技術的本質。

4-3-2　觀察變數的選擇

在結構方程模型中，欲驗證潛在變數間的因果關係時，有個前提條件，即每個潛在變數必須都已能獲得良好的測量後才能進行。也就是說，結構方程模型必須運用兩階段的方式進行，第一階段即是測量模型的驗證（驗證潛在變數與觀察變數間的關係，即驗證性因素分析），第二階段才是結構模型

的驗證（驗證潛在變數間的因果關係，即路徑分析）。因此，選擇觀察變數，也是界定測量模型的過程中，相當重要的一個階段。觀察變數的選擇是否適當，將影響到潛在變數的測量是否合理、準確，也關係到最後結論的合理性。因此，觀察變數的選擇對於模型的構建至關重要。

由於潛在變數是種不可直接測量的變數。但是，我們可以透過觀察變數（通常是問卷中的每一題問項）間接的測量出潛在變數。因此，觀察變數是為測量出潛在變數而設計的，故所選擇的觀察變數應該要盡可能的測量出潛在變數所代表的實質意涵。觀察變數過少，可能資訊不足，不能完整的測量出潛在變數的實質意涵；觀察變數過多，其相互之間的相關可能性增大，使資訊相互產生交互作用，模型變得複雜不易處理。一般來說，一個潛在變數帶有三個觀察變數較為合適。當然，有時潛在變數的含義很清晰，也可能只用兩個甚至一個觀察變數就足夠反映潛在變數的含義。

一般而言，研究者可從文獻、理論的整理分析過程中得到各潛在變數的觀察變數，因為，這樣的觀察變數基本上就已經具有較高的信度與內容效度。

▶ 範例 4-2　觀光工廠服務場景、解說服務品質與遊客行為意圖關係之研究
　　　　　—— 觀察變數的選擇

由於，研究中所確定的潛在變數，皆可在過去的文獻資料中找到。因此對於觀察變數的選擇上，將盡量參考文獻並依研究主題稍加修改，然後定義各潛在變數於該研究中的操作性定義，再據以設計問項（觀察變數）。本範例中，各潛在變數之觀察變數的設計過程如下：

1. 服務場景

本研究參考 Baker et al.（1992），Bitner（1992），Hightower et al.（2002）等之研究，將服務場景定義為遊客於接受服務時，對所處之實體環境的知覺感受。由此操作型定義，歸納服務場景變數為四類，分別為周遭環境、硬體設施與設計方式、符號與標示與社會化環境。其中周遭環境有 5 題問項，硬體設施與設計方式有 5 題問項、符號與標示有 2 題問項、社會化環境有 5 題問項，共計 17 題問項，皆為等級尺度變項，測量尺度係採李克特

（Likert scale）七點評量尺度，從「非常不同意（一分）至非常同意（七分）」進行評量。

2. 解說服務品質

有關解說服務評估之文獻相當多，然卻欠缺針對解說服務品質評估之文獻。因此，本研究對解說服務品質之評估，將應用管理學領域之服務品質 SERVQUAL（Parasuraman et al., 1988）評估方法為基礎。因此，解說服務品質將定義為遊客參與解說服務後，對觀光工廠所提供之解說服務的知覺程度。解說服務品質量表將參考 Hwang et al.（2005）之研究，以有形性、可靠性、回應性、保證性與同理心等五個構面來衡量。其中有形性有 3 題問項，可靠性有 3 題問項、回應性有 6 題問項、回應性有 5 題問項、同理心有 3 題問項，共計 20 題問項，皆為等級尺度變項，測量尺度係採李克特七點評量尺度，從「非常不同意（一分）至非常同意（七分）」進行評量。

3. 其他變數的衡量

本研究中，整體服務品質、正面情感、知覺價值與行為意圖等變數的衡量主要是參考國內外之相關文獻，並配合觀光工廠特性，針對影響觀光工廠遊客行為意圖之重要因素加以設計。其中，整體服務品質包含 5 個問項、正面情感包含 5 個問項、知覺價值包含 5 個問項、遊客行為意圖包含 3 個問項。所有問項皆為等級尺度變項，測量尺度係採李克特七點評量尺度，從「非常不同意（一分）至非常同意（七分）」進行評量。

4-3-3　概念性模型的建構

當潛在變數與觀察變數都已獲得確認後，接著，研究者就可透過文獻整理、理論推導以釐清各潛在變數間的關係，並將這些關係嘗試以路徑圖來表示。須特別注意的是，畫在路徑圖中的各路徑（潛在變數間的關係），都是一種假設關係，將來都必須透過檢定程序才能確認。但這些假設關係一定要以合理的邏輯推論為基礎，否則縱使模型與資料再配適，也無法獲得良好的解釋，那麼概念性模型的實質意義與貢獻就大打折扣了。

▶ 範例 4-3　觀光工廠服務場景、解說服務品質與遊客行為意圖關係之研究
　　　　　　——假設推導與概念性模型

　　待潛在變數、觀察變數都已界定後，接下來最重要的任務就是透過文獻整理、分析與邏輯推導而確立潛在變數間的假設關係。最後再彙整這些假設關係，而以路徑圖的方式表達出研究的概念性模型。下列將示範由理論推導至畫出概念性模型圖的過程。

一、關係推導

1. 服務場景、整體服務品質與正面情感的關係

　　Baker et al.（1994）認為周遭環境與社會化情況顯著地影響顧客對品質的知覺，而 Wakefield and Blodgett（1994）的研究也發現，顧客對於消費環境的各個構面感到滿意時，確實會增強再消費的意願。最近，Hightower et al.（2002）則以結構方程模型做實際驗證後發現，服務場景對整體服務品質有正向影響。

　　實體環境對於消費者情感與行為的影響很早就引起學者們的注意（Kotzan and Evanson, 1969; Curhan, 1972）。Kotler（1973）認為在購買環境中加以設計，可使消費者產生特定的情緒，進而強化消費者購買的可能性。Mehrabian and Russell（1974）更以刺激—有機體—反應（Stimulus–Organism– Response, S–O–R）為基礎，而提出的 M-R 模型，認為環境刺激會引發消費者特定的情緒狀態進而促成消費者的反應行為。當消費者對商店的實體環境較喜歡時，會引發消費者的正面情緒（Baker, Levy, and Grewal, 1992），如快樂和激發；而當消費者在舒適的環境中進行消費時，較願意消費更多時間和金錢（Babin and Darden, 1995）。綜合上述，於觀光工廠遊客行為意圖之關係模型中，將推導出第一與第二個假設：

> **H1**：遊客對於服務場景的感受程度正向影響其正面情感。
> **H2**：遊客對於服務場景的感受程度正向影響其所知覺的整體服務品質。

2. 解說服務品質與整體服務品質的關係

服務品質為在服務傳遞過程中，評估遊客與服務人員的服務接觸中，遊客本身對服務的「期望服務」及實際感受到的「知覺服務績效」二者比較而來。Lovelock（1983）認為服務是一種附加於產品之上的功能，對遊客而言，可增加對該產品的效用或價值。解說是一種服務的工作，而最好的服務是符合自己期望的服務（陳耀茂，1997）。遊客在休閒旅遊的過程中，透過解說服務能更瞭解各種環境所代表的意義，並藉此提升休閒旅遊的層次；解說服務即是運用解說的方法與技巧，以傳達知識、啓發現象背後所隱含的意義，並且引導遊客獲得高品質的體驗（李世寶，2004）。

近年來，有許多學者專注於解說服務品質的相關研究中，例如：顏上晴（2001）以 SERVQUAL 服務品質模式評估解說服務品質，發現導覽解說存在服務績效缺口，且解說員的服務績效也會隨著不同人口統計變數而有所差異。張穎仁（2004）的研究結果發現，遊客對導覽解說服務行前期望重視度與實際體驗滿意度兩者間有顯著性差異。吳忠宏等（2007）於賞鯨活動的研究中也發現解說服務滿意度正向直接影響遊客的忠誠度。綜合上述，於觀光工廠遊客行為意圖之關係模型中，將推導出第三個假設：

> **H3**：遊客對於解說服務品質的感受程度正向影響其所知覺的整體服務品質。

3. 正面情感、知覺價值與行為意圖的關係

一般而言，滿意度為一種情感上的評估，這個評估將反應出消費者相信自身對擁有或使用某個服務時，所會獲得的一種正面情感上的滿足（Cronin, Brady, and Hult, 2000）。滿意度為一種愉悅的滿足，是消費者因某些需求，期待，目標被滿足之後所帶來的愉快感受，也是消費者在消費後，感受到產品本身或其屬性所提供之愉悅程度的一種判斷與認知（Oliver, 1997）。因此，遊客的正面情感反應即象徵著對產品或服務的滿意程度。

在 M-R 模型中，環境刺激及反應行為的中介效果為情感狀態。且不同領域的研究者皆同意對於任何環境的第一層級反應即為情感（Ittelson, 1973）。如同一般服務業，對於觀光工廠而言，服務品質、價值與正面情感（滿意度）

具有同樣的重要地位。也因此，於休閒、觀光產業遊客行為的研究中也必須考量三者的關係。例如：Wakefield and Barnes（1996）曾以 Zeithaml（1988）的研究為基礎，指出在職棒場館所提供的服務中，服務品質會正向影響知覺價值，而在有關服務場景的相關研究中，Babin and Attaway（2000）指出正面情感會正向影響知覺價值，Hightower et al.（2002）則認為正面情感除會正向影響知覺價值外，也會正向影響遊客的行為意圖。此外，Darden and Reynolds（1971）甚至指出正面情感會激勵購買活動，Babin and Darden（1995）的研究亦發現，商店氣氛的營造主要是希望引發消費者的正面情緒，進而引起其實際購買行動。綜合上述，於觀光工廠遊客行為意圖之關係模型中，將推導出第四與第五個假設：

H4：遊客所感受的正面情感正向影響其所感受的知覺價值。
H5：遊客所感受的正面情感正向影響遊客的行為意圖。

4. 整體服務品質、知覺價值與行為意圖的關係

　　服務品質是形成服務價值的前因（Bolton and Drew, 1991），而服務品質的好壞會對消費者所知覺的服務價值造成顯著性影響（Sweeney, Soutar, and Johnson , 1997），且正向影響消費者的行為意圖（Cronin et al., 2000），此外，也有許多學者指出，顧客知覺價值對於再消費意願也將有顯著影響關係（Oh,1999; Cronin et al.,2000），近來，Hightower et al.（2002）則以結構方程模型進行實際驗證後發現，整體服務品質對知覺價值有正向影響、知覺價值對行為意圖有正向影響。由上述文獻，於觀光工廠遊客行為意圖之關係模型中，本研究將推導出第六與第七個假設：

H6：遊客所感受的整體服務品質正向影響其所感受的知覺價值。
H7：遊客所感受的知覺價值正向影響遊客的行為意圖。

二、概念性模型

　　本研究透過相關文獻整理、分析、推論與建立假說，引導出服務場景正向影響正面情感與整體服務品質、解說服務品質正向影響整體服務品質、正

面情感正向影響知覺價值與行為意圖、整體服務品質正向影響知覺價值與行為意圖等假設。研究中所使用的變數分別為自變數、依變數以及中介變數等三項。自變數為遊客所感受的服務場景與解說服務品質，服務場景包含四個子構面分別為周遭環境、硬體設施與設計方式、符號與標示與社會化環境；解說服務品質則包含五個子構面分別為有形性、可靠性、回應性、保證性與同理心。此外，依變數則為遊客後續的行為意圖；而處於自變數與依變數之間的中介變數則是遊客所知覺的整體服務品質、正面情感與價值。由此，本研究所建構的遊客行為意圖之概念模型，其架構將如圖 4-2 所示。

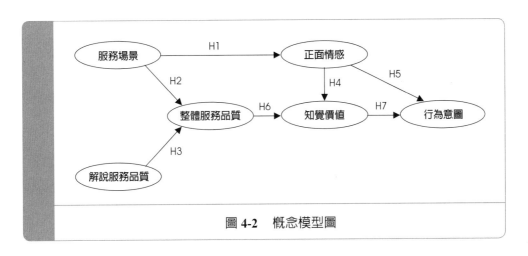

圖 4-2　概念模型圖

　　本章中，以論文「觀光工廠服務場景、解說服務品質與遊客行為意圖關係之研究」為例，說明模型界定時所該從事的工作，這部分對於研究之價值性具有深遠的影響。若從期刊論文審核者的角度來評價一篇使用結構方程模型為統計方法的論文時，所著重的並非模型有多配適，各因果關係是否顯著，而是模型的界定過程是否嚴謹。因此，論文的本質乃在於對議題的研究，而並非在統計方法的操弄。

　　這段文字寫在我們開始學習如何實務的操作 Amos 之前，無非就是要再次強調，任何的結構方程模型的背後，一定要具有堅實的理論基礎與嚴謹的推導過程。否則，一切「繁華攏是夢」，「擱做嘛是無採工」。

第 4 章　習題

Ⓢ 練習 4-1

第 5-1 節中所介紹的論文「品牌形象、知覺價值與品牌忠誠度關係之探討」的原始問卷如附錄一，其概念性模型如圖 5-1，請自行查閱期刊論文或博碩士論文等資料，嘗試推導各潛在變數間的下列假設關係。

假設一：品牌形象對知覺價值有正向影響。

假設二：品牌形象對品牌忠誠度有正向影響。

假設三：知覺價值對品牌忠誠度有正向影響。

假設四：品牌形象透過知覺價值間接的顯著正向影響品牌忠誠度。

Ⓢ 練習 4-2

第 5-2 節中所介紹的論文「遊客體驗、旅遊意象與重遊意願關係之研究」的原始問卷如附錄二，其概念性模型如圖 5-2，請自行查閱期刊論文或博碩士論文等資料，嘗試推導各潛在變數間的下列假設關係。

假設一：遊客體驗對旅遊意象有正向影響。

假設二：遊客體驗對重遊意願有正向影響。

假設三：旅遊意象對重遊意願有正向影響。

假設四：遊客體驗透過旅遊意象間接的顯著正向影響重遊意願。

Ⓢ 練習 4-3

第 5-3 節中所介紹的論文「景觀咖啡廳意象、知覺價值與忠誠度—轉換成本的干擾效果」的原始問卷如附錄三，其概念性模型如圖 5-3，請自行查閱期刊論文或博碩士論文等資料，嘗試推導各潛在變數間的下列假設關係。

假設一（H1）：景觀咖啡廳意象對知覺價值具有正向直接顯著影響。

假設二（H2）：景觀咖啡廳商店意象對忠誠度具有正向直接顯著影響。

假設三（H3）：知覺價值對忠誠度具有正向直接顯著影響。

假設四（H4）：轉換成本會干擾景觀咖啡廳意象與消費者忠誠度間的關係。

假設五（H5）：轉換成本會干擾知覺價值與消費者忠誠度間的關係。

Chapter

05

模型圖的繪製、
設定與執行

本章將透過範例模型，示範如何利用 Amos 繪製與設定模型圖，這些模型圖包含潛在變數的測量模型圖（又稱驗證性因素分析圖）與結構模型圖（又稱整體模型圖）。由於 Amos 軟體屬圖形化的分析工具，因此，熟悉模型圖的繪製與設定，是運用 Amos 軟體分析結構方程模型的最基本技巧，故讀者應於本章多加練習。在此將先介紹在以後的章節或練習中，所將會使用到的三個範例模型。

5-1 範例模型一簡介

本章所將介紹的第一個範例模型，是一份實際的碩士論文之概念性模型（conceptual model），題名為「品牌形象、知覺價值與品牌忠誠度關係之研究」。基本上，這是一篇還算簡單，但結構完整的碩士論文，非常適合初學者模擬。一般而言，研究的初學者往往都是從模擬前輩的研究方法（methodology）開始，所該重視的是過程的嚴謹性，而不是其成果。再深入點，等基本功學會後，那麼研究者所該重視的就是研究主題的創意了。

5-1-1 概念性模型

該研究透過相關文獻整理、分析、推論與建立假設，推導出品牌形象正向影響知覺價值、品牌忠誠度；知覺價值正向影響品牌忠誠度；品牌形象會透過知覺價值而間接顯著正向影響品牌忠誠度等假設。研究中所使用的變數分別為自變數、依變數以及中介變數等三項。自變數為消費者所認知的品牌形象，其包含三個子構面分別為品牌價值、品牌特質與企業聯想。此外，依變數則為消費者對品牌的忠誠度。而處於自變數與依變數之間的中介變數則是消費者所知覺的價值感（即知覺價值），其包含四個子構面分別為品質價值、情感價值、價格價值與社會價值等。由此，該研究所建構的消費者品牌忠誠度之概念性模型，其架構將如圖 5-1 所示。

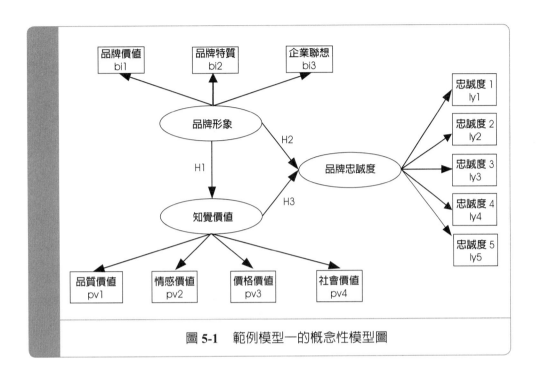

圖 5-1　範例模型一的概念性模型圖

5-1-2　研究假設

　　圖 5-1 的概念性模型圖，是由下列的研究假設所組合而成，盼能透過市場調查所蒐集的資料，運用測量模型的驗證性因素分析、結構模型的路徑分析，驗證這些假設的成立與否，並釐清品牌形象、知覺價值、品牌忠誠度之間的關係，這些研究假設分述如下：

　　假設一（H1）：品牌形象對知覺價值有正向顯著的影響力。

　　假設二（H2）：品牌形象對品牌忠誠度有正向顯著的影響力。

　　假設三（H3）：知覺價值對品牌忠誠度有正向顯著的影響力。

　　假設四（H4）：品牌形象會透過知覺價值而間接的正向顯著影響品牌忠誠度。

5-1-3 潛在變數之操作型定義與衡量

　　為了檢驗上述之研究假設，本研究試圖將概念性模型中的研究變數（潛在變數）予以操作化，並建構相對應的問項。根據圖 5-1 的概念性模型，本論文之研究變數包含品牌形象、知覺價值與品牌忠誠度等三個潛在變數。以下為本研究之研究變數的操作型定義與衡量題項，至於原始問卷請讀者自行參閱「附錄一」。

一、品牌形象

　　Aaker（1996）曾以消費者對獨特產品類別或品牌聯想來闡釋品牌形象。認為品牌形象係建構在三種知覺層面上，即品牌對映產品價值、品牌對映個人特質及品牌對映企業聯想，由於此論點較契合本研究之衡量標的與推論，因此本研究將應用 Aaker（1996）所主張的品牌形象之構成三要素，即品牌價值、品牌特質與企業聯想等，作為衡量品牌形象構面的指標，表 5-1 即為品牌形象構面之操作型定義與衡量題項。

表 5-1 品牌形象的操作型定義與衡量題項

構　面	操作型定義	衡量題項
品牌價值 bi1	消費者對此一品牌的功能性利益與品質之知覺	1. 85 度 C 的產品風味很特殊（bi1_1）。 2. 85 度 C 的產品很多樣化（bi1_2）。 3. 85 度 C 和別的品牌有明顯不同（bi1_3）。
品牌特質 bi2	消費者對此一品牌的情感聯結與自我表現聯想	4. 85 度 C 很有特色（bi2_1）。 5. 85 度 C 很受歡迎（bi2_2）。 6. 我對 85 度 C 有清楚的印象（bi2_3）。
企業聯想 bi3	消費者對此一品牌的提供者或生產者的情感連結	7. 85 度 C 的經營者正派經營（bi3_1）。 8. 85 度 C 形象清新（bi3_2）。 9. 85 度 C 讓人聯想到品牌值得信任（bi3_3）。

二、知覺價值

　　知覺價值是來自於讓顧客期望自產品所獲得的利益高於消費者長期付出的成本。本研究採用 Sweeney and Soutar（2001）所提出的四類知覺價值，即

品質價值，情感性價值，價格價值與社會價值等做為知覺價值的衡量基準，並以此發展知覺價值構面的評量問項，表 5-2 詳列知覺價值構面之操作型定義與衡量題項。

表 5-2　知覺價值的操作型定義與衡量題項

構　面	操作型定義	衡量題項
品質價值 pv1	來自對產品的知覺品質或期望效果	1. 我認為 85 度 C 的產品，其品質是可以接受的（pv1_1）。
		2. 我不會對 85 度 C 之產品的品質，感到懷疑（pv1_2）。
情感價值 pv2	來自對於產品的感覺或感動	3. 我會想使用 85 度 C 的產品（pv2_1）。
		4. 使用 85 度 C 的產品後，會讓我感覺很好（pv2_2）。
價格價值 pv3	來自長期或短期的投入金錢成本	5. 我認為 85 度 C 的產品價格不甚合理（pv3_1）。（反向題）
		6. 我認為以此價格購買 85 度 C 的產品是不值得的（pv3_2）。（反向題）
社會價值 pv4	來自產品對社會自我認知的影響力	7. 我認為 85 度 C 的產品，能符合大部分人的需求（pv4_1）。
		8. 使用 85 度 C 的產品後，能讓其他人對我有好印象（pv4_2）。

三、品牌忠誠度

依據文獻分析，在本研究中，品牌忠誠度主要將探討顧客受品牌形象與知覺價值之影響，對品牌之忠誠行為的產出結果，研究目的偏重於實務運用性質，因此參考 Chaudhuri and Holbrook（2001）、Odin, Odin and Valette-Florence（1999）、Yoo and Donthu（2001）之主張，以單構面之題項衡量消費者對品牌的忠誠行為。其題項內容則包含：品牌忠誠行為、再購意願及衍生行為等共五題。表 5-3 即為品牌忠誠度的操作型定義與衡量題項。

表 5-3　品牌忠誠度的操作型定義與衡量題項

構　面	操作型定義	衡量題項
品牌忠誠度 ly	消費者對同一品牌的購買經驗與行為承諾	1. 購買個案公司的產品對我來說是最好的選擇（ly1）。
		2. 我是個案公司的忠實顧客（ly2）。
		3. 當我有需求時，我會優先選擇個案公司的產品（ly3）。
		4. 我願意繼續購買個案公司的產品（ly4）。
		5. 我會向親朋好友推薦個案公司的產品（ly5）。

5-2 範例模型二簡介

　　本章所將介紹的第二個範例模型，也是一份實際的碩士論文之概念性模型，題名爲「遊客體驗、旅遊意象與重遊意願關係之研究」。這篇論文中，各潛在變數的因素結構稍微複雜一點，但也不算太難。在本書中，將以此範例模型當作習題的主要演練對象。

5-2-1 概念性模型

　　該研究透過相關文獻整理、分析、推論與建立假設，推導出遊客體驗對旅遊意象、重遊意願具有正向顯著影響；旅遊意象對重遊意願具有正向顯著影響等假設。研究中所使用的變數分別爲自變數、依變數以及中介變數等三項。自變數爲遊客所感受的旅遊體驗，其包含五個子構面，分別爲感官體驗、情感體驗、思考體驗、行動體驗與關聯體驗。此外，依變數則爲遊客的重遊意願。而處於自變數與依變數之間的中介變數則是遊客所知覺的旅遊意象，其包含四個子構面分別爲產品意象、品質意象、服務意象與價格意象等。由此，該研究所建構的遊客重遊意願之概念性模型，其架構將如圖 5-2 所示。

5-2-2 研究假設

　　圖 5-2 的概念性模型圖，是由下列的研究假設所組合而成，盼能透過市場調查所蒐集的資料，運用驗證性因素分析、結構方程模型分析，驗證這些假設的成立與否，並釐清遊客體驗、旅遊意象與重遊意願間的關係，這些研究假設分述如下：

　　假設一（H1）：遊客體驗對旅遊意象有正向顯著的影響力。
　　假設二（H2）：遊客體驗對重遊意願有正向顯著的影響力。
　　假設三（H3）：旅遊意象對重遊意願有正向顯著的影響力。
　　假設四（H4）：遊客體驗會透過旅遊意象而間接的正向顯著影響重遊意願。

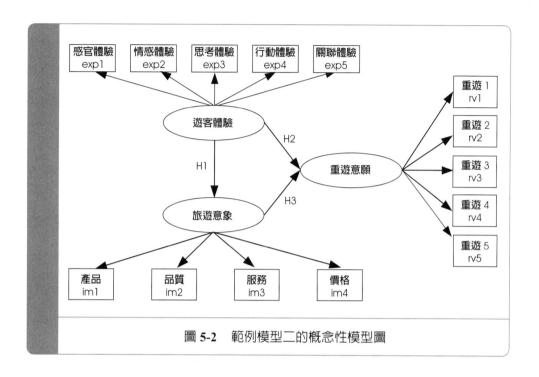

圖 5-2　範例模型二的概念性模型圖

5-2-3　潛在變數之操作型定義與衡量

　　為了檢驗上述之研究假設，本研究試圖將概念性模型中的研究變數（潛在變數）予以操作化，並建構相對應的問項。根據圖 5-2 的概念性模型，本論文之研究變數包含遊客體驗、旅遊意象與重遊意願等三個潛在變數。以下為本研究之研究變數的操作型定義與衡量題項，至於原始問卷請讀者自行參閱「附錄二」。

一、遊客體驗

　　Pine and Gilmore（1998）認為體驗是無法觸摸的，但可以分享與流傳，雖然感受體驗的剎那，時空已成為往事，但是烙印在體驗者心中的感受卻是可以長久流傳的（夏業良、魯煒，2003）。體驗本身是一種內化的感受，很難導出具體的假設，故本研究利用 Schmitt（1999）所提出的五項體驗形式：感官體驗、情感體驗、思考體驗、行動體驗、及關聯體驗，給予操作型定義，運用定量的方法，衡量遊客體驗之感受程度，表 5-4 即為遊客體驗構面之操作型定義與衡量題項。

表 5-4 遊客體驗的操作型定義與衡量題項

構　面	操作型定義	衡量題項
感官體驗 exp1	遊客於感官上所體 驗到的感受。	1. 秀麗的山水風景，非常吸引我（exp1_1）。
		2. 豐富的歷史文物，非常吸引我（exp1_2）。
		3. 我覺得這次旅遊，非常富有趣味（exp1_3）。
		4. 我覺得這次旅遊，行程豐富精彩（exp1_4）。
情感體驗 exp2	遊客於情感連結上 所體驗到的感受。	5. 看到美麗的景致，令我心情放鬆（exp2_1）。
		6. 看到豐富的文物，能激發我思古之情（exp2_2）。
		7. 看到美麗的景致，讓我感到歡樂愉快（exp2_3）。
		8. 當地的景色，令我感動（exp2_4）。
		9. 當地歷史文物，令我感動（exp2_5）。
思考體驗 exp3	旅遊後，所引發的 思考、聯想或靈感 的啟發。	10. 透過這次旅遊，頗發人省思，令我有所思考（exp3_1）。
		11. 透過這次旅遊，引發我的好奇心（exp3_2）。
		12. 透過這次旅遊，引發我做一些聯想與靈感啟發（exp3_3）。
		13. 透過這次旅遊，能激發我創意思考（exp3_4）。
行動體驗 exp4	透過旅遊活動，所 引發的具體行動。	14. 看到美景，我很想分享觀賞的心得（exp4_1）。
		15. 看到歷史文物，我很想分享觀賞的心得（exp4_2）。
		16. 看到美景，我很想拍照、錄影留念（exp4_3）。
		17. 看到歷史建物，我很想拍照、錄影留念（exp4_4）。
關聯體驗 exp5	透過旅遊活動，所 引發的認同感。	18. 我會想購買與當地相關的紀念品（exp5_1）。
		19. 透過這次旅遊，讓我產生環境維護的認同感（exp5_2）。
		20. 會因美麗的景致，而聯想到西拉雅國家風景區（exp5_3）。
		21. 透過這次旅遊，西拉雅會成為我平常談論的話題（exp5_4）。

二、旅遊意象

　　本研究所稱之旅遊意象，主要是參考多位學者之研究而整理出產品意象、品質意象、服務意象與價格意象等四個構面作為探討旅遊意象的基礎，表 5-5 即為旅遊意象構面之操作型定義與衡量題項。

表 5-5 旅遊意象的操作型定義與衡量題項

構　面	操作型定義	衡量題項
產品 im1	遊客對旅遊地點的印象。	1. 自然風景優美（im1_1）。
		2. 平埔族文化保存良好（im1_2）。
		3. 知名度高（im1_3）。
品質 im2	遊客對旅遊地點之相關設施品質的印象。	4. 開車賞景令人愉悅（im2_1）。
		5. 整體氣氛令人心情放鬆（im2_2）。
		6. 通往本風景區交通便利（im2_3）。
		7. 遊憩安全設施良好（im2_4）。
		8. 地方公共服務設施完善（im2_5）。
服務 im3	遊客對旅遊地點之服務品質印象。	9. 整體旅遊環境乾淨（im3_1）。
		10. 旅遊資訊充足（im3_2）。
		11. 相關服務人員能提供遊客迅速且即時的服務（im3_3）。
		12. 區內相關服務人員的服務態度良好（im3_4）。
		13. 旅遊活動的各項安排均能提供遊客便利（im3_5）。
價格 im4	遊客對旅遊地點之相關花費的印象。	14. 個人平均旅遊花費價格合理（im4_1）。
		15. 收費合理（im4_2）。

三、重遊意願

重遊意願意指凡曾到過個案風景區從事體驗活動之遊客，有意願再重遊或推薦他人之機率。本研究主要將根據 Jones and Sasser（1995）的研究，將遊客重遊意願定義為遊客對特定風景區的體驗與行為承諾。而遊客重遊意願之衡量方式，則將以任何時點詢問遊客未來是否再度重遊特定風景區的意願，以及遊客願意再次旅遊某一目的地或同一國家內之其他景點的概念為依據（Kozak, 2001）。因此，重遊意願之操作型定義與衡量題項，將如表 5-6。

表 5-6 重遊意願的操作型定義與衡量題項

構　面	操作型定義	衡量題項
重遊意願 rv	遊客對同一旅遊地點的體驗與行為承諾	1. 到西拉雅風景區旅遊，對我來說是最好的選擇（rv1）。
		2. 我將會是西拉雅風景區的忠實遊客（rv2）。
		3. 有旅遊需求時，我會優先選擇西拉雅風景區（rv3）。
		4. 我願意繼續到西拉雅風景區旅遊（rv4）。
		5. 我會向親朋好友推薦到西拉雅風景區（rv5）。

5-3 範例模型三簡介

　　本章所將介紹的第三個範例模型，也是一份實際的碩士論文之概念性模型，題名為「景觀咖啡廳意象、知覺價值與忠誠度—轉換成本的干擾效果」。這篇論文中，將檢定干擾效果是否存在？其過程較為進階，在第 11 章中將有較完整的介紹。在本書中，亦將以此範例模型當作習題的主要演練對象。

5-3-1 概念性模型

　　本研究透過相關文獻整理、分析、推論與建立假設後，推導出景觀咖啡廳意象對知覺價值及忠誠度皆具有正向直接顯著影響；知覺價值對忠誠度亦具有正向直接顯著影響等假設。自變數為消費者於景觀咖啡廳中所感受到的商店意象（image），其包含六個子構面，分別為商品、服務、便利、商店環境、促銷及附加服務。此外，依變數則為消費者的忠誠度；而處於自變數與依變數之間的中介變數則是消費者所認知的知覺價值。最後，本研究亦將檢驗轉換成本的干擾效果。由此，本研究所建構的消費者忠誠度之概念性模型，其架構將如圖 5-3 所示。

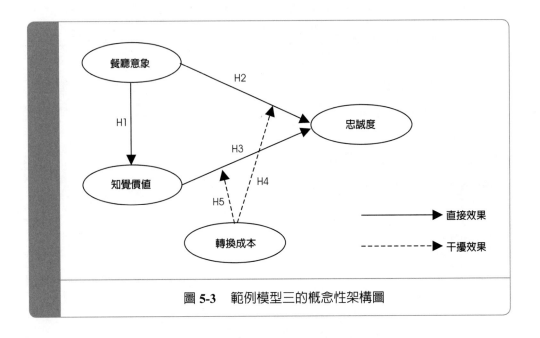

圖 5-3　範例模型三的概念性架構圖

5-3-2　研究假設

圖 5-3 的概念性模型圖，是由下列的研究假設所組合而成，盼能透過市場調查所蒐集的資料，運用驗證性因素分析、結構方程模型分析，驗證這些假設的成立與否，以探討景觀咖啡廳意象、知覺價值與忠誠度間的關係，並釐清轉換成本於其間關係的干擾效果，這些研究假設分述如下：

假設一（H1）：景觀咖啡廳意象對知覺價值具有正向直接顯著的影響力。

假設二（H2）：景觀咖啡廳意象對忠誠度具有正向直接顯著的影響力。

假設三（H3）：知覺價值對忠誠度具有正向直接顯著的影響力。

假設四（H4）：轉換成本會干擾景觀咖啡廳意象與消費者忠誠度間的關係。

假設五（H5）：轉換成本會干擾知覺價值與消費者忠誠度間的關係。

5-3-3　潛在變數之操作型定義與衡量

為了檢驗上述之研究假設，本研究試圖將概念性模型中的研究變數（潛在變數）予以操作化，並建構相對應的問項。根據圖 5-3 的概念性模型，本論文之研究變數包含景觀咖啡廳意象、知覺價值、忠誠度與轉換成本等四個潛在變數。以下為本研究之研究變數的操作型定義與衡量題項，至於原始問卷請讀者自行參閱附錄三。

一、景觀咖啡廳意象

Martineau（1958）認為在消費者決策中，有一種力量在運作，使消費者傾向惠顧與自我意象一致的商店，他將這種力量稱之為商店意象。據此，本研究將景觀咖啡廳意象定義為一種包含功能性特質、心理層面屬性及長期經驗的態度，本質上是複雜而非單獨的特性，它是消費者心中對景觀咖啡廳的整體意象，透過與其他餐廳比較後所產生之知覺的主觀想法，並會內化為個人知覺的整體意象。衡量上，將參考陳榮芳、葉惠忠、蔡玉雯、李麗娟（2006）及 Kisang、Heesup and Tae-Hee（2008）所使用之商店意象的衡量問項，再依古坑華山景觀咖啡廳現場實察做修改與刪減。因此，將採用商品、服務、便利、商店環境、促銷及附加服務等六個子構面，共計二十一個問

項，衡量景觀咖啡廳意象。衡量時，將以 Likert 的七點尺度衡量，分別以「極不同意」、「很不同意」、「不同意」、「普通」、「同意」、「很同意」與「極為同意」區分成七個等級，並給予 1、2、3、4、5、6、7 的分數，分數愈高，表示景觀咖啡廳消費者對商店意象的感受同意程度愈高。表 5-7 將顯示出景觀咖啡廳意象構面之子構面與衡量題項。

表 5-7 景觀咖啡廳意象構面的衡量題項

構　面	衡量題項
商品 im1	1. 餐飲品質好，新鮮度佳（im1_1）。
	2. 餐飲商品種類多，選擇性高（im1_2）。
	3. 餐飲價格合理（im1_3）。
	4. 菜單內容會不定時更換（im1_4）。
服務 im2	5. 服務人員親切有禮，服裝整齊（im2_1）。
	6. 服務人員會主動提供餐點之訊息（im2_2）。
	7. 服務人員結帳時，快速準確（im2_3）。
	8. 服務人員出餐快速，等待食物時間短（im2_4）。
便利 im3	9. 營業時間滿足需要（im3_1）。
	10. 周邊交通便利，地點易達（im3_2）。
	11. 停車空間足夠（im3_3）。
商店環境 im4	12. 店內裝潢高雅舒適，氣氛良好（im4_1）。
	13. 燈光音樂宜人（im4_2）。
	14. 店內環境舒適整潔（im4_3）。
	15. 走道空間寬敞，不會影響鄰座客人的交談（im4_4）。
促銷 im5	16. 配合節慶主題性有促銷活動（im5_1）。
	17. 發行貴賓卡成立會員俱樂部（im5_2）。
	18. 提供商品折價券（im5_3）。
附加服務 im6	19. 店內提供無線上網（im6_1）。
	20. 可使用信用卡付款（im6_2）。
	21. 提供書報雜誌閱讀（im6_3）。

二、知覺價值

Zeithaml（1988）定義知覺價值為消費者對產品或服務衡量其「所獲得的東西」和「所付出的代價」後，對產品效用所做的整體性評估，此即指顧

客對產品或服務的知覺評價結果，也就是知覺利益（perceived benefits）與知覺成本（perceived costs）之間的抵換結果。本研究所指的知覺價值為消費者在付出的知覺成本（包含貨幣與非貨幣的成本）與獲得的知覺利益之間的落差，為影響消費者購買意願的因素之一。衡量上，將參考 Yang and Peterson（2004）所使用之問項作為衡量依據，再依古坑華山景觀咖啡廳現場實察做修改與刪減，並經過檢測修正問卷，結果共有四題，如表 5-8 所示。

表 5-8　知覺價值構面衡量的題項

構　面	衡量題項
知覺價值 pv	1. 和其他同業相較，本餐廳服務或商品非常吸引我（pv1）。
	2. 和其他同業相較，本餐廳物超所值（pv2）。
	3. 和其他同業相較，本餐廳提供了較多的免費服務（pv3）。
	4. 和其他同業相較，本餐廳提供比我預期更高的價值（pv4）。

三、忠誠度

Oliver（1997）將顧客的忠誠度定義為消費者重複購買某商品或使用某特定服務的高度承諾，先產生於消費者態度層面，進而表現於外在購買行為，即使面臨情境改變或是競爭者的影響，仍不會改變對於該產品或服務未來持續性使用的意願與行為。本研究所指之忠誠度為顧客對某產品或服務維持長久關係之承諾，表現於行為或是態度兩方面，其為企業長久獲利之要素之一。衡量上，將參考簡惠珠（2006）所使用之問項作為衡量依據，再依古坑華山景觀咖啡廳現場實察做修改與刪減，共有五題，如表 5-9 所示。

表 5-9　忠誠度構面衡量的題項

構　面	衡量題項
忠誠度 ly	1. 本餐廳會是我優先的選擇（ly1）。
	2. 我願意再來本餐廳消費（ly2）。
	3. 我認為我是本餐廳的忠實顧客（ly3）。
	4. 我會向本餐廳申請貴賓卡（ly4）。
	5. 我會主動向親朋好友介紹本餐廳（ly5）。

四、轉換成本

Jones et al.（2000）認為影響轉換意願之因素不應只有消費者對品牌的評價，也應該包含消費者在客觀條件的限制下對轉換至其他業者的成本評估。因此定義轉換成本為能增加轉換困難度或妨礙消費者轉換行為之相關因素，如有形的貨幣成本及無形的時間、精神成本，這些概念統稱為轉換障礙（switch barriers）。本研究所指之將轉換成本定義為在產品或服務轉換過程中，所需額外花費之有形或無形成本的評估。衡量上，將參考 Yang and Peterson（2004）所使用之問項作為衡量依據，再依古坑華山景觀咖啡廳現場實察做修改與刪減，並經過檢測修正問卷，共有三題，如表 5-10 所示。

表 5-10 轉換成本構面衡量的題項

構　面	衡量題項
轉換成本 sc	1. 我覺得轉換到另一間餐廳是費時費力的（sc1）。
	2. 轉換到另一間餐廳需花費較高的成本（sc2）。
	3. 我覺得要轉換到其他餐廳消費是一件麻煩的事（sc3）。

5-4　繪製與設定模型圖的技巧

本節將說明運用 Amos 軟體繪製與設定範例模型之概念性模型圖的技巧。但是過程上，我們將先把完整的繪製流程分解，然後再逐一介紹各類繪圖技巧與注意事項，進而再整合各技巧，以完成繪製潛在變數的一階驗證性因素分析圖與結構（整體）模型圖，最後並進行相關必要的設定，以利後續的參數估計任務。

5-4-1　繪製模型圖的基本技巧

對於初學者而言，繪製一個完整的模型圖是件相當繁瑣的事，因此若能先熟悉繪圖時的各種基本技巧，將有助於未來模型圖的繪製。以下將逐一介紹這些繪圖時所必須要熟練的基本技巧。

一、製作潛在變數

　　首先，我們學習如何在繪圖區中建立潛在變數，在 Amos 的圖形介面中，潛在變數需用橢圓形表示。因此繪製方法很簡單，只須在工具箱中按【Draw unobserved variables】⬭ 鈕，然後在繪圖區中的適當位置上，按住滑鼠左鍵不放，從左上到右下拖曳，即可拉出一個橢圓形。在放開滑鼠左鍵之前，可以隨意的改變其形狀與大小。但在放開滑鼠左鍵之後，如果想再改變此橢圓形的形狀（如改變大小、水平軸與垂直軸比例等），就必須在這個橢圓形上按右鍵，然後在出現的快顯選單中，點選【Shape of Object】（物件形狀），或者在工具箱中按圖示 ✥（變更物件的形狀與大小，Change the shape of objects），再加以調整形狀或大小

二、繪製指標變數

　　在結構方程模型中，指標變數可用來間接的測量出潛在變數。指標變數包括觀察變數（即問卷中的題項）及誤差變數（測量或結構誤差）。在工具箱中按【Draw a latent Variable or add an indicator to a latent variable】⬚ 鈕，然後在繪圖區中，於先前所繪製的橢圓形（潛在變數）上按一下，就可為潛在變數加上一個指標變數，每多按一下，就會多出一個指標變數。繪製潛在變數及其指標變數時，其實可直接運用 ⬚ 圖示即可，而可不用如先前所述先使用 ⬭ 圖示，再使用 ⬚ 圖示。因為 ⬚ 圖示也可在繪圖區直接拖曳而繪製出潛在變數。

　　潛在變數及其指標變數繪製完成後，如欲進行指標變數方向上的調整，則可使用工具箱的 ⬚ 圖示（Reflect the indicators of a latent variable，映射潛在變數之指標變數）或 ↻ 圖示（Rotate the indicators of a latent variable，旋轉潛在變數之指標變數）。⬚ 圖示可使指標變數進行上下翻轉，使用時先於工具箱中選取 ⬚ 圖示，然後再於繪圖區中，代表潛在變數的橢圓形上快按滑鼠左鍵兩下，即可讓指標變數進行上下翻轉。而 ↻ 圖示則可讓指標變數進行 90° 的旋轉，每於橢圓形上按滑鼠左鍵一次，指標變數就會順時鐘旋轉 90°。

三、複製物件

　　繪製模型圖時，使用者若能善用「複製物件」工具的 🖫 圖示，則將可省去不少的麻煩事。假設使用者已經繪製好一個潛在變數及其指標變數時，若欲再繪製其他的潛在變數時，那麼使用 🖫 圖示確實可收事半功倍之效。操作上，須先於工具箱中按【Select all objects】🖑 鈕，以便能將欲複製的標的物件選取起來，當然標的物件的選取工作也可使用 🖑 圖示（Select one object at a time，只選取一個物件）進行逐一選取。選取潛在變數及其指標變數後（被選取之物件的邊框會呈現藍色），再選取 🖫 圖示，然後以滑鼠左鍵按住潛在變數不放，拖曳後至適當位置再放開滑鼠左鍵，即可於該位置上複製一個新的潛在變數及其指標變數。

四、建立潛在變數間的關係

　　潛在變數間的關係大致可分為兩類，一類為因果關係，如潛在變數 A 正向影響潛在變數 B；另一類則為相關性，潛在變數 A 與潛在變數 B 間具有相關性。在繪製模型圖時，通常以單向箭頭「→」代表影響關係（即因果關係）；而以雙向箭頭「↔」代表相關性。

　　若研究者的假設關係是變數間具有因果關係時，則繪圖時必須於兩個潛在變數間以單向箭頭「→」連接，指向方（因）稱為潛在外生變數或潛在自變數，被指向方（果）稱為潛在內生變數或潛在依變數。繪圖時只須於工具箱中按【Draw paths-single headed arrows】⬅ 鈕，然後於潛在自變數上按住滑鼠左鍵，拖曳至潛在依變數後，放開滑鼠左鍵，即可於潛在自變數與潛在依變數間建立代表影響關係的單向箭頭。

　　而繪製代表潛在變數間之相關性的圖形時，則須於工具箱中按【Draw covariance-double headed arrows】↔ 鈕，然後於兩潛在變數間拖曳繪製雙向箭頭即可。

　　初學者畫圖時難免手抖，直線畫的歪七扭八或參差不齊，此時可選取工具箱中的【Move objects】🚚 鈕，加以細微調整，以保持畫面之美觀。

五、製作潛在內生變數的誤差變數

　　很多 Amos 軟體的初學者，於繪製模型圖時，常忘記畫潛在內生變數（潛在依變數）的誤差變數（結構誤差），而導致模型無法執行。因此，初學者應養成好習慣，當畫完單向箭頭箭頭後，記住馬上為潛在依變數補上誤差變數。

　　繪圖時，只須於工具箱中按【Add a unique variable to an existing variable】 鈕，然後於潛在依變數上按滑鼠一下，即可於潛在依變數上添增結構誤差變數。

5-4-2　模型圖的設定

　　若讀者能充分練習前一小節所介紹的繪圖工具與基本技巧，那麼畫張模型圖應該是件容易的事。繪畫這種藝術基本上需要有慧根和技巧，但是，畫結構方程模型圖應該不需要有什麼了不起的慧根，惟勤罷了。準備好模型圖只是運用 Amos 執行結構方程模型分析的第一步。接下來，研究者尚須對模型圖進行一些基本設定，如此，電腦才能明瞭您的企圖，也才能幫您完成所需的分析工作。

一、讀取資料檔案

　　模型圖繪製完成後，為能順利驗證概念性模型與樣本資料的配適性，須將資料檔設定給模型圖。但是，設定之前必須對資料的完整性做適當的處理，例如：資料檔中千萬不要有遺漏值，具有遺漏值的資料檔將導致無法順利執行分析任務。這是因為在 Amos 中，執行分析之前，會將輸入的原始資料轉換成共變數矩陣，如果原始資料檔中具有遺漏值，那麼將可能產生「非正定矩陣」（non-positive definite matrices）的問題。非正定矩陣通常是指共變數矩陣的非對角線部位出現 1 的數字或者對角線上的變異數為負值，由於此現象將導致電腦程式無法執行反矩陣的計算，在統計套裝軟體中通常會視為錯誤，然後就終止運算，所以這種代誌應該還算大條吧！因此，資料若具有遺漏值時，建議可把整筆資料刪除（casewise deletion）或使用平均數替代

法來處理（mean value replacement）。

　　若資料已無遺漏值，那麼於工具箱按【Select data files】▦ 鈕，即可將原始資料檔匯入至模型圖中。按 ▦ 鈕後，待出現【Data Files】對話框後，接著再按【File Name】鈕，然後於【開啟】對話框中，選定欲開啟的 SPSS 資料檔，選定後按【開啟】鈕，即可匯入原始資料檔至模型圖中，如圖 5-4 與圖 5-5 所示。

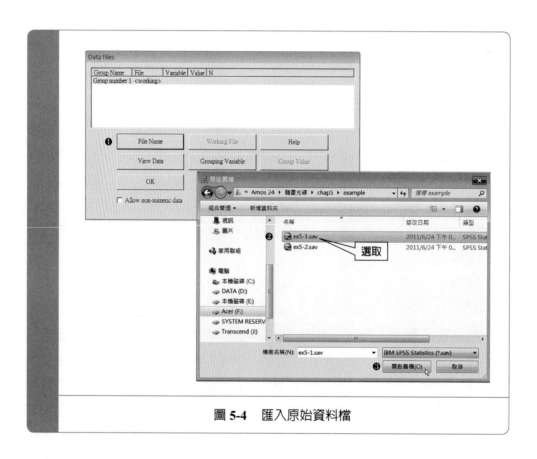

圖 5-4　匯入原始資料檔

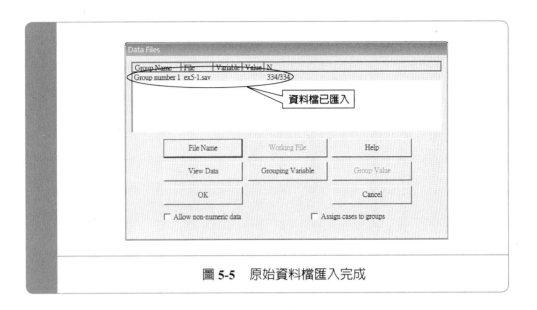

圖 5-5　原始資料檔匯入完成

二、設定變數名稱

模型圖中的變數大致可分為三類，即潛在變數（橢圓形）、觀察變數（長方形）與誤差變數（圓形），這些變數均須賦予適當的名稱，以便 Amos 可以予以識別。

1. 觀察變數

在模型圖中的觀察變數，其來源即為原始問卷中每一題項於 SPSS 中所設定的變數名稱或者是子構面中各題項之平均值。例如：圖 5-1 中品牌形象包含三個子構面（品牌價值、品牌特質與企業聯想），也就是說，在結構（整體）模型中，我們將只以這三個子構面當做觀察指標來衡量品牌形象，因此，雖然品牌價值、品牌特質與企業聯想各包含三題問項，但是執行整體模型時，我們將看不到這九題問項，取而代之的是每個子構面所包含之三題問項的平均值。簡說，事實上我們將以各子構面中所包含之問項的平均值來衡量品牌形象。故實務上，讀者根據問卷填答結果建立原始資料檔後，尚須再針對各子構面中的所有題項求其平均值，然後指定給能代表各子構面的變數。例如品牌價值包含 bi1_1、bi1_2 與 bi1_3 等三題問項，求其平均值後指定儲存在 bi1 變數中，此 bi1 變數所代表的意義即是品牌價值，將來我們將使

用 bi1 變數（代表其所包含的三題問項的平均值）來測量品牌形象。其次，由於品牌忠誠度並不具有子構面，因此於整體模型中，每一題問項就是一個觀察變數。

在確認原始資料檔已匯入模型圖後，於工具箱中，按【List variables in data set】▦ 鈕，即可開啟【Variables in Dataset】清單方塊。在【Variable in Dataset】清單方塊中將列出所有的觀察變數名稱（即 SPSS 資料檔中所有的欄位名稱）。設定名稱時，可使用滑鼠於【Variable in Dataset】清單方塊中，選定特定觀察變數後，按住滑鼠不放，然後拖曳該觀察變數至特定長方形上，即可於模型圖中設定觀察變數的名稱，如圖 5-6 所示。此外，在 SPSS 中，如果變數的名稱與其標籤的名稱（Label）不相同時，則拖曳到觀察變數上時，於路徑圖中所顯示出來的名稱是以標籤名稱為優先的。也就是說，路徑圖中將優先顯示出標籤名稱，而不顯示變數的名稱。

2. 潛在變數

潛在變數之名稱的設定方式會比較麻煩一點點，不可直接於【Variable in Dataset】清單方塊中直接拖曳產生，而必須由使用者自行輸入。在模型圖中，於潛在變數上按滑鼠右鍵，待出現快顯選單後，選取【Object

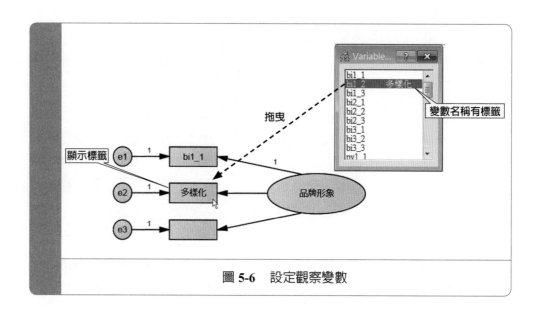

圖 5-6　設定觀察變數

Properties】功能，即可開啓【Object Properties】對話框。於該對話框選取
【Text】標籤後，在【Variable Name】輸入欄中即可輸入潛在變數的名稱，
此名稱可以是中文或英文。

　須特別注意的是，如果也設定了【Variable Label】（變數標籤），且潛
在變數變數的名稱與其標籤的名稱（Label）不相同時，則於路徑圖中所顯示
出來的名稱是以標籤名稱爲優先的。也就是說，路徑圖中將優先顯示出標籤
名稱，而不顯示變數的名稱，如圖 5-7 所示。

　此外，還有一個更省事的方法，只要執行【Plugins / Name Unobserved
Variables】即可。執行【Plugins / Name Unobserved Variables】後，Amos 將
爲潛在變數和誤差變數等不可觀測的變數（unobserved variables）自動命名，

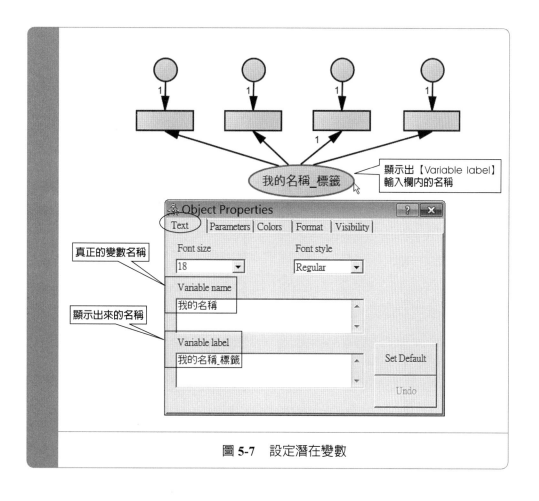

圖 **5-7**　設定潛在變數

但是此時的潛在變數名稱是 Amos 預設的，可能詞不達意，尚須讀者再予以修改。

3. 誤差變數

　　最後，再針對誤差變數進行命名工作，如前所述，只要執行【Plugins / Name Unobserved Variables】後，Amos 即可為誤差變數和潛在變數自動命名。當然，讀者若對自動產生的名稱不滿意話，也可手動進行修改。修改時亦只要運用【Object Properties】對話框即可。

三、顯示重要參數

　　模型若設定正確，當可順利執行估計運算，而其執行結果除可透過【Amos Output】視窗檢視各類配適度指標、參數估計結果…等各類統計量外，尚可利用【路徑圖輸出入模式切換區】中的【View the output path diagram】鈕，而直接於繪圖區中顯示這些重要參數。但是，此時於路徑圖中所顯示的輸出資訊，只包含各類參數估計值，而不包含各類配適度指標，稍有遺憾。為補足此缺憾，可利用工具箱中的鈕，以設定能於路徑圖中顯示出各類配適度指標值。

　　點選鈕後，在模型圖繪製區中，任意位置按一下，就會出現【Figure Caption】的對話框（如圖 5-8），於【Caption】下的輸入欄內即可直接輸入欲於路徑圖中顯示的各類資訊，諸如標題或相關配適度統計量。但輸入時，各配適度統計量均須以代碼輔助設定。因此，使用者有必要熟悉這些配適度統計量的固定代碼。

　　例如：若要顯示卡方值（CMIN）與 p 值時，則須於【Caption】下的輸入欄內輸入以下的內容：

> 卡方值 =\CMIN
> p 值 =\P

　　「\CMIN」即為代表顯示「卡方值」的代碼，「=」前的文字會直接顯示於畫面上，而「=」後面才是要顯示的統計量（數值），每個統計量都有其特

殊代碼，如表 5-11 所示。例如：若是要顯示模型之參數估計值的格式（標準化估計值或非標準化估計值），其代碼為「\FORMAT」；顯示群組名稱的代碼則為「\GROUP」；而顯示模型名稱的代碼則為「\MODEL」。

表 5-11　配適度統計量的代碼

配適度指標	代碼	配適度指標	代碼	配適度指標	代碼
AGFI	= \AGFI	F0 HI90	= \F0HI	P 值	= \P
AIC	= \AIC	F0 LO90	= \F0LO	PARTIO	= \PARTIO
BCC	= \BCC	FMIN	= \FMIN	PCFI	= \PCFI
BIC	= \BIC	GFI	= \GFI	PCLOSE	= \PCLOSE
CAIC	= \CAIC	HOELTER (A = 0.01)	= \HONE	PGFI	= \PGFI
CFI	= \CFI	HOELTER (A = 0.05)	= \HFIVE	PNFI	= \PNFI
CMIN	= \CMIN	IFI	= \IFI	RFI	= \RFI
CMIN/DF	= \CMINDF	MECVI	= \MECVI	RMR	= \RMR
DF	= \DF	NCP	= \NCP	RMSEA	= \RMSEA
ECVI	= \ECVI	NCP HI90	= \NCPHI	RMSEA HI90	= \RMSEAHI
ECVI HI 90	= \ECVIHI	NCP LO90	= \NCPLO	RMSEA LO90	= \RMSEALO
ECVI LO90	= \ECVI LO	NFI	= \NFI	TLI.	= \TLI.
F0	= \F0	NPAR	= \NPAR		

資料來源：吳明隆（2007）

此外，較複雜一點，例如：我們想要於路徑圖中可以直接顯示：

群組名稱：代碼為「\GROUP」；

模型名稱：代碼為「\MODEL」；

參數估計值的格式：代碼為「\FORMAT」；

卡方值：代碼為「\CMIN」；

P 值：代碼為「\P」；

自由度：代碼為「\DF」；

卡方自由度比值：代碼為「\CMINDF」；

GFI：代碼為「\GFI」；

AGFI：代碼為「\AGFI」；

NFI：代碼為「\NFI」；

CFI：代碼為「\CFI」；

RMR：代碼為「\RMR」；

RMSEA：代碼為「\RMSEA」；

等配適度指標時，就須於【Figure Captions】對話框內，於【Caption】下的輸入欄內輸入如下的標題，如圖 5-8。此外，本書也很貼心，已將上述的標題製作成文字檔（設定標題 .txt），存放在路徑「..\sem_amos\chap05\example\」中，使用者只要開啟「設定標題 .txt」，然後複製其內容到【Caption】下的輸入欄內即可，相當方便。輸入完成後即可於路徑圖中顯示各配適度指標，如圖 5-9。

> **\GROUP \MODEL**
>
> **\FORMAT**
>
> 卡方值 =**\CMIN** (P 值 =**\P**) 自由度 =**\DF** 卡方自由度比值 =**\CMINDF**
>
> **GFI=\GFI AGFI=\AGFI NFI=\NFI CFI=\CFI**
>
> **RMR=\RMR RMSEA=\RMSEA**

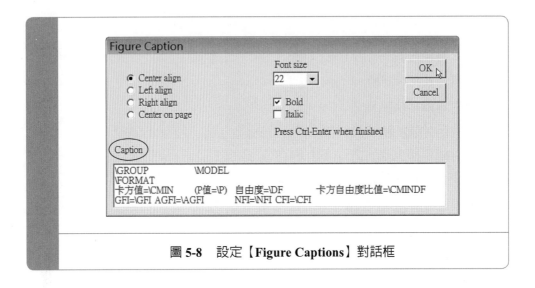

圖 5-8 設定【Figure Captions】對話框

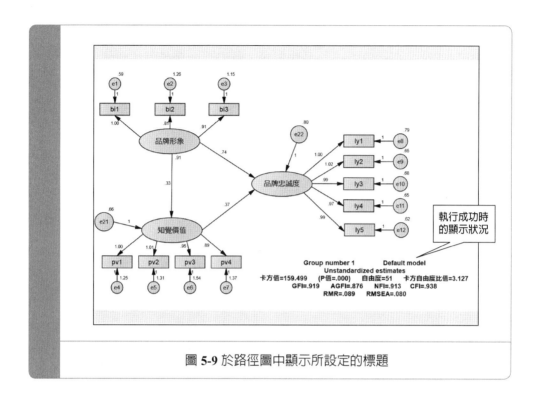

圖 5-9 於路徑圖中顯示所設定的標題

5-5 執行結構方程模型分析

於 Amos 中，繪製與設定好模型圖後，當然就可執行結構方程模型分析了。想像一下，第一次耶！這真是件令人既期待又怕受傷害的事啊！也確實是如此，期待總是有，傷害卻也免不了，誰叫你要以結構方程模型為論文的研究方法呢？頭都洗一半了，能怎樣呢？進廚房就不要怕熱！還是得硬撐呀！

劈頭就講這些五四三，其實就是很多研究者對結構方程模型的痛。明明就畫好模型了，但他就是跑不動，出現錯誤訊息；模型圖可執行了，卻跑不出卡方值，參數估計也出現「unidentified」訊息；最後，模型圖的卡方值出現了，它的值卻比我的血壓高了幾十倍。天啊！我的文獻探討夠廣夠深入，我的假設推導夠嚴謹，我的問卷設計更是有所本，但是，執行結構方程模型後的結果，配適度怎麼這麼差啊！或許是運氣差抽到爛樣本了吧！哈哈！這

樣的哀號，常可在午夜夢迴時，研究室的一隅聽到。「天無雨、人無助，你就要自己想步！（臺語）」這句臺灣諺語，總是蘊含著無限的想像空間。

還是得硬撐呀！本節中將初步介紹避免執行錯誤的方法，至於配適度與模型修正的問題，將待後續的章節中再予以說明。

5-5-1　模型的識別

於 Amos 中，繪製與設定好模型圖後，就可執行結構方程模型分析了，當然其結果總是令人期待的。然而，對於結構方程模型的分析，有時也會出現模型無法被識別（unidentified）的情形。模型識別（model identification）的目的在於協助判斷分析後所獲得的模型是否為唯一解。換句話說，當一個模型為可識別時，則其每一個參數在理論上將可計算出一個唯一的估計值（黃芳銘，2002）。

模型的識別型態一般可分為三種，即低識別（under identified）、正好識別（just identified）與過度識別（over identified）。這些觀念我們可以使用國中時代，解二元一次聯立方程式的過程來加以說明。首先，我們來看看下面這個二元一次方程式：

$$X + Y = 10 \qquad (5\text{-}1)$$

在沒有對 X 或 Y 指定任何值或任何限制（即沒有提供第二組二元一次方程式）的情形下，式 5-1 的解將有無限多種可能，例如：（$X = 1, Y = 9$）、（$X = 3, Y = 7$）……等都是可能的解，因此無法獲得唯一的解。也就是說，只有一個方程式，但卻要去估計兩個未知數時，那麼永遠也無法得到一組唯一的解。這種情形就是所謂的低識別或稱為識別不足、無法識別。若要解決這種無法識別的情況，眾所週知，只要再增加一組二元一次方程式（即增加一組限制式）即可。因為此時，方程式的數目正好與未知數的數目相等。基於此，我們增加一組限制式如下：

$$X - Y = 6 \qquad (5\text{-}2)$$

　　將式 5-1 與式 5-2 聯立起來，就可形成二元一次聯立方程式。

$$\begin{cases} X + Y = 10 & (1) \\ X - Y = 6 & (2) \end{cases}$$ （5-3）

　　其結果當然能求出一組唯一的解（$X = 8$, $Y = 2$）。這種當我們已提供恰好足夠的條件去求取聯立方程式中未知數的解的情形，以結構方程模型的術語來說，即是正好識別的情況。也就是說，當方程式的數目正好與未知數（估計參數）的數目相等時，就形成了正好識別。

　　但是，我們如果再加入一個限制式，例如：

$$X + 2Y = 18$$ （5-4）

　　此時，兩個未知數卻用三個方程式求解，這將導致無特定解的情況，例如由(1)和(2)可得解（$X = 8$, $Y = 2$），但是此解代入(3)卻不符合；由(1)和(3)可得（$X = 10$, $Y = 4$）解，但是此解代入(1)卻又無法滿足。也就是說，它可以得到完全符合任意兩個方程式的解，但卻無法滿足第三個方程式的解。上述現象中，方程式的數目大於未知數（估計參數）的數目，此稱為過度識別。雖然過度識別，但是有救，我們可以利用估計的方式，求出盡量逼近且符合這三個方程式的估計最佳解。

　　基本上，模型要能夠被識別才能夠順利的估計各個參數。在結構方程模型中，正好識別與過度識別的情形都可順利估計出各個參數，但是低識別則否。雖然有數種方法可以協助使用者判斷模型是否能識別，如 t 規則、虛無 B 規則、遞迴規則等，然而這些方法都牽涉到相當高深的數學理論，就運用者的角度而言，或許忘了它們是個稱心如意的選擇。因為在 Amos 中，只須觀察以下的原則，就能使模型符合可識別的原則。

(1)在測量模型（即驗證性因素分析模型）中，各潛在變數的指標變數中，要有一個（且只有一個）觀察變數須設為參照指標，參照指標將限制其參數之估計，其參數之估計值須設定為 1。

(2)在測量模型中，每個觀察變數均須有一個測量誤差變數，該測量誤差變數

的迴歸加權值均須設定為 1。

(3)在二階測量模型中，若一階潛在變數（子構面）超過三個時，二階潛在變數（主構面）指向一階潛在變數之路徑中，其中一條路徑其迴歸加權值必須設定為 1。

(4)在二階測量模型中，若一階潛在變數恰好只有兩個時，二階潛在變數指向一階潛在變數之兩條路徑，其路徑的迴歸加權值都必須設定為 1。

(5)在結構模型中，潛在依變數必須設定結構誤差變數，所有結構誤差變數的迴歸加權值（regression weight）必須設定為 1。

5-5-2　執行前的相關設定

模型圖繪製完成，資料也能順利讀取後，接著就可執行分析工作了。此時，研究者需考慮的是要分析什麼、輸出哪些報表與如何計算參數估計值等問題。

一、模型估計方法

於工具箱中按【Analysis properties】 🔢 鈕後，會開啟【Analysis Properties】對話框（分析屬性對話框），該對話框內有八個標籤頁，選取【Estimation】標籤頁後即可設定模型的估計方法，如圖 5-10。在 Amos 中，模型的估計方法有五種，分別為「Maximum likelihood」（最大概似估計法，簡稱 ML 法）、「Generalized least squares」（一般化最小平方法，簡稱 GLS 法）、「Unweighted least squares」（未加權最小平方法，簡稱 ULS 法）、「Scale-free least squares」（尺度自由最小平方法，簡稱 SLS 法）與「Asymptotically Distribution-free」（漸近分配自由法，簡稱 ADF 法）。其中 ML 法為 Amos 預設的模型估計方法。然而，使用 ML 法時，需要多元常態性（multivariate normality）的假設成立的情況下才能穩定的運作。因此，講究嚴謹性的論文，於運用 ML 法前應先檢驗樣本資料的多元常態性。貿然使用 ML 法進行分析，將可能導致參數估計的標準誤（standard error）與顯著性檢定的統計量（t-value）產生偏誤（黃芳銘，2002；邱皓政，2004）。多元常態性的檢驗方式，在第 6 章中將有所說明。

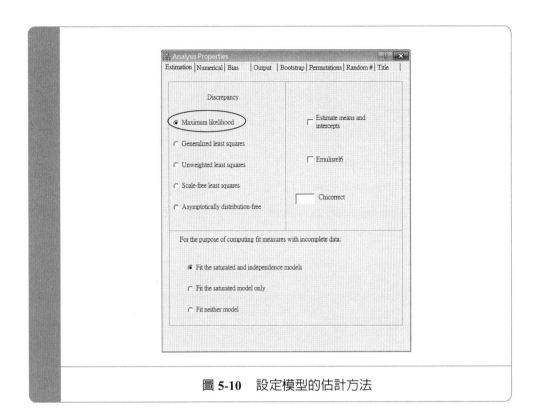

圖 5-10　設定模型的估計方法

二、設定報表輸出

於工具箱中按【Analysis properties】▦ 鈕後，會開啟【Analysis Properties】對話框（分析屬性對話框），該對話框內有八個標籤頁，選取【Output】標籤頁後即可設定將來報表中所欲輸出的資訊，如圖 5-11。其內容包括：

「Minimization history」（極小化過程的統計量）

「Standardized estimates」（標準化的估計值）

「Squared multiple estimates」（多元相關的平方）

「Sample moments」（樣本動差或稱觀察樣本共變數矩陣，即樣本矩陣）

「Implied moments」（隱含動差或稱隱含共變數矩陣，即再生矩陣）

「All implied moments」（所有隱含共變數矩陣）

「Residual moments」（殘差動差或稱殘差矩陣）

「Modification indices」（修正指數）

「Indirect, direct & total effects」（間接效果、直接效果與總效果）

「Factor score weights」（因素分數加權值）

「Covariances of estimates」（共變數估計值）

「Correlations of estimates」（相關係數估計值）

「Critical ratios for difference」（差異的臨界比值）

「Tests for normality and outliers」（常態性與極端值檢驗）

「Observed information matrix」（觀察的資訊矩陣）

「Threshold for modification indices」（修正指數的門檻值）

其中修正指數的門檻值預設為 4，也就是說，修正指數值大於 4 的路徑會於報表中詳列出來，使用者可根據理論是否支持，而予以適當的修正。一般而言，執行分析前，研究者會希望能輸出最完整的資訊，因此，建議可在此標籤頁中會勾選所有的選項。

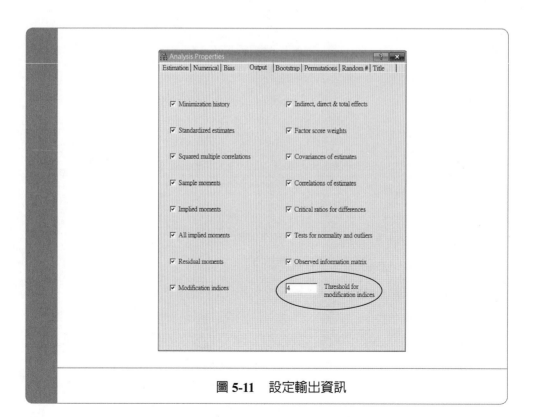

圖 5-11　設定輸出資訊

5-5-3 執行階段常見的錯誤訊息

待前述的相關事項皆準備或設定就緒後，就可開始執行結構方程模型分析了。執行時只要於工具箱中按【Calculate Estimates】 🎛 鈕後，就可啟動執行程序。若是模型沒有出現任何錯誤訊息，則表示觀察資料能讓 Amos 於估計參數時獲得了收斂（convergence，即執行成功）。此時，【Models】（模型）視窗中會出現「OK：Default Model」的訊息，而【Computation Summary】（計算摘要）視窗中會出現資料檔檔名、模型名稱、程式估計時疊代的次數、順利寫入輸出結果、卡方值與模型的自由度等訊息，而且若配適狀況還算良好的話，【路徑圖輸出入模式切換區】中的【View the output path diagram】 🔼 鈕，會變成可作用狀態，按此鈕即可在路徑圖中顯示出每個參數的估計值，如圖 5-12 所示。

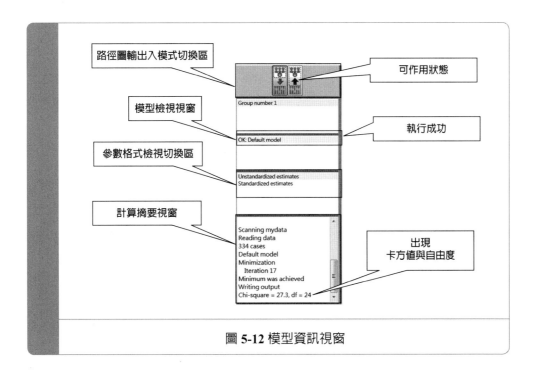

圖 5-12 模型資訊視窗

　　然而，執行時出現錯誤訊息卻，也是常有的事，對於這些錯誤訊息，使用者必須去找出問題點（產生錯誤的原因），然後對症下藥解決它。常見的錯誤訊息如下：

一、變數名稱重覆設定

　　在 Amos 模型圖中，潛在變數、觀察變數與誤差變數的名稱皆不能重複。變數的名稱必須是唯一的，若相同的變數名稱，於同一個模型圖中出現兩次以上，則計算估計值（執行）時，會出現如圖 5-13 的錯誤警告訊息（e1 這個變數名稱，於模型圖中跟其他物件的名稱重複了！），於是模型就無法進行估計了。

圖 5-13 變數名稱重覆設定

二、潛在變數名稱與資料檔中的變數名稱重複

　　在模型圖的繪製過程中，由於觀察變數（長方形）的名稱可以直接由【Variables in dataset】清單方塊中拖曳而產生，故較不易發生變數名稱錯誤或重複的情形。雖然潛在變數（橢圓形）名稱與誤差變數（圓形）名稱亦可藉由執行【Plugins / Name Unobserved Variables】而自動命名，但是此時的潛在變數名稱是 Amos 預設的，可能詞不達意，往往須再予以修改。修改時，千萬要注意，潛在變數的名稱不可與 SPSS 資料檔中的變數名稱相同，否則就會產生如圖 5-14 的錯誤訊息。

　　圖 5-14 中，由於 SPSS 資料檔中已經有「bi」這個欄位名稱，因此 Amos

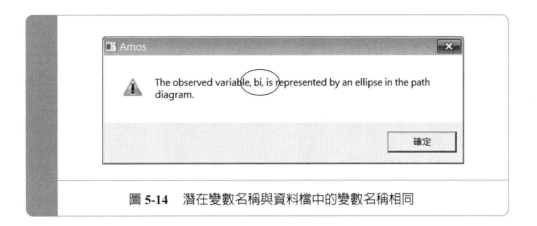

圖 5-14　潛在變數名稱與資料檔中的變數名稱相同

會將「bi」視為觀察變數，所以該錯誤訊息內容會顯示，你把觀察變數（即bi）設定給橢圓形物件（即潛在變數）了。

三、觀察變數不存在

在模型圖的繪製過程中，由於觀察變數（長方形）的名稱可以直接由【Variables in dataset】清單方塊中拖曳而產生，故較不易發生變數不存在SPSS 資料檔中的情形。但是，對於一些追求「精益求精」的使用者，為了使模型圖更具可讀性，會去修改模型圖中觀察變數的名稱，然而此舉卻忽略了基本的名稱設定觀念，因為您於模型圖中所設定的觀察變數名稱，根本不存在於 SPSS 資料檔的變數名稱中。換句話說，對於觀察變數而言，模型圖中的觀察變數名稱必須要和 SPSS 資料檔中的變數名稱一模一樣才可。否則計算估計值（執行）時就會產生如圖 5-15 的錯誤訊息。

圖 5-15 錯誤訊息內容告知使用者，變數「口碑」出現於路徑圖的長方形物件中，但它卻不是一個觀察變數（即 SPSS 資料檔中沒有「口碑」這個變數名稱）。

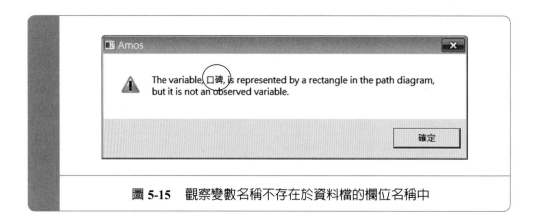

圖 5-15　觀察變數名稱不存在於資料檔的欄位名稱中

四、內生變數沒有增加誤差變數

在 Amos 結構方程模型中，所有性質屬內生變數（依變數）的變數都要設定誤差變數（屬結構誤差），且誤差變數和內生變數間的迴歸加權係數要一定設為 1。在模型估計時，若有內生變數沒有設定誤差變數，則會出現警告提示視窗，告知研究者哪些內生變數沒有設定誤差變數，如圖 5-16。

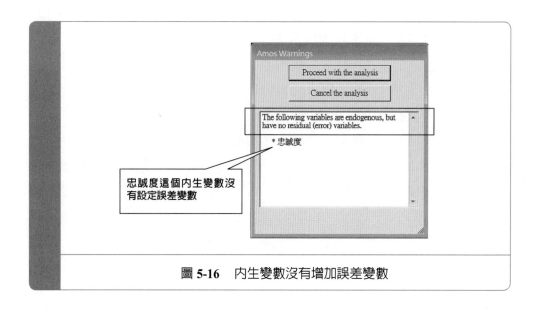

圖 5-16　內生變數沒有增加誤差變數

五、資料檔中的觀察變數有遺漏值

執行計算估計參數值的過程中，如果原始資料檔中任何一個觀察變數有遺漏值時，那麼就會出現如圖 5-17 的錯誤訊息。該錯誤訊息告知使用者，於嘗試配適模型時發生錯誤，為了分析觀察變數的遺漏值，使用者必須採用估計平均數與截距項方法，執行該方法有兩種方式，一為在【Amos Graphics】的【Analysis Properties】對話框（分析屬性對話框）中，選取【Estimation】標籤頁，然後勾選【Estimate means and intercepts】選項。另一方法則為在 Amos VB 語法程式中，使用【ModelMeansAndIntercepts】方法。

所以建議使用者要估計模型前，最好先確認 SPSS 資料檔中，已無遺漏值存在。若有遺漏值時，可用平均數替代法（mean value replacement）、整列刪除法（casewise deletion）與成對刪除法（pairwise deletion）等方法來處理。

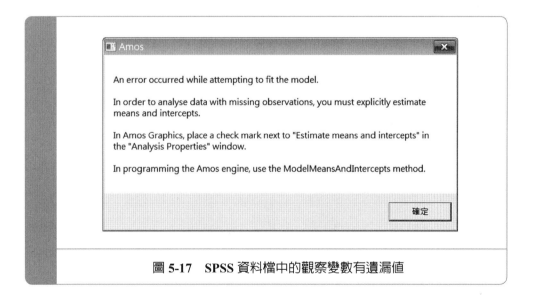

圖 5-17 SPSS 資料檔中的觀察變數有遺漏值

六、樣本共變數矩陣為非正定矩陣

若樣本資料的共變數矩陣無法正定時，那麼執行計算估計值的過程中，就會出現如圖 5-18 的錯誤訊息。該錯誤訊息內容會明示模型無法正定的可能原因，這些原因包括（吳明隆，2007）：

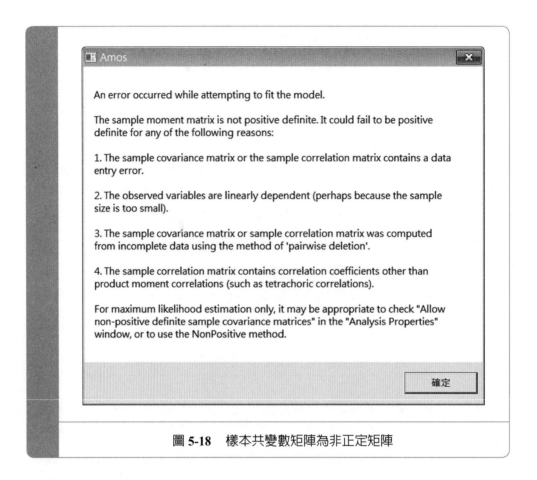

圖 5-18 樣本共變數矩陣為非正定矩陣

1. 樣本資料的共變數矩陣或相關矩陣所包含的資料有誤。
2. 觀察變數具有共線的情形。
3. 使用成對刪除法時，造成資料不完整，導致無法估計出樣本共變數矩陣或樣本相關矩陣。
4. 與產生動差相關比較之下，樣本相關矩陣包含其他無關的相關係數。

　　若發生了上述的事件，Amos 建議使用者，不要使用有要求需正定矩陣的估計方法（如 ML 法）；相反的，應該使用可以允許非正定矩陣存在的估計方法。

　　通常，執行時出現這個錯誤訊息的機會不是很高，倘若真的出現了，那麼肯定是原始資料檔出了問題，也就是說您的問卷或許設計的不好，導致受

訪者答題時，某幾題問項的得分幾乎一模一樣，產生共線的情形，導致無法正定。我想這種現象誰也不願發生，但若發生了，代表著您可能需要重新設計問卷、重新蒐集樣本資料。當然也或許還有種可能，那就是您在進行資料檔的相關編輯操作時，「不小心」讓某些觀察變數的資料變的太相似，也會產生這種非正定的錯誤。

七、模型無法識別

模型無法識別這種錯誤常常會發生，建議研究者於模型圖繪製完成後，參照 5-5-1 節的說明檢核模型圖，以便使模型可以識別。在 Amos 中，執行計算估計值時，若模型無法識別，也不會產生錯誤訊息，但可由【Computation Summary】（計算摘要）視窗中觀察，若該視窗沒有出現卡方值與自由度，如圖 5-19，那就代表著您的模型可能無法識別。若想確認到底是那個路徑無法識別時，可於工具箱中按【View Text】（查閱輸出報表）🖿 鈕，待出現【Amos Output】視窗後，選取視窗左邊的【Estimates】目錄，在【Regression Weights】輸出表格中，某些路徑會出現「unidentified」（未識別）的字樣，由此，就可觀察出問題點了。如圖 5-20 中，出現「unidentified」的路徑都跟潛在變數「K1」（其標籤為品牌形象）有關，因此可研判應該是規則一：「在測量模型中，各潛在變數的指標變數中，要有一個觀察變數須設為參照

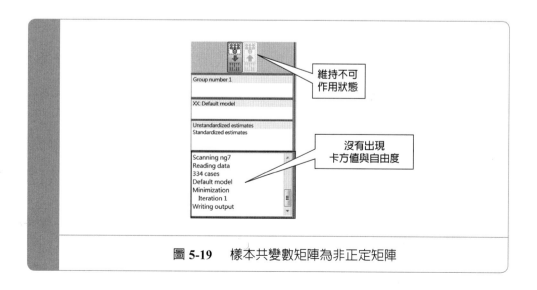

圖 5-19　樣本共變數矩陣為非正定矩陣

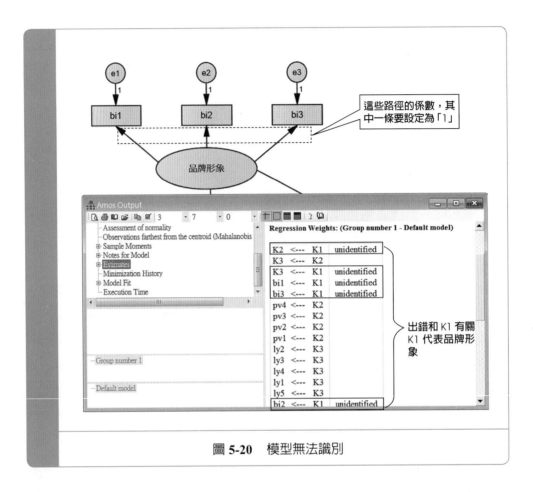

圖 5-20　模型無法識別

指標，參照指標將限制其參數之估計，其參數之估計值須設定為 1。」，這個識別原則被違反了。

八、模型配適不佳

於工具箱中按【Calculate Estimates】 鈕後，就可啟動執行程序。若是模型沒有出現任何錯誤訊息，則表示觀察資料能讓 Amos 於估計參數時獲得了收斂（即執行成功）。此時，【Models】視窗中會出現「OK：Default Model」的訊息，而【Computation Summary】（計算摘要）視窗中會出現資料檔檔名、模型名稱、程式估計時疊代的次數、順利寫入輸出結果、卡方值與模型的自由度等訊息。但模型收斂成功並不意味著假設模型與樣本資料的

配適狀況良好，如圖 5-21。

在圖 5-21 中，雖然【Computation Summary】視窗中顯示收斂，但卻發現【路徑圖輸出入模式切換區】視窗中的【View the output path diagram】鈕，還是維持在不可作用狀態。再由【Amos Output】視窗的【Estimates】目錄中，觀察【Regression Weights】輸出表格，描述因果關係的三條路徑中，有兩條路徑不顯著。這說明了假設模型與樣本資料的配適狀況不佳。

發生這樣的問題，處理起來相當棘手。或許這可以從修正指數中去發掘修正的方向，但修正時仍須以文獻、理論為依據。另外，也可從問卷設計或樣本抽樣的方向著手，或許講的比較極端一點，從頭再來吧！但是誰也沒辦法保證，下一組樣本會比較好。不過，無論如何，這都需要花費研究者許多心力與時間。這就是研究者的痛啊！

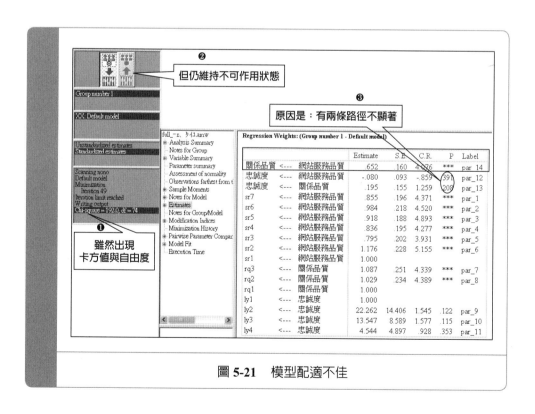

圖 5-21　模型配適不佳

九、潛在自變數間的相關性

概念性模型中若存在多個潛在自變數，則應於它們之間建立相關關係（雙箭頭線），若於模型圖中忽略了此相關關係，那麼於執行階段就會出現如圖 5-22 的警告訊息。該警告訊息內容提醒使用者是否該回到模型圖中（即按【Cancel the analysis】鈕），畫好兩潛在自變數間的雙箭頭線，以讓相關係數能被自由估計後，再執行。或者，若使用者根據「理論基礎」，而決定不予設定潛在自變數間的相關性時，亦可視而不見，繼續執行（即按【Proceed with the analysis】鈕）。

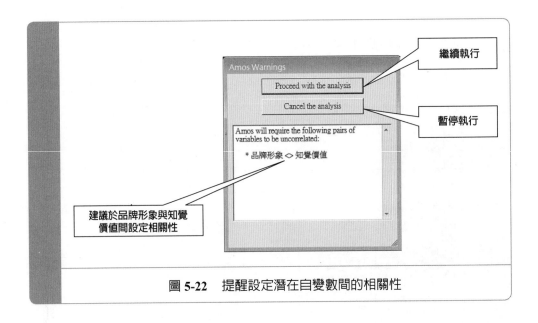

圖 5-22　提醒設定潛在自變數間的相關性

5-6　繪製驗證性因素分析模型圖

▶ 範例 5-1

參考第 5-1 節範例模型一，論文【品牌形象、知覺價值與品牌忠誠度關係之研究】的相關說明。試繪製概念性模型的一階驗證性因素分析圖，並讀入「ex5-1.sav」以設定各觀察變數的名稱。

　　論文【品牌形象、知覺價值與品牌忠誠度關係之研究】的概念性模型圖，如圖 5-1。要完成整篇論文的結構方程模型分析，須根據 Anderson and Gerbing（1988）及 Williams and Hazer（1986）等學者所提出的兩階段法，第一階段先針對各研究構面及其衡量題項進行驗證性因素分析，以瞭解各構面的信度、收斂效度及區別效度；第二階段再將高階構面降維為一階構面，再運用線性結構關係發展結構模型（又稱整體模型）進行分析，以驗證各構面之因果關係的假設檢定。因此，研究者必須於 Amos 中繪製兩張模型圖才能完成整篇論文的分析工作，一張為驗證性因素分析圖（如圖 5-24）；另一張則為整體模型分析圖（如圖 5-36）。

　　由於本範例將先繪製驗證性因素分析圖，也就是要去驗證測量模型的信、效度。因此，研究者須先理解問卷的構造，才能準確的繪製驗證性因素分析圖。而問卷的架構若能以樹狀結構圖呈現，則更有助於理解問卷設計的邏輯與各主構面、子構面、題項間的關係。

　　範例模型一的問卷包含包含四個主要部分，分別為品牌形象主構面、知覺價值主構面、品牌忠誠度主構面與基本資料，如圖 5-23。其中，品牌形象主構面又分為三個子構面，分別為品牌價值子構面（3 個題項）、品牌特質子構面（3 個題項）與企業聯想子構面（3 個題項）；而知覺價值主構面則包含：品質價值（2 個題項），情感價值（2 個題項），價格價值（2 個題項）及社會價值（2 個題項）等四個子構面。品牌忠誠度主構面，以單構面之題項衡量，共包含 5 題問項。基本資料部分，主要的調查內容有性別、婚姻狀況、年齡、目前職業、教育程度、平均月收入。

　　由圖 5-23 可知，品牌形象與知覺價值皆為二階的因素結構，進行驗證性因素分析時理應繪製二階驗證性因素分析圖。然而，一般而言，由於二階

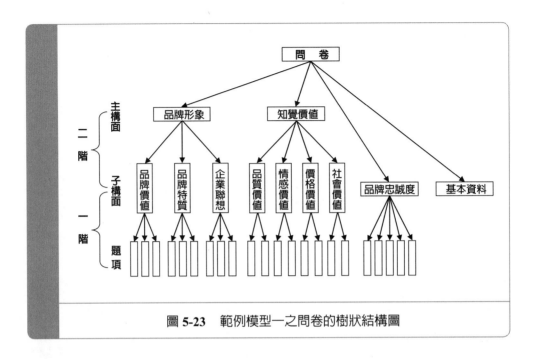

圖 5-23　範例模型一之問卷的樹狀結構圖

驗證性因素分析圖較爲複雜，於執行後，其配適結果通常不佳，難以展示成果於論文中。再者，一階驗證性因素分析圖（如圖 5-24）的構造較爲簡單，無論從配適結果或信、效度的檢驗，在相同的樣本資料下亦都能獲得較佳的結果，且都能爲一般的期刊論文所接受。故在本書中，所有的驗證性因素分析都是採一階的，也建議讀者對於二階的因素結構，於進行驗證性因素分析時，均採用一階驗證性因素分析，將比較容易得到符合學術論文之要求的結果。因此，本範例中，我們將只練習如何繪製一階驗證性因素分析圖。至於如何檢驗信、效度則待第 7 章中再予以說明。

對於初學者而言，繪製一個完整的模型圖是件相當繁瑣的事。因此，若能先熟悉繪圖時的各種基本技巧，將有助於完整模型圖的繪製。在此，我們將示範概念性模型之一階驗證性因素分析圖的繪製過程（完成圖，如圖 5-24 所示）。對於初學者來說，雖然其過程有點繁雜，但是讀者若能配合影音檔進行學習，那將可收事半功倍之效。一般而言，製作模型圖時，其過程大致上可分爲五個階段，如圖 5-25。

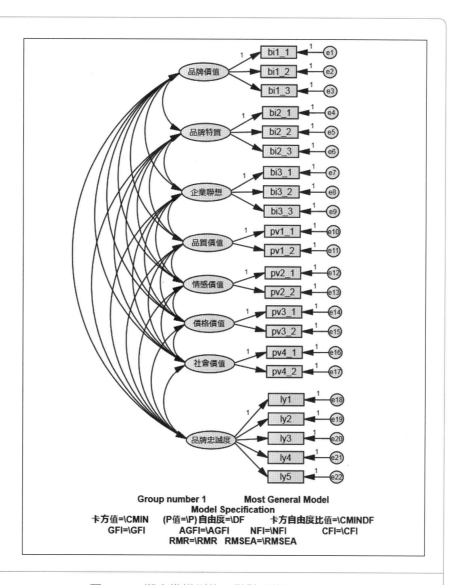

圖 5-24　概念性模型的一階驗證性因素分析圖

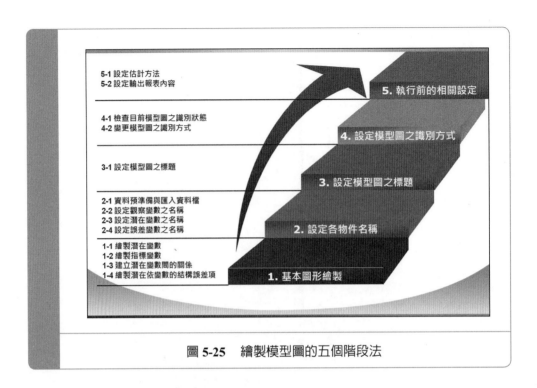

圖 5-25　繪製模型圖的五個階段法

5-6-1　第一階段：基本圖形繪製

圖 5-25 的繪圖五階段中，第四、五階段，我們將在第 7 章以後再予以詳細說明，本章的重點在於「畫出」一階驗證性因素分析與整體模型分析圖。在「第一階段：基本圖形繪製」的主要工作內容中，包含：

1-1 繪製潛在變數

1-2 繪製指標變數

1-3 建立潛在變數間的關係（因果關係或共變關係）

1-4 繪製潛在依變數的結構誤差項

以下將先循序漸進的說明「概念性模型」之一階驗證性因素分析圖的繪製過程。

步驟 1-1：繪製潛在變數。

由於我們將繪製「概念性模型」的一階驗證性因素分析圖，在一階驗證性因素分析圖中會以「一階構面」為主體，並畫出其因素結構。所以未來

完成的一階驗證性因素分析圖中，將會包含「品牌價值」、「品牌特質」、「企業聯想」、「品質價值」、「情感價值」、「價格價值」、「社會價值」與「品牌忠誠度」等 8 個一階構面或子構面。在此將先畫出「品牌價值」子構面的因素結構，一個子構面就是一個潛在變數。

因此，請先於 Amos Graphics 編輯視窗中，開啓一個空白檔案。然後在繪圖區中，使用【Draw a latent Variable or add an indicator to a latent variable】鈕繪製一個適當大小的橢圓形，如圖 5-26 左邊的橢圓形。

步驟 1-2-1：繪製指標變數。

「品牌價值」子構面有 3 個題項，故須為「步驟 1-1」所畫好的潛在變數（橢圓形）上，加入 3 組指標變數，如此就可完成「品牌價值」之因素結構的外觀了。

在繪圖工具箱中，選取【Draw a latent Variable or add an indicator to a latent variable】鈕。然後在繪圖區中，於「步驟 1-1」所繪製的橢圓形（潛在變數）上點一下，就可為潛在變數加上一個指標變數。接著再製作 2 個指標變數，然後使用鈕，調整一下指標變數的方向，如圖 5-26 所示。如此簡單，一個子構面的因素結構外觀就畫好了。

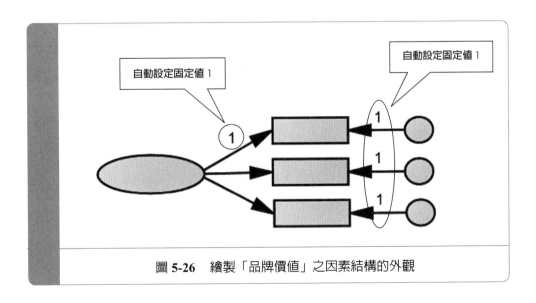

圖 5-26　繪製「品牌價值」之因素結構的外觀

步驟 1-2-2：複製物件。

　　接下來，將繪製品牌形象之另外 2 個子構面「品牌特質」與「企業聯想」之因素結構的外觀。由於品牌形象之 3 個子構面的因素結構皆相同，故可利用複製的方式來繪製「品牌特質」與「企業聯想」的因素結構。

　　在繪圖工具箱中，選取【Select all objects】🖐 鈕，以全部選取欲複製的物件，接著再按【Duplicate objects】📇 鈕，然後以滑鼠左鍵按住先前已畫好的潛在變數不放，拖曳至適當位置後再放開滑鼠左鍵，即可於該位置上複製一個新的因素結構（潛在變數及其指標變數）。請複製兩個因素結構，並排列整齊，如圖 5-27 所示。

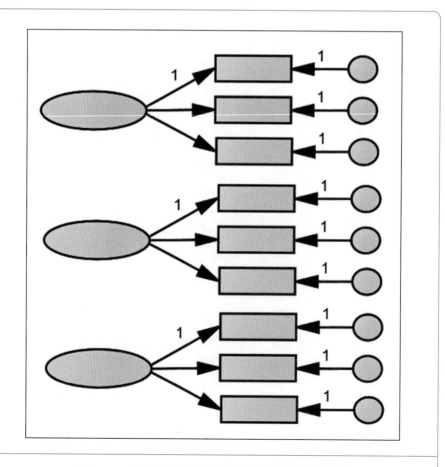

圖 5-27　繪製品牌形象之三個子構面的因素結構

　　接下來，請讀者自行重複步驟 1-1 至步驟 1-2-2，繪製知覺價值之 4 個子構面與品牌忠誠度之因素結構的外觀。完成後，即可得概念性模型的一階驗證性因素分析圖之初步外觀，即如圖 5-28 所示。

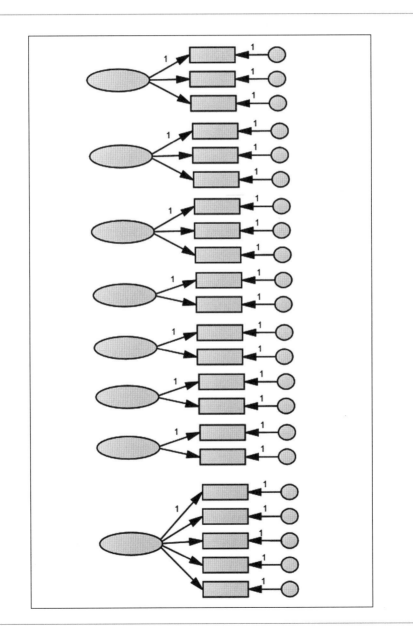

圖 5-28 概念性模型之一階驗證性因素分析圖的初步外觀

步驟 1-3：建立潛在變數間的關係。

在一階驗證性因素分析中，最大的特徵就是須爲各子構面間建立起相關關係，如此才能描述各子構面間的共變關係。

於潛在變數間設定相關線（雙箭頭曲線）。首先使用【Select one object at a time】🖐 鈕，進行逐一選取圖 5-28 中，所有代表潛在變數的橢圓形，共 8 個。然後執行【Plugins】/【Draw Covariances】，系統就會自動的於潛在變數間畫上所有可能的雙箭頭曲線，如圖 5-29 所示。若自動畫出的相關線讀者覺得不滿意的話（例如：方向反了），當然最保險的方法就是逐條自己畫，總共要畫 28 條兩兩相關線。

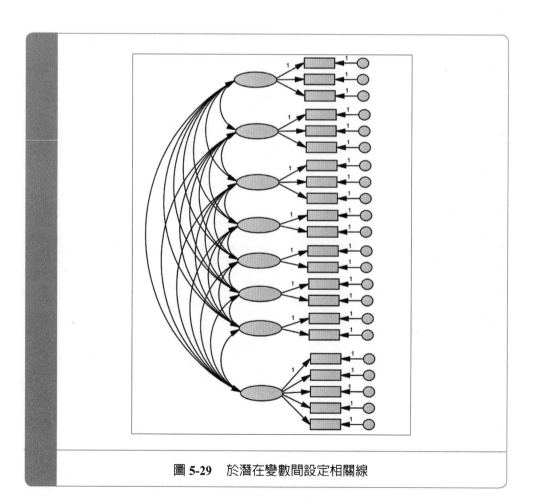

圖 5-29 於潛在變數間設定相關線

步驟 1-4：繪製潛在依變數的誤差變數。

在一階的驗證性因素分析圖中，由於不存在「潛在依變數」，故也就沒有畫「結構誤差項」的必要。因此，此步驟可以省略。

至此，概念性模型之一階驗證性因素分析圖的外觀已繪製完成，接下來可為該圖做些更細部的設定，以符執行時的需求。

5-6-2　第二階段：設定各物件名稱

圖 5-25 的繪圖五階段中，第二階段為「設定各物件名稱」。此階段的工作內容包含：

2-1 資料預準備與匯入資料檔
2-2 設定觀察變數之名稱
2-3 設定潛在變數之名稱
2-4 設定誤差變數之名稱

一階驗證性因素分析圖的繪製工作於完成第一階段後，接著，即可進入第二階段。

步驟 2-1：資料預準備與匯入資料檔。

繪製結構模型圖時，由於會使用到降維的概念，因此須要對原始資料檔中的二階構面之子構面預先進行橫向計算平均值的處理。這個降維的動作就稱為「資料預準備」。然而，在一階驗證性因素分析中，並不用降維，因此也不用進行「資料預準備」，而可直接於模型圖匯入資料檔。

由於觀察變數的名稱（問卷的題項名稱）就是 SPSS 資料檔中之變數名稱。因此，欲設定觀察變數的名稱前，必須先匯入分析用的資料檔。首先，務必確認資料已無遺漏值或已對遺漏值進行處理後，再於繪圖工具箱按【Select data files】▦ 鈕，準備匯入 SPSS 資料檔。待出現【Data Files】對話框後，按【File Name】鈕，然後於【開啓舊檔】對話框中，選定欲開啓的 SPSS 資料檔（本範例為 ex5-1.sav），選定後按【開啓舊檔】鈕，即可將 SPSS 資料檔「ex5-1.sav」匯入模型圖中，如圖 5-30 所示。資料匯入後，從

圖 5-30，可觀察出「ex5-1.sav」這個資料檔，總共包含了 334 個個案。

此外，再次強調，匯入資料前，請讀者務必要注意資料檔是否具有遺漏值，若有遺漏值，須先利用 SPSS 先行處理（刪除該個案的所有資料或以平均值填補遺漏之處）後，再進行匯入動作，否則將來執行計算估計時，將出現錯誤訊息。

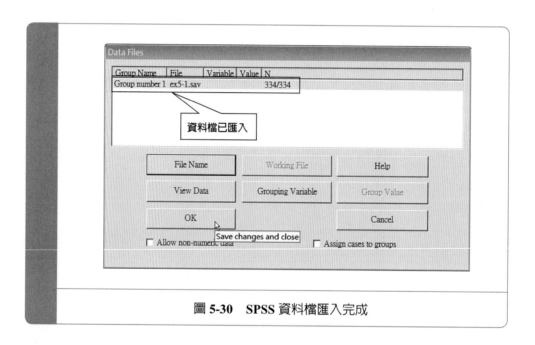

圖 5-30 SPSS 資料檔匯入完成

步驟 2-2：設定觀察變數的名稱。

在測量模型圖中的觀察變數（長方形），其來源即為原始問卷中的每一題項於 SPSS 中所設定的欄位名稱。因此，繪製驗證性因素分析圖時，可根據表 5-1、表 5-2 與表 5-3 或圖 5-23 而得知各一階潛在變數所屬的題項與因素結構，概念性模型中共包含有 8 個一階構面，總共有 22 個題項，也因此概念性模型的驗證性因素分析圖裡，也將具有 22 個觀察變數。

於每個代表觀察變數的長方形上，設定觀察變數的名稱。觀察變數的名稱就是 SPSS 資料檔中的變數（欄位）名稱。待原始資料檔已匯入完成後，首先於繪圖工具箱中，按【List variables in data set】▦鈕，以開啟【Variables

in Dataset】清單方塊。由於資料已匯入，故【Variable in Dataset】清單方塊
已能列出所有的觀察變數名稱（SPSS 資料檔的欄位名稱）。然後，使用滑鼠
於【Variable in Dataset】清單方塊中，選定特定的觀察變數名稱後，按住滑鼠
不放，然後拖曳該觀察變數名稱至適當的長方形圖形上，放開滑鼠，即可設
定好觀察變數的名稱，如圖 5-31 所示。請讀者自行依序完成所有的觀察變數
之名稱的設定工作。

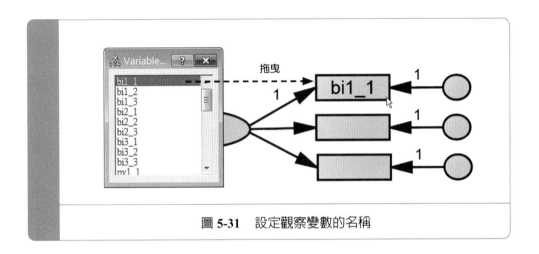

圖 5-31　設定觀察變數的名稱

步驟 2-3：設定潛在變數的名稱。

　　於每個代表潛在變數的橢圓形上，設定潛在變數的名稱。首先於圖 5-29
的第一個橢圓形（代表：品牌價值）上按滑鼠右鍵，出現快顯選單後，選取
【Object Properties】功能，即可開啟【Object Properties】對話框。於該對話
框選取【Text】標籤頁後，在【Variable name】輸入欄中輸入第一個子構面名
稱「品牌價值」，接著依序於其他的橢圓形上設定「品牌特質」與「企業聯
想」……等潛在變數名稱，如圖 5-32 所示。此外，讀者尚須注意潛在變數的
名稱，絕對不可和 SPSS 資料檔中的欄位名稱一樣，否則將來執行時，將產
生錯誤訊息。至於【Variable label】可設或不設，由使用者自行決定，它並不
影響未來模型圖的執行。

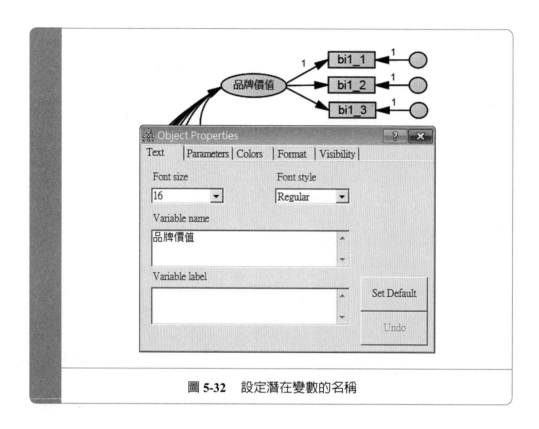

圖 5-32　設定潛在變數的名稱

步驟 2-4：設定誤差變數的名稱。

在此，將於每個代表誤差項的圓形上，設定測量誤差的名稱。「概念性模型」的一階構面共有 22 個衡量題項，且由於屬一階驗證性因素分析圖，並不會存在依變數，所以也就不會有結構誤差。因此，所有的誤差項，總共就只有 22 個測量誤差（22 個圓形）。

設定誤差變數時，建議讀者可利用自動命名的方式，自動命名完成時，有需要的話，再來重新修改誤差變數的名稱。執行【Plugins / Name Unobserved Variables】後，就可為誤差變數自動命名。當然，讀者若對自動產生的名稱不滿意話，也可手動進行修改。修改時亦只要運用【Object Properties】對話框即可。

修改時，首先於圖 5-29 的第一個圓形上按滑鼠右鍵，出現快顯選單後，選取【Object Properties】功能，即可開啟【Object Properties】對話框。於該

對話框選取【Text】標籤頁後，然後在【Variable name】輸入欄中輸入第一個
測量誤差的名稱為「e1」，接著依序於其他的圓形上設定「e2」～「e22」等測
量誤差的名稱。

　　至此，已為「概念性模型」之一階的驗證性因素分析圖中的各變數名稱
命名完畢（第二階段結束），其完成圖如圖 5-33 所示。

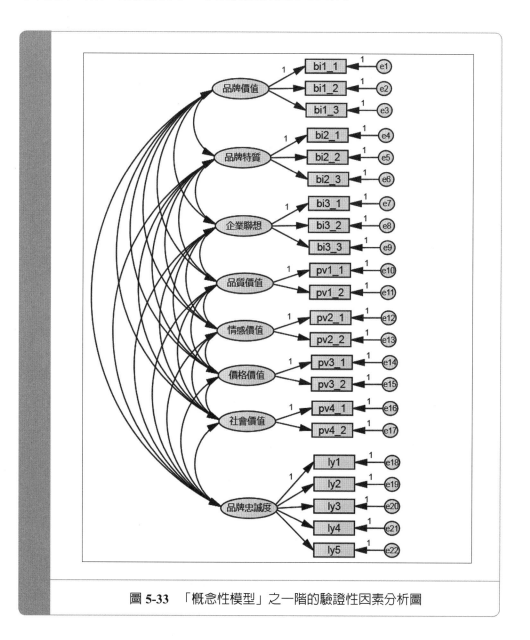

圖 5-33　「概念性模型」之一階的驗證性因素分析圖

5-6-3　第三階段：設定模型圖的標題

模型若設定正確，當可順利執行分析成功。如果想要於路徑圖中，能即時的顯示出模型的配適度指標，那麼就需設定模型圖的標題（caption）。因此，本小節將介紹繪圖五階段的第三階段，如何為模型圖設定標題。

步驟 3-1：設定模型圖的標題。

首先，於繪圖工具箱上按【Figure caption】 Title 鈕，以設定要呈現的標題文字或配適度統計量。按 Title 鈕後，可開啟【Figure caption】對話框，先選取「Center align」，以將來方便安排標題的位置，接著設定字型，然後在【Caption】輸入欄中輸入欲顯示之配適度指標的代碼（這些代碼讀者亦可直接開啟範例資料夾「..\sem_amos\chap05\」中的「設定標題 .txt」，然後複製其內容到【Captions】輸入欄中），如圖 5-34。設定好【Figure caption】對話框後，按【OK】鈕，即可設定好模型圖的標題，如圖 5-35。

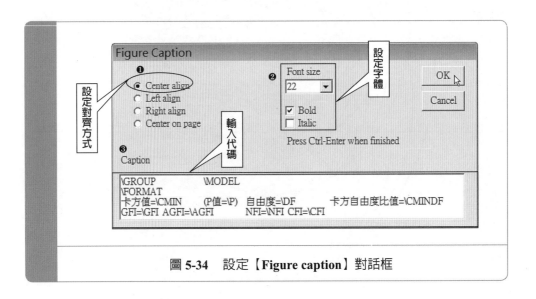

圖 5-34　設定【Figure caption】對話框

至此，所有一階驗證性因素分析圖的繪圖與設定工作皆已經完成，圖 5-35 即為完成後的一階驗證性因素分析圖。請另存新檔為「CFA_Model1_ 預設識別 .amw」。詳細操作過程，請讀者自行參閱影音檔「ex5-1.wmv」。

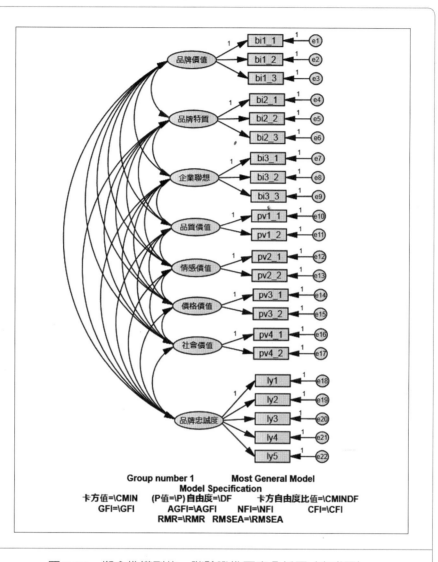

圖 5-35　概念性模型的一階驗證性因素分析圖（完成圖）

5-7 繪製結構模型分析圖

▶ 範例 5-2

參考第 5-1 節範例模型一，論文【品牌形象、知覺價值與品牌忠誠度關係之研究】的相關說明並讀入其資料檔「ex5-2.sav」，試繪製概念性模型的結構模型分析圖（又可稱為整體模型分析圖）。

本範例的概念性模型如圖 5-1 所示。概念性模型中包含三個潛在變數，分別為品牌形象、知覺價值與品牌忠誠度。品牌形象構面為二階構面，其操作型定義與衡量題項如表 5-1，其包含三個子構面，每個構面各有三個問項。知覺價值構面亦為二階構面，其操作型定義與衡量題項如表 5-2，其包含四個子構面，每個構面各有兩題問項。品牌忠誠度構面為單一構面，其操作型定義與衡量題項如表 5-3，包含五題問項。

圖 5-1 為研究問題的概念性模型圖，現在我們想將該概念性模型圖轉換為 Amos 中的整體模型分析圖（如圖 5-36），進而能對整體模型進行估計與配適檢定。原則上，繪製整體模型分析圖的過程與範例 5-1 中，製作驗證性因素分析圖的過程相當類似，但有些差異。其差異狀況大致上有三點：

一、必須進行資料預處理

在測量模型中，已確認量表具有信、效度的情形下，為減少分析的複雜度，將以單一衡量指標取代多重衡量指標的概念（即高階構面降維為一階構面），運用在結構模型分析（整體模型分析）中。因此，在整體模型分析圖中，各一階子構面將被當成是「觀察變數」（二階主構面的衡量指標）來處理。因此每個子構面需進行「橫向平均」（即求取其所包含之問項的平均值）。也就是說，必須以各子構面的所有衡量題項之平均值來代替該子構面的得分，然後將該子構面視為二階主構面的一個衡量指標。

二、必須繪製代表因果關係的單箭頭線

整體模型分析圖中，我們所要驗證的是各潛在變數的因果關係（路徑係

數）是否顯著。因此，就有必要於各潛在變數間繪製代表因果關係的單箭頭線。

三、必須繪製潛在依變數的結構誤差項

整體模型分析圖中，被單箭頭線所指向的潛在變數稱為潛在依變數。每個潛在依變數上都必須製作結構誤差項，且其間的路徑值必須設定為「1」。結構誤差項即代表潛在自變數預測潛在依變數時，所產生的誤差。

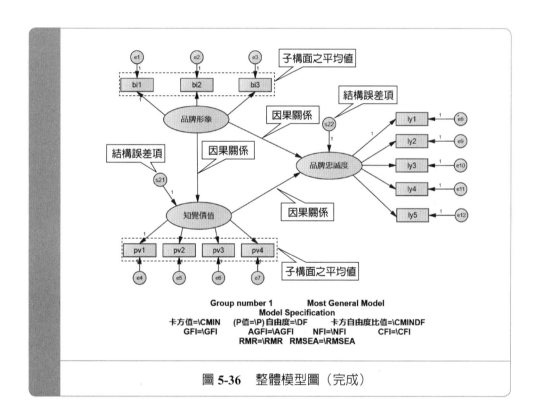

圖 5-36　整體模型圖（完成）

5-7-1　資料預處理

本範例中，假設各構面的信度、收斂效度及區別效度，均已達學術上可接受的水準值，故以單一衡量指標取代多重衡量指標（即高階構面降維為一階構面）應是可行的。因此本範例在品牌形象、知覺價值等二階構面的衡

量模型上，將以各子構面（一階）的衡量題項得分之平均值作爲該子構面的得分，再由各子構面作爲二階主構面的衡量指標。亦即以品牌形象爲潛在構面時，其觀察變數爲品牌價值（bi1）、品牌特質（bi2）與企業聯想（bi3）等三個衡量指標，而以知覺價值爲潛在構面時，其觀察變數爲品質價值（pv1）、情感價值（pv2）、價格價值（pv3）與社會價值（pv4）等四個衡量指標。如此，可以有效的縮減衡量指標的數目，而使整體模型的估計在執行分析時，較爲簡便可行。

因此，在進行整體模型分析之前，研究者有必要針對資料進行預處理的工作，預處理的工作內容爲「針對每一位個案（受訪者），將各子構面的衡量題項得分之平均值指定給所屬的子構面」，也就是說需要算出每一個個案（受訪者）於品牌價值（bi1）、品牌特質（bi2）、企業聯想（bi3）、品質價值（pv1）、情感價值（pv2）、價格價值（pv3）與社會價值（pv4）等子構面的平均得分。詳細操作過程如下：

步驟 1：先進行資料處理工作。於 SPSS 中，開啓「ex5-2.sav」後，首先計算品牌形象構面中，每位受訪者於各子構面的平均得分：
品牌價值的平均得分（bi1）之計算方式爲（bi1_1+bi1_2+bi1_3）/3；
品牌特質的平均得分（bi2）之計算方式爲（bi2_1+bi2_2+bi2_3）/3；
企業聯想的平均得分（bi3）之計算方式爲（bi3_1+bi3_2+bi3_3）/3。

步驟 2：接著，再計算知覺價值構面中，每位受訪者於各子構面的平均得分，雖然「價格價值」的兩個題項皆爲反向題，但皆已反向計分完成：
品質價值的平均得分（pv1）之計算方式爲（pv1_1+pv1_2）/2；
情感價值的平均得分（pv2）之計算方式爲（pv2_1+pv2_2）/2；
價格價值的平均得分（pv3）之計算方式爲（pv3_1+pv3_2）/2；
社會價值的平均得分（pv4）之計算方式爲（pv4_1+pv4_2）/2。

至此，資料處理的部分先告一段落，請先存檔。詳細操作過程，請讀者自行參閱影音檔「ex5-2.wmv」。

5-7-2　第一階段：基本圖形繪製

在【基本圖形繪製】階段的主要工作內容包含：繪製潛在變數、繪製指標變數、建立潛在變數間的關係（因果關係或共變關係）與繪製潛在依變數的結構誤差項等。

一、繪製潛在變數與指標變數

繪製整體模型圖的過程會比較具體且簡單。因爲，我們可根據圖 5-1 的概念性模型圖而直接轉換爲 Amos 中的模型圖。首先畫出三個分別代表品牌形象、知覺價值與品牌忠誠度構面的潛在變數，且品牌形象構面有三個指標變數、知覺價值構面有四個指標變數與品牌忠誠度構面則有五個指標變數。繪製時只要善用繪圖工具箱中的各式工具，當可順利完成如圖 5-37 的空白整體模型圖。如果讀者不想親自繪製，也可直接開啓範例檔案中的檔案「..\sem_amos\chap05\example\ex5-2_ 空白 .amw」。

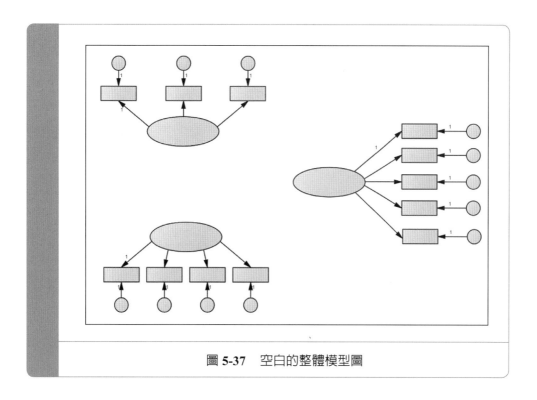

圖 5-37　空白的整體模型圖

二、建立潛在變數間的關係與繪製潛在依變數的結構誤差項

由圖 5-1 的概念性模型圖可發現，各潛在變數間的關係全屬「因果關係」。因此須繪製單向箭頭線共三條。

發出單向箭頭線的潛在變數，一般稱為潛在自變數；而接受單向箭頭線的潛在變數，則稱為潛在依變數。請讀者要養成好習慣，當於兩潛在變數間畫出單向箭頭線時，請馬上於潛在依變數上，利用【Add a unique variable to an existing variable】工具鈕繪製結構誤差項。由於概念性模型圖中有兩個潛在依變數（知覺價值與品牌忠誠度構面），因此共須繪製兩個結構誤差項。如圖 5-38 所示。

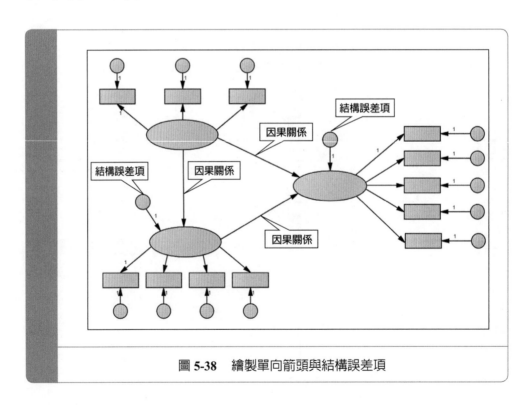

圖 5-38　繪製單向箭頭與結構誤差項

5-7-3　第二階段：設定各物件名稱

在第二階段中，我們將為空白整體模型圖中的各物件設定其變數名稱，此階段的工作內容包含：匯入資料檔、設定觀察變數之名稱、設定潛在變數

之名稱與設定誤差變數之名稱。

一、匯入資料檔

　　由於原始資料檔「ex5-2.sav」已先進行過預處理，所以已可直接匯入原始資料檔。於 Amos Graphics 編輯視窗的繪圖工具箱中按【Select data files】▦ 鈕，準備匯入 SPSS 資料檔。待出現【Data Files】對話框後，按【File Name】鈕，然後於【開啟】對話框中，選定欲開啟的 SPSS 資料檔（ex5-2. sav），選定後按【開啟】鈕，即可匯入 SPSS 資料檔「ex5-2.sav」到整體模型中。匯入資料前，請讀者要注意資料檔是否有遺漏值存在。若有遺漏值，須先利用 SPSS 先行處理（刪除具有遺漏值的個案或以平均數填補有遺漏值之處）。

二、設定觀察變數之名稱

　　匯入資料檔後，設定觀察變數的名稱這個工作，就會變的比較簡單，因爲全程只須使用滑鼠的拖曳技巧即可完成。於繪圖工具箱中，按【List variables in data set】▤ 鈕，以開啟【Variables in Dataset】清單方塊，【Variable in Dataset】清單方塊已列出了所有的觀察變數的名稱（SPSS 資料檔的欄位名稱），使用滑鼠於【Variable in Dataset】清單方塊中，選定觀察變數名稱後，按住滑鼠不放，然後拖曳該觀察變數名稱至適當位置即可。在整體模型圖中，觀察變數總共有 12 個，「品牌形象」構面有三個（bi1、bi2 與 bi3）、「知覺價值」構面有四個（pv1、pv2、pv3 與 pv4）、「品牌忠誠度」構面有五個（ly1～ly5）。請依序完成所有觀察變數名稱的設定，如圖 5-39 所示。

三、設定潛在變數之名稱

　　整體模型中，代表潛在變數的橢圓形共有三個，分別爲「品牌形象」、「知覺價值」與「品牌忠誠度」。現在我們需要在三個橢圓形上設定潛在變數的名稱。首先於左上方的橢圓形（代表品牌形象）上按滑鼠右鍵，出現快顯選單後，選取【Object Properties】功能，即可開啟【Object Properties】對

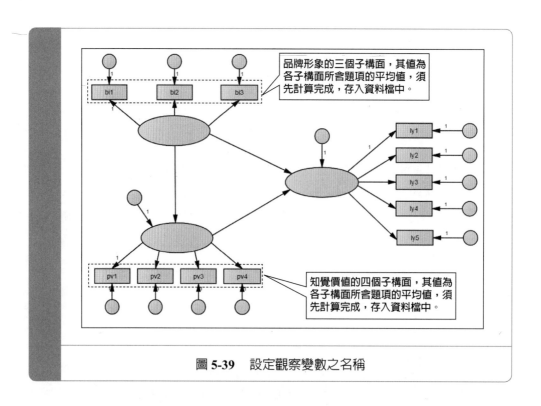

品牌形象的三個子構面，其值為各子構面所含題項的平均值，須先計算完成，存入資料檔中。

知覺價值的四個子構面，其值為各子構面所含題項的平均值，須先計算完成，存入資料檔中。

圖 5-39　設定觀察變數之名稱

話框。於該對話框選取【Text】標籤頁後，在【Variable Name】輸入欄中輸入「品牌形象」，接著依序於其他的橢圓形上設定「知覺價值」與「品牌忠誠度」等潛在變數的名稱，完成後，如圖 5-40 所示。

四、設定誤差變數之名稱

最後，再針對誤差變數進行命名工作，如前所述，只要執行【Plugins / Name Unobserved Variables】後，Amos 即可為誤差變數和潛在變數自動命名。當然，若讀者對自動產生的名稱，若不滿意的話也可手動進行修改。修改時亦只要運用【Object Properties】對話框即可。

整體模型圖中的誤差變數可分為兩類，一類為測量誤差變數；另一類則為結構誤差變數。測量誤差變數須和指標變數連接，它是觀察變數測量潛在變數時所產生的誤差；而結構誤差變數會和潛在依變數連接，它則是潛在自變數預測潛在依變數時所產生的誤差。由於「品牌形象」構面有三個指標變

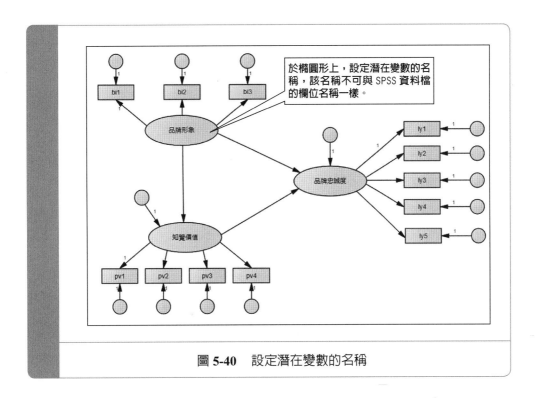

圖 5-40　設定潛在變數的名稱

數、「知覺價值」構面有四個指標變數、「品牌忠誠度」構面則有五個指標
變數，因此會產生 12 個測量誤差項（將命名為 e1～e12）。此外，「知覺價
值」構面與「品牌忠誠度」構面都屬潛在依變數，因此也會有 2 個結構誤差
項（將命名為 s21 與 s22）。所以整體模型圖中，應該會有 14 個圓形，每個
圓形均須設定名稱，故須設定 14 個誤差變數名稱。

　　首先於圖 5-40 左上方第一個圓形（連接 bi1 者）上按滑鼠右鍵，待出現
快顯選單後，選取【Object Properties】功能，即可開啟【Object Properties】
對話框。於該對話框選取【Text】標籤頁後，在【Variable Name】輸入欄中
輸入第一個測量誤差的名稱為「e1」，接著依序（由上而下，再由左至右）
於其他的圓形上設定各誤差項的名稱。完成後，如圖 5-41 所示。

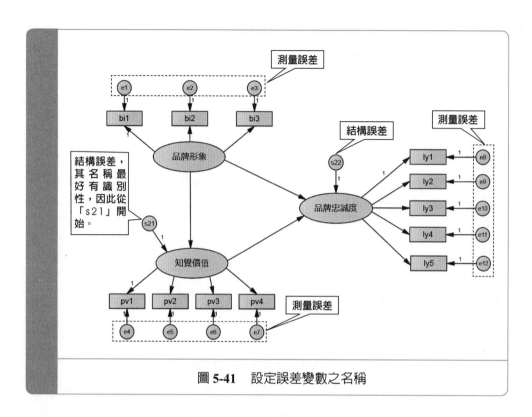

圖 **5-41** 設定誤差變數之名稱

5-7-4 第三階段：設定模型圖的標題

請於整體模型圖中設定如下的標題，設定方式和繪製驗證性因素分析圖時一樣，請讀者參閱第 5-6-3 節，在此不再贅述。完成後，如圖 5-42 所示。

```
\GROUP    \MODEL
\FORMAT
卡方值 =\CMIN   (P 值 =\P)    自由度 =\DF    卡方自由度比值
=\CMINDF
GFI=\GFI   AGFI=\AGFI   NFI=\NFI   CFI=\CFI
RMR=\RMR   RMSEA=\RMSEA
```

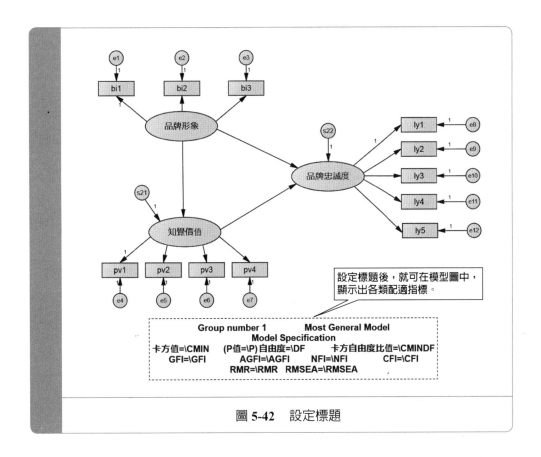

圖 5-42　設定標題

　　至此，整體模型的繪製工作已暫告一段落，請先另存新檔為「PA_ Model1_ 預設識別 .amw」。詳細操作過程，請讀者自行參閱影音檔「ex5-2. wmv」。

第 5 章　習題

第 5-2 節範例模型二，論文【遊客體驗、旅遊意象與重遊意願關係之研究】中共有兩個二階構面、一個一階構面。遊客體驗有 5 個子構面、旅遊意象有 4 個子構面；而重遊意願為單一構面。若如同範例 5-1 製作一階驗證性因素分析圖時，圖中將有 10 個一階構面，頗為複雜，且未來執行配適時，配適度容易不佳。在此情形下，可分段式的針對各潛在變數進行一階驗證性因素分析，以驗證該潛在變數的信、效度。因此，要完成本論文的結構方程模型分析，共須畫 4 個圖形，即 3 個一階驗證性因素分析圖（圖 5-43、圖 5-44 和圖 5-45）與 1 個結構模型分析圖（圖 5-46）。

S 練習 5-1

參考第 5-2 節範例模型二，論文【遊客體驗、旅遊意象與重遊意願關係之研究】的相關說明，試繪製遊客體驗構面的一階驗證性因素分析圖，並讀入「hw5-1.sav」以設定各觀察變數的名稱。也可直接開啟「..\sem_amos\chap05\exercise\CFA_遊客體驗_空白.amw」，完成後，結果如圖 5-43 所示。

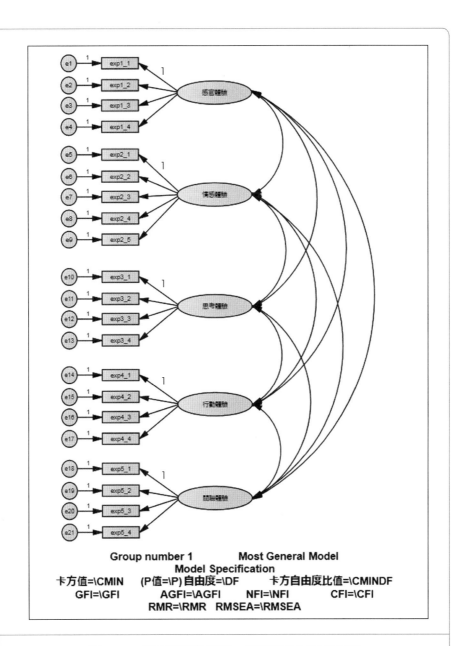

圖 5-43   遊客體驗構面的一階驗證性因素分析圖

---

⑤ 練習 5-2

參考第 5-2 節範例模型二，論文【遊客體驗、旅遊意象與重遊意願關係之研究】的相關說明，試繪製旅遊意象構面的一階驗證性因素分析圖，並讀入「hw5-1.sav」以設定各觀察變數的名稱。也可直接開啟「..\sem_amos\chap05\exercise\CFA_旅遊意象_空白 .amw」，完成後，結果如圖 5-44 所示。

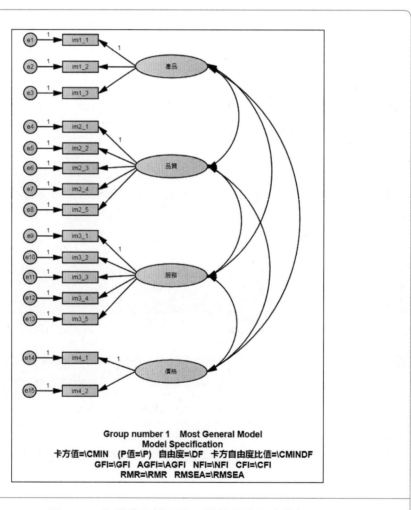

圖 5-44　旅遊意象構面的一階驗證性因素分析圖

⑤ 練習 5-3

參考第 5-2 節範例模型二，論文【遊客體驗、旅遊意象與重遊意願關係之研究】的相關說明，試繪製重遊意願構面的一階驗證性因素分析圖，並讀入「hw5-1.sav」以設定各觀察變數的名稱。也可直接開啟「..\sem_amos\chap05\exercise\CFA_重遊意願_空白.amw」，完成後，結果如圖 5-45 所示。

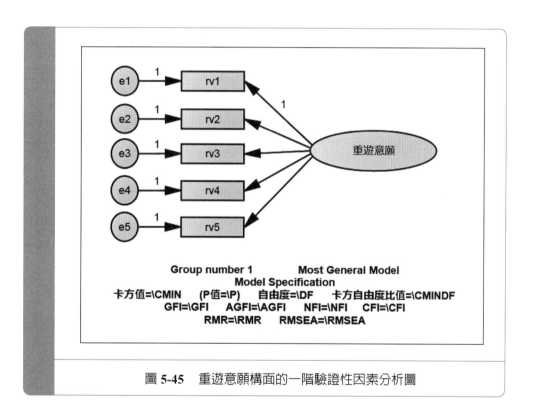

圖 5-45　重遊意願構面的一階驗證性因素分析圖

⑤ 練習 5-4

參考第 5-2 節範例模型二，論文【遊客體驗、旅遊意象與重遊意願關係之研究】的相關說明並讀入其資料檔「hw5-1.sav」，試繪製概念性模型的結構模型分析圖（又可稱為整體模型分析圖）。也可直接開啟「..\sem_amos\chap05\exercise\PA_Model2_空白.amw」，完成後，結果如圖 5-46 所示。

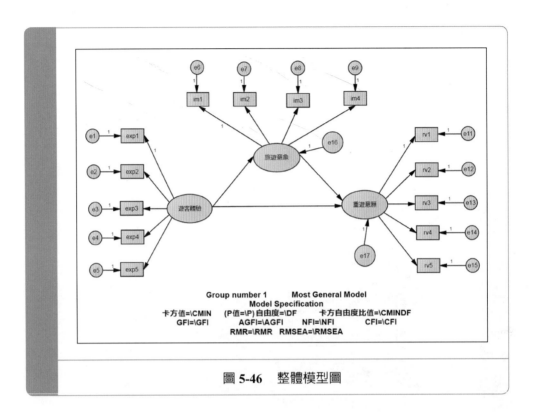

圖 5-46　整體模型圖

Chapter

06

常態性檢定

Amos 執行參數估計時，常以最大概似估計法（maximum likelihood estimation, ML 法）為主要估計方法。使用 ML 法時，資料必須滿足常態性假設（normality test）。當資料符合常態性的假設時，運用 ML 法後，所獲得的估計結果或統計推論才能獲得確保（黃芳銘，2002；邱皓政，2004）。

常態性的基本假設將涉及單變數常態性（univariate normality）與多元常態性（multivariate normality）。一般而言，單變數呈常態分配（normal distribution）時，多元常態性的假設也會成立，但不一定百分之百會如此（榮泰生，2008）。假若樣本資料無法滿足單變數常態性與多元常態性的假設時，一般可先檢驗原始資料是否有極端值存在；若資料已不存在極端值，但仍無法符合常態性檢定時，那麼就須放棄使用最大概似估計法，而必須使用其他較為穩健（robustness）的估計法，如漸進分配自由法（Asymptotically Distribution-Free, ADF 法）（黃芳銘，2002；邱皓政，2004）或第 12 章所介紹的 Bootstrap 法。

6-1　單變數常態性檢定

大多數人應該都聽過或瞭解「常態分配」的意思。譬如說，學生考試的結果一般都是中等成績的人占大多數，而考的很差或很優異的人就占少數。畫出來的曲線就像是圖 6-1。這是個多麼漂亮的曲線啊！然而於數學上，它背後的函數表示方式卻是有點複雜，甚至有點醜陋，如式 6-1。而且「常態分配」的現象似乎也存在我們的自然環境及人類社會中。對於這種現象，每個人或多或少都能意識到它的存在，但卻也有不同的感受。

$$f(x) = \frac{1}{\sigma\sqrt{2\pi}} e^{-\frac{1}{2}\left(\frac{x-\mu}{\sigma}\right)^2} \tag{6-1}$$

π：圓周率（3.1416）

e：自然對數底（2.7183）

μ：分配平均數

σ：分配標準差

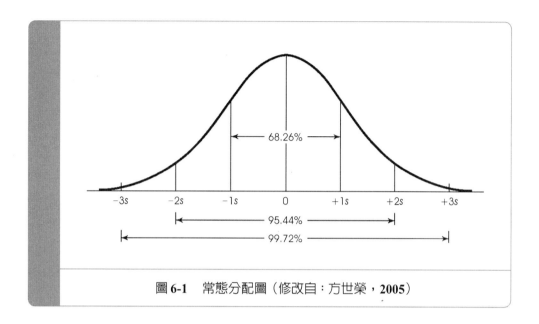

圖 6-1　常態分配圖（修改自：方世榮，**2005**）

　　在傳統的統計分析中，某些特定的統計方法都有許多的前提假設條件，如迴歸分析中，其前提假設條件有變異數同質性（homoscedasticity）、殘差間須互為獨立、殘差為常態分配且其平均數為 0 與無共線性等。當樣本資料違反這些前提假設條件時，貿然進行迴歸估計，只是徒勞無功而已，無實質意義。反過來說，當這些前提假設條件被滿足時，迴歸估計才能獲得最佳的線性不偏估計值（黃芳銘，2002）。

　　同樣的，在結構方程模型中，當使用最大概似估計法（最常用的方法）進行模型估計時，也具前提假設條件，其中之一便是資料須符合常態性（黃芳銘，2002；邱皓政，2004）。資料的常態性常以兩個層次來描述，一為單變數的常態性，另一為多元常態性。在本小節中，我們將先介紹單變數常態性的檢驗方法。檢驗單變數常態性的方法大致上有三種，分別為：

1. 使用圖形來觀察資料的常態性。
2. 利用假設檢定來判斷資料的常態性。
3. 運用變數分配的偏態（skewness）和峰度（kurtosis）。

一、使用圖形來觀察資料的常態性

　　一般來說，可以透過繪製資料的直方圖來直觀地判斷其分配是否為常態分配。圖 6-3 就是資料的直方圖，從該直方圖的外觀與曲線圖，應不難直觀的判斷，該筆資料的分配應屬常態分配。直方圖的繪製方式如下：

步驟 1：請使用 SPSS 軟體開啟「..\sem_amos\chap06\example\ex6-1.sav」，該資料檔中只有一個變數（ZRE），現在我們將利用直方圖來直觀地判斷 ZRE 這個變數的分配是否為常態分配。

步驟 2：執行【圖形→舊式對話框→直方圖】，即可開啟【直方圖】對話框。

步驟 3：將 ZRE 這個變數加入到右邊的【變數】輸入欄中，再勾選下方的【顯示常態曲線】核取方塊，最後再按【確定】鈕，如圖 6-2，即可產生如圖 6-3 中的直方圖。

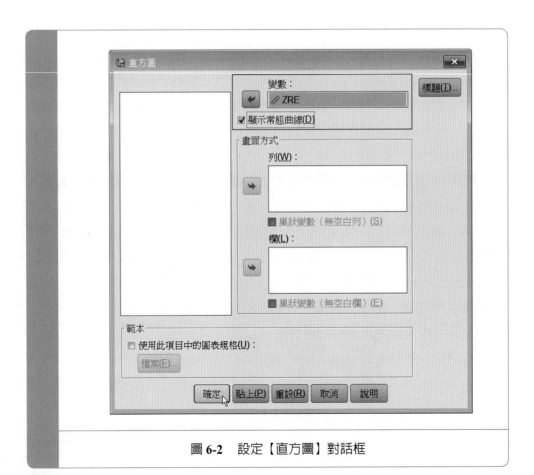

圖 6-2　設定【直方圖】對話框

步驟 4：從直方圖的外觀與曲線圖，我們應可研判 ZRE 這個變數的分配應具
　　　　有常態性。

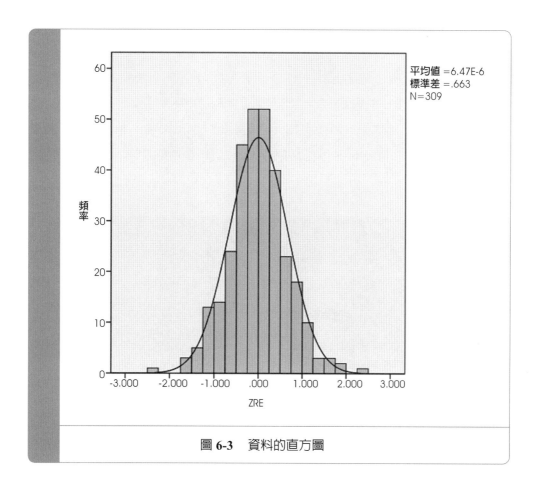

圖 6-3 資料的直方圖

　　從圖 6-3 中可以看到，變數 ZRE 的分配與標準的常態分配曲線非常相
似，這說明了變數 ZRE 具有不錯的常態性。由於用以產生圖 6-3 的資料之樣
本數較大，所以圖形是個很不錯看的單峰圖形，並且此單峰正巧位於圖形的
正中位置。但是如果樣本數不夠大時，直方圖看起來就會比較不像標準常態
曲線，因而也就很難利用這種直方圖來評價變數的常態性了。

　　除了直方圖外，還有一種圖形也可以用來判斷資料的常態性，那就是
Q-Q 圖，它在樣本數較小時，比一般的直方圖更容易判斷。使用相同的資
料，可以繪製如圖 6-5 所示的 Q-Q 圖和圖 6-6 所示的去除趨勢 Q-Q 圖。Q-Q

圖的繪製方式，可依下列步驟執行：

步驟 1：請使用 SPSS 軟體開啓「ex6-1.sav」，該資料檔中只有一個變數
（ZRE），現在我們將利用 Q-Q 圖來直觀地判斷 ZRE 這個變數的分
配是否具有常態性。

步驟 2：執行【分析→敘述統計→ Q-Q 圖】，即可開啓【Q-Q 圖】對話框。

步驟 3：將變數 ZRE 加入到右邊的【變數】輸入欄中，【檢定分布】輸入欄
請選擇【常態】，最後再按【確定】鈕，如圖 6-4。執行後即可產生
如圖 6-5 和圖 6-6 中的常態 Q-Q 圖與去除趨勢 Q-Q 圖。

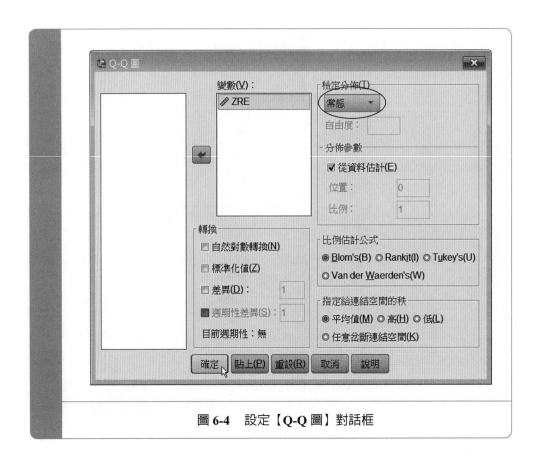

圖 6-4　設定【Q-Q 圖】對話框

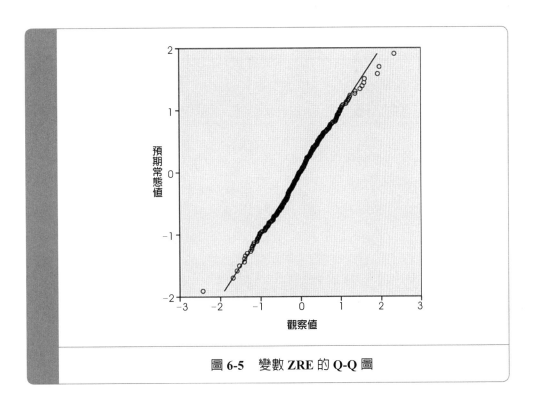

圖 6-5　變數 ZRE 的 Q-Q 圖

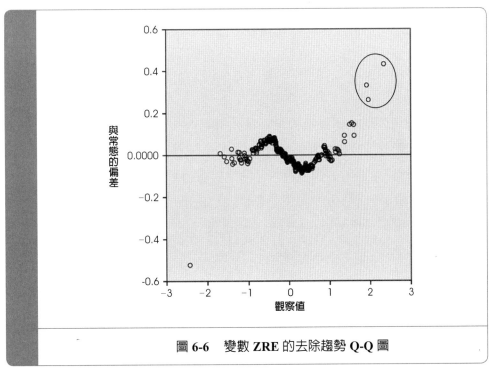

圖 6-6　變數 ZRE 的去除趨勢 Q-Q 圖

常態 Q-Q 圖中，從左下到右上的對角線，即代表著標準常態分配，若樣本資料全都能落在該對角線附近，那麼就可以研判，樣本資料符合常態分配性。基於此判斷基準，在圖 6-5 的常態 Q-Q 圖中，由於變數 ZRE 的資料點基本上都落在標準常態分配的對角線上或附近，因此可判定變數 ZRE 具有常態性。

而在圖 6-6 的去除趨勢常態 Q-Q 圖中，去除趨勢後，變數 ZRE 也分配在 0 的附近，只有幾個資料點的值較大些（在圖 6-6 中被圈起來的部分），這些值屬異常值。這個結果與直方圖所示的結果是一致的，即變數 ZRE 具有常態性。只是，利用 Q-Q 圖可以更容易地幫我們找到變數 ZRE 中的異常值。

二、利用假設檢定來判斷觀察資料的常態性

圖形雖然可直觀的協助我們判斷常態性，但是絕對無法取代以精確的數學計算和推理為基礎的假設檢定。在 SPSS 中也可以進行資料的常態性檢定，這個檢定就是 Kolmogorov-Smirnov 檢定（簡稱 K-S 檢定）。這個檢定的虛無假設是：資料具有常態性。如果檢定結果中的顯著值小於 0.05，那麼就不能接受（do not accept）虛無假設，而有理由認為資料的分配不是常態的。K-S 檢定的操作過程，可依下列步驟來執行：

步驟 1：請使用 SPSS 軟體開啟「ex6-1.sav」，該資料檔中只有一個變數（ZRE）。

步驟 2：執行【分析→無母數檢定→舊式對話框→單一樣本 K-S 統計】後，即可開啟【單樣本 Kolmogorov-Smirnov 檢定】對話框。

步驟 3：將變數 ZRE 加入到右邊的【檢定變數清單】輸入欄中，然後於下方的【檢定分布】框中勾選【常態】，最後再按【確定】鈕，如圖 6-7。執行後即可產生表 6-1 的 K-S 檢定表。

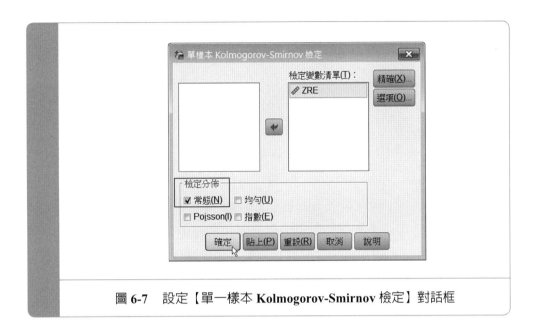

圖 6-7　設定【單一樣本 **Kolmogorov-Smirnov** 檢定】對話框

表 6-1 **Kolmogorov-Smirnov** 檢定表

		ZRE
N		309
常態參數 [a,b]	平均數	.00001
	標準差	.663325
最極端差異	絕對	.048
	正	.048
	負	−.043
檢定統計量		.048
漸近顯著性（雙尾）		.086[c]

a. 檢定分布是常態的。

　　從表 6-1 的 Kolmogorov-Smirnov 檢定表中可以看到顯著性是 0.086 大於 0.05，所以必須接受虛無假設，亦即沒有足夠的證據顯示可以否定變數 ZRE 之分配的常態性。

三、運用變數分配的偏態和峰度

　　一般而言，偏態與峰度係數如果介於 ±2 之間，則可研判資料符合常

態分配（Mardia, 1985）。這個準則稍嫌嚴格，因此 Curran、West and Finch（1996）建議，以偏態係數絕對值小於 2 及峰度係數絕對值小於 7 作爲判斷資料常態性的標準，似較合理。

但近年來許多學者、專家諸如 Bollen（1989）、Jöreskog and Sörbom（1989）、Raykov and Widaman（1995）等皆發現，最大概似估計法具有統計學上的強韌性，即使資料有些微偏離常態時，最大概似估計法仍能適用（余民寧，2006）。Curran, West, and Finch 等人更在 1996 年的研究中發現偏態係數介於 2.00～3.00 之間，且峰度係數介於 7.00～21.00 之間時，資料可以被認定爲具有中等嚴重程度地偏離常態分配；而當偏態係數大於 3.00 且峰度係數大於 21.00 時，資料可被認定爲相當嚴重地偏離常態分配（引自余民寧，2006）。而 Kline（1998）也指出當變數分配的偏態係數絕對值大於 3 時，就被視爲是極端偏態；峰度（kurtosis）絕對值大於 10 則被視爲是有問題的，若大於 20 則可以視爲是極端的峰度（引自黃芳銘，2004）。

一般學者對於偏態和峰度的判斷基準衆多紛紜，但在考量最大概似估計法的穩健性後，些微偏離常態的情況仍可正常估計。故一般若是偏態係數值大於 3、峰度係數值大於 8，則可研判樣本資料可能無法符合常態性假設（黃芳銘，2002）。亦即，偏態係數絕對值小於 2 及峰度係數絕對值小於 7 時，即可認爲資料具常態性（Curran, West and Finch, 1996）。

6-2　多元常態性檢定

一般而言，常態性是研究者於資料分析前所必須審愼檢視的基本假設。也就是說，當所處理的資料只有一個連續性變數時，那麼此變數必須符合常態分配；但是，如果所處理的資料包含多個連續性變數時，則就必須延伸考量多個連續性變數同時存在下的常態性假設，此就稱爲多元常態性假設。多元常態性意指每一個變數或這些變數的線性組合皆能符合常態分配的性質（Tabachnick and Fidell, 2001）。

多元常態性的假設在結構方程模型中有以下的意涵：(1) 資料中的每一個變數的分配在個別考量下是常態的；(2) 任何變數間之線性組合的分配亦皆

能符合常態分配的性質；(3) 兩兩變數間的分配圖是線性且具變異數同質性的（Kline, 1998）。檢定多元常態性可利用多元偏態與峰度係數（coefficients of multivariate skewness and kurtosis），其中多元峰度係數又稱爲 Mardia 係數。實務運用上有兩個方法：

1. 對 Mardia 係數進行檢定。
2. 比較 Mardia 係數與觀察變數的數量。

一、對 Mardia 係數進行檢定

多元常態性意味著樣本中的每一個變數都具有單變數常態性，且兩兩變數間亦具有雙變數常態分配（bivariate normal distribution）的性質（Hayduk, 1987）。雖然有很多種可以用來衡量多元常態性的方法，然而在結構方程模型中，最常使用的方法爲 Mardia 係數。在 Amos 之【Amos Output】視窗左邊的【Assessment of normality】目錄中，同時有提供 Mardia 係數與其在標準常態分配下的臨界比（critical ratio），如圖 6-8。因此，以標準常態分配下，顯著水準爲 0.05 時，當多元峰度係數（即 Mardia 係數）的臨界比小於 1.96 時，可將樣本資料視爲符合多元常態性（Mardia, 1970）。一般，則常以顯著水準爲 0.05 時，Mardia 係數的臨界比小於 1.96 來當做判斷多元常態性的準則。

圖 6-8 中，Mardia 係數爲 17.805，臨界比爲 5.007，大於 1.96。故應拒絕「資料具常態性」的假設。但這準則實在太過於嚴苛了，所以實務上許多論文建議將 Mardia 係數與 $p(p + 2)$ 來進行比較即可（Raykov & Marcoulides, 2008），在此，p 爲觀察變數的數量。

二、比較 Mardia 係數與觀察變數的數量

對最大概似估計法的穩健性而言，以上述的臨界比來檢定樣本資料的多元常態性，似乎嚴格了點。因此，Bollen（1989）提出當 Mardia 係數小於 $p(p + 2)$ 時（p 爲觀察變數的數量），即可確認樣本資料具有多元常態性（Raykov & Marcoulides, 2008）。實務上，在進行結構模型分析時，也常以此準則協助判斷資料是否符合多元常態性之假設。

由圖 6-8 可知模型的觀察變數總共有 22 個，因此，$p(p + 2) = 22 \times 24 =$

528，Mardia 係數爲 17.805。因此，$p(p+2)$ 大於 Mardia 係數，故可研判樣本資料應具有多元常態性。

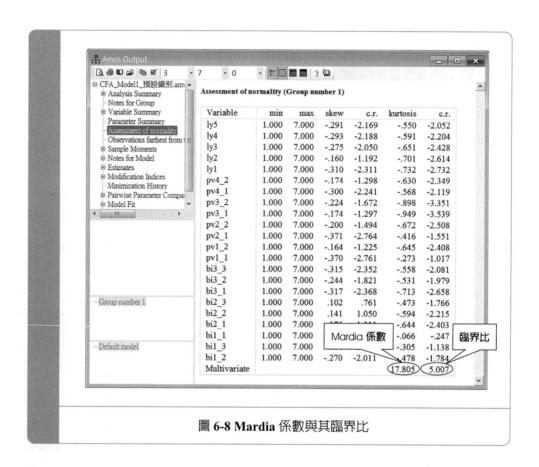

圖 6-8 Mardia 係數與其臨界比

6-3 非常態資料的處理

從單變數常態性與多元常態性檢驗的介紹中，讀者應可理解常態性假設的檢驗是相當嚴謹的。例如：對於多元常態性的檢驗，Kline（1998）認爲應符合下列三項要件，第一，資料中的每一個變數的分配在個別考量下是常態的；第二，任何變數間之線性組合的分配亦皆能符合常態分配的性質；第三，兩兩變數間的分配圖是線性且具變異數同質性的。試想若要這三個條件要同時成立，那麼進行檢測時的困難度應當是相當高。因此，較簡捷的作法是，

先直接處理個別變數的常態性，如果個別變數具有非常態性，應先針對個別變數進行必要的處理，最後只針對仍具有非常態性的變數進行雙變數常態性檢驗（黃芳銘，2002；邱皓政，2004）。若仍具有非常態性，那麼問題就會很棘手。此時，或許可根據下列的要點對樣本資料進行必要的處理。

一、資料的再檢核與過濾

當樣本資料不具有常態性時，務必對樣本資料進行處理，以避免對於結構方程模型的參數估計產生嚴重的影響。對於非常態資料的處理，最簡單的方法就是再次的檢查與過濾樣本資料。因為非常態化現象的發生，往往是因為樣本資料中具有遺漏值、偏離值（outliers）、輸入錯誤、不正確的填答或編碼等現象（黃芳銘，2002）。因此，最直接的方法就是直接開啟原始資料檔，再次檢查到底是哪些樣本造成了非常態問題。若能確定某些樣本資料是導致偏誤的原因，那麼就可以直接採取刪除的動作。

二、資料的轉換

第二種處理方法為對非常態資料進行數學轉換，以消除偏離值或極端值（extreme value）的影響。雖然這個方法較為傳統，但是效果也不錯，只是無法百分百確認轉換後即可符合常態性罷了（黃芳銘，2002；邱皓政，2004）。對於偏態嚴重的資料，我們可以使用取平方根的轉換方法，也就是說，直接對欲處理的變數開根號，取其值來作為參數估計的輸入資料。此外，或許也可以使用以 10 為底或以自然對數為底的方式對非常態變數進行對數轉換。雖說如此，研究者往往難以判斷該使用何種數學函數來進行資料轉換。比較簡便的作法有兩種：

1. 在 SPSS 中執行繪製 Q-Q 圖檢驗常態性時，SPSS 會利用其內建的轉換方式，嘗試對資料進行轉換，再觀察其 Q-Q 圖，如圖 6-9。

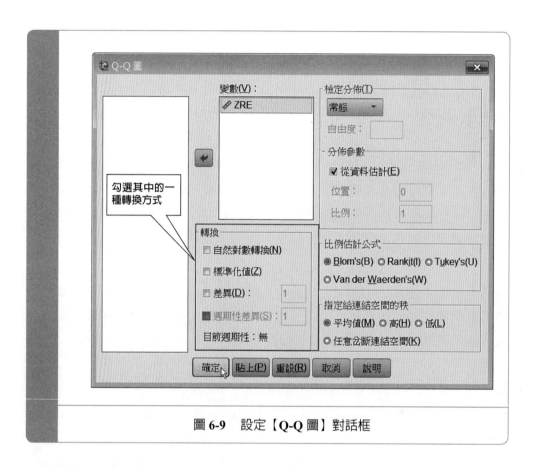

圖 6-9　設定【Q-Q 圖】對話框

2. 在 SPSS 中執行【分析→敘述統計→預檢資料】，於開啟的【預檢資料】
對話框中按【圖形】鈕，然後於【預檢資料：圖形】子對話框中即可選取
轉換方式，並進行繪製常態機率圖（Q-Q 圖）與 Levene 檢定。

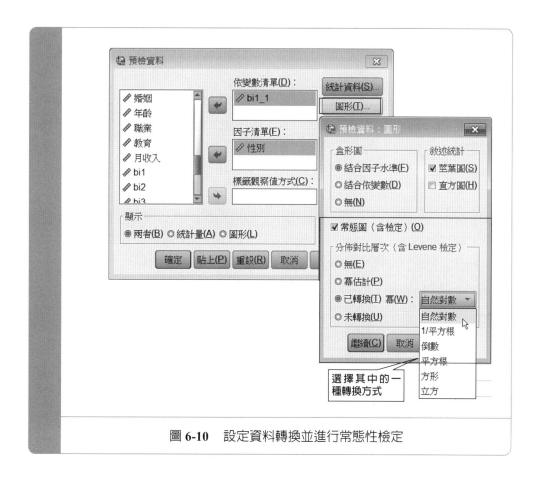

圖 6-10　設定資料轉換並進行常態性檢定

三、使用其他估計方法

　　美好的事，總是無法如人所願，「歸去看破來切切，卡實在」。如果使用上述兩種方法，仍無法使樣本資料符合常態性假設時，那麼改變估計參數的方法或許是個選項（尚有一個選項，放棄），例如：改用較不受常態分配假設影響的估計方法。非常態問題對於結構方程模型中的最大概似估計法影響最為明顯，然而最大概似估計法卻也是結構方程模型分析最常被使用的一種參數估計法（邱皓政，2004）。在 Amos 中，最大概似估計法也是預設的參數估計法。因此，當多元常態性假設無法獲得支持時，建議放棄使用最大概似估計法的念頭，改使用比較不受分配影響的估計法，如加權最小平方法（Weighted least squares，WLS 法）或漸進自由分配法（Asymptotically distribution-free, ADF 法）（黃芳銘，2002；邱皓政，2004）或 Bootstrap 法。

6-4　常態性檢定範例

▶ 範例 6-1

> 參考第 5-1 節範例模型一，論文【品牌形象、知覺價值與品牌忠誠度關係之研究】的相關說明，請讀入原始資料檔「Brand Image.sav」，並執行範例模型的一階驗證性因素分析（CFA_Model1_ 預設識別 .amw），以檢驗觀察變數的常態性。

　　範例模型的一階驗證性因素分析圖（CFA_Model1_ 預設識別 .amw），在第 5 章的範例 5-1 中已繪製完成，在此我們將直接開啓該模型並執行，以求得各觀察變數的偏態、峰度與 Mardia 係數，並據以檢驗觀察變數的單變數常態性與多元常態性。詳細操作過程如下，另外讀者亦可自行參閱影音檔「ex6-1.wmv」。

一、操作過程

步驟 1：於 Amos Graphics 中，直接開啓「..\sem_amos\chap06\example\CFA_Model1_ 預設識別 .amw」，以準備執行範例模型的一階驗證性因素分析，執行前請先讀入原始資料檔「Brand Image.sav」，如圖 6-11。

步驟 2：設定分析屬性。首先按工具箱中的【Analysis properties】▦ 鈕後，會開啓【Analysis Properties】對話框，該對話框內有八個標籤頁，由於【Estimation】標籤頁中已預設「最大概似估計法」爲估計方法，故在此僅需設定【Output】標籤頁即可，至於其他標籤頁的設定採 Amos 的預設狀態即可。【Output】標籤頁中可設定將來報表中所輸出的資訊。點選【Output】標籤頁後，請勾選全部選項，以顯示最完整的輸出資訊，如圖 6-12。

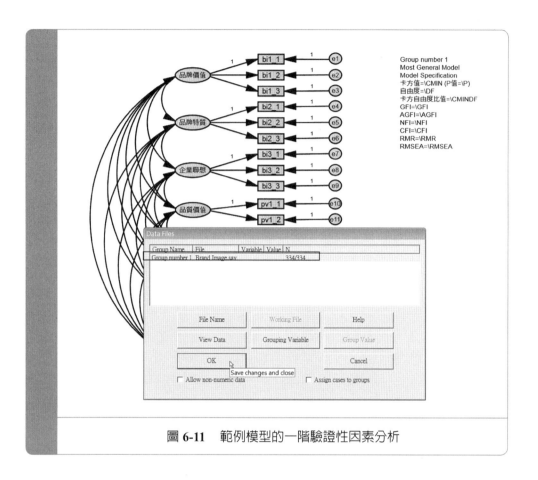

圖 6-11　範例模型的一階驗證性因素分析

圖 6-12 的選項中，雖然我們勾選了【Tests for normality and outliers】
（常態性與極端值檢驗），但是，若匯入的資料檔為相關矩陣或
變異數共變數矩陣的話，即使勾選了該選項，報表中也不會出現
「Assessment of normality」表，唯有匯入原始資料檔，報表中才會
出現「Assessment of normality」表，該表中會顯示出變數名稱、極
小值、極大值、偏態值、偏態值檢定臨界比、峰度值、峰度值檢定
臨界比等有用的資訊（吳明隆，2007）。

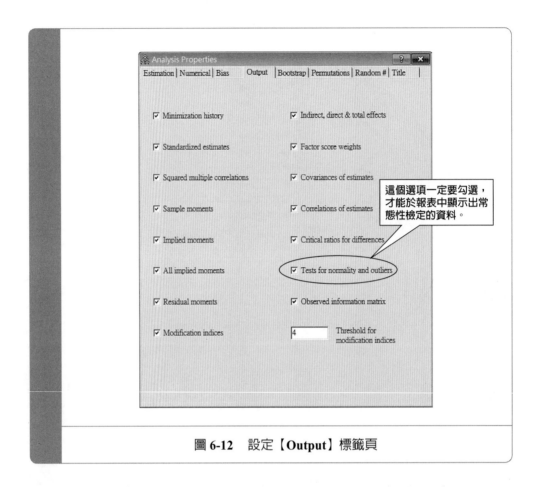

圖 6-12　設定【Output】標籤頁

步驟 3：執行模型。當設定好【Analysis Properties】對話框後，於工具箱中，
按【Calculate Estimates】▓ 鈕後，若是模型沒有出現任何錯誤或警
告訊息，則表示觀察資料能讓 Amos 於估計參數時獲得了「收斂」
（即執行成功）。此時，【Models】視窗中會出現「OK：Default
Model」的訊息，而【Computation Summary】（計算摘要）視窗中
會出現如圖 6-13 的結果，該視窗所說明的訊息有資料檔檔名、模型
名稱、程式估計時疊代的次數、順利寫入輸出結果、卡方值與模型
的自由度等訊息。

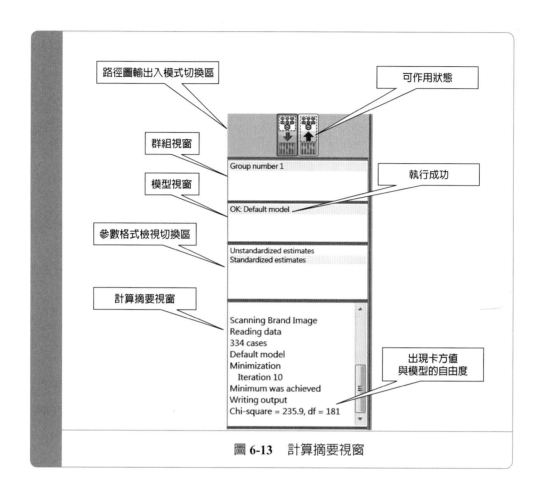

圖 6-13　計算摘要視窗

步驟 4：查閱輸出報表。於工具箱中按【View Text】（查閱輸出報表）📠 鈕，待出現【Amos Output】視窗後，選取視窗左邊的【Assessment of normality】目錄，即可顯示出各觀察變數的偏態、峰度與 Mardia 係數，如圖 6-14，根據這些資料可以檢驗觀察變數的單變數常態性與多元常態性。

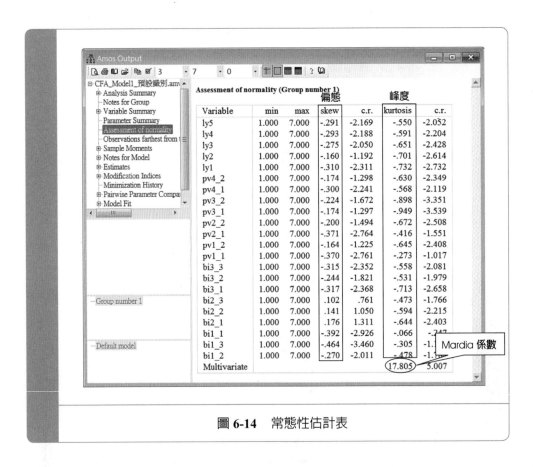

圖 6-14　常態性估計表

步驟 5：至此，執行範例模型的一階驗證性因素分析之過程已結束，待整
　　　　理成可讀性較佳的報表後，即可進行檢驗觀察變數的單變數常態性
　　　　與多元常態性。詳細操作過程，讀者亦可自行參閱影音檔「ex6-1.
　　　　wmv」。

二、結論

　　執行範例模型的一階驗證性因素分析後，從如圖 6-14 的輸出報表中，我
們就可檢驗觀察變數的單變數常態性與多元常態性。在本研究中，由圖 6-14
可發現所有觀察變數（題項）的偏態與峰度絕對值皆小於 2，因此可認為本
研究之觀察變數具有單變數常態性。其次，檢驗多元常態性，範例模型之
Mardia 係數為 17.805，而 $p(p+2)$ 為 528，故 $p(p+2)$ 明顯大於範例模型之
Mardia 係數（17.805），因此可確認範例模型亦具有多元常態性。

　　基於上述多元常態性分析，本研究中各觀察變數皆符合單變數常態性與多元常態性，因此可以採用最大概似估計法進行模型的各類參數估計與適配檢定工作。

第 6 章　習題

S 練習 6-1

參考第 5-2 節範例模型二，論文【遊客體驗、旅遊意象與重遊意願關係之研究】的相關說明，請讀入「hw6-1.sav」，執行遊客體驗（CFA_體驗_一階.amw）、旅遊意象（CFA_意象_一階.amw）與重遊意願（CFA_重遊.amw）等三構面的一階驗證性因素分析，以檢驗所有觀察變數的常態性。

S 練習 6-2

參考第 5-2 節範例模型二，論文【「景觀咖啡廳意象、知覺價值與忠誠度—轉換成本的干擾效果」】的相關說明，請讀入「hw6-2.sav」，執行範例模型的一階驗證性因素分析，以檢驗所有觀察變數的常態性。

07

驗證性因素分析

　　研究進行的過程中，研究者爲了達成研究目的，往往會考慮到許多變數對最終結果的影響力，而盡己所能的廣泛蒐集資料。然而，透過資料分析後，研究者也常常會發現，這些變數間可能會由於某些共同的特徵而可被分成好幾個群組，而且每一群組中的變數均具有相同、類似的本質，且這些變數之間也往往存在著很高的相關性。或許我們可以想像一下，造成變數間具有很高相關性的現象，是由於這些變數後面隱含著一個或多個共同的因素所致。

　　對於這些隱藏於變數後面、凝聚變數特質的共同因素之探索，一般會使用因素分析（factor analysis）技術。因此，所謂的因素分析即是一種用於分析影響諸多變數、支配諸多變數的「共同因素到底有幾個？」且「各共同因素本質爲何？」的一種統計方法。它是一種以「簡化資料」爲基本概念的相關分析技術，用來考察一組變數之間的共變或相關結構，並嘗試能在損失最少資訊的情形下，而用數量較少的因素來解釋原始變數間的關聯性。

　　一般而言，因素分析技術可分爲探索性因素分析（exploratory factor analysis, EFA）和驗證性因素分析（confirmatory factor analysis, CFA）兩種。若研究者在進行因素分析前，對於資料的因素結構並未有任何假設，僅想藉由統計數據與因素分析技術來探索、發現與確定因素的結構時，此種因素分析策略通常帶有濃厚的嘗試錯誤與主觀意識之意味。因此，即稱之爲探索性因素分析（如圖 7-1）。而當研究人員先根據某些理論或者其他的先驗知識對因素的可能個數或者因素結構作出假設，然後利用因素分析技術與實際的樣本資料來檢驗這個假設是否成立的辦證過程，就稱爲是驗證性因素分析了（如圖 7-2）。

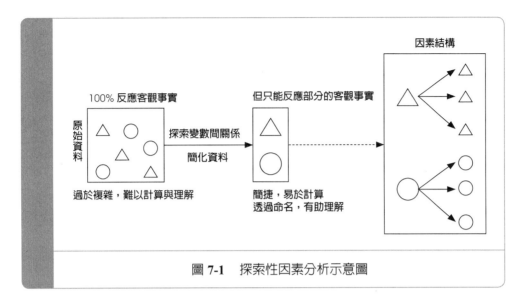

圖 7-1 探索性因素分析示意圖

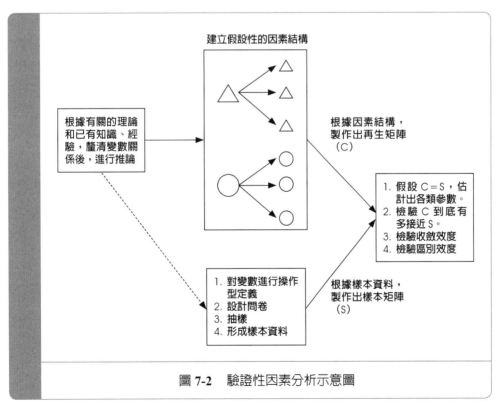

圖 7-2 驗證性因素分析示意圖

7-1　驗證性因素分析簡介

在社會科學研究中，許多變數或概念都是不可直接觀察或只是研究者的理論構想。這些變數或概念一般即稱之為「潛在變數」。例如：人的智商、EQ、人格特質、生活品質、幸福感、消費者的購買行為……等。因此，研究者所建立之概念性模型中的多數變數，很有可能都屬於潛在變數。欲使概念性模型能反映事實，就有必要對概念性模型中的潛在變數作準確的測量。故，為了使潛在變數能有效、可靠地得到表現，就應該對每個潛在變數選用多個指標（觀察變數，即問卷中的題項）來建構量表。量表經抽樣測量後，可獲得一組觀察變數的資料和基於此資料而形成的共變數矩陣（即樣本矩陣），這個共變數矩陣是進行驗證性因素分析的基礎。而概念性模型一經界定後（即因素結構與路徑關係確認後），就可產生另一個由因素結構與路徑關係之未知參數所架構而成的共變矩陣（即再生矩陣）。此時，為了求解未知參數，就可假設再生矩陣相等於樣本矩陣，進而得以根據觀察資料的共變數矩陣（樣本矩陣）而估計出各個未知參數。此外，至於估計的狀況良莠評估，則有賴於對模型進行配適度檢驗，甚至進而可檢驗量表的建構效度（收斂效度與區別效度）。由此可見，驗證性因素分析解決了潛在變數的測量（指標信效度）問題了，而這就是驗證性因素分析方法的基本觀念。

因此，驗證性因素分析是根據一定的理論對潛在變數與觀察變數間的關係，做出合理的假設並對這種假設進行統計檢驗的現代統計方法。驗證性因素分析是在對研究問題有所瞭解的基礎上進行的，這種瞭解可建立在理論研究、實驗研究或兩者結合的基礎上。很多研究也都證實了驗證性因素分析是檢驗變數多維因素結構的一種很好的統計技術。例如：如果我們在編制量表前已確定了其多維因素結構、確定了因素間的關係，便可以採用驗證性因素分析來驗證量表的建構效度。總之，驗證性因素分析可根據特定的理論對潛在變數與觀察變數的關係做出假設，並對這種假設的合理性進行驗證，是種輔助理論模型之構建與發展的強而有力工具。

隨著電腦技術的發展，因素分析在社會學、管理學、經濟學等領域中都可廣泛的應用。雖然探索性因素分析和驗證性因素分析都是各類研究中非常

重要的方法，但由於諸多學者對這兩種因素分析的理解不盡相同，以致於在研究中這兩種因素分析的正確使用尚未形成共識，甚至還將這兩種因素分析混為一體，而直接影響了科學研究的嚴謹性、科學性。

7-2　探索性與驗證性因素分析的差異

因素分析是一種以「簡化資料」為基本概念的相關分析技術，用來考察一組變數之間的共變或相關結構，並嘗試能在損失最少資訊的情形下，而用數量較少的因素來解釋原始變數間的關聯性。簡單的講，因素分析的基本概念就是要去尋找共同的因素，以達到縮減資料（變數）的目的。一般而言，因素分析技術可分為探索性因素分析（EFA）和驗證性因素分析（CFA）兩種。其間的差異分述如下：

一、目的上的差異

EFA 的目的主要是為了要去找出影響觀察變數的因素及其個數，以及各個因素和各個觀察變數之間的相關程度，並嘗試使用研究者依據主觀認知而推論資料後，所產生之規模較小的因素結構來盡量解釋原本之變數所反映的客觀事實。而 CFA 的主要目的則是去驗證事前「根據先驗知識所定義的因素結構」與「實際資料」的配適程度，以試圖檢驗觀察變數的因素個數和因素負荷是否與預先建立的理論之預期一致。簡而言之，在 CFA 中觀察變數、潛在變數（即共同因素）、每一個觀察變數與潛在變數間的關係，都是依據先驗理論所選出來的與假設出來的，而 CFA 就是要透過實際蒐集而來的樣本資料，以驗證前述的關係是否如預期的一樣。

二、作法上的差異

EFA 不需先驗資訊，而 CFA 則有賴於先驗的資訊。EFA 是在事先不知道「因素個數與名稱」的基礎上，完全依據樣本資料，利用統計軟體以一定的規則進行分析，最後得出因素結構的過程。在進行 EFA 時，由於沒有先驗理論，只能透過因素負荷，然後憑藉著研究者的主觀認知而推論資料的因素結

構。在科學研究中，若僅僅從資料的觀點出發，很難得到科學性的結果，甚至可能與已有的理論或經驗相違悖。因此，EFA 適合於在沒有理論支援的情況下，對資料的試探性分析。

而 CFA 則是以預先建立的理論爲基礎，需要事先假設因素結構，其先驗假設是每個因素都和一些實際的觀察變數對應，以檢驗這種結構是否與蒐集而來的觀測資料之內在結構一致。也就是說，在 CFA 中，首先要根據先驗資訊判定共同因素數的個數與結構，並在已知因素結構的情況下，檢驗所蒐集的資料是否按事先預定的結構方式產生作用。

三、應用上的差異

一般而言，EFA 主要可應用在兩個方面：1.尋求因素間的基本結構；2.資料化簡。CFA 則允許研究者將觀察變數依據理論或先前假設構成測量模型，然後評鑑此因素結構和該理論界定的樣本資料間的符合程度。因此，主要應用於以下四個方面：1.驗證量表的因素結構，決定最有效的因素結構；2.驗證因素的階層關係；3.評估量表的信度和效度；4.量表發展。

四、EFA 與 CFA 的結合

從上述的差異性比較可以看出，EFA 和 CFA 是因素分析技術的兩個不可分割的重要成分，兩者不能截然分開，只有結合運用，才能相得益彰，使研究更有深度。Anderson and Gerbing（1988）建議，在發展理論的過程中，首先應透過 EFA 建立模型，然後再用 CFA 去檢核與修正模型。

例如：在「一個樣本」中，先用 EFA 找出變數之可能因素結構，然後在「另一個樣本」中採用 CFA 去驗證，這種程序稱之爲交叉驗證（cross validation）。這樣可以保證量表所測之特質的穩定性和可靠性。交叉驗證方法的前提是研究人員對因素結構、觀察變數與因素之間的潛在關係均是未知的或不很清楚。因而先用 EFA，得到可能的因素結構結果後，再用「第二個樣本」進行 CFA 以驗證前階段所得之因素結構的建構效度。但當研究者根據理論及經驗已有一定的先驗知識時，則可以直接運用 CFA 方法。

也就是說，EFA 提供了探索、發現模型的機會，其結果可爲 CFA 提供了

重要的基礎和保證。兩種因素分析缺少任何一個，都將是不完整的。一般來說，如果研究者沒有堅實的理論基礎支持，有關觀察變數內部結構的探索，一般會先用 EFA。待產生一個關於內部結構的理論後，再在此基礎上使用 CFA，這樣的作法是比較科學的。但這必須要用到兩組全然不同的樣本資料來做才行。

如果研究者直接把 EFA 所得的因素結構，直接使用同一樣本資料，而運用 CFA 來檢驗，這樣就失去交叉驗證的效果了。在這種情況下，研究者所進行 CFA 就僅僅是擬合資料的作用而已，而不是檢驗理論結構。此外，如果樣本數量夠大的話，也可以將資料樣本隨機的分成兩半，合理的作法就是先用一半資料作 EFA，然後把分析取得的因素結構，再用「剩下的另一半資料」以 CFA 來檢驗該因素結構。如果 CFA 的各種配適指標都非常差，那麼還必須再回頭使用 EFA，來找出資料與模型之間不一致的原因。

7-3　驗證性因素分析的範例

在本節中將透過一個範例，帶領讀者實際操作一次驗證性因素分析的過程，驗證性因素分析的執行過程是相當繁雜的，故在此範例中，所有的操作過程將盡量以影音檔呈現。

▶ 範例 7-1

> 參考第 5-1 節中，論文【品牌形象、知覺價值與品牌忠誠度關係之研究】的相關說明，並開啟範例 5-1 所繪製完成的「CFA_model1_ 預設識別 .amw」，匯入 Brand Image.sav 後，請依繪圖五階段法，針對範例模型的一階驗證性因素分析，繼續完成第四、五階段的繪製工作。

根據 Anderson and Gerbing（1988）及 Williams and Hazer（1986）等學者的建議，進行結構方程模型分析時應分為兩個階段，第一階段先針對各研究構面及其衡量題項進行 Cronbach's α 分析及驗證性因素分析，以瞭解各構面的信度、收斂效度及區別效度；第二階段再利用降維技術，將高階構面的多個衡量題項縮減為低階的少數的衡量指標（即高階構面降維為低階構面），

然後再運用線性結構關係發展成結構模型，最後再運用潛在變數的路徑分析，以驗證研究中對於各種因果關係之假設檢定。

本範例中，研究者對所感興趣的議題，經過觀念的釐清、文獻探討與分析、研究假設的推導等理論性的辯證與演繹過程後，將提出一系列的研究假設，進而整合這些研究假設而提出了該研究的概念性模型，如圖 7-3 所示。概念性模型中將檢驗三個假設：

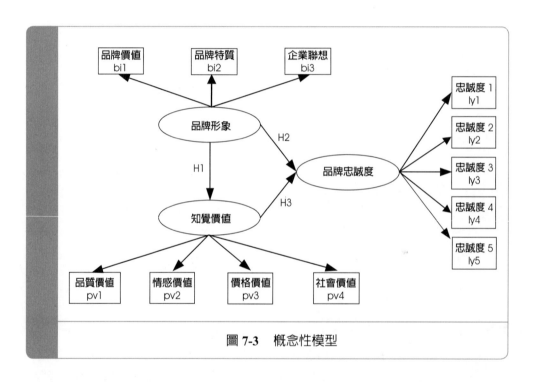

圖 7-3　概念性模型

H1：消費者對個案公司品牌形象的認知會直接、正向的影響其所感受的知覺價值。

H2：消費者對個案公司品牌形象的認知會直接、正向的影響其對該品牌的忠誠度。

H3：消費者所感受的知覺價值會直接、正向的影響其對該品牌的忠誠度。

基於此，要完成具如圖 7-3 之概念性模型的論文，必須經歷兩階段分析即測量模型（驗證性因素分析）與結構模型分析（路徑分析）後才能完成。

在測量模型中，須完成「範例模型的一階驗證性因素分析」（如圖 7-4）；而在結構模型中，則須完成「潛在變數的路徑分析模型」（如圖 7-5，又稱為整體模型分析）。顯而易見，共有兩個模型必須驗證。然而每個模型又將會依其識別狀態而分為「預設識別狀態」與「改變識別狀態」等兩種類型。因此，欲完整的完成本篇論文，研究者須繪製 4 個 Amos 圖形檔，即 4 個「*.amw」檔，其過程看似艱辛，但還可接受啦！

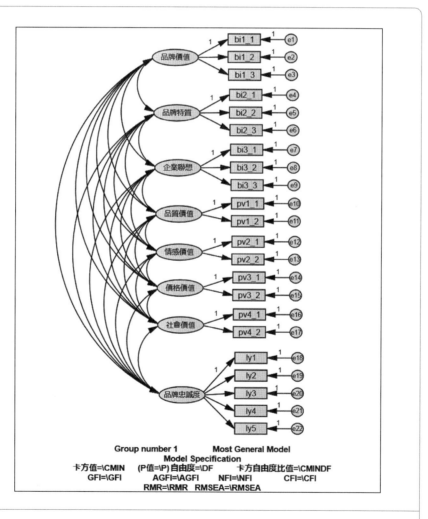

圖 7-4 範例模型的一階驗證性因素分析模型（**CFA_Model1_** 預設識別 **.amw**）

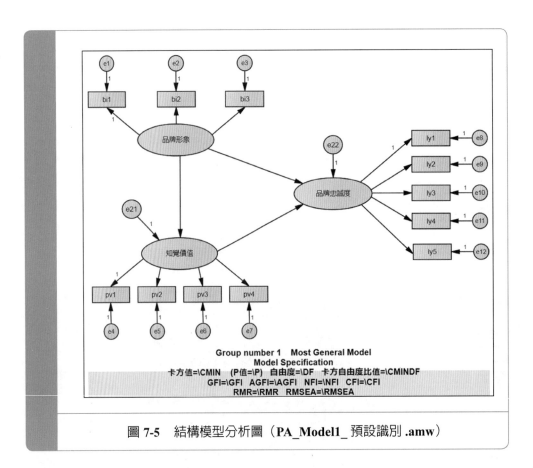

圖 7-5　結構模型分析圖（**PA_Model1_ 預設識別 .amw**）

　　綜合上述概念，在進行前述的三個假設之檢定之前，我們應該要先檢驗「品牌形象」、「知覺價值」與「品牌忠誠度」等三個構面的衡量，是否具有信度、收斂效度與區別效度。因此須分別對該三個構面進行一階驗證性因素分析，如圖 7-4。

7-3-1　繪製驗證性因素分析圖

　　由於使用一階的驗證性因素分析過程即可檢驗出量表的信度、收斂效度與區別效度。所以接下來，我們將針對範例模型進行一階的驗證性因素分析。要進行驗證性因素分析，首先必須於 Amos Graphics 編輯視窗中繪製出驗證性因素分析圖。對於初學者而言，繪製一個完整的模型圖是件相當繁瑣的事，但只要用心，當能克服萬難。在此，我們將示範「範例模型」之一階

驗證性因素分析圖的繪製過程（完成圖，如 7-4 所示）。對於初學者來說，雖然其過程有點煩雜，但是讀者若能配合影音檔進行學習，那將可收事半功倍之效。

一般而言，製作模型圖時，其過程大致上可分為五個階段，分述如下：

第一階段：基本圖形繪製。此階段的工作內容包含：

  1-1 繪製潛在變數

  1-2 繪製指標變數

  1-3 建立潛在變數間的關係（因果關係或共變關係）

  1-4 繪製潛在依變數的結構誤差項

第二階段：設定各物件名稱。此階段的工作內容包含：

  2-1 資料預準備與匯入資料檔

  2-2 設定觀察變數之名稱

  2-3 設定潛在變數之名稱

  2-4 設定誤差變數之名稱

第三階段：設定模型圖之標題。

第四階段：設定模型圖之識別方式。此階段的工作內容包含：

  4-1 檢查目前模型圖之識別狀態

  4-2 變更模型圖之識別方式

第五階段：執行前的相關設定。此階段的工作內容包含：

  5-1 設定估計方法

  5-2 設定輸出報表內容

上述的繪圖五階段中，第一、二與三階段，在第 5 章的範例 5-1 已有所說明，請讀者自行回顧。在本章中，由於我們要真正的執行驗證性因素分析，以評價論文中各構面之測量是否已達一般的學術性要求。所以我們將延續範例 5-1 的結果，而從第四階段繼續完成「範例模型」的一階驗證性因素分析。因此，請讀者先開啟「CFA_Model1_ 預設識別 .amw」（路徑為「..\

sem_amos\chap07\example\」）。「CFA_model1_ 預設識別 .amw」即爲範例 5-1 的繪圖結果。

7-3-2　第四階段：設定模型圖之識別方式

一、檢查模型圖的識別狀態

在結構方程模型中，模型的識別是個重要的關鍵點，模型要能夠被識別才能夠順利的估計出各個參數（路徑係數、因素負荷量、各種變異數、多元相關平方等）。雖然有很多種方法可以協助使用者判斷模型是否能識別，但這些方法都牽涉到相當高深、複雜的數學理論，難以運用。然而，如果是以使用 Amos 執行結構方程模型分析的觀點出發，只要研究者所繪製的模型圖能符合下列三點規則，基本上模型都能被識別。這些規則如下：

規則一：各潛在變數的觀察變數中，要有一個（且只有一個）指標變數須設爲參照指標。參照指標將被限制其因素負荷量之估計。通常該因素負荷量之估計值須設定爲固定值「1」。

規則二：每個觀察變數均須有一個測量誤差項，該測量誤差項與觀察變數間的迴歸加權係數，皆須設定爲固定值「1」。

規則三：每個潛在依變數都必須設定一個結構誤差項，該結構誤差項與潛在依變數間的迴歸加權係數，須設定爲固定值「1」。

對於上述的三個規則，其實讀者也不用太過於擔心。因爲在您繪製模型圖的過程中，Amos 會很貼心的自動幫您設定好。根據上述的三個原則，我們就來檢查看看範例 5-1 中所繪製完成的「範例模型」之一階驗證性因素分析圖（CFA_Model1_ 預設識別 .amw），是否存在識別問題。請觀察該模型的識別狀況，如圖 7-6。可發現這些預設的識別方式，已都能符合上述的識別三原則，但由於測量模型中不會有依變數，故無結構誤差項，所以也不用檢查規則三了。綜合上述，所有的識別設定應無疑義，故基本上模型應無識別問題（所以該模型圖檔名，含有「預設識別」的字眼），且已經可執行計算估計的工作了。

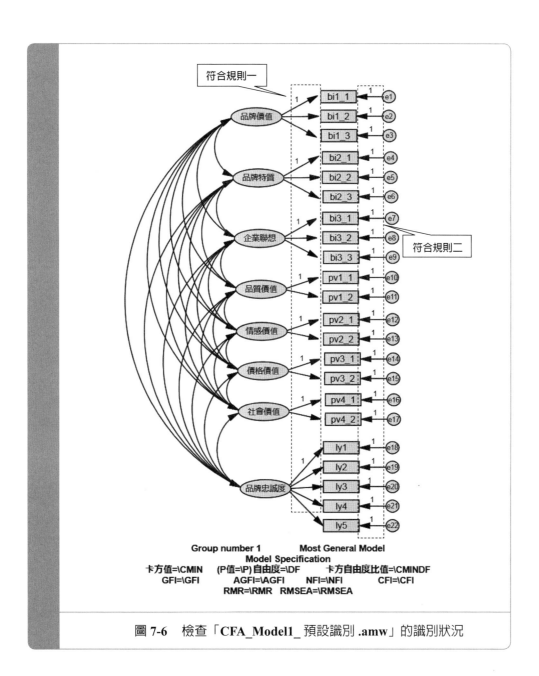

圖 7-6　檢查「**CFA_Model1_ 預設識別 .amw**」的識別狀況

二、變更模型的識別方式

　　執行驗證性因素分析時，一般常用最大概似估計法來估計出各類參數。這些參數包括：非標準化迴歸加權係數、標準化迴歸加權係數、誤差變異數、潛在自變數的變異數與多元相關平方值等。這些參數在估計的過程中，

迴歸加權係數、誤差變異數與潛在自變數之變異數等三類參數，亦可同步進行 t 檢定。然而，從圖 7-6 可發現，為了能使模型圖能符合「規則一」的識別方式。在 Amos 預設狀態下，將「品牌價值→ bi1_1」、「品牌特質→ bi2_1」、「企業聯想→ bi3_1」、「品質價值→ pv1_1」、「情感價值→ pv2_1」、「價格價值→ pv3_1」、「社會價值→ pv4_1」與「品牌忠誠度→ ly1」的迴歸加權係數（因素負荷量）都設為固定值「1」了。由於 t 值可由「估計值除以標準誤」而計算求得，在上述迴歸加權係數的估計值已固定為「1」的情形下，這些估計值勢必沒有標準誤。因此，也就無法求得 t 值了。從而也就無法對迴歸加權係數的顯著性進行檢定了，如圖 7-7 所示。圖 7-7 為執行 Amos 預設狀態下之識別方式（CFA_Model1_ 預設識別 .amw）後，所產生的【Regression Weights】報表。在此我們所關注的重點只在於觀察輸出報表，至於如何執行，我們將在下一小節中再予以介紹。

圖 7-7 是在 Amos 預設的識別狀態下，執行參數估計後，所產生的

圖 7-7　Amos 預設識別狀態下，迴歸加權係數的估計值與檢定結果

【Regression Weights】報表（迴歸加權係數估計表）。可以看到「C.R.」（critical ratio）這個欄位，它所代表的意義就是 t 值，而欄位「P」即是檢定時型 I 誤差的機率值（即顯著性），以顯著水準 0.05 而言，當 C.R. 值（t 值）大於 1.96（近似值）或 p 值小於顯著水準 0.05 時，即可判定該迴歸加權係數顯著，否則即為不顯著。在此，我們當然希望所有的迴歸加權係數皆能顯著，迴歸加權係數顯著時，欄位「P」值會小於 0.05 或以「***」號顯示。然而，如我們所預期，在預設識別的狀態下，迴歸加權係數已固定為「1」的路徑上，並無法產生 t 值。

在這種情形下，如果我們執意要求出每個迴歸加權係數的 t 值的話，那麼唯有改變模型的識別方式一途了。原則上，改變識別方式時，為了維持住可識別的狀態，要記住「捨一加一」原則。也就是說釋放掉目前已設固定為「1」的迴歸加權係數，讓該迴歸加權係數被自由估計後，必須再於其他的參數上設定固定值。最常使用的方法為將潛在自變數之變異數或結構誤差之變異數設定為固定的極小值（如 0.05 或 0.01）。在此要特別注意一點，釋放掉的迴歸加權係數之個數要等於新增設為固定之變異數數量（即自由度沒有改變）。改變識別完成後（如圖 7-10），須再重新執行估計。讀者不用擔心，只要自由度沒有改變，重新執行估計後，卡方值、各類配適指標的值並不會改變。和圖 7-6 比較（Amos 預設的識別方式），從圖形讀者應更能清楚理解該如何改變模型的識別方式了。同時，改變識別狀態後的模型（如圖 7-10）於執行後，各迴歸加權係數也都能顯示出 t 值了，如圖 7-11 所示。於驗證性分析圖中改變模型之識別方式的詳細操作步驟如下：

步驟 1：於 Amos Graphics 編輯視窗中，開啟「CFA_model1_預設識別.amw」並匯入資料檔 Brand Image.sav。

步驟 2：於欲釋放掉固定值的路徑上（品牌價值→ bi1_1），按滑鼠右鍵，待出現快顯選單後，選取【Object Properties】功能，以開啟【Object Properties】對話框。

步驟 3：【Object Properties】對話框中共有五個標籤頁，選取【Parameters】標籤頁（參數標籤頁）後，將下方【Regression Weight】輸入欄中的數字「1」刪除，即可釋放掉該路徑的固定值，如圖 7-8。請依

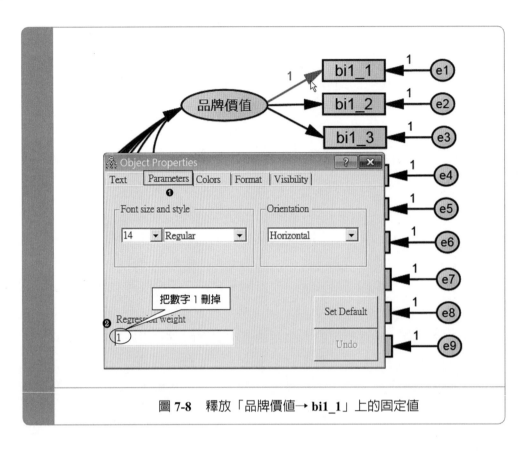

圖 7-8 釋放「品牌價值→ **bi1_1**」上的固定值

序釋放「品牌價值→ bi1_1」、「品牌特質→ bi2_1」、「企業聯想 → bi3_1」、「品質價值→ pv1_1」、「情感價值→ pv2_1」、「價 格價值→ pv3_1」、「社會價值→ pv4_1」與「品牌忠誠度→ ly1」 等 8 個路徑上的固定值「1」。設定過程中，【Object Properties】對 話框都不用關閉，它會隨著所選的物件不同而自動改變其內容。

步驟 4：接著，我們將在各潛在自變數上，設定其變異數為固定的極小值。首 先選取「品牌價值」這個潛在變數，此時由於【Object Properties】 對話框沒有關閉，故可直接於對話框下方的【Variance】輸入欄中設 定變異數為固定值 0.05，請依序完成其他 7 個一階潛在自變數之變 異數設定，如圖 7-9。

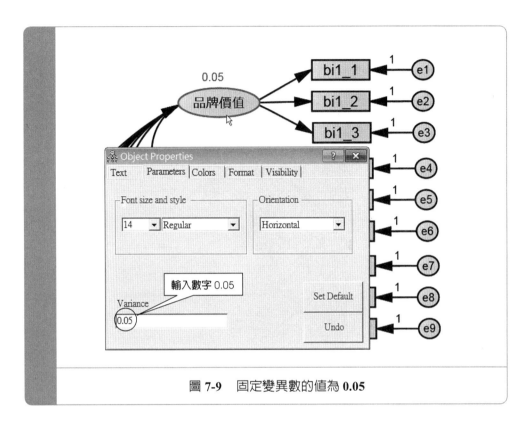

圖 7-9　固定變異數的值為 **0.05**

步驟 5：全部都設定完成後，關閉【Object Properties】對話框，改變識別方式後的模型圖，如圖 7-10。

步驟 6：重新執行估計後，卡方值、各類配適指標的值並不會改變，同時，各路徑也都能顯示出 t 值了，如圖 7-11。

步驟 7：至此，讀者應已能理解，要進行完整的驗證因素分析時，一定要建立二類圖形，一為預設識別狀態時的模型圖；另一為改變識別狀態時的模型圖。在此，請先將改變識別狀態時的模型圖，另存新檔為「CFA_Model1_ 改變識別 .amw」。

步驟 8：建立好「CFA_Model1_ 改變識別 .amw」後，完整的一階驗證性因素分析圖，才算真正結束。詳細操作過程，讀者亦可自行參閱影音檔「ex7-1.wmv」。

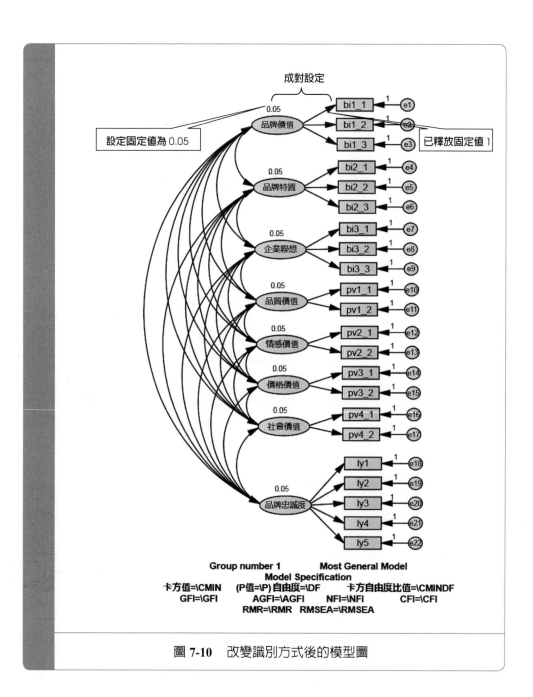

圖 7-10　改變識別方式後的模型圖

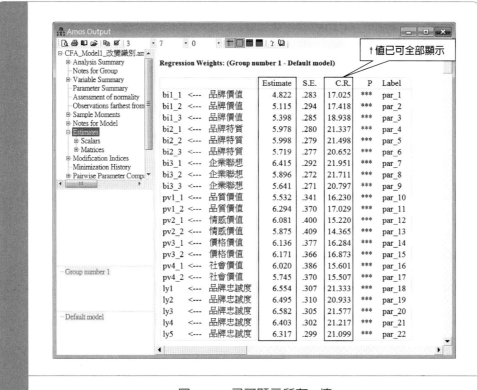

圖 7-11　已可顯示所有 t 值

7-3-3 第五階段：執行前的相關設定

模型圖繪製完成，資料也能順利讀取後，接著就可執行分析工作了。此時，研究者需考慮的是要分析什麼、輸出那些報表與如何計算估計值等問題。

一、設定模型估計方法

步驟 9：於 Amos Graphics 編輯視窗中，在已開啟「CFA_Model1_ 改變識別 .amw」的狀態下，匯入資料檔「Brand Image.sav」。然後於繪圖工具箱中，按【Analysis properties】▦鈕後，會開啟【Analysis Properties】對話框（分析屬性對話框）。該對話框內有八個標籤頁，選取【Estimation】標籤頁後即可設定模型的估計方法。在此，請勾選為 Amos 預設的模型估計方法：最大概似估計法，如圖 7-12 所示。

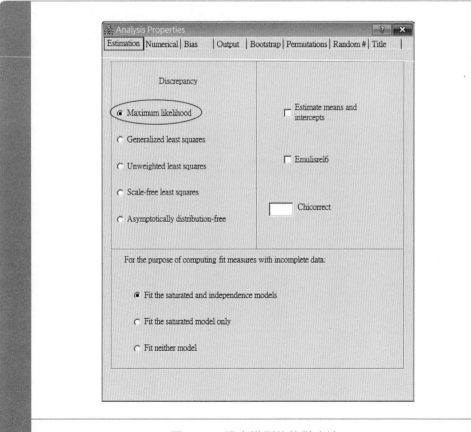

圖 7-12 設定模型的估計方法

二、設定報表輸出

步驟 10：於繪圖工具箱中按【Analysis properties】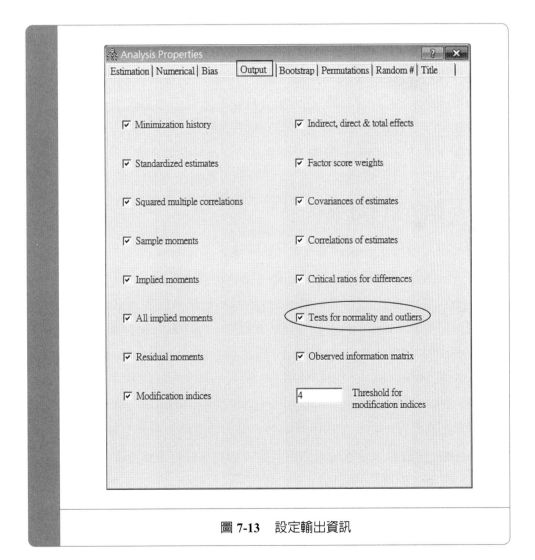鈕後，會開啟【Analysis Properties】對話框（分析屬性對話框）。該對話框內有八個標籤頁，選取【Output】標籤頁後，即可設定將來要於報表中要顯示的資訊，如圖 7-13 所示。一般而言，執行分析前，研究者會希望能輸出最完整的資訊，因此，在此標籤頁中會勾選所有的選項。

圖 7-13　設定輸出資訊

此外，上述選項中，雖然我們勾選了【Tests for normality and outliers】（常態性與極端值檢驗）選項，但是，若匯入的資料檔為相關矩陣或共變數矩陣之格式的話，即使勾選了該選項，報表中也不會出現「Assessment of Normality」表（常態估計表），唯有匯入原始資料檔（*.sav），報表中才會出現「Assessment of Normality」表，該表中將顯示變數名稱、極小值、極大值、偏態值、偏態值檢定臨界比、峰度值、峰度值檢定臨界比等資料。當觀察變數的偏態與峰度絕對值皆小於 2 時，則可認定觀察變數具常態性（Bollen and Long, 1993）。但此常態性只是針對單一變數，故常稱之為「單變量常態性」。在結構方程模型中，往往涉及兩個以上的變數，故研究者更在意的是：諸多變數聯合起來的資料集是否能符合多元常態性的要求。

至此，所有製作一階驗證性因素分析圖的過程已全部結束，請讀者要記得再存檔一次。相信讀者應能理解繪圖過程的繁雜性，但無論如何還是要去熟練整個操作過程。若仍有疑義，讀者亦可自行參閱影音檔「ex7-1.wmv」。

7-4 執行計算估計

經繪圖五階段完成驗證性因素分析圖後，就可開始執行計算估計了。執行時只要於繪圖工具箱中按【Calculate Estimates】▦鈕後，就可啟動執行程序。若是模型沒有出現任何錯誤訊息，則表示觀察資料能讓 Amos 於估計參數時獲得了收斂（convergence，即執行成功）。此時，【Models】（模型）視窗中會出現「OK：Default Model」的訊息，而【Computation Summary】（計算摘要）視窗中會出現資料檔檔名、模型名稱、程式估計時疊代的次數、順利寫入輸出結果（writing output）、卡方值與模型的自由度等訊息，而且若配適狀況還算良好的話，【路徑圖輸出入模式切換區】中的【View the output path diagram】▦鈕，會變成可作用狀態，按此鈕即可在路徑圖中顯示出每個參數的估計值，如圖 7-14 所示。

然而，執行時出現錯誤訊息卻也是常有的事，對於這些錯誤訊息，使用者必須去找出問題點（產生錯誤的原因），然後對症下藥解決它。常見的錯誤訊息，讀者可參閱第 5-5-3 節有關錯誤訊息的介紹。

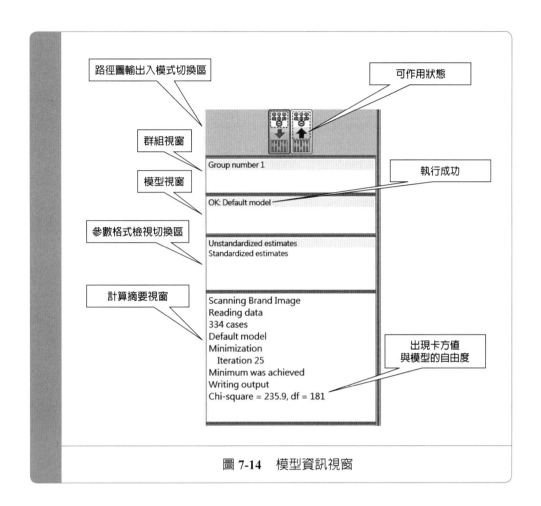

圖 7-14　模型資訊視窗

7-5　報表型式

　　讀者應該要理解，模型可以順利收斂或識別，並不代表模型的配適度良好，因此必須進一步的參考報表中的各類配適度指標加以綜合研判。若模型無法順利收斂而產生非正定問題時，則可能是模型的界定有問題、變數的分配非屬常態分配，或樣本資料有遺漏值，或是樣本數過少等，須進一步人工偵錯（吳明隆，2007）。

　　執行驗證性因素分析後，輸出結果可以用畫面型式與報表型式等兩種型式顯示，茲說明如下：

一、畫面型式

　　當計算估計成功後，【路徑圖輸出入模式切換區】中的【view the output path diagram】🏰 鈕會變成可作用狀態。按 🏰 鈕，即可在 Amos Graphics 編輯視窗中顯示出各類估計參數的數值，顯示的值亦可依使用者的意願，分別顯示非標準化值或標準化值。在【參數格式檢視切換區】（如圖 7-14）中有兩個有關於估計參數格式的選項：「unstandardized estimates」（非標準化格式）與「standardized estimates」（標準化格式）。在「非標準化顯示」格式中可於路徑圖內顯示四類統計量，包含：非標準化迴歸加權係數（非標準化因素負荷量）、觀察變數的誤差變異數、非標準化相關係數與潛在自變數的變異數。而在「標準化顯示」格式中，則可顯示出三類統計量，即標準化迴歸加權係數、標準化相關係數與多元相關平方值（squared multiple correlations，意義迴歸分析中的 R^2 相同）等，如圖 7-15 與圖 7-16。此外，迴歸加權係數在測量模型中通常亦可稱爲因素負荷量（factor loading），而在結構模型中則稱爲路徑係數（path coefficient）。

二、報表型式

　　於繪圖工具箱中，按【View Text】🖺 鈕，則可使用報表的格式，將計算估計的所有輸出結果顯示在【Amos Output】視窗中。【Amos Output】視窗中的內容將依先前我們在【Analyze Properties】對話框（圖 7-13）中所勾選的項目而定，由於在【Analyze Properties】對話框的【Output】標籤頁中，我們勾取了所有的選項，因此【Amos Output】視窗中，將會顯示出最完整的輸出資訊。【Amos Output】視窗中所提供的輸出資訊將分爲 14 類，如圖 7-17。

　　【Amos Output】視窗中的各項分類目錄中，【Estimates】與【Model Fit】爲兩個最常用的輸出目錄。例如：進行違犯估計評鑑、求算 CR 值與 AVE 值、檢驗收斂效度與區別效度等模型內在品質時都會用到【Estimates】目錄，而檢驗模型外在品質之各類配適度指標時，則會用到【Model Fit】目錄。然限於篇幅，在本章中將只介紹【Estimates】與【Model Fit】這兩類最常用的輸出目錄中的各式報表。

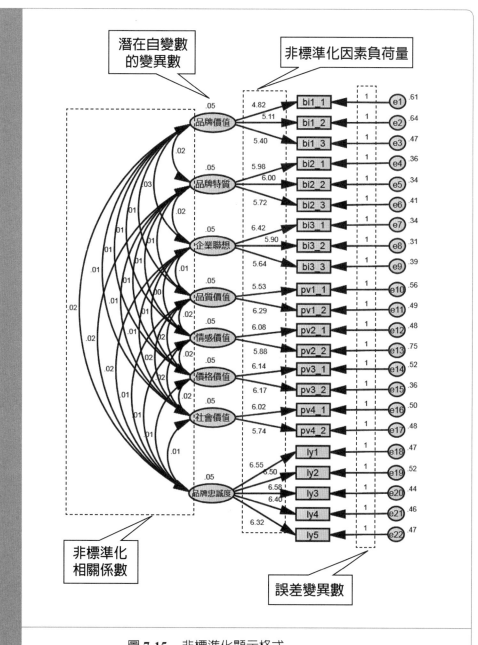

圖 7-15　非標準化顯示格式

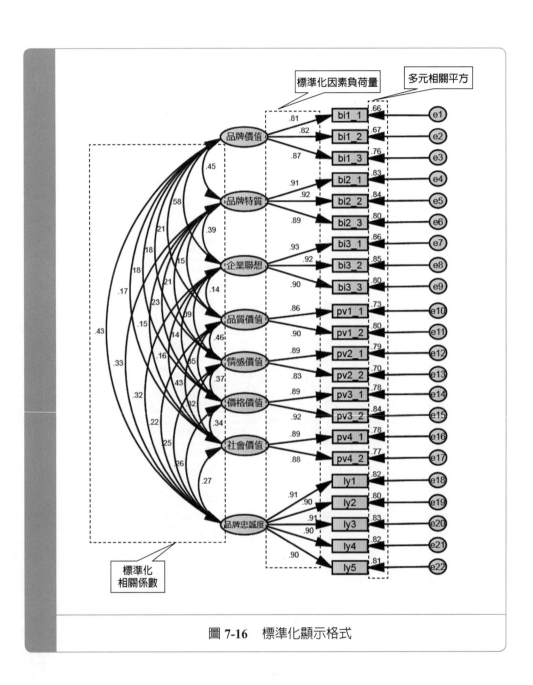

圖 7-16　標準化顯示格式

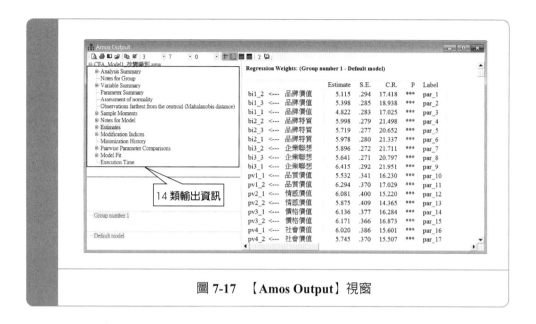

圖 7-17　【Amos Output】視窗

7-6　【Model Fit】目錄的輸出內容

我們將先說明檢驗模型配適度的相關指標。【Model Fit】目錄中的配適度指標相當多，然限於篇幅，在此僅將介紹較爲常用的配適度指標。【Model Fit】目錄的報表中，有關模型配適度的指標均會以三種模型呈現：Default model（預設模型）、Saturated model（飽和模型）與 Independence model（獨立模型）。透過參照或比較獨立模型與飽和模型的相關指標，就可評價概念性模型之優劣。

Default model（預設模型）：它是研究者自己所建立的模型，即概念性模型。其所包含的各類參數內容，才是研究者主要的關注重點。

Saturated model（飽和模型）：最配適資料的模型（即與資料配適程度最佳的模型）。

Independence model（獨立模型）：最不配適資料的模型（即與資料配適程度最差的模型）。

此外，在【Model Fit】目錄中，一般論文呈現上會用到的配適度指

標報表，大致上可分爲六類，分別爲「CMIN 表」、「RMR，GFI 表」、「Baseline Comparisons 表」、「Parsimony-Adjusted Measures 表」、「RMSEA 表」與「HOELTER」表。這些配適度指標的意義，讀者可查閱第 2-5 節。在這六類報表的展示與說明過程中，具灰色網底的細格，代表格內資料將來須彙整至結果報表中，以利論文將來能對模型的配適程度進行較爲簡捷性的說明。

一、CMIN 表

表 7-1 CMIN 表

Model	NPAR	CMIN	DF	P	CMIN/DF
Default model	72	235.934	181	0.004	1.304
Saturated model	253	0.000	0		
Independence model	22	5,950.494	231	0.000	25.760

　　表 7-1 中各欄位的說明如下：

1.【NPAR】

　　【NPAR】代表模型中須要被估計之參數的總個數。從表 7-1 中可發現，不論在預設模型、飽和模型與獨立模型中，只要將【NPAR】與【DF】兩欄位的值相加，其結果都會是一樣的。在本範例中，各模型【NPAR】與【DF】兩欄位的值相加都等於 253。數值「253」代表模型中所有的參數個數，總共有 253 個。其中 72 個是未知數，須要被估計（NPAR 的值）。

2.【CMIN】

　　【CMIN】即代表卡方值（Chi-square，χ^2）之意。它可用來檢驗模型是否和資料配適。當資料完全配適模型時，卡方值爲「0」。相對的，當模型不與資料配適時，卡方值會很大。由於飽和模型是完全配適資料的模型，所以其卡方值爲「0」。而與資料配適最差的獨立模型，其卡方值就相當大，達 5,950.494；而概念性模型（Default model）的卡方值則爲 235.934。將來於論文中所須登錄的卡方值或其他配適資料，都只要登錄「Default model」列上的資料即可。

3.【DF】（degree of freedom）、【P】值與【CMIN/DF】

　　【DF】代表模型於目前識別狀態下的自由度。而第五欄【P】即為卡方值的顯著性，【P】值是利用卡方值與自由度所計算出的機率值。當顯著性（P 值）大於 0.05，即可認定該模型與資料的配適度良好（因為虛無假設為再生矩陣＝樣本矩陣，即樣本資料與模型配適之意）；而當顯著性小於 0.05 時，即可認定該模型與資料的配適度不佳。然而值得注意的是，由於卡方檢定本身易受樣本數大小的影響，因此 Bagozzi and Yi（1988）認為不可只參考卡方值，而應同時考量樣本的大小，故建議使用卡方值與自由度之比值（即 Normed Chi-Square，CMIN/DF 欄位值）來取代卡方值以檢定模型的配適度，同時建議其比值宜介於 1～5 之間，而最好是小於 3。

　　在本範例中，預設模型（概念性模型）的卡方值為 235.934，雖然顯著性為 0.004 ＜ 0.05，但卡方值與自由度之比值（CMIN/DF）為 1.304，表示模型與資料的配適度尚佳。

二、RMR，GFI 表

表 7-2　RMR，GFI 表

Model	RMR	GFI	AGFI	PGFI
Default model	0.057	0.942	0.918	0.674
Saturated model	0.000	1.000		
Independence model	0.751	0.287	0.220	0.262

　　表 7-2 中各欄位的說明如下：

1.【RMR】

　　【RMR】欄位（root mean square residual，殘差均方根）是測量殘差的均方根，其值愈小表示模型配適度愈佳。通常【RMR】指標的判斷標準為「小於 0.08」，本範例的【RMR】為 0.057，小於 0.08，表示模型配適度相當理想，已達一般學術論文的要求。

2.【GFI】

　　【GFI】（goodness of fit index，配適度指標）代表模型可以解釋觀察資料之變異數和共變數的比例，其值愈接近 1，表示模型配適度愈佳，通常採【GFI】> 0.9 為基本門檻值。本範例的【GFI】達 0.942，表示配適度良好。

3.【AGFI】

　　【AGFI】（adjust goodness of fit index，調整後的配適度指標）是調整自由度後的 GFI，因為 GFI 會隨（模型中）路徑數量的增加而增加。為此，學者提出了這個能平衡模型配適度與複雜度的指標，稱之為【AGFI】，其值愈接近 1，表示模型配適度愈佳，通常採【AGFI】> 0.9 為基本門檻值。本範例的【AGFI】為 0.918，表示配適度相當理想。

4.【PGFI】

　　表 7-2 的第五個欄位【PGFI】（parsimony goodness of fit index，精簡配適度指標）是種精簡指標，【PGFI】額外考慮了模型當中估計參數之個數多寡。可以用來反映概念性模型的簡約程度（degree of parsimony），【PGFI】指標愈接近 1，顯示模型越簡單。Mulaik 等人（1989）指出，一個良好的模型，【PGFI】指標大約在 0.5 以上都是可接受的。本範例的【PGFI】指標為 0.674，已達可接受範圍。

三、Baseline Comparisons 表

表 7-3　**Baseline Comparisons 表**

Model	NFI Delta1	RFI rho1	IFI Delta2	TLI rho2	CFI
Default model	0.960	0.949	0.990	0.988	0.990
Saturated model	1.000		1.000		1.000
Independence model	0.000	0.000	0.000	0.000	0.000

　　【Baseline Comparisons】是基準比較之意，即針對預測模型和最差模型（獨立模型）的各類參數值進行比較。相關的指標有【NFI】、【RFI】、【IFI】、【TLI】（NNFI）、【CFI】等。

1.【NFI】

　　【NFI】（normed fit index）：即規範配適度指標之意，代表預設模型（研究者所建立之模型）比起最糟糕模型的改善情形，即比較了預設模型與獨立模型之卡方值差異。【NFI】的值會介於 0 與 1 之間。【NFI】值愈大，表示模型與資料的配適度愈佳，【NFI】的計算公式是：1－（預設模型的卡方值 / 獨立模型的卡方值）。因此，當預設模型的卡方值為 0 時，表示預設模型的配適度非常良好，此時【NFI】等於 1。當預設模型、獨立模型的配適度均不佳時，預設模型的卡方值與獨立模型的卡方值會接近相等，因而【NFI】會接近 0。通常採【NFI】> 0.9 為基本門檻值，本範例的【NFI】為 0.960，表示配適度良好。

2.【RFI】

　　【RFI】（relative fit index），即相對配適度指標。【RFI】的值在 0 與 1 之間。當資料完全配適模型時，【RFI】等於 1。【RFI】是根據預設模型的卡方值、獨立模型的卡方值而計算出來的，通常採【RFI】> 0.9 為基本門檻值。本範例的【RFI】為 0.949，表示配適度良好。

3.【IFI】

　　【IFI】（incremental fit index），即增量配適度指標。【IFI】的值在 0 與 1 之間。當資料完全配適模型時，【IFI】等於 1，【IFI】也是根據預設模型的卡方值與獨立模型的卡方值而計算出來的一種指標，通常採【IFI】> 0.9 為基本門檻值。本範例的【IFI】為 0.990，表示配適度良好。

4.【TLI】

　　【TLI】（Tucker-Lewis index），即 Tucker-Lewis 指標，又稱非規範配適度指標（NNFI）。【NNFI】（Non-Normed Fit Index）的原始名稱即為【TLI】，【TLI】的值在 0 與 1 之間。當資料完全配適模型時，【TLI】等於 1，通常採【TLI】> 0.9 為基本門檻值。本範例的【TLI】為 0.988，表示配適度良好。

5.【CFI】

　　【CFI】（comparative fit index）：即比較性配適度指標。【CFI】指標反應了預設模型與獨立模型的差異程度，也考慮到預設模型與中央卡方分配的離散性。【CFI】的值在 0 與 1 之間。當資料完全配適模型時，【CFI】等於 1，通常採【CFI】> 0.9 為門檻值。本範例的【CFI】為 0.990，表示配適度良好。

四、Parsimony-Adjusted Measures 表

表 7-4　**Parsimony-Adjusted Measures 表**

Model	PRATIO	PNFI	PCFI
Default model	0.784	0.752	0.776
Saturated model	0.000	0.000	0.000
Independence model	1.000	0.000	0.000

　　Parsimony-Adjusted Measures 即精簡性修正衡量，其主要的指標有：【PRATIO】、【PNFI】與【PCFI】，這些指標都可反映模型的精簡程度。

1.【PRATIO】

　　【PRATIO】（parsimony ratio）：即精簡比。【PRATIO】的值愈小，表示模型所估計的參數個數愈多。【PRATIO】的計算方式為：預設模型自由度／獨立模型自由度。本範例的【PRATIO】為 0.784，表示估計的參數個數頗為精簡。

2.【PNFI】

　　【PNFI】（parsimony-adjusted normed fit index 或 parsimony- adjusted NF1）：即已修正精簡性的規範配適度指標。【PNFI】的計算公式是：【PRATIO】*【NFI】，通常採【PNFI】> 0.5 為門檻值。本範例的 PNFI 為 0.752。

3.【PCFI】

　　【PCFI】（parsimony- adjusted comparative fit index 或 parsimony- adjusted CFI）：是指已修正精簡性的比較配適度指標。【PCFI】的計算公式

是：【PRATIO】*【CFI】，通常採【PCFI】> 0.5 為門檻值。本範例的 PCFI
為 0.776。

五、RMSEA 表

表 7-5 RMSEA 表

Model	RMSEA	LO 90	HI 90	PCLOSE
Default model	0.030	0.018	0.040	1.000
Independence model	0.273	0.267	0.279	0.000

1.【RMSEA】

【RMSEA】（root mean square error of approximation）：即近似誤差平
方根。RMSEA 比較預設模型與完美擬合的飽和模型的差距程度。數值愈大
代表模型愈不理想，數值愈小代表模型擬合度愈理想。【RMSEA】係數雖較
不易受樣本數大小與模型複雜度的影響，但在小樣本時，仍會有高估的現象
產生，使原本配適的模型也會被視為不理想的模型。RMSEA 小於 0.05 時，
可以判斷模型的配適度佳，RMSEA 大於 0.1 時，表示模型配適度差。0.05 <
RMSEA < 0.08，表示模型配適度良好，而 0.08 < RMSEA < 0.1，表示模型處
於灰色、模糊地帶，不滿意但尚可接受。本範例的 RMSEA 為 0.030，表示模
型配適度頗佳。

六、HOELTER 表

表 7-6 HOELTER 表

Model	HOELTER .05	HOELTER .01
Default model	302	323
Independence model	15	16

常見的精簡配適指標除【PGFI】、【PNFI】外，尚有【CN】值。CN 值
為「臨界樣本數」（critical N）之意，此一評鑑指標由 Hoelter（1983）提出，
其意指：「在統計檢定的基礎上，要得到一個理論模型配適的程度，所需要
的最小樣本數」。也就是說，CN 值的目的在於估計至少需要多少的樣本數才

足以估計概念性模型的參數以達到各類配適指標的要求。

1.【HOELTER .05】

表 7-6 中，【HOELTER .05】欄位意指，「預設模型正確」的假設，在 0.05 的顯著水準下，未被拒絕的最大樣本數。而【HOELTER .01】欄位意指，「預設模型正確」的假設，在 0.01 的顯著水準下，未被拒絕的最大樣本數。在一般檢定的情形下，顯著水準通常設為 0.05。因此，【HOELTER .05】的欄位值就是所謂的 CN 值。以表 7-6 為例，本範例的 CN 值為 302。而一般學術研究上，對 CN 值的建議標準值為大於 200。

至此，我們已介紹完執行驗證性因素分析後，所產生的各類配適指標。這些配適指標相當多，因此於論文呈現上，為便於說明，常會彙整各類配適指標於同一表格中，如表 7-7 的「測量模型配適度指標檢核表」。

表 7-7 測量模型配適度指標檢核表

統計檢定量		標準值	範例模型	檢定結果
絕對配適指標	χ^2	愈小愈好	235.934（p=0.004）	不符標準值
	χ^2/df	小於 3	1.304	符合標準值
	GFI	大於 0.9	0.942	符合標準值
	AGFI	大於 0.9	0.918	符合標準值
	RMR	小於 0.08	0.057	符合標準值
	SRMR	小於 0.08		
	RMSEA	小於 0.08	0.030	符合標準值
增量配適指標	NFI	大於 0.9	0.960	符合標準值
	NNFI	大於 0.9	0.988	符合標準值
	CFI	大於 0.9	0.990	符合標準值
	RFI	大於 0.9	0.949	符合標準值
	IFI	大於 0.9	0.990	符合標準值
精簡配適指標	PNFI	大於 0.5	0.752	符合標準值
	PGFI	大於 0.5	0.674	符合標準值
	CN	大於 200	302	符合標準值

表 7-7 的填製工作應不難，只要具備細心與耐心當可完成。到此，讀者對配適指標應具備的觀念是：雖然已經認識了許多配適指標，但沒有一個指標可以作為唯一的標準來檢驗概念性模型的配適成功與否。一般都採用「多數決」，亦即有多數的指標呈現配適狀況「符合標準值」的話，那麼我們就可以採信模型的配適度佳。但相對上，比較可靠的指標有 χ^2、χ^2/df、GFI、NNFI、CFI、AGFI、SRMR 及 RMSEA 等（SRMR 之求算，待第 7-9-3 節中再予說明），研究者進行分析時宜關注這些指標值與標準值的差異情形。此外，文獻上也建議，評估模型配適度時，研究者最好同時檢驗多種指標，以進行綜合評估，而最好不要只依賴一種選擇。當然，若模型的 χ^2 值不顯著（即接受模型配適樣本資料的虛無假設），此時只用 χ^2 值來評估模型配適度也無妨。

此外，模型的配適度評鑑並不完全是統計問題。即使一個模型配適了資料也不意味著這個模型是正確的或是最好的。因為：(1) 模型中所有的估計參數也應該能夠得到合理的解釋。(2) 對於不同的資料也應能配適同樣的模型（即模型具有測量恆等性或模型可泛化）。

7-7 【Estimates】目錄的輸出內容

【Estimates】輸出目錄中將提供各類估計參數的標準化、非標準化估計值、檢定結果與直接、間接效果。然限於篇幅，在此僅將介紹常用的參數估計值。在【Estimates】目錄中，一般論文呈現上會用到的報表，大致上可分為四類，分別為「Regression Weights 表」、「Standardized Regression Weights 表」、「Variances 表」與「Squared Multiple Correlations 表」。在這四類報表的展示與說明過程中，具灰色網底的細格，代表格內資料將來須彙整至結果報表中，以利論文將來能對模型的各類估計值進行較為簡捷性的說明。

一、Regression Weights 表（非標準化迴歸加權係數表）

表 7-8 Regression Weight 表

			Estimate	S.E.	C.R.	P	Label
bi1_2	←	品牌價值	5.115	0.294	17.418	***	par_1
bi1_3	←	品牌價值	5.398	0.285	18.938	***	par_2
bi1_1	←	品牌價值	4.822	0.283	17.025	***	par_3
bi2_2	←	品牌特質	5.998	0.279	21.498	***	par_4
bi2_3	←	品牌特質	5.719	0.277	20.652	***	par_5
bi2_1	←	品牌特質	5.978	0.280	21.337	***	par_6
bi3_2	←	企業聯想	5.896	0.272	21.711	***	par_7
bi3_3	←	企業聯想	5.641	0.271	20.797	***	par_8
bi3_1	←	企業聯想	6.415	0.292	21.951	***	par_9
pv1_1	←	品質價值	5.532	0.341	16.230	***	par_10
pv1_2	←	品質價值	6.294	0.370	17.029	***	par_11
pv2_1	←	情感價值	6.081	0.400	15.220	***	par_12
pv2_2	←	情感價值	5.875	0.409	14.365	***	par_13
pv3_1	←	價格價值	6.136	0.377	16.284	***	par_14
pv3_2	←	價格價值	6.171	0.366	16.873	***	par_15
pv4_1	←	社會價值	6.020	0.386	15.601	***	par_16
pv4_2	←	社會價值	5.745	0.370	15.507	***	par_17
ly2	←	品牌忠誠度	6.495	0.310	20.933	***	par_18
ly3	←	品牌忠誠度	6.582	0.305	21.577	***	par_19
ly1	←	品牌忠誠度	6.554	0.307	21.333	***	par_20
ly4	←	品牌忠誠度	6.403	0.302	21.217	***	par_21
ly5	←	品牌忠誠度	6.317	0.299	21.099	***	par_22

　　非標準化迴歸係數是根據變數的原始分數或共變數矩陣而求得。在表 7-8 中，可發現各非標準化迴歸加權係數皆具有檢定值，這是執行「CFA_ Model1_ 改變識別 .amw」後所得到的結果。由於【Regression Weight】表於呈現各路徑之估計值時，各子構面的指標排序稍嫌混亂，故未來整理成評鑑報表時，宜稍加注意。表 7-8 中各欄位的說明如下：

1. 第一欄

代表各潛在變數的指標路徑，描述著各子構面與測量指標（觀察變數，即問卷中的題項）間的關係。

2.【Estimate】

【Estimate】欄位，代表非標準化迴歸加權係數的估計值，此非標準化迴歸加權係數即是一般所熟知的「非標準化因素負荷量」。

3.【S.E.】

【S.E.】欄位，代表 Standard Error，即「非標準化因素負荷量」之估計值的標準誤。

4.【C.R.】

【C.R.】欄位，代表 Critical Ratio（臨界比）之意，相當於 t 值。如果 t>1.96，則 p < 0.05，如果 t > 2.58，則 p < 0.01。

5.【P】

【P】欄位，代表 Probability，即顯著性（t 統計量的機率值）之意。「*」表示 p < 0.05，「**」表示 p < 0.01，「***」表示 p < 0.001。

表 7-8 是以最大概似估計法，估計模型圖中各迴歸加權係數後所得到的結果。由表 7-8 中可發現，測量模型（驗證性因素分析模型）中所有的加權迴歸係數（因素負荷量）均達顯著。在模型中所估計的迴歸加權係數若均達顯著，表示模型的內在品質頗佳。

二、Standardized Regression Weights 表（標準化迴歸加權係數）

表 7-9 **Standardized Regression Weights 表**

			Estimate
bi1_2	←	品牌價值	0.820
bi1_3	←	品牌價值	0.870
bi1_1	←	品牌價值	0.810
bi2_2	←	品牌特質	0.917
bi2_3	←	品牌特質	0.895
bi2_1	←	品牌特質	0.913
bi3_2	←	企業聯想	0.921
bi3_3	←	企業聯想	0.897
bi3_1	←	企業聯想	0.926
pv1_1	←	品質價值	0.856
pv1_2	←	品質價值	0.895
pv2_1	←	情感價值	0.891
pv2_2	←	情感價值	0.834
pv3_1	←	價格價值	0.886
pv3_2	←	價格價值	0.917
pv4_1	←	社會價值	0.886
pv4_2	←	社會價值	0.880
ly2	←	品牌忠誠度	0.896
ly3	←	品牌忠誠度	0.912
ly1	←	品牌忠誠度	0.906
ly4	←	品牌忠誠度	0.903
ly5	←	品牌忠誠度	0.901

顧名思義，「Standardized Regression Weights」即是標準化迴歸加權係數之意。標準化迴歸加權係數即是一般我們所熟知的標準化因素負荷量或標準化路徑係數。在結構模型中，潛在變數間的標準化迴歸加權係數即代表潛在變數間的直接效果值（或稱影響力）或潛在變數間的標準化路徑係數；而在測量模型中，潛在變數對觀察變數（指標變數）的標準化迴歸加權係數即為標準化因素負荷量。標準化因素負荷量的平方（即為多元相關平方，又稱決定係數 R^2）為潛在變數對觀察變數的解釋變異量。R^2 的數值若是大於 0.50（因素負荷量至少在 0.71 以上），表示潛在變數之觀察變數的指標信度頗佳。故

Hair, et al.（2014）認為標準化因素負荷量大於 0.7，才具有指標信度。然而標準化因素負荷量大於 0.7，在實務上卻是不容易達到的，故 Hulland（1999）認為標準化因素負荷量大於 0.5，就可接受。

標準化迴歸加權係數是根據變數的 z 分數（標準化值）或相關矩陣而求得的。在表 7-9 中，第二欄【Estimate】即為標準化迴歸加權係數，此標準化值可用以比較相對的影響力。例如：在驗證性因素分析模型中，我們可以發現，對「品牌價值」影響最大的觀察變數為「bi1_3」，達 0.870。此外，22 個測量指標的標準化因素負荷量皆大於 0.71，由此可見，22 個測量指標皆具有指標信度。

根據標準化迴歸加權係數（標準化因素負荷量）的估計值，也可以計算出代表指標變數之一致性的組合信度值（composite reliability, CR 值）。組合信度也稱為建構信度（construct reliability），它可作為檢驗構面之信度的指標。計算組合信度（CR 值）時，要利用表 7-9 中指標變數之標準化因素負荷量來估算，它可用來衡量潛在變數之指標變數間的內部一致性，「CR 值」愈高表示這些指標變數的一致性愈高。一般學者建議，個別潛在變數的組合信度宜大於 0.6（Bagozzi and Yi, 1988）。

另外還有一個與組合信度之重要性很相近的指標，即平均變異數抽取量（average variance extracted, AVE 值），它也可由指標變數之標準化因素負荷量來估算。平均變異數抽取量可以直接顯示指標變數能夠被潛在變數所解釋之變異量的百分比。如果平均變異數抽取量愈大，那麼指標變數可被潛在變數所解釋之變異量百分比也愈大，相對的測量誤差就愈小，一般判別的標準是平均變異數抽取量要大於 0.5（Fornell and Larcker, 1981）。後續內容（第 7-8 節）中，將會更深入的介紹組合信度與平均變異數抽取量之計算方式。

三、Variances 表（變異數表）

表 7-10　**Variances 表**

	Estimate	S.E.	C.R.	P	Label
品牌價值	0.050				
品牌特質	0.050				
企業聯想	0.050				
品質價值	0.050				
情感價值	0.050				
價格價值	0.050				
社會價值	0.050				
品牌忠誠度	0.050				
e4	0.358	0.044	8.063	***	par_51
e5	0.339	0.044	7.687	***	par_52
e6	0.406	0.045	9.019	***	par_53
e7	0.340	0.045	7.577	***	par_54
e8	0.312	0.040	7.893	***	par_55
e9	0.387	0.041	9.380	***	par_56
e10	0.556	0.115	4.854	***	par_57
e11	0.491	0.143	3.440	***	par_58
e12	0.482	0.171	2.819	.005	par_59
e13	0.754	0.166	4.535	***	par_60
e14	0.518	0.149	3.485	***	par_61
e15	0.360	0.147	2.441	.015	par_62
e16	0.497	0.158	3.153	.002	par_63
e17	0.481	0.144	3.332	***	par_64
e18	0.467	0.046	10.211	***	par_65
e19	0.516	0.049	10.491	***	par_66
e20	0.437	0.044	9.989	***	par_67
e21	0.462	0.045	10.316	***	par_68
e22	0.465	0.045	10.376	***	par_69
e1	0.611	0.065	9.375	***	par_70
e2	0.637	0.069	9.281	***	par_71
e3	0.469	0.064	7.369	***	par_72

表 7-10 也是執行「CFA_Model1_ 改變識別 .amw」後，所得到的結果。在表 7-10 中，將顯示各測量誤差之變異數的估計值與潛在自變數之變異數估計值，各欄位之意義說明如下：

1. 第一欄

在表 7-10 的第一欄中，將描述出自變數或誤差變數的名稱，由圖 7-15 的模型圖之非標準化顯示格式可以理解，表 7-10 中第 2 列至第 9 列將說明 8 個一階潛在變數之變異數的估計狀況（已被固定為 0.05）。而第 10 列至第 31 列（e1～e22）則將描述各觀察變數之測量誤差的變異數估計值。

2.【Estimate】

【Estimate】欄位即代表各類變異數的估計值。由於 8 個一階潛在變數之變異數已被固定為 0.05，所以不會進行檢定。

3.【S.E.】

【S.E.】欄位即代表各類變異數之估計值的標準誤（standard error）。

4.【C.R.】

【C.R.】欄位則代表各類變異數之估計值的檢定結果，以決斷值（critical ratio，CR 值）來表示。【C.R.】相當於我們所熟悉的 t 值。如果 t >1.96，則 p < 0.05，故各估計值就會顯著。

5.【P】

第五欄：【P】欄位，代表 t 統計量（CR 值）的機率（probability），即顯著性之意。「*」表示 p < 0.05；「**」表示 p < 0.01；而「***」則表示 p < 0.001。

由於先前我們想使每個迴歸加權係數之估計值都能進行檢定（即具有 t 值），因此在操作過程的階段中，我們將 8 個一階潛在變數的變異數均固定為「0.05」，以符合模式之識別原則（如圖 7-15）。在此情形下，表 7-10 的第 2 列至第 9 列將無法顯示出 8 個一階潛在變數之變異數的實際估計值與檢定值。因此，讀者若一定要顯示該檢定值的話，那麼惟有再回復到預設識

別方式一途了。讀者若回復到如圖 7-4 的 Amos 預設識別方式（或直接開啟「CFA_Model1_ 預設識別 .amw」），然後再執行一次，就可得到 8 個一階潛在變數之變異數的實際估計值與檢定值了。然而，8 個一階潛在變數的變異數，將來在論文中，並不會被呈現出來喔！所以也有點作「心酸ㄟ」的感覺。

四、Squared Multiple Correlations 表（多元相關平方表）

表 **7-11** **Squared Multiple Correlations 表**

	Estimate
ly5	0.811
ly4	0.816
ly3	0.832
ly2	0.803
ly1	0.821
pv4_2	0.774
pv4_1	0.785
pv3_2	0.841
pv3_1	0.784
pv2_2	0.696
pv2_1	0.793
pv1_2	0.802
pv1_1	0.733
bi3_3	0.804
bi3_2	0.848
bi3_1	0.858
bi2_3	0.801
bi2_2	0.842
bi2_1	0.833
bi1_1	0.656
bi1_3	0.757
bi1_2	0.673

　　【Squared Multiple Correlations】（SMC）即為多元相關平方之意，代表某個子構面對其觀察變數所能解釋之總變異的百分比，是種常用於評估構面之內部結構的指標，其意義類似於迴歸分析中的決定係數 R^2。因此，多元相關平方值（表 7-11 的【Estimate】欄位）可用以衡量各觀察變數與其所代表之潛在變數間的相關程度。【SMC】值愈接近 1，則表示該觀察變數適宜做為其所屬的潛在變數之衡量工具。而 Bagozzi and Yi（1988）認為理想的觀察變數之【SMC】值應大於 0.5。【SMC】值亦可透過標準化因素負荷量的平方而求得。換句話說，多元相關平方值的平方根即為標準化因素負荷量。從表 7-11 的多元相關平方中，不難看出，22 個用以衡量 8 個一階潛在變數的觀察變數之 SMC 值皆大於 0.5。代表這 22 個觀察變數都適合做為 8 個一階潛在變數之衡量工具。

　　至此，對於驗證性因素分析的估計程序、所產生的配適指標或參數估計值，都已進行完整的說明。為求論文中呈現分析結果時的簡捷性，可將上述分析結果整理成表 7-12。須特別注意的是，表 7-12 中的第 2 行至第 5 欄是利用 SPSS 執行「描述性統計資料」後，即可獲得的數據。第 10 欄的 Cronbach's α 值則是執行 SPSS 的「信度分析」後的結果。其餘欄位的數據則都是執行一階驗證性因素分析 CFA_Model1_ 改變識別 .amw）後，所得到的結果。表 7-12 中所須填製的資料相當多，但只要有耐心，當可完成。其餘的 CR 值、AVE 值與 Mardia 係數等數據，將在第 7-8 節中再予以介紹。

表 7-12 測量模型之驗證性分析表

構面		測量變數	M	SD	SK	KU	SFL(t)	SE	SMC	EV	α	CR	AVE
品牌形象		品牌價值											
		bi1_1					0.810(17.025)	0.283	0.656	0.611			
		bi1_2					0.820(17.418)	0.294	0.673	0.637			
		bi1_3					0.870(18.938)	0.285	0.757	0.469			
		品牌特質											
		bi2_1					0.913(21.337)	0.280	0.833	0.358			
		bi2_2					0.917(21.498)	0.279	0.842	0.339			
		bi2_3					0.895(20.652)	0.277	0.801	0.406			
		企業聯想											
		bi3_1					0.926(21.951)	0.292	0.858	0.340			
		bi3_2					0.921(21.711)	0.272	0.848	0.312			
		bi3_3					0.897(20.797)	0.271	0.804	0.387			
知覺價值		品質價值											
		pv1_1					0.856(16.230)	0.341	0.733	0.556			
		pv1_2					0.895(17.029)	0.370	0.802	0.491			
		情感價值											
		pv2_1					0.891(15.220)	0.400	0.793	0.482			
		pv2_2					0.834(14.365)	0.409	0.696	0.754			
		價格價值											
		pv3_1					0.886(16.284)	0.377	0.784	0.518			
		pv3_2					0.917(16.873)	0.366	0.841	0.360			
		社會價值											
		pv4_1					0.886(15.601)	0.386	0.785	0.497			
		pv4_2					0.880(15.507)	0.370	0.774	0.481			
品牌忠誠度		品牌忠誠度											
		ly1					0.906(21.333)	0.307	0.785	0.467			
		ly2					0.896(20.933)	0.310	0.774	0.516			
		ly3					0.912(21.577)	0.305	0.785	0.437			
		ly4					0.903(21.217)	0.302	0.774	0.462			
		ly5					0.901(21.099)	0.299	0.785	0.465			
Mardia 係數													

註 1：* 表示在 α = 0.05 時，達統計之顯著水準。

註 2：M 為平均數；SD 為標準差；SK 為偏態；KU 為峰度；SFL (t) 為標準化之因素負荷量，t 為 t 值；S 為因素負荷量的標準誤；SMC 為多元相關平方的數值；EV 為誤差變異數；α 為 Cronbach's α 值；CR 為組合信度；AVE 為平均變異萃取量。

註 3：p 為觀察變數的數量。

7-8　計算組合信度與平均變異抽取量

　　一般而言，量表的效度類型大致上有三種：內容效度、效標關聯效度與建構效度。內容效度是指測量內容的適切性；而效標關聯效度則是指測量工具的內容具有預測或估計的能力。此外，尚有一般研究者針對量表，所最常檢驗的效度──建構效度（construct reliability）。建構效度是指問卷或量表能測量到理論上的構念或特質之程度。建構效度有兩類：收斂效度（convergent validity）與區別效度（discriminant validity）。而檢測量表是否具備建構效度，最嚴謹、常用的方法就是驗證性因素分析法了。

　　當利用驗證性因素分析法檢驗收斂效度與區別效度時，須先根據觀察變數的標準化迴歸加權係數（標準化因素負荷量）求算出組合信度（composite reliability, CR 值）與平均變異抽取量（average variance extracted，AVE 值）後，再據以輔助判斷量表是否具有收斂效度與區別效度。

一、組合信度

　　組合信度或稱為建構信度（construct reliability），組合信度為潛在變數（構面）的信度指標，可用來衡量潛在變數之指標項目（觀察變數，即問卷中的題項）的內部一致性，CR 值愈高，表示這些指標項目的一致性愈高。一般學者建議潛在變數的組合信度宜大於 0.6（Bagozzi and Yi, 1988）。組合信度的計算公式如下：

$$CR = \frac{(\Sigma \lambda^2)}{[(\Sigma \lambda)^2 + \Sigma (\theta)]} \tag{7-1}$$

CR：組合信度
λ：觀察變數在潛在變數上的標準化迴歸加權值（即標準化因素負荷量）
θ：觀察變數的測量誤差，$\theta = 1 - \lambda^2$

二、平均變異抽取量

　　潛在變數的平均變異抽取量（AVE 值）為潛在變數之各觀察變數對該潛

在變數的平均變異解釋力。AVE 值的意義代表觀察變數的總變異量有多少是來自於潛在變數的變異量。其計算公式如下：

$$AVE = \frac{\sum \lambda^2}{[\sum \lambda^2 + \sum (\theta)]} \qquad (7\text{-}2)$$

AVE：平均變異抽取量

λ：觀察變數在潛在變數上的標準化迴歸加權值（即標準化因素負荷量）

θ：觀察變數的測量誤差，$\theta = 1 - \lambda^2$

　　基本上，組合信度與平均變異抽取量這兩個統計量，在計算上也是蠻複雜的，也或許有些讀者根本不知如何計算起。為此，本書提供了簡便的計算方式，該計算方法是將組合信度與平均變異抽取量的公式已建好在「cr_ave.xls」這個檔案中，只要進行一些簡單的複製工作與輸入標準化迴歸加權係數（標準化因素負荷量）就可算出組合信度與平均變異抽取量。

☞ 操作步驟

步驟 1：使用 Excel 套裝軟體開啟「..\sem_amos\chap07\example\cr_ave.xls」。該 Excel 檔案中目前只有一個名為「原始算法」的工作表（sheet），此工作表已建好計算組合信度與平均變異抽取量的公式。進行計算時，請盡量不要於此工作表直接運算，以免破壞原始計算公式。因此，請複製此工作表至其他新工作表後再進行運算。

步驟 2：複製「原始算法」工作表。於畫面下方「原始算法」工作表的標籤頁上按滑鼠右鍵，待出現快顯功能表後，選取【複製或移動】功能（如圖 7-18），開啟【複製或移動】對話框，於對話框中勾選【建立副本】選項，然後按【確定】鈕，如圖 7-19。

圖 7-18 選取【複製或移動】功能

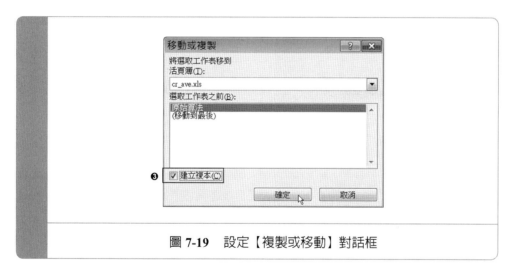

圖 7-19 設定【複製或移動】對話框

步驟 3：按【確定】鈕後，即可產生一張和「原始算法」工作表一模一樣的新工作表「原始算法 (2)」，此時於「原始算法 (2)」工作表的標籤頁上快按滑鼠左鍵兩下，待名稱變成黑底白字後，即直接輸入新工作表的名稱。由於我們所進行的是範例模型的驗證性因素分析，因此，請將工作表命名為【範例模型】，如圖 7-20。

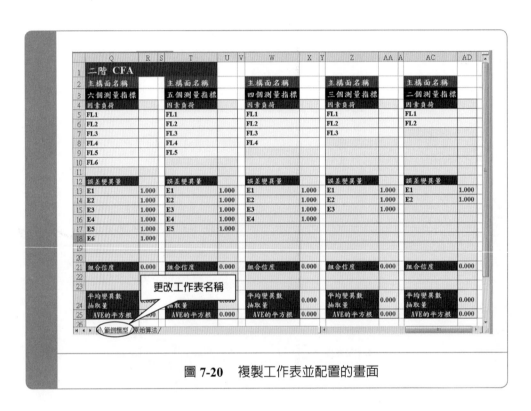

圖 7-20　複製工作表並配置的畫面

步驟 4：接著，改變工作表的畫面配置。在此須求算 8 個一階潛在變數的 CR 值與 AVE 值，故將【範例模型】工作表的畫面將配置成如圖 7-21。

步驟 5：最後，於 Amos 中執行驗證性因素分析（執行「CFA_Model1_ 改變 識別 .amw」）後，將【Amos Output】視窗【Estimates】目錄中的 【Standardized Regression Weights】表內的標準化迴歸加權係數一一 填入表中黃色網底的區塊，即可求出各子構面的組合信度、平均變 異抽取量與平均變異抽取量的平方根值，如圖 7-21。

步驟 6：詳細操作步驟，讀者亦可自行參閱影音檔「ex7-2-0-1.wmv」。

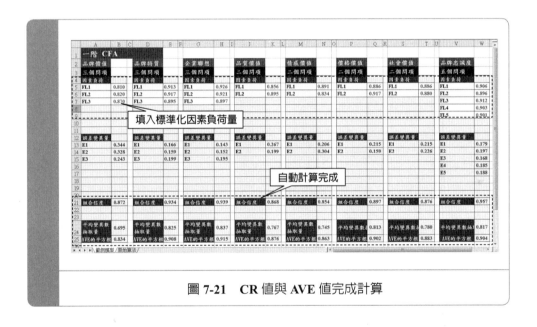

圖 7-21　CR 值與 AVE 值完成計算

8 個一階潛在變數的 CR 值與 AVE 值皆計算完成後，可將 CR 值與 AVE 值繼續填入先前的「表 7-12 測量模型之驗證性因素分析表」中。此外，亦可根據【Assessment of normality】報表（圖 6-8 ），將 Mardia 係數填入先前的表 7-12 中，完成後如表 7-13。

表 7-13 測量模型之驗證性因素分析表

構面	測量變數	M	SD	SK	KU	SFL(t)	SE	SMC	EV	α	CR	AVE
品牌形象	品牌價值										0.872	0.695
	bi1_1					0.810(17.025)	0.283	0.656	0.611			
	bi1_2					0.820(17.418)	0.294	0.673	0.637			
	bi1_3					0.870(18.938)	0.285	0.757	0.469			
	品牌特質										0.934	0.825
	bi2_1					0.913(21.337)	0.280	0.833	0.358			
	bi2_2					0.917(21.498)	0.279	0.842	0.339			
	bi2_3					0.895(20.652)	0.277	0.801	0.406			
	企業聯想										0.939	0.837
	bi3_1					0.926(21.951)	0.292	0.858	0.340			
	bi3_2					0.921(21.711)	0.272	0.848	0.312			
	bi3_3					0.897(20.797)	0.271	0.804	0.387			
知覺價值	品質價值										0.868	0.767
	pv1_1					0.856(16.230)	0.341	0.733	0.556			
	pv1_2					0.895(17.029)	0.370	0.802	0.491			
	情感價值										0.854	0.745
	pv2_1					0.891(15.220)	0.400	0.793	0.482			
	pv2_2					0.834(14.365)	0.409	0.696	0.754			
	價格價值										0.897	0.813
	pv3_1					0.886(16.284)	0.377	0.784	0.518			
	pv3_2					0.917(16.873)	0.366	0.841	0.360			
	社會價值										0.876	0.780
	pv4_1					0.886(15.601)	0.386	0.785	0.497			
	pv4_2					0.880(15.507)	0.370	0.774	0.481			
品牌忠誠度	品牌忠誠度										0.957	0.817
	ly1					0.906(21.333)	0.307	0.785	0.467			
	ly2					0.896(20.933)	0.310	0.774	0.516			
	ly3					0.912(21.577)	0.305	0.785	0.437			
	ly4					0.903(21.217)	0.302	0.774	0.462			
	ly5					0.901(21.099)	0.299	0.785	0.465			
Mardia 係數		17.805					p(p+2)=528					

7-9 測量模型的評鑑

量表或調查問卷是社會、心理、管理……等科學領域常用的測量工具。在對潛在變數進行路徑分析前,必須先解決潛在變數的測量問題,當潛在變數能夠充分、有效的被測量後,資料才能正確的估計出因果關係的路徑係數。測量模型的驗證性因素分析便是確認,由量表所調查的資料是否能將潛在變數精確地測量出來的一種方法。也就是說,在測量模型分析(即驗證性因素分析)中除檢驗假設性的因素結構與樣本資料的配適程度外,亦將評鑑模型中兩種重要的建構效度指標:收斂效度及區別效度。

因此,評鑑測量模型時,我們可以將整個評鑑過程分為五個主要階段:

階段一:常態性檢定
階段二:檢驗違犯估計
階段三:檢驗模型配適度
階段四:檢驗收斂效度
階段五:檢驗區別效度

在本小節中,我們將以 Amos 的原始報表,來說明評鑑測量模型的五階段過程。待讀者較熟稔評鑑測量模型的相關概念後,在 7-10 節中再以論文的標準寫作方式來說明完整的評鑑測量模型過程。

7-9-1 階段一:常態性檢定

在結構方程模型中,當使用最大概似估計法(預設的方法)進行模型估計時,也有些前提假設條件須要被滿足,其中之一便是資料須符合常態性。資料的常態性常以兩個層次來描述,一為單變數的常態性;另一為多元常態性。有關單變數與多元常態性的檢測方式,在第 6 章已有所說明,在此總結其判斷準則如下:

1. 單變數常態性

當觀察變數的偏態與峰度絕對值皆小於 2 時,則可認定觀察變數具常態性(Bollen and Long, 1993)。另外較寬鬆一點,Curran, Wes and Finch(1996)

則認為偏態小於 2，而峰度絕對值小於 7，就可符合單變數常態性的要求。

2. 多元常態性

當 Mardia 係數小於 $p(p+2)$ 時（p 為觀測變數的數量），即可確認樣本資料具有多元常態性（Bollen, 1989; Raykov & Marcoulides, 2008）。

當執行「CFA_Model1_改變識別 .amw」後，在 Amos 的【Assessment of normality】報表中，同時有提供 Mardia 係數與其在標準常態分配下的臨界比（critical ratio），如圖 7-22。由圖 7-22 可發現，22 個觀察變數其偏態與峰度絕對值皆小於 2，故可知各觀察變數皆具有單變數常態性（Bollen and Long, 1993）。此外，Mardia 係數為「17.805」；範例模型的衡量題項共有 22 個觀察變數。因此，「$p = 22$」，而「$p(p+2)$）」就等於「528」。故「$p(p+2) > 17.805$」，因此可研判「樣本資料亦具有多元常態性」（Bollen, 1989; Raykov & Marcoulides, 2008）。

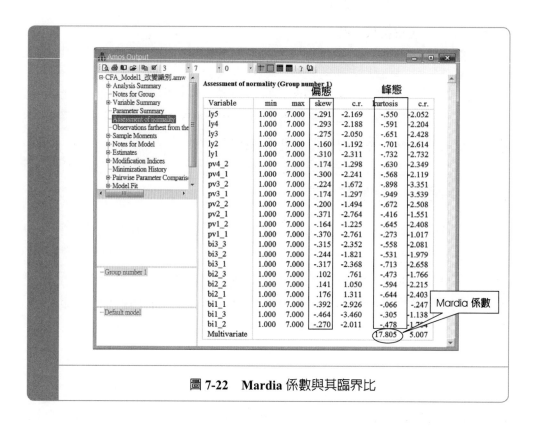

圖 7-22　Mardia 係數與其臨界比

7-9-2　階段二：檢驗違犯估計

所謂違犯估計（offending estimate）是指在測量模型或結構模型中，所估計出來的參數已超出可接受的範圍，亦即模型獲得不適當的解（黃芳銘，2002）。若發生違犯估計的情形，那就表示整個模型的估計是不正確的，因此必須另行處理。一般常發生的違犯估計有以下三種現象：

1. 有負的誤差變異數存在：須檢視【Variance】表。
2. 標準化迴歸加權係數超過或太接近 1（大於 0.95）：檢視【Standardized regression weights】表。
3. 有太大的標準誤（黃芳銘，2002）：檢視【Regression weights】表。

一、有負的誤差變異數存在

變異數的基本意義為樣本中所有資料之「離差平方和」的平均。故由此定義，應不難理解為何變異數不能是負數。在 Amos 中，只要於【Amos Output】視窗中，選取左邊的【Estimates】目錄後，即可看到非標準化迴歸加權係數、標準化迴歸加權係數、誤差變異數、潛在自變數的變異數與多元相關平方值等參數值。要查看誤差變異數的話，只要找到【Variances】表（圖 7-23），就可在該表的第一欄【Estimate】欄位中看到兩種變異數，分別為測量誤差變異數與潛在自變數的變異數，同時也能看到這些變異數的 t 值（C.R. 欄位值）與檢定機率值（P 欄位值）。觀察圖 7-23 可發現所有的測量誤差變異數都是正的，因此沒有負的誤差變異數存在。故應並不存在違犯估計的問題。

二、標準化迴歸加權係數超過或太接近1（通常以大於0.95為判斷基準）

在測量模型中，當指標變數的標準化迴歸加權係數超過 0.95 時，則研究者應該考慮刪除該指標變數；而若發生在結構模型中，則研究者應該考慮刪除其中一個子構面，或者是去確認所有的構面中，是否已經都具有區別效度（黃芳銘，2002）。顯然這個問題和構面間的相關性有關，通常這種問題，會發生在沒有堅強的理論基礎下所建立的假設模型，或是依研究者主

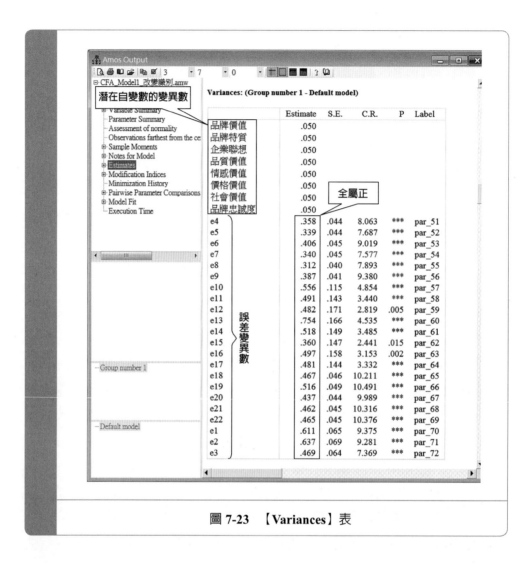

圖 7-23 【Variances】表

觀經驗所建立的假設模型，而導致構面間區別效度不佳所引發的（黃芳銘，
2002）。解決方法除了驗證構面之區別效度外，尚可對構面進行多元共線性
診斷（multi-collinearity），以找出原因並刪除造成共線性的構面。

要檢查「標準化迴歸加權係數是否超過或太接近 1」時，可於【Amos
Output】視窗中，選取左邊的【Estimates】目錄後，仔細找，就可找到
【Standardized Regression Weights】（標準化迴歸加權值）表（圖 7-24），該
表只有一個【Estimate】欄位，其欄位值即代表著各種標準化迴歸加權係數，
如圖 7-24。當然讀者也可按 鈕直接於路徑中查看。由圖 7-24 可發現，標

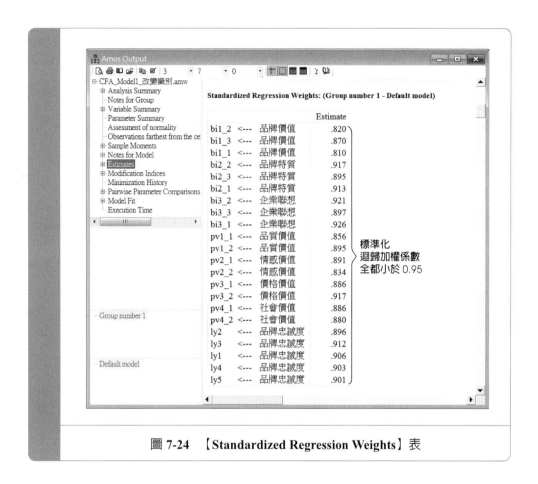

圖 7-24 　【Standardized Regression Weights】表

準化迴歸加權係數之估計值的最大值為 0.926 並未超過 0.95。因此，並不存在違犯估計的問題。

三、有太大的標準誤

對於「有太大的標準誤」這個準則，常有朋友或學生問我：「怎樣才算大」，要回答或判斷這個準則其實總有只要「自我感覺良好」就算「大」的意味，似乎稍微有點心虛，但是又有點「脫褲坐竹椅」（夾到很痛，這種痛很難言語說明）的感覺。

太大的標準誤通常意味著參數無法估計或可估計但不顯著，如果是參數無法估計那麼根本也就不用去擔心有沒有違犯估計的問題了。但是若可估計的話，報表中除了會顯示出其估計值外，應該也會帶著 t 值（圖 7-25）。試

想，t 值是由估計值除以標準誤而來的，標準誤爲分母，標準誤愈大，也就是說 t 值的分母愈大，因此 t 值會愈小，t 值愈小檢定時會愈不顯著（t 值與標準誤成反比）。所以反過來說，若 t 值顯著的話（代表 t 值比較大），那麼應該就可以說「標準誤不太大」吧！由此，當我們要判斷「太大的標準誤」這個準則時，或許眼睛可以稍微瞄一下【Regression Weights】表欄位後方的【C.R.】欄位值或【P】欄位值是否顯著（如圖 7-25）。若顯著，那應該就可認爲是因爲「標準誤不太大」，所以 t 值才會大的足以顯著；而若不顯著，那麼本來就是要修正並重新估計的，所以就認爲「標準誤太大」吧！

由圖 7-25 的【Regression Weight】表中，可以看到非標準化迴歸加權係數的估計值（Estimate 欄位）、標準誤（S.E. 欄位）、t 值（C.R. 欄位）與檢定時的機率值（P 欄位）。可以發現所有迴歸係數都顯著，因此，對照到標

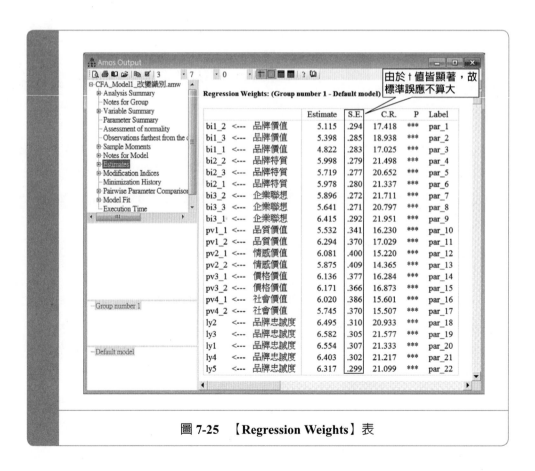

圖 7-25　【Regression Weights】表

準誤（S.E. 欄位）欄位的話，我們可以說其值都「不算大」。因此，也應該不存在違犯估計的問題。

7-9-3　階段三：檢驗模型配適度

測量模型必須由所蒐集的資料驗證其配適度。評鑑模型優劣與否，是驗證性因素分析的重要內容。配適度衡量有許多指標，Hair, Anderson, Tatham and Black（1998）將其分為三種類型：絕對配適指標、增量配適指標及精簡配適指標等。這些有關於模型配適度指標的評鑑又稱為模型外在品質的評鑑，茲將此三種類型分述如下：

一、絕對配適指標

絕對配適指標可用以確定概念性模型可以預測共變數或相關矩陣的程度。衡量指標如卡方統計量（χ^2）、卡方自由比（χ^2/df）、配適度指標（GFI）、調整後配適度指標（AGFI）、殘差均方根（RMR）、標準化殘差均方根（SRMR）及近似誤差平方根（RMSEA）等。

使用結構方程模型來驗證概念性模型的配適度時，研究者總是希望能接受虛無假設 H_0，而在卡方檢定中，其虛無假設（H_0）為：概念性模型的共變數矩陣（再生矩陣）與所搜集資料的共變矩陣（樣本矩陣）相等（模型與資料配適）。因此研究者當然希望能接受虛無假設，此觀念與一般研究者在假設檢定時，總希望能拒絕虛無假設，而接受對立假設 H_1 的概念並不相同。

所以，概念性模型能否與觀察資料配適，結構方程模型將以統計量 χ^2 作為重要的觀察指標之一。但因卡方檢定本身易受樣本數大小影響，導致卡方檢定很容易拒絕虛無假設（因為進行結構方程模型分析時，樣本數通常很大，導致卡方值也變大了）。因此 Bagozzi and Yi（1988）建議應同時考量樣本的大小，故建議可以使用卡方檢定值與自由度之比值（即 Normed Chi-Square）來取代卡方值以檢定模型配適度，同時建議其比值宜小於 3，此外，GFI 、AGFI 應大於 0.9（Henry and Stone, 1994），Hair、Anderson、Tatham and Black（1998）則認為 GFI 愈高愈好，RMR、SRMR，其值宜小於 0.08（Hu and Bentler, 1999）；RMSEA 將比較理論模型與完美擬合的飽和模型的差距

程度（邱皓政，2004），Hu and Bentler（1999）建議以 RMSEA 低於 0.05 為一良好模型的門檻，McDonald and Ho（2002）則以 RMSEA 小於 0.08 為可接受的模型擬合門檻。

二、增量配適指標

增量配適度指標是比較概念性模型的配適度與獨立模型或飽和模型的配適度之差異程度而計算出來的。獨立模型指假設所有變數之間沒有相關關係，即模型中所有的路徑係數和外生變數之間的共變異數都固定為 0，只估計其變異數，是配適度最差的模型。而飽和模型則是將模型中所有的參數都設為自由參數，且假設概念性模型與實際樣本的共變結構完全相等的模型，是配適度最佳的模型。增量配適度指標將測量概念性模型和獨立模型相比較後，在配適度上的改善程度。

常見的增量配適指標有規範配適指標（NFI）、增值配適指標（IFI）、非規範配適指標（NNFI，在 Amos 的報表中稱為 TLI）以及比較配適指標（CFI）等。Hair、Anderson、Tatham and Black（1998）等諸多學者認為 NFI、IFI、NNFI（TLI）、CFI 應高於 0.9，而且愈高愈好。

三、精簡配適指標

一般而言，研究者對概念性模型如果瞭解的愈少（限制愈少），那麼則愈有機會得到較好的配適指標。在這種情況下，當我們得到一個較理想的配適模型時，我們就不清楚是因為概念性模型的假設推導正確，還是由於釋放了更多的參數（增加了自由參數）而導致的結果。在實際運用中，在相同的配適度情況下，模型愈簡約愈好。因此，為了懲罰釋放過多的參數，精簡配適度指標（parsimony fit indices, PGFI）乃孕育而生。一般而言，如果我們得到了大的配適度指標及大的精簡配適度指標則代表著概念性模型正確。如果二者相差較大則代表模型中自由參數過多。PGFI 大於 0.50，表示模型的精簡度是可以接受的。精簡配適度指標在比較幾個競爭模型時尤為有用。

常見的精簡配適指標除 PGFI 外，尚有精簡調整後的規範配適指標（PNFI）與 CN 值。CN 值的意義在於估計至少需要多少的樣本數才足以估計

概念性模型的參數與達到各類配適指標的要求。一般研究對 CN 值的建議標準值為大於 200。

對於上述的各類指標，大都能在【Amos Output】視窗的【Model Fit】目錄中找到，只要讀者認真找，應該都沒問題。而在第 7-6 節的表 7-7 中，已彙整了各配適指標得標準值與執行「CFA_Model1_ 改變識別 .amw」後所得到得配適指標值。但有一例外的是，Amos 在【Model Fit】目錄中並沒有 SRMR 這個指標值。因此，Amos 軟體以外掛（plug-in）的方式提供 SRMR 指標值。求取 SRMR 指標值的方式如下（吳明隆，2007）：

☞ 操作步驟

步驟一：於 Amos Graphics 編輯視窗中，開啟「CFA_Model1_ 改變識別 .amw」。

步驟二：執行功能表【Plugins→Standardized RMR】，即可開啟【Standardized RMR】視窗。

步驟三：請維持【Standardized RMR】視窗的開啟狀態，然後於工具箱中按【Calculate Estimates】▦鈕，以執行分析工作。若無錯誤或警告訊息，此時即可在【Standardized RMR】視窗中看到 SRMR 指標值，如圖 7-26。

步驟四：詳細操作步驟，讀者可自行參閱影音檔「ex7-2-0-2.wmv」。

將 SRMR 指標值再填入第 7-6 節的表 7-7 後，就可完整的完成「測量模型配適度指標檢核表」，如表 7-14。由表 7-14 可知，範例模型的各配適度指標均已達學術性的要求。在範例模型良好的配適情形下，亦可稱範例模型的外在品質頗佳。

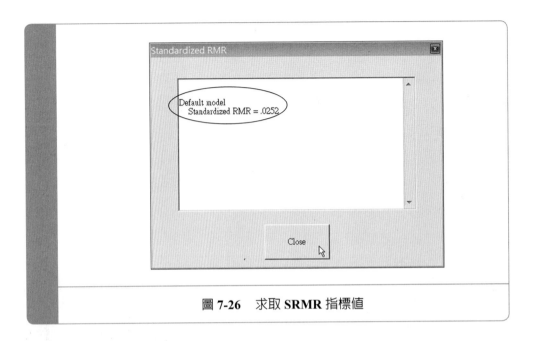

圖 7-26　求取 **SRMR** 指標值

表 7-14　測量模型配適度指標檢核表

統計檢定量		標準值	範例模型	檢定結果
絕對配適指標	χ^2	越小越好	235.934（p=0.004）	不符標準值
	χ^2/df	小於 3	1.304	符合標準值
	GFI	大於 0.9	0.942	符合標準值
	AGFI	大於 0.9	0.918	符合標準值
	RMR	小於 0.08	0.057	符合標準值
	SRMR	小於 0.08	0.025	符合標準值
	RMSEA	小於 0.08	0.030	符合標準值
增量配適指標	NFI	大於 0.9	0.960	符合標準值
	NNFI	大於 0.9	0.988	符合標準值
	CFI	大於 0.9	0.990	符合標準值
	RFI	大於 0.9	0.949	符合標準值
	IFI	大於 0.9	0.990	符合標準值
精簡配適指標	PNFI	大於 0.5	0.752	符合標準值
	PGFI	大於 0.5	0.674	符合標準值
	CN	大於 200	302	符合標準值

7-9-4　階段四：檢驗收斂效度

　　收斂效度與區別效度合稱爲建構效度，它們是衡量模型內在品質的重要指標。收斂效度主要測試以一個變數發展出的多題問項，最後是否會收斂於一個因素（構面）中。收斂效度必須同時滿足下列的準則：

1. 觀察變數的標準化因素負荷量必須超過 0.5，且於 t 檢定時顯著（Hair et al. 1998; Hulland, 1999）。
2. 組合信度必須大於 0.6（Fornell and Larcker, 1981；Bagozzi and Yi, 1988）。
3. 每個潛在變數的平均變異抽取量必須大於 0.5（Fornell and Larcker, 1981）。

　　根據上述三項準則，可檢核表 7-13 的驗證性因素分析表，由表 7-13 可知：

1. 22 個觀察變數的標準化因素負荷量，介於 0.810～0.926 之間，故皆大於 0.5，且於 t 檢定時顯著（Hair et al. 1998; Hulland, 1999）。
2. 8 個一階潛在構面的組合信度介於 0.854～0.957 之間，皆大於 0.6（Fornell and Larcker, 1981；Bagozzi and Yi, 1988）。
3. 8 個一階潛在構面的平均變異抽取量介於 0.695～0.827 之間，皆大於 0.5（Fornell and Larcker, 1981）。

　　經由收斂效度的三項準則檢測後，各參數值皆符合收斂效度的準則，因此，可推論 8 個一階潛在構面應已具有收斂效度。

7-9-5　階段五：檢驗區別效度

　　區別效度的概念是不同構面間的題項，其相關程度應該要低。亦即，區別效度是指對兩個不同的構面進行測量，若此兩個構面經相關分析後，其相關程度很低，則表示此兩個構面具有區別效度（Churchill, 1979; Anderson and Gerbing, 1988）。在區別效度檢定方面，Hair 等（1998）學者建議的判斷準則爲每一個構面的 AVE 平方根大於各構面的相關係數之個數，至少須占總比較個數的 75% 以上。基於此，我們可以將各構面間的相關係數與 AVE 平方根彙整於一個表中，以方便評鑑區別效度，如表 7-15。表 7-15 的製作方法很簡單，過程如下：

☞ 操作步驟

步驟一：使用 SPSS 軟體開啟「..\sem_amos\chap07\example\Brand Image.
sav」。先計算出每一個個案（受訪者）於量表中每一構面的平均
值，即求出每一個個案（受訪者）於品牌價值（bi1）、品牌特質
（bi2）、企業聯想（bi3）、品質價值（pv1）、情感價值（pv2）、
價格價值（pv3）、社會價值（pv4）與品牌忠誠度（ly）的平均得分。
這些平均得分已計算完成，請讀者自行應用。

步驟二：求出兩兩構面的相關係數。請執行【分析／相關／雙變異數】，待
出現【雙變數相關分析】對話框後，將 bi1、bi2、bi3、pv1、pv2、
pv3、pv4 與 ly 等變數選入右邊的【變數】清單方塊中，按【確定】
鈕，即可於輸出報表中產生相關係數表，如圖 7-27。

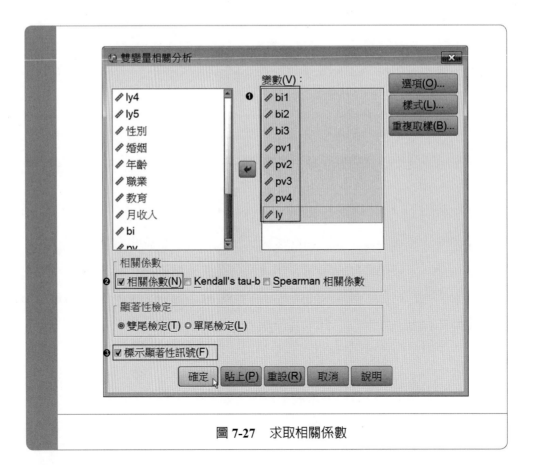

圖 7-27 求取相關係數

步驟三：將 SPSS 所產生的相關係數表，對角線以下的相關係數與顯著性（*
號），依序抄錄到表 7-15 對角線以下的區域。

步驟四：表 7-15 的對角線填入各構面的 AVE 平方根，8 個一階潛在構面的
AVE 平方根，可由圖 7-21 最下方的【AVE 的平方根】欄位得到，完
成後的表格如表 7-15 所示。

步驟五：由表 7-15 可發現，各構面之 AVE 的平方根介於 0.834～0.915，均大
於各構面間的相關係數，此分析結果顯示各構面皆滿足判斷準則，
顯示量表具有區別效度。

步驟六：詳細操作步驟，讀者亦可自行參閱影音檔「ex7-2-3-0.wmv」。

表 7-15 區別效度檢定表

構面	項目數	相關係數							
		A	B	C	D	E	F	G	H
A. 品牌價值 [1]	3	0.834[2]							
B. 品牌特質	3	0.405*[3]	0.908						
C. 企業聯想	3	0.520*	0.364*	0.915					
D. 品質價值	2	0.185*	0.138*	0.128*	0.876				
E. 情感價值	2	0.149*	0.190*	0.094	0.392*	0.863			
F. 價格價值	2	0.157*	0.208*	0.125*	0.307*	0.330*	0.902		
G. 社會價值	2	0.155*	0.139*	0.149*	0.371*	0.286*	0.300*	0.883	
H. 品牌忠誠度	5	0.395*	0.312*	0.303*	0.199*	0.227*	0.248*	0.246*	0.904

註 1：取變數之平均數為量表中各構面之所有題項的加總平均值。

註 2：對角線之值為此一潛在變數之平均變 抽取量（AVE）的平方根，該值應大於非對角線
之值。

註 3：* 在顯著水準 $\alpha = 0.05$ 時，變數間之相關係數達顯著水準。

至此，所有有關驗證性因素分析的執行、資料解讀與報表製作工作皆
已完成。綜合而言，可獲得三張未來能對測量模型評鑑的表格，分別為：表
7-13、表 7-14 與表 7-15。

7-10 測量模型的評鑑範例

▶ 範例 7-2

參考第 5-1 節中，論文【品牌形象、知覺價值與品牌忠誠度關係之研究】的相關說明，並開啓範例 7-1 所繪製完成的「CFA_model1_改變識別 .amw」，匯入 Brand Image.sav 後，請執行範例模型的驗證性因素分析，以評鑑模型的内在（信度、收斂與區別效度）、外在（配適程度）品質。

　　相信讀者都已能理解，要完成具有如圖 7-3 之概念性模型的論文，在測量模型方面須完成一階驗證性因素分析，如圖 7-4。然而，一階驗證性因素分析圖又將會依其識別狀態而分爲「預設識別狀態」與「改變識別狀態」兩種類型，因此，欲進行完整的測量模型分析，研究者須繪製 2 個 Amos 圖形檔。以本範例爲例，即爲「CFA_Model1_預設識別 .amw」與「CFA_Model1_改變識別 .amw」。但未來執行時，將以執行「CFA_Model1_改變識別 .amw」爲主，以便能製作各種用以評鑑測量模型的報表。

　　爲節省讀者進行評鑑測量模型的時間，兩個一階驗證性因素分析圖，皆已繪製、設定完成並已匯入資料檔（Brand Image.sav）。讀者開啓「CFA_Model1_改變識別 .amw」並執行後，就可開始進行評鑑測量模型的工作了。評鑑測量模型時，我們將依表 7-16 的階段性與準則進行評量。

一、評鑑測量模型前的準備工作

　　執行驗證性因素分析後，當可產生許多報表，爲有系統的表達輸出結果，讀者可依下列步驟整理成符合一般論文格式之表格或圖形。總共需要製作三種表格，即：測量模型配適度指標檢定表（表 7-17）、測量模型之驗證性因素分析表（表 7-18）與區別效度檢定表（表 7-19）。

表 **7-16** 評鑑測量模型的準則

階段	準則
階段一：常態性檢定	1. 單變數常態性 當觀察變數的偏態與峰度絕對值皆小於 2 時，則可認定觀察變數具常態性（Bollen and Long, 1993）。另外較寬鬆一點，Curran, Wes and Finch（1996）則認為偏態小於 2，而峰度絕對值小於 7，就可符合單變數常態性的要求。
	2. 多元常態性 當 Mardia 係數小於 p(p + 2) 時（p 為觀察變數的數量），即可確認樣本資料具有多元常態性（Bollen, 1989; Raykov & Marcoulides, 2008）。
階段二：檢驗違犯估計	1. 有負的誤差變異數存在（黃芳銘，2002）。
	2. 標準化迴歸加權係數超過或太接近 1（大於 0.95）（黃芳銘，2002）。
	3. 有太大的標準誤（黃芳銘，2002）。
階段三：檢驗模型配適度	依據表 7-17 進行檢核（Bagozzi and Yi, 1988; Henry and Stone, 1994; Hair, et al., 1998; Hu and Bentler, 1999; McDonald and Ho, 2002）。
階段四：檢驗收斂效度	1. 觀察變數的標準化因素負荷量必須超過 0.5，且於 t 檢定時顯著（Hair et al, 1998; Hulland, 1999）。
	2. 組合信度必須大於 0.6（Fornell and Larcker, 1981；Bagozzi and Yi, 1988）。
	3. 每個潛在變數的平均變異抽取量必須大於 0.5（Fornell and Larcker, 1981）。
階段五：檢驗區別效度	每一個構面的 AVE 平方根大於各構面的相關係數之個數，至少須占總比較個數的 75% 以上（Hair et al., 1998）。

　　本小節中，所將製作的測量模型配適度指標檢定表（表 7-17）、測量模型之驗證性因素分析表（表 7-18）與區別效度檢定表（表 7-19）之空白表格，本書已先製作好放在範例資料夾（sem_amos）中，其檔名爲「表 7-17 測量模型配適度指標檢核表 .doc」、「表 7-18 測量模型之驗證性因素分析表 .doc」與「表 7-19 區別效度檢定表 .doc」。請讀者自行取用。

　　此外，製作測量模型的所有表格時，請選擇執行「改變識別狀態」（CFA_Model1_ 改變識別 .amw）的檔案，製表時較爲方便。其次，在填製表格上，比較有效率的作法是，把空白的表 7-17、表 7-18 與表 7-19 列印出來，然後一邊執行驗證性因素分析一邊填寫，最後再輸入到電子檔中，如此便能輕易的完成表格填製工作。

表 **7-17** 測量模型配適度指標檢核表

統計檢定量		標準值	範例模型	檢定結果
絕對配適指標	χ^2	越小越好	235.934（p=0.004）	不符標準值
	χ^2/df	小於 3	1.304	符合標準值
	GFI	大於 0.9	0.942	符合標準值
	AGFI	大於 0.9	0.918	符合標準值
	RMR	小於 0.08	0.057	符合標準值
	SRMR	小於 0.08	0.025	符合標準值
	RMSEA	小於 0.08	0.030	符合標準值
增量配適指標	NFI	大於 0.9	0.960	符合標準值
	NNFI	大於 0.9	0.988	符合標準值
	CFI	大於 0.9	0.990	符合標準值
	RFI	大於 0.9	0.949	符合標準值
	IFI	大於 0.9	0.990	符合標準值
精簡配適指標	PNFI	大於 0.5	0.752	符合標準值
	PGFI	大於 0.5	0.674	符合標準值
	CN	大於 200	302	符合標準值

最後，若讀者仍覺得製作表 7-17、表 7-18 與表 7-19 太過於耗時的話，本書作者亦開發了一套可簡單製作評鑑測量與結構模型之表單的 Excel VBA 程式，該程式檔名為「SEM 報表產生器 .xlsm」（路徑：..\sem_amos\chap07\eample），請讀者觀看下列影音檔，即可輕鬆製作出表 7-17、表 7-18 與表 7-19。

1. 製作「表 7-17 測量模型配適度指標檢核表」：請觀看「ex7-2-1 製作測量 模型配適度指標檢核表 .wmv」。

2. 製作「表 7-18 測量模型之驗證性因素分析表」：請觀看「ex7-2-2 製作驗證 性因素分析表 .wmv」。製作完成後，Cronbach's α 仍須自行運算後填寫。

表 7-18 測量模型之驗證性因素分析表

構面	測量變數	M	SD	SK	KU	SFL(t)	SE	SMC	EV	α	CR	AVE
品牌形象	品牌價值										0.872	0.695
	bi1_1	4.557	1.334	-0.392	-0.066	0.810(17.025)*	0.283	0.656	0.611			
	bi1_2	4.114	1.397	-0.270	-0.478	0.820(17.418)*	0.294	0.673	0.637			
	bi1_3	4.341	1.390	-0.464	-0.305	0.870(18.938)*	0.285	0.757	0.469			
	品牌特質									0.889	0.934	0.825
	bi2_1	4.237	1.467	0.176	-0.644	0.913(21.337)*	0.280	0.833	0.358			
	bi2_2	4.257	1.464	0.141	-0.594	0.917(21.498)*	0.279	0.842	0.339			
	bi2_3	4.314	1.431	0.102	-0.473	0.895(20.652)*	0.277	0.801	0.406			
	企業聯想										0.939	0.837
	bi3_1	4.251	1.551	-0.317	-0.713	0.926(21.951)*	0.292	0.858	0.340			
	bi3_2	4.228	1.434	-0.244	-0.531	0.921(21.711)*	0.272	0.848	0.312			
	bi3_3	4.320	1.409	-0.315	-0.558	0.897(20.797)*	0.271	0.804	0.387			
知覺價值	品質價值										0.868	0.767
	pv1_1	4.590	1.447	-0.370	-0.273	0.856(16.230)*	0.341	0.733	0.556			
	pv1_2	4.500	1.574	-0.164	-0.645	0.895(17.029)*	0.370	0.802	0.491			
	情感價值									0.820	0.854	0.745
	pv2_1	4.683	1.529	-0.371	-0.416	0.891(15.220)*	0.400	0.793	0.482			
	pv2_2	4.440	1.577	-0.200	-0.672	0.834(14.365)*	0.409	0.696	0.754			
	價格價值										0.897	0.813
	pv3_1	4.575	1.552	-0.174	-0.949	0.886(16.284)*	0.377	0.784	0.518			
	pv3_2	4.629	1.507	-0.224	-0.898	0.917(16.873)*	0.366	0.841	0.360			
	社會價值										0.876	0.780
	pv4_1	4.518	1.522	-0.300	-0.568	0.886(15.601)*	0.386	0.785	0.497			
	pv4_2	4.575	1.462	-0.174	-0.630	0.880(15.507)*	0.370	0.774	0.481			
品牌忠誠度	品牌忠誠度										0.957	0.817
	ly1	4.482	1.620	-0.310	-0.732	0.906(21.333)*	0.307	0.785	0.467			
	ly2	4.383	1.623	-0.160	-0.701	0.896(20.933)*	0.310	0.774	0.516			
	ly3	4.497	1.616	-0.275	-0.651	0.912(21.577)*	0.305	0.785	0.437	0.957		
	ly4	4.458	1.587	-0.293	-0.591	0.903(21.217)*	0.302	0.774	0.462			
	ly5	4.428	1.571	-0.291	-0.550	0.901(21.099)*	0.299	0.785	0.465			
	Mardia 係數	17.805						p(p+2)=528		0.897		

註 1：* 表示在 $\alpha = 0.05$ 時，達統計之顯著水準。

註 2：M 為平均數；SD 為標準差；SK 為偏態；KU 為峰度；SFL (t) 為標準化之因素負荷量，t 為 t 值；SE 為因素負荷量的標準誤；SMC 為多元相關平方的數值；EV 為誤差變異數；α 為 Cronbach's α 值；CR 為組合信度；AVE 為平均變異萃取量。

註 3：p 為觀察變數的數量。

3. 製作「表 7-19 區別效度檢定表」：請觀看「ex7-2-3 製作區別效度檢定表 .wmv」。此表所使用的相關係數據來自【Estimates】目錄中的【Correlations】表，與使用 SPSS 求出的相關係數（如表 7-15）有些微差距，但結論一致。

表 **7-19** 區別效度檢定表

構面	項目數	相關係數							
		A	B	C	D	E	F	G	H
A. 品牌價值 [1]	3	0.834[2]							
B. 品牌特質	3	0.446	0.908						
C. 企業聯想	3	0.576	0.388	0.915					
D. 品質價值	2	0.209	0.154	0.144	0.876				
E. 情感價值	2	0.182	0.210	0.095	0.459	0.863			
F. 價格價值	2	0.178	0.228	0.141	0.350	0.369	0.902		
G. 社會價值	2	0.170	0.153	0.164	0.425	0.323	0.343	0.883	
H. 品牌忠誠度	5	0.426	0.332	0.319	0.218	0.253	0.264	0.268	0.904

註 1：取變數之平均數為量表中各構面之所有題項的加總平均值。

註 2：對角線之值為此一潛在變數之平均變 抽取量（AVE）的平方根，該值應大於非對角線之值。

二、進行測量模型評鑑

經過驗證性因素分析後，再從繁雜的輸出內容中，整理出表 7-17、表 7-18 與表 7-19 後，即可按照先前所提及的評鑑五階段，評鑑測量模型的良莠了。詳細的評鑑過程，讀者亦可自行參閱影音檔「ex7-2-4.wmv」。

階段一：常態性檢定

結構方程模型之估計方法的選擇，是以資料分配爲依據，若樣本資料屬多元常態分配，則以最大概似估計法爲主；而若資料分配非多元常態，則應以漸近分配自由法（ADF 法）爲之（Browne, 1984）。在結構方程模型中，多元常態性假設檢定可由兩個角度進行探討，一爲個別觀察變數之常態性（單變數常態性），二爲觀察變數聯合的多元常態性（邱皓政，2004）。個別觀察變數是否符合常態性的判定，可透過觀察變數分配的偏態係數和峰度係數來判斷，當觀察變數的偏態與峰度絕對值皆小於 2 時，則可認定觀察變數具常態性（Bollen and Long, 1993）。至於多元常態性假設的檢驗，則可藉助 Mardia 係數（Mardia and Foster, 1983），該係數即是一般常用的多元峰度值（Multivariate kurtosis）。當 Mardia 係數小於 $p(p + 2)$ 時（p 爲觀察變數的數量），則樣本資料具有多元常態性（Bollen, 1989）。

在本範例中，由表 7-18 的測量模型之驗證性分析表中，可發現所有觀察變數（題項）的偏態（−0.464～0.176）與峰度（−0.949～−0.066）的絕對值皆小於 2。因此可認爲本研究之觀察變數具有單變數常態性。其次，檢驗多元常態性，品牌形象、知覺價值與品牌忠誠度等構面之 Mardia 係數分別爲 17.805，而 $p(p + 2)$ 則分別爲 528，明顯大於 Mardia 係數，因此可確認樣本資料亦具有多元常態性。

基於上述的多元常態性檢定，本範例中的樣本資料符合多元常態分配的特質，因此可以採用最大概似估計法進行模型的配適檢定。

階段二：檢驗違犯估計

觀察表 7-18，所有題項的標準化迴歸加權係數介於 0.810～0.926 之間，並沒有超過或太接近 1 的現象；由於表 7-18 中顯示，所有的標準化迴歸加權係數皆顯著，且標準誤介於 0.271～0.409 之間，故應沒有太大的標準誤；測量誤差的變異數介於 0.312～0.754 之間，全屬正。由此可研判，測量模型並沒有違犯估計的問題。

階段三：檢驗模型配適度

觀察表 7-17，測量模型之配適度的卡方值爲 235.934，機率 P 值爲 0.004，

小於 0.05，故不可接受虛無假設，表示研究者所提的概念性模型和實際資料的配適情形不佳。但由於卡方檢定本身易受樣本數大小的影響，因此 Bagozzi and Yi（1988）認為不可只參考卡方值，而應同時考量樣本的大小，故建議使用卡方值與自由度之比值（即 Normed Chi-Square，CMIN/DF 欄位值）來取代卡方值以檢定模型的配適度。在本範例中，卡方值與自由度之比值（CMIN/DF）為 1.304，表示模型與資料的配適度佳。

再從絕對配適檢定指標、增量配適檢定指標及精簡配適檢定指標等來看，各指標皆能符合良好配適度的標準。因此，研判概念性模型之測量模型之外在品質應已符合一般學術研究的要求。

階段四：檢驗收斂效度

觀察表 7-18，所有題項的標準化迴歸加權係數介於於 0.810～0.926 之間，且 t 值皆大於 1.96，故皆呈顯著；且各子構面的組合信度分別介於 0.872～0.957 之間，皆大於 0.6；此外，各子構面的平均變異抽取量分別為介於 0.695～0.837 之間，皆大於 0.5。故整體而言，模型中各構面皆已能符合收斂效度之要求，因此，測量模型的內在品質亦佳。

階段五：檢驗區別效度

觀察表 7-19，各構面之 AVE 的平方根介於 0.834～0.915 之間，且均大於各構面間的相關係數，此分析結果顯示，各構面的 AVE 平方根（$\sqrt{AVE}$）皆滿足 Hair et al.（1998）的判斷準則，顯示模型中各構面亦具有區別效度。因此，再次證明測量模型的內在品質頗佳。

經過上述的模型評鑑過程後，從模型的配適度、各題項的標準化迴歸加權係數、收斂效度與區別效度的驗證結果來看，整體而言，概念性模型的內、外在品質頗佳，已適合進行下一步驟的結構模型分析，並驗證各潛在變數間的因果關係。

第 7 章　習題

⑤ 練習 7-1

參考附錄二，論文「遊客體驗、旅遊意象與重遊意願關係之研究」的原始問卷與說明，並開啓 hw7-1.sav，請執行遊客體驗、旅遊意象與重遊意願的驗證性因素分析，以製作測量模型配適度指標檢核表（如表7-17）、測量模型之驗證性因素分析表（如表7-18）與區別效度檢定表（如表7-19），藉以證明測量模型已具有良好的信、效度（收斂效度與區別效度）。（註：遊客體驗、旅遊意象與重遊意願的驗證性因素分析圖，已儲存在範例資料夾（sem_amos）中，檔名分別為「CFA_體驗.amw」、「CFA_意象.amw」與「CFA_重遊.amw」）。

⑤ 練習 7-2

這個練習是很多研究者進行論文研究時，常會碰到的問題，一般研究者於實證研究時所設計的問卷，大都是根據理論或文獻的原始量表而來。然而，我們卻也常常發現，研究者進行探索式因素分析後所得到的因素結構，往往相異於原始量表的因素結構。例如：對於服務品質構面，若研究者是根據 SERVQUAL 量表而設計問卷，那麼探索式因素分析完後，應該會有五個子構面即有形性、可靠性、回應性、保證性與同理心。然而研究者根據問卷資料所做的因素分析卻只有三個子構面，這樣代誌就有點大條了，因為自打嘴巴了。然而這種情形卻是很常見的，很多研究者會將導致此現象的因素，歸因於時空背景、產業因素或抽樣狀態的不同。然而這樣的解釋較不具說服力，因此在已違反原始量表因素結構的情形下，研究者該如何脫困呢？或許研究者可使用相同問項的另一組樣本資料，並以探索性因素分析所萃取出的因素結構為基礎，然後運用結構方程模型的驗證性因素分析來證明研究者所發展出來的因素結構是具有信度、收斂效度與區別效度的。如此，或許是一個解決問題的方向。

本練習中，假設我們要對醫院的服務品質（原始問卷如附錄五）進行研究，因此，根據 SERVQUAL 量表（Parasuraman, Zeithaml, and Berry,

1988）而設計問卷，服務品質問卷的因素結構如表 7-20。

表 7-20 服務品質之問項設計

衡量之變數	問項題號	問項設計之依據
有形性	1～6	Parasuraman, Zeithaml, and Berry, (1988)
可靠性	7～12	
回應性	13～18	
保證性	19～24	
同理心	25～30	

接著，我們開始從某家醫院對病患進行問卷調查，請依序回答下列問題：

1. 首先我們蒐集了 100 份有效問卷，當作預試資料。請針對這筆資料（..\sem_amos\chap07\exercise\sq_預試 .sav）進行項目分析，以刪除品質不佳的題項。進行項目分析時，請分別使用遺漏值檢定法、描述性統計評估法、題項總分相關法、極端組檢驗法與因素分析法加以檢驗，並製作如表 7-21 的彙整表。

表 7-21 項目分析彙整表

題目內容	遺漏檢定	平均數	標準差	偏態	極端組t值	相關	因素分析法	刪除否
q1								
q2								
q3								
:								
:								
q30								

2. 待刪除完品質不佳的題項後，重新編排問卷而成為正式問卷。然後再重新進行問卷調查，共蒐集了 326 份有效問卷（題項的 10 倍以上），試對這筆樣本資料（sq_正式 _1.sav）進行探索性因素分析，以確認服務品質的因素結構是否與 SERVQUAL 量表相同，具有五個子構面。若服務品質的因素結構與 SERVQUAL 量表不同時，那麼請您為因素分析所萃取出的因素命名，且以這些因素當作服務品質的新子構面，

並製作探索性因素分析結果表，如表 7-22。

表 **7-22** 服務品質因素分析表

因素名稱	題項	因素負荷	轉軸後平方負荷量		Cronbach's α
			特徵值	解釋變異量%	
因素一	q1				
	q2				
	q3				
因素二	:				
	:				
	:				
因素三	:				
	:				
	q23				
總解釋變異量：					
整體信度：					

3. 由於，探索性因素分析所得的因素結構與 SERVQUAL 量表不同，因此有必要運用結構方程模型的驗證性因素分析來證明研究者所發展出來的服務品質量表亦具有信度、收斂效度與區別效度。所以，我們必須蒐集另外一組樣本以收交叉驗證之效。若重新進行問卷調查後，亦蒐集了 326 份有效問卷，試對這份新的資料（sq_ 正式 _2.sav）進行驗證性因素分析，以驗證因素結構的有效性並說明服務品質量表的信度、收斂效度與區別效度（須製作測量模型之驗證性因素分析表、測量模型配適度指標檢核表與區別效度檢定表）。

⑤ 練習 7-3

參考附錄三中，論文「景觀咖啡廳意象、知覺價值與忠誠度—轉換成本的干擾效果」的原始問卷與說明，其原始資料檔為「hw7-3.sav」。請執行景觀咖啡廳意象、知覺價值、忠誠度與轉換成本等四構面的一階驗證性因素分析，以檢驗觀察變數的常態性與評鑑模型的內、外在品質。（須製作測量模型之測量模型配適度指標檢核表（如表 7-17）、測量模型之驗證性因素分析表（如表 7-18）與區別效度檢定表（如表 7-19）。

結構模型分析

　　根據 Anderson and Gerbing（1988）及 Williams and Hazer（1986）等學者的建議，完整的結構方程模型，分析時應分為兩階段。即先在第一階段的測量模型中，用驗證性因素分析證明量表具有信度、收斂效度及區別效度後，就可進行第二階段的結構模型分析了。結構模型分析的主要目的在於驗證數個潛在變數間的因果路徑關係，亦即主要針對潛在變數進行路徑分析，以檢驗結構模型的配適性、潛在變數間的相互影響效果。

　　進行結構模型分析時，為減少模型的複雜度，會針對具有多個衡量指標的高階構面進行轉換、而縮減為只有少數幾個衡量指標的低階構面，即進行降維之意。例如：二階構面「品牌形象」包含「品牌價值」、「品牌特質」與「企業聯想」等三個子構面，且每個子構面包含三個題項，明顯的這是一個二階的結構。這種二階結構於分析時太過複雜了。故若能先證明「品牌形象」主構面具有信度、收斂效度及區別效度後，那麼於進行結構模型分析時就能進行降維動作，以減少分析時的複雜度。作法為將二階構面「品牌形象」簡化為只有「品牌價值」、「品牌特質」與「企業聯想」等 3 個衡量指標的一階構面，且每個衡量指標的值，即為其所包含之題項的平均值。

8-1　潛在變數的路徑分析

　　結構方程模型是針對傳統迴歸模型和路徑分析的不足，而將因素分析引入路徑分析後所發展出來的一種因果關係分析模型。於上個世紀 70 年代，在 Jöreskog（1973）、Keesling（1972）、Wiley（1973）等統計學家的努力下，由因素分析所代表的「潛在變數研究模型」與路徑分析所代表的「傳統線性因果關係模型」，終於得到了有效的整合，致使結構方程模型的理論逐步蓬勃發展，並在心理學、計量經濟學、教育學、管理科學等學術領域中逐漸獲得普遍性的應用。且在數值分析技術和電腦科學的帶動下，其理論和方法在 20 世紀 80 年代末期逐漸成熟，並得以更加廣泛的應用。

　　在結構方程模型中，變數有兩種基本的型態：觀察變數與潛在變數。研究者測量得到的觀察變數資料是真正能被分析與計算的基本元素；而潛在變數則是種由觀察變數所推估出來的變數。結構方程模型分析中，潛在變數的

變異會受到某一個或某幾個觀察變數的影響。因此,觀察變數又被稱爲是潛在變數的觀測指標或外顯變數。

　　沿用路徑分析時的術語,結構方程模型中的變數亦可區分爲內生變數和外生變數。因此結構方程模型中的變數,大致上可以區分爲內生觀察變數、外生觀察變數、內生潛在變數和外生潛在變數等四種類型。在結構方程模型路徑圖中,潛在變數會用橢圓形表示,觀察變數則用矩形表示。

　　在結構方程模型中,最重要的概念是:它是由兩個部分所組成的,第一個部分是測量模型,它反映了觀察變數與潛在變數之間的關係,其構成的數學模型是驗證性因素分析。第二個部分是結構模型,它主要將進行因果關係的假設檢驗。透過結構模型,使潛在變數之間的關係,可以使用路徑分析的概念來討論。如果定義 x 爲外生觀察變數(自變數之衡量指標),y 爲內生觀察變數(依變數之衡量指標);ξ 爲外生潛在變數(自變數),η 爲內生潛在變數(依變數),則完整的結構方程模型可由以下三個矩陣方程式組成:

$$x = \Lambda_x \xi + \delta \qquad (8\text{-}1)$$
$$y = \Lambda_y \eta + \varepsilon \qquad (8\text{-}2)$$
$$\eta = B\eta + \Gamma\xi + \zeta \qquad (8\text{-}3)$$

　　其中,式 8-1 和式 8-2 稱爲測量模型,主要描述潛在變數與觀察變數之間的關係,Λ_x 是外生觀察變數 x 在外生潛在變數 ξ 上的因素負荷矩陣,反應了外生觀察變數 x 與外生潛在變數 ξ 之間的關係,δ 爲外生變數的測量誤差項。Λ_y 是內生觀察變數 y 在內生潛在變數 η 上的因素負荷矩陣,反應了內生觀察變數 y 與內生潛在變數 η 之間的關係,ε 爲內生變數的測量誤差項。式 8-3 則稱爲結構模型,主要描述各潛在變數之間的線性關係,B、Γ 都是路徑係數矩陣,B 表示內生潛在變數之間的影響效果,Γ 則表示外生潛在變數對於內生潛在變數的影響效果,ζ 則爲結構方程式的結構誤差項。

　　由於測量模型中的路徑,反映了潛在變數與觀察變數之間的關係,即 Λ_x 反映外生潛在變數與外生觀察變數之間的關係,Λ_y 反映內生潛在變數與內生觀察變數之間的關係。而結構模型中的路徑,則反映了潛在變數之間的關係,故 B 反映內生潛在變數間的關係,Γ 反映外生潛在變數(自變數)對內

生潛在變數（依變數）的影響。在本節中，所討論的「潛在變數的路徑分析」即是著重於對 B、Γ 與 ζ 的估計。

潛在變數的路徑分析（結構模型分析）與傳統的路徑分析（觀察變數的路徑分析）最主要的不同點在於，有無涉及潛在變數的處理，沒有涉及潛在變數的即為傳統的路徑分析，傳統的路徑分析其變數性質都屬於外顯變數，因此研究者對於所關心的概念是屬於可以實際加以測量得到的觀察變數，因此變數沒有測量誤差假設。而有涉及到潛在變數之處理的分析，即為潛在變數的路徑分析。除了上述的差異外，其分析過程兩者並無不同。

迴歸分析、觀察變數的路徑分析與潛在變數的路徑分析等三種線性因果模型的異同比較，如表 8-1。

表 8-1 三種線性因果模型的異同比較

模　型	迴歸模型	觀察變數的路徑分析	潛在變數的路徑分析
因果關係類型	單向	單向（遞迴模型）、雙向（非遞迴模型）	單向（遞迴模型）、雙向（非遞迴模型）
效應類型	直接效果	直接效果、間接效果	直接效果、間接效果
變數類型	觀察變數	觀察變數	潛在變數
誤差設定	自變數無誤差，依變數可以有誤差項	自變數無誤差，依變數可以有誤差項	自變數、依變數都可以有誤差項
參數估計	使殘差平方和最小	使殘差平方和最小	使樣本共變異數矩陣與模型共變異數矩陣的差異最小
檢驗統計量	t、F、R^2	t、F、R^2、Wald	χ^2/df、GFI、AGFI、CFI、NFI 等
專用電腦處理軟	Eviews, SPSS	Lisrel、Amos	Amos, Lisrel
樣本量要求	小	較大	大
適用領域	簡單因果關係研究	有中介變數或雙向的因果關係	自變數存在誤差、潛在變數間存在複雜的因果關係

8-2 結構模型分析範例

在本節中，將透過一個範例，帶領讀者實際操作一次結構模型分析的過程，結構模型分析的執行過程是相當繁雜的，故在此範例中，所有的操作過程將盡量以影音檔呈現。

▶ 範例 8-1

參考第 5-1 節中，論文【品牌形象、知覺價值與品牌忠誠度關係之研究】的相關說明，並開啓範例 5-2 所繪製完成的「PA_model1_ 預設識別 .amw」，匯入 Brand Image.sav 後，請依繪圖五階段法，針對範例模型的結構模型圖（又稱為整體模型圖），繼續完成第四、五階段的繪製工作，並於變更預設的識別方式後，執行潛在變數的路徑分析（結構模型分析）。

本範例的概念性模型如圖 8-1 所示。概念性模型中包含三個潛在變數分別為品牌形象、知覺價值與品牌忠誠度。此外，有關概念性模型的各項假設則如表 8-2。

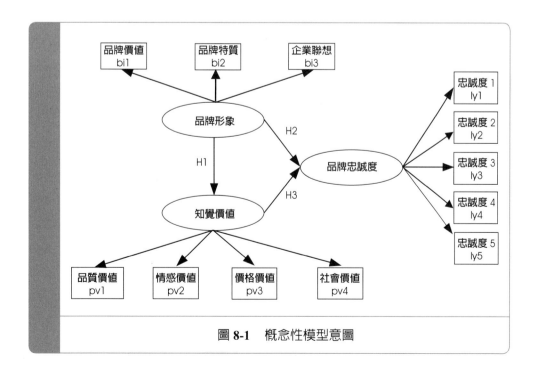

圖 8-1 概念性模型意圖

表 8-2 概念性模型的假設

假設	内　　容
H1	品牌形象對知覺價值有正向影響。
H2	品牌形象對品牌忠誠度有正向影響。
H3	知覺價值對品牌忠誠度有正向影響。

　　在第 7 章中驗證測量模型後，品牌形象、知覺價值與品牌忠誠度等量表的信、效度與因素結構皆能符合研究之嚴謹要求。在此情形下，分析過程即可進入結構模型分析，以驗證概念性模型的配適度與假設，並分解各構面間的直接、間接效果。

　　一般而言，製作結構模型圖時，其過程大致上可分為五個階段，分述如下：

第一階段：基本圖形繪製。此階段的工作內容包含：

　　1-1 繪製潛在變數

　　1-2 繪製指標變數

　　1-3 建立潛在變數間的關係（因果關係或共變關係）

　　1-4 繪製潛在依變數的結構誤差項

第二階段：設定各物件名稱。此階段的工作內容包含：

　　2-1 資料預準備與匯入資料檔

　　2-2 設定觀察變數之名稱

　　2-3 設定潛在變數之名稱

　　2-4 設定誤差變數之名稱

第三階段：設定模型圖之標題。

第四階段：設定模型圖之識別方式。此階段的工作內容包含：

　　4-1 檢查目前模型圖之識別狀態

　　4-2 變更模型圖之識別方式

第五階段：執行前的相關設定。此階段的工作內容包含：

　　5-1 設定估計方法

5-2 設定輸出報表內容

上述的五階段中，第一、二與三階段，在第 5 章的範例 5-2 已有所說明，請讀者自行回顧。在本章中，由於我們要進行完整的結構模型分析，以檢驗各潛在變數間的因果關係。所以我們將繼續完成第四、第五階段的繪圖工作。因此，請讀者先開啓「PA_Model1_ 預設識別 .amw」，「PA_Model1_ 預設識別 .amw」即爲範例 5-2 所製作的「預設識別狀態」下的整體模型分析圖（即結構模型分析圖）。

8-2-1 第四階段：設定模型圖之識別方式

一、檢查目前模型圖的識別狀態

模型識別的問題，在結構方程模型分析中扮演著重要的角色。模型要能夠被識別才可順利的估計出各類參數與配適指標，這些待估計的參數包含：路徑係數、因素負荷量、各種變異數、多元相關平方等。在 Amos 中，只要研究者所繪製的模型圖能符合下列三點規則，基本上模型都能被識別。這些規則如下：

規則一：各潛在變數的指標變數（觀察變數，即問卷中的題項）中，要有一個（且只有一個）指標變數須設爲參照指標。參照指標將被限制其因素負荷量之估計。通常該因素負荷量之估計值須設定爲固定值「1」。

規則二：每個觀察變數均須有一個測量誤差項，該測量誤差項與觀察變數間的迴歸加權係數，須設定爲固定值「1」。

規則三：每個潛在依變數都必須設定一個結構誤差項，結構誤差項與潛在依變數間的迴歸加權係數，須設定爲固定值「1」。

對於上述的三個規則，其實讀者也不用太過於擔心。因爲在您繪製模型圖的過程中，Amos 會很貼心的自動幫您設定好。根據上述的三個原則，我們就來檢查看看在範例 5-2 中所繪製完成的整體模型圖（PA_Model1_ 預設識別 .amw），是否已無識別問題。請觀察圖 8-2 的識別狀況，可發現這個預設

的識別方式中，已都能符合上述的識別三原則。所以，基本上模型已無識別問題，已經可執行【計算估計】之工作了。

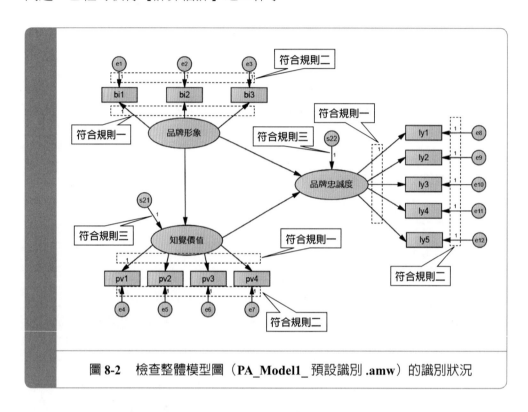

圖 8-2 檢查整體模型圖（**PA_Model1_** 預設識別 **.amw**）的識別狀況

二、改變模型的識別方式

執行整體模型分析（結構模型分析）時，一般常用最大概似估計法來估計出各類參數。這些參數包括：非標準化迴歸加權係數、標準化迴歸加權係數、誤差變異數、潛在自變數的變異數與多元相關平方值等。這些參數在估計的過程中，迴歸加權係數（路徑係數或因素負荷量）、誤差變異數與潛在自變數之變異數等三類參數，亦可同步進行 t 檢定。然而，從圖 8-2 可發現，為了能使模型圖能符合「規則一」的識別方式。在 Amos 預設狀態下，將「品牌形象對 bi1」、「知覺價值對 pv1」與「品牌忠誠度對 ly1」的迴歸加權係數（因素負荷量）都設為固定值「1」了。由於 t 值可由「估計值除以標準誤」計算而求得，在上述迴歸加權係數的估計值已固定為「1」的情形下，這

些估計值勢必沒有標準誤。因此,也就無法求得 t 值了。從而也就無法對迴
歸加權係數的顯著性進行檢定了,如圖 8-3 所示。圖 8-3 為執行 Amos 預設
狀態下之識別方式(PA_Model1_ 預設識別 .amw)後,所產生的【Regression
Weights】報表,在此我們所關注的重點在於觀察輸出報表的內容,至於如何
執行,我們將在下一小節中再予以介紹。

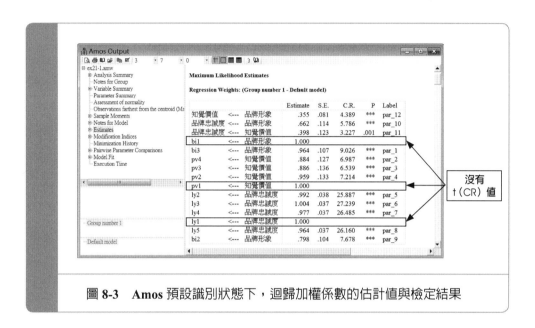

圖 8-3   Amos 預設識別狀態下,迴歸加權係數的估計值與檢定結果

圖 8-3 是在 Amos 預設的識別狀態下,執行參數估計後,所產生的
【Regression Weights】報表(迴歸加權係數估計表)。可以看到「C.R.」
(critical ratio)這個欄位,它所代表的意義就是 t 值,而欄位「P」即是檢定
時型 I 誤差的機率值(即顯著性),以顯著水準 0.05 而言,當 C.R. 值(t 值)
大於 1.96(近似值)或 p 值小於顯著水準 0.05 時,即可判定該迴歸加權係
數顯著,否則即為不顯著。在此,我們當然希望所有的迴歸加權係數皆能顯
著,迴歸加權係數顯著時,欄位「P」值會小於 0.05 或以「***」號顯示。然
而,如我們所預期,在預設識別的狀態下,迴歸加權係數已固定為「1」的路
徑上,並無法產生 t 值。

在這種情形下,如果我們執意要求出每個迴歸加權係數的 t 值的話,那

麼唯有改變模型的識別方式一途了。原則上，改變識別方式時，為了維持住可識別的狀態，要記住「捨一加一」原則。也就是說釋放掉目前已設固定為「1」的迴歸加權係數，讓該迴歸加權係數被自由估計後，必須再於其他的參數上設定固定值。最常使用的方法為將潛在自變數之變異數或結構誤差之變異數設定為固定的極小值（如 0.05 或 0.01）。在此要特別注意一點，釋放掉的迴歸加權係數之個數要等於新增設為固定之變異數數量（即自由度沒有改變）。改變識別完成後（如圖 8-6），須再重新執行估計。讀者不用擔心，只要自由度沒有改變，重新執行估計後，卡方值、各類配適指標的值並不會改變。和圖 8-3 比較（Amos 預設的識別方式），從圖形讀者應更能清楚理解該如何改變模型的識別方式了。同時，改變識別狀態後的模型於執行後，各迴歸加權係數也都能顯示出 t 值了，如圖 8-7 所示。於整體模型分析圖中改變模型之識別方式的詳細操作步驟如下：

步驟 1：於 Amos Graphics 編輯視窗中，開啟「PA_Model1_預設識別.amw」。

步驟 2：於欲釋放掉固定值的路徑上（品牌形象→ bi1），按滑鼠右鍵，待出現快顯選單後，選取【Object Properties】功能，以開啟【Object Properties】對話框。

步驟 3：在【Object Properties】對話框中共有五個標籤頁，選取【Parameters】標籤頁（參數標籤頁）後，將下方【Regression Weight】輸入欄中的數字「1」刪除，即可釋放掉該路徑的固定值，如圖 8-4。請依序釋放「品牌形象→ bi1」、「知覺價值對 pv1」與「品牌忠誠度對 ly1」等路徑上的固定值。設定過程中，【Object Properties】對話框都不用關閉，它會隨著所選的物件不同而自動改變其內容。

步驟 4：接著，我們將在潛在自變數與結構誤差變異數上，設定其變異數為固定的極小值「0.05」。首先選取「品牌形象」這個潛在變數，由於其指標變數已被更改成自由估計，因此我們將在「品牌形象」這個潛在自變數上設定其變異數為「0.05」。此時由於【Object Properties】對話框並沒有關閉，故可直接於對話框下方的【Variance】輸入欄中設定變異數為固定值「0.05」。此外，由於「知覺價值」與「品牌忠

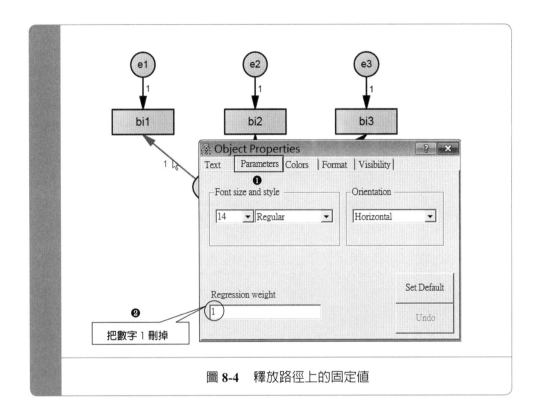

圖 8-4　釋放路徑上的固定值

誠度」於本質上都屬於潛在依變數，所以並不具有變異數，但是它們皆具有結構誤差項，因此可把其結構誤差變異數設定為固定的極小值「0.05」，如圖 8-5 所示。

步驟 5：全部都設定完成後，關閉【Object Properties】對話框，改變識別方式後的模型圖，如圖 8-6 所示。完成後，請另存新檔為「PA_Model1_改變識別 .amw」。

步驟 6：重新執行估計後，卡方值、各類配適指標的值並不會改變，同時，各路徑也都能顯示出 t 值了，如圖 8-7 所示。

步驟 7：至此，完整的整體模型分析圖，才算真正結束。詳細操作過程，讀者亦可自行參閱影音檔「ex8-1.wmv」。

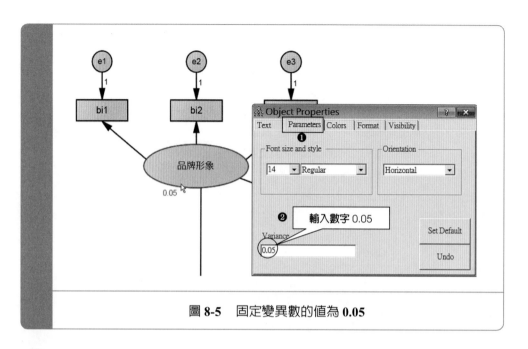

圖 8-5　固定變異數的值為 0.05

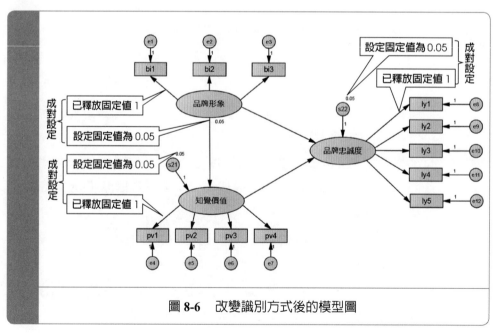

圖 8-6　改變識別方式後的模型圖

圖 8-7　已可顯示所有 t 值

8-2-2　第五階段：執行前的相關設定

　　繪製模型圖（PA_Model1_改變識別 .amw）的工作完成後，檢查模型的識別狀態，若無問題且在資料（Brand Image.sav）已匯入的情形下，接著就可執行整體模型的分析工作了。此時，研究者需考慮的是到底要分析什麼、輸出那些報表與如何計算估計值等問題。因此，執行前須先進行一些相關的設定。諸如，設定模型的估計方法、輸出內容等。這些設定的內容與執行驗證性因素分析時完全一模一樣，請讀者回顧第 7-3-3 節的內容，在此不再贅述。

8-2-3　執行計算估計

　　待所有的相關事項（如【Analysis properties】的【Estimation】標籤頁與【Output】標籤頁設定）皆準備就緒後，就可開始執行整體模型的路徑分析了。執行時只要於繪圖工具箱中按【Calculate Estimates】 鈕後，就可啟動執行程序。若是模型沒有出現任何錯誤訊息，則表示觀察資料能讓 Amos 於估計參數時獲得了收斂。此時，【Models】（模型）視窗中會出現「OK：Default Model」的訊息，而【Computation Summary】（計算摘要）視窗中

會出現資料檔檔名、模型名稱、程式估計時疊代的次數、順利寫入輸出結果
（writing output）、卡方值與模型的自由度等訊息，而且若配適狀況還算良好
的話，【檢視模型圖輸出切換區】中的【View the output path diagram】▓ 鈕，
會變成可作用狀態，按此鈕即可在路徑圖中顯示出每個參數的估計值與各種
配適指標，如圖 8-8 所示。詳細操作過程，讀者亦可自行參閱影音檔「ex8-1.
wmv」。

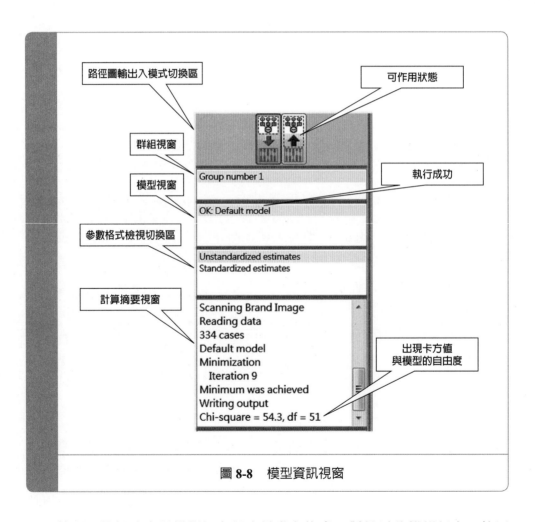

圖 8-8　模型資訊視窗

然而，執行時出現錯誤訊息卻也是常有的事，對於這些錯誤訊息，使用
者必須去找出問題點（產生錯誤的原因），然後對症下藥解決它。常見的錯
誤訊息，讀者可參閱第 5-5-3 節有關錯誤訊息的介紹。

8-3　報表解說

執行整體模型分析（PA_Model1_改變識別 .amw）後，輸出結果可以用畫面形式與報表形式等兩種形式顯示，茲說明如下：

8-3-1　畫面形式

當計算估計成功後，【路徑圖輸出入模式切換區】區中的【view the output path diagram】鈕會變成可作用狀態。按鈕，即可在 Amos Graphics 編輯視窗中顯示出各類參數的估計值，顯示的值亦可依使用者的意願，分別顯示「非標準化值」或「標準化值」。在【Parameter Formats】（參數格式檢視切換區，如圖 8-8）中有兩個有關於估計參數格式的選項：「unstandardized estimates」（非標準化顯示）與「standardized estimates」（標準化顯示）。在「非標準化顯示」格式中可於路徑圖內顯示非標準化迴歸加權係數（非標準化因素負荷量或路徑係數）、潛在自變數的變異數、觀察變數的誤差變異數與潛在依變數的結構誤差變異數。而在「標準化顯示」格式中，則可顯示出標準化迴歸加權係數（標準化因素負荷量或路徑係數）、觀察變數與潛在依變數的多元相關平方值（squared multiple correlations，即迴歸分析中的 R^2）等，如圖 8-9 與圖 8-10。此外，迴歸加權係數在測量模型中通常亦可稱爲因素負荷量，而在結構模型中則稱爲路徑係數。

8-3-2　報表形式

於繪圖工具箱中，按【view text】鈕，則可使用報表的格式，將估計所得的參數值與各種配適指標輸出至【Amos Output】視窗中。【Amos Output】視窗中的內容將依先前我們在【Analyze Properties】對話框中所勾選的項目而定。由於在【Analyze Properties】對話框的【Output】標籤頁中，我們勾取了所有的選項，因此【Amos Output】視窗中，將會顯示出最完整的輸出資訊。【Amos Output】視窗中所提供的輸出資訊將分爲 14 類，其分類內容如下，如圖 8-11（中文翻譯參考吳明隆，2007）：

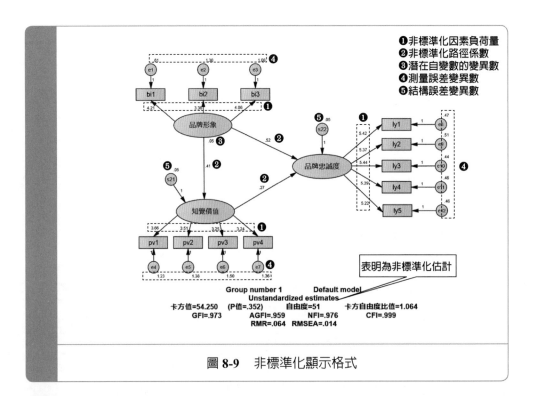

圖 8-9　非標準化顯示格式

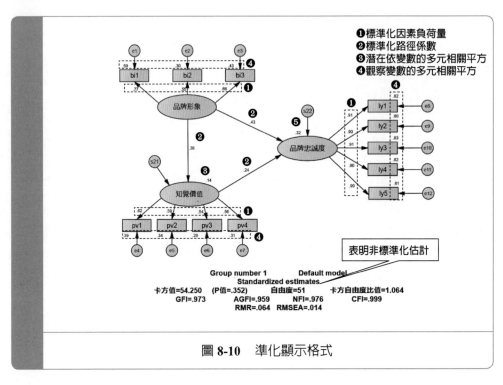

圖 8-10　準化顯示格式

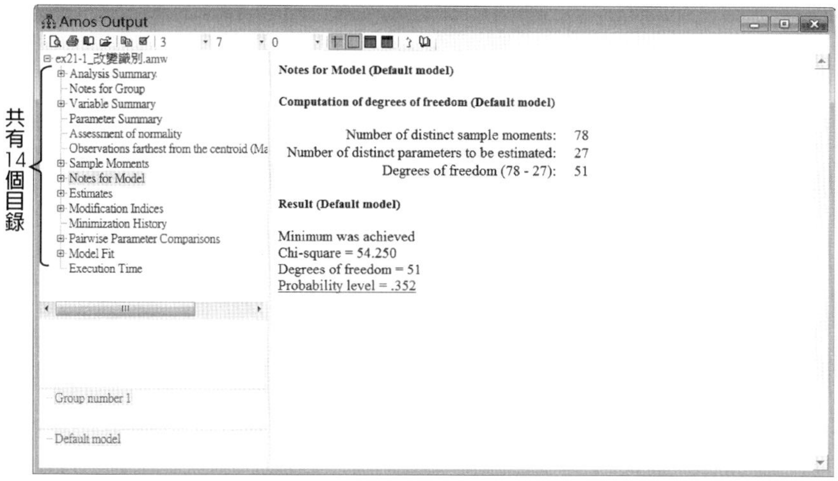

圖 8-11 【Amos Output】視窗

1. Analysis Summary（分析摘要）

2. Notes for Group（群組說明）

3. Variable Summary（變數摘要）

4. Parameter summary（參數摘要）

5. Assessment of normality（常態性估計）

6. Observations farthest from the centroid（距離群體形心最遠之觀察值）

7. Sample Moments（樣本動差）

8. Notes for Model（模型說明）

9. Estimates（估計值）

10. Modification Indices（修正指數）

11. Minimization History（最小化歷程）

12. Pairwise Parameter Comparison（成對參數比較）

13. Model Fit（模型配適度）

14. Execution Time（執行時間）

【Amos Output】視窗中的各項分類目錄中，【Estimates】與【Model Fit】為兩個最常用的輸出內容。例如：顯示模型內在品質的各類參數估計值與檢定結果時，會用到【Estimates】目錄；而檢驗模型外在品質之各類配適度指標時，則會用到【Model Fit】目錄。因此，限於篇幅，在本章中將只介紹【Estimates】與【Model Fit】這兩類輸出內容中的各式報表。

8-4 【Model Fit】目錄的輸出內容

執行整體模型（PA_Model1_改變識別.amw）分析後，所產生的報表中，有關【Model Fit】目錄內各種配適指標的輸出表格形式，會完全跟驗證性因素分析時一模一樣，但數值內容不同。若讀者尚不熟悉，可回顧第 7-6 節的內容，在此不再重複介紹。請讀者自行根據【Model Fit】目錄所顯示的各種配適指標數據，完成表 8-3 的填製工作。

表 8-3 整體模型配適度指標檢核表

統計檢定量		標準值	檢定結果	模型配適判斷
絕對配適指標	χ^2	愈小愈好（$P \geq \alpha$ 值）	54.25（0.352）	符合標準值
	χ^2/df	1~5 之間	1.064	符合標準值
	GFI	大於 0.9	0.973	符合標準值
	AGFI	大於 0.9	0.959	符合標準值
	RMR	小於 0.08	0.064	符合標準值
	SRMR	小於 0.08	0.030	符合標準值
	RMSEA	小於 0.08	0.014	符合標準值
增量配適指標	NFI	大於 0.9	0.976	符合標準值
	NNFI	大於 0.9	0.998	符合標準值
	CFI	大於 0.9	0.999	符合標準值
	RFI	大於 0.9	0.969	符合標準值
	IFI	大於 0.9	0.999	符合標準值
精簡配適指標	PNFI	大於 0.5	0.754	符合標準值
	PGFI	大於 0.5	0.636	符合標準值
	CN	大於 200	422	符合標準值

8-5 【Estimates】目錄的輸出內容

【Estimates】輸出目錄中將提供各類估計參數的標準化、非標準化估計值、檢定結果與直接、間接效果。然限於篇幅，在此僅將介紹常用的參數估計值。在【Estimates】目錄中，一般論文呈現上會用到的報表，大致上可分為四類，分別為「Regression Weights 表」、「Standardized Regression Weights 表」、「Variances 表」與「Squared Multiple Correlations 表」。在這四類報表的展示與說明過程中，具灰色網底的細格，代表格內資料將來須彙整至結果報表中，以利論文將來能對模型的各類估計值進行較為簡捷性的說明。

一、Regression Weights 表（非標準化迴歸加權係數表）

表 8-4　**Regression Weights 表**

				Estimate	S.E.	C.R.	P	Label
結構模型	知覺價值	←	品牌形象	路徑係數	0.409	0.091	4.493	***	par_15
	品牌忠誠度	←	品牌形象		0.515	0.088	5.848	***	par_13
	品牌忠誠度	←	知覺價值		0.269	0.081	3.331	***	par_14
測量模型	bi1	←	品牌形象	因素負荷量	4.215	0.321	13.143	***	par_1
	bi3	←	品牌形象		4.064	0.358	11.357	***	par_2
	pv4	←	知覺價值		3.239	0.374	8.659	***	par_3
	pv3	←	知覺價值		3.247	0.386	8.414	***	par_4
	pv2	←	知覺價值		3.512	0.388	9.050	***	par_5
	pv1	←	知覺價值		3.664	0.382	9.580	***	par_6
	ly2	←	品牌忠誠度		5.372	0.286	18.759	***	par_7
	ly3	←	品牌忠誠度		5.441	0.284	19.177	***	par_8
	ly4	←	品牌忠誠度		5.294	0.280	18.901	***	par_9
	ly1	←	品牌忠誠度		5.418	0.285	18.979	***	par_10
	ly5	←	品牌忠誠度		5.223	0.277	18.861	***	par_11
	bi2	←	品牌形象		3.364	0.365	9.213	***	par_12

非標準化迴歸係數的估計值包含兩類，即觀察變數的因素負荷與潛在變數間的路徑係數。非標準化迴歸係數是根據變數的原始分數或共變數矩陣而求得的。在表 8-4 的 Regression Weights 表格中：

1. 第一欄

　　前三列代表潛在變數間的路徑係數，描述著各潛在變數間的因果關係，其餘列則為因素負荷量，描述著各潛在變數與其測量指標間的關係。

2.【Estimate】欄位

　　【Estimate】欄位，代表非標準化迴歸加權係數的估計值，如果其值出現在結構模型中則稱為非標準化路徑係數；而若出現在測量模型中，則稱為非標準化因素負荷量。

3.【S.E.】欄位

　　【S.E.】欄位，代表 Standard Error，即「非標準化迴歸加權係數」之估計值的標準誤。

4.【C.R.】欄位

　　【C.R.】欄位，代表 Critical Ratio（臨界比）之意，相當於 t 值。如果 t >1.96，則 $p < 0.05$，此時參數值會顯著。

5.【P】欄位

　　【P】欄位，代表 Probability，即顯著性（t 統計量的機率值）之意。$p < 0.05$ 時，代表顯著，且表中會直接顯示出顯著值，「**」表示 $p < 0.01$，「***」表示 $p < 0.001$。

　　表 8-4 是以最大概似估計法，估計各種路徑之迴歸係數後的結果，由該表中可發現：測量模型中所有的迴歸加權係數（因素負荷量）均達顯著（第四列至第十五列）；結構模型中的三條迴歸加權係數（路徑係數）亦均達顯著（第一列至第三列）。在模型中所估計的迴歸加權係數若均達顯著，表示模型的內在品質頗佳。

二、Standardized Regression Weights 表（標準化迴歸加權係數表）

表 8-5 **Standardized Regression Weights 表**

結構模型			Estimate	路徑係數
知覺價值	←	品牌形象	0.378	
品牌忠誠度	←	品牌形象	0.426	
品牌忠誠度	←	知覺價值	0.240	
bi1	←	品牌形象	0.770	
bi3	←	品牌形象	0.658	
pv4	←	知覺價值	0.557	
pv3	←	知覺價值	0.540	
pv2	←	知覺價值	0.586	
pv1	←	知覺價值	0.624	
ly2	←	品牌忠誠度	0.897	
ly3	←	品牌忠誠度	0.912	
ly4	←	品牌忠誠度	0.903	
ly1	←	品牌忠誠度	0.906	
ly5	←	品牌忠誠度	0.901	
bi2	←	品牌形象	0.551	

（左側標示：測量模型；右側標示：因素負荷量）

　　顧名思義，Standardized Regression Weights 即是標準化迴歸加權係數之意。標準化迴歸加權係數即是一般我們所熟知的標準化因素負荷量或標準化路徑係數。在結構模型中，潛在變數間的標準化迴歸加權係數即代表潛在變數間的直接效果值或潛在變數間的標準化路徑係數；而在測量模型中，潛在變數對觀察變數（指標變數）的標準化迴歸加權係數即為標準化因素負荷量。標準化因素負荷量的平方即代表著潛在變數對觀察變數的解釋變異量（即 R^2）。R^2 的數值若是大於 0.50（因素負荷量至少在 0.71 以上），表示潛在變數之觀察變數的指標信度頗佳。

　　標準化迴歸加權係數是根據變數的 z 分數或相關矩陣而求得的。在表 8-5 中，第二欄【Estimate】即為標準化迴歸加權係數，此標準化值可用以比較各迴歸加權係數間相對的影響力。例如：在結構模型中我們可以發現，對「品牌忠誠度」直接影響力最大的潛在變數為「品牌形象」，達「0.426」。而在測量模型中，對「品牌形象」最能解釋的觀察變數為「bi1」，達「0.770」、對「知覺價值」最能解釋的觀察變數為「pv1」，達「0.624」、而對「品牌忠誠度」最能解釋的觀察變數為「ly3」，達「0.912」。

三、Variances 表（變異數表）

到目前為止，我們所執行的整體模型檔，都是「PA_Model1_ 改變識別 .amw」這個檔案，如圖 8-6。在這個已改變識別狀態的整體模型檔中，「品牌形象」、「s21」與「s22」的變異數已被設定為固定常數「0.05」，在此情形下，將無法顯示出「品牌形象」、「s21」與「s22」之變異數的實際估計值與其檢定值。因此，如果一定要取得「品牌形象」、「s21」與「s22」之變異數的實際估計值與其檢定值的話，必須將整體模型圖的識別狀態，回復到 Amos 的預設識別狀態後（如圖 8-2）（「PA_Model1_ 預設識別 .amw」），再執行一次【計算估計】，才可得到「品牌形象」、「s21」與「s22」之變異數的實際估計值與其檢定值。

故請讀者再重新開啟「PA_Model1_ 預設識別 .amw」檔案，然後再執行一次【計算估計】，如此才能獲取如表 8-6 的「Variances」表，而「品牌形象」、「s21」與「s22」之變異數的實際估計值與其檢定值，則如表 8-6 的第一至三列。

表 8-6 Variances 表

	Estimate	S.E.	C.R.	P	Label
品牌形象	0.888	0.135	6.572	***	par_13
s21	0.671	0.140	4.790	***	par_14
s22	1.468	0.155	9.489	***	par_15
e1	0.608	0.096	6.320	***	par_16
e2	1.296	0.120	10.786	***	par_17
e3	1.080	0.116	9.353	***	par_18
e9	0.515	0.049	10.484	***	par_19
e10	0.438	0.044	9.998	***	par_20
e11	0.462	0.045	10.318	***	par_21
e7	1.362	0.134	10.191	***	par_22
e6	1.497	0.144	10.406	***	par_23
e5	1.376	0.141	9.761	***	par_24
e4	1.227	0.136	9.049	***	par_25
e8	0.468	0.046	10.215	***	par_26
e12	0.465	0.045	10.374	***	par_27

在表 8-6 的「Variances」表中，將顯示各潛在變數之測量誤差（e1～e12）的變異數估計值、潛在依變數之結構誤差（s21、s22）的變異數估計值與潛在自變數（品牌形象）之變異數估計值，各欄位之意義說明如下：

1. 第一欄

第一欄將列出須估計變異數的潛在變數（品牌形象）、結構誤差項（s21、s22）與測量誤差項的名稱（e1～e12）。

2.【Estimate】欄位

【Estimate】欄位，代表各類變異數的估計值。如：第一列為潛在自變數（品牌形象）本身之變異數的估計值，第二列至第三列（s21、s22）為潛在依變數之結構誤差的變異數估計值，其餘列（e1～e12）則為觀察變數之測量誤差的變異數估計值。

3.【S.E.】欄位

【S.E.】欄位，代表各類變異數之估計值的標準誤（standard error）。

4.【C.R.】欄位

【C.R.】欄位，代表各類變異數之估計值的檢定結果，以臨界比（critical ratio，CR 值）來表示。【C.R.】相當於我們所熟悉的 t 值。如果 t >1.96，則 $p < 0.05$，此時參數值會顯著。

5.【P】欄位

【P】欄位，代表 t 統計量（CR 值）的機率（probability），即顯著性之意。$p < 0.05$ 時，代表顯著，且表中會直接顯示出顯著值，而「**」表示 $p < 0.01$，「***」表示 $p < 0.001$。

四、Squared Multiple Correlations 表（多元相關平方表）

雖然，執行的檔案已轉換為「PA_Model1_ 預設識別 .amw」，然而讀者應理解，無論是執行「預設的識別狀態」的「PA_Model1_ 預設識別 .amw」檔或「改變識別狀態」的「PA_Model1_ 改變識別 .amw）」檔，都可產生表 8-7 的【Squared Multiple Correlations】表。

表 8-7　**Squared Multiple Correlations** 表

	Estimate
知覺價值	0.143
品牌忠誠度	0.316
ly5	0.811
ly1	0.821
pv1	0.390
pv2	0.343
pv3	0.291
pv4	0.310
ly4	0.816
ly3	0.832
ly2	0.804
bi3	0.433
bi2	0.304
bi1	0.594

　　【Squared Multiple Correlations】（SMC）即為多元相關平方之意（即 R^2），代表某個構面對其觀察變數所能解釋之變異的百分比，是種常用於評估構面之內部結構的指標。因此，多元相關平方估計值（表 8-7 的【Estimate】欄位），在測量模型中可用以衡量各觀察變數與其所代表之潛在變數間的相關程度；而在結構模型中可用以衡量潛在自變數對潛在依變數的解釋能力。【SMC】值愈接近 1，則表示該觀察變數適宜做為潛在變數之衡量變數或預測變數。

　　一般在整體模型分析中，我們會比較重視潛在自變數對潛在依變數的解釋能力。從表 8-7 的多元相關平方中，不難看出「品牌形象」對「知覺價值」（第一列）的解釋比例為 14.3%，稍低；而「品牌形象」與「知覺價值」對「品牌忠誠度」（第二列）的解釋比例則達 31.6%。

　　至此，對於整體模型分析的估計程序、所產生的配適指標或參數估計值，都已進行完整的說明。為求論文中呈現分析結果時的簡捷性，可將上述分析結果整理成表 8-8。須特別注意的是，為方便起見，表 8-8 中第 2 至 4 欄是執行「PA_Model1_ 改變識別 .amw」後所得到的結果；而第 5 至第 6 欄則

是執行「PA_Model1_ 預設識別 .amw」後所得到的結果。

表 8-8 整體模型參數估計表

參數			迴歸加權係數	標準誤	t值	誤差變異數	多元相關平方
bi1	←	品牌形象	0.770*	0.321	13.143	0.608	0.594
bi2	←	品牌形象	0.551*	0.365	9.213	1.296	0.304
bi3	←	品牌形象	0.658*	0.358	11.357	1.080	0.433
pv1	←	知覺價值	0.624*	0.382	9.580	1.227	0.390
pv2	←	知覺價值	0.586*	0.388	9.050	1.376	0.343
pv3	←	知覺價值	0.540*	0.386	8.414	1.497	0.291
pv4	←	知覺價值	0.557*	0.374	8.659	1.362	0.310
ly1	←	品牌忠誠度	0.906*	0.285	18.979	0.468	0.821
ly2	←	品牌忠誠度	0.897*	0.286	18.759	0.515	0.804
ly3	←	品牌忠誠度	0.912*	0.284	19.177	0.438	0.832
ly4	←	品牌忠誠度	0.903*	0.280	18.901	0.462	0.816
ly5	←	品牌忠誠度	0.901*	0.277	18.861	0.465	0.811
知覺價值	←	品牌形象	0.378*	0.091	4.493	0.671[1]	0.143[3]
品牌忠誠度	←	品牌形象	0.426*	0.088	5.848	1.468[2]	0.316[3]
品牌忠誠度	←	知覺價值	0.240*	0.081	3.331		

註：「*」表在顯著水準 0.05 時顯著
　　「—」表無估計值
　　1：表知覺價值的結構誤差之變異數。
　　2：表品牌忠誠度的結構誤差之變異數。
　　3：表自變數對依變數的解釋能力 R^2。

8-6 影響效果的分解

事實上，即使一個模型與樣本資料相當的配適，也並不意味著模型就一定好。模型是否合理還須取決於所有的參數估計是否都能得到合理的解釋、是否在合理的取值範圍內，特別是模型應能從理論上加以合理的解釋。結構方程模型也可以如同傳統的路徑分析一般，進行影響效果的分解。一個潛在自變數對另一個潛在依變數的直接影響，稱為直接影響效果（direct effect）；一個潛在自變數透過其他潛在變數對另一個潛在依變數的影響，則

稱爲間接影響效果（indirect effect）。直接影響效果與間接影響效果合稱爲總效果（totle effect）。

於【Amos Output】視窗中，選取左邊的【Estimates】目錄後，在右方的報表區中，就可找到【Total Effects】表、【Standardized Total Effects】表、【Direct Effects】表、【Standardized Direct Effects】表、【Indirect Effects】表與【Standardized Indirect Effects】表，這些表格都詳實記錄著各潛在變數的總效果、直接影響效果與間接影響效果。雖是非常詳盡，但是，從路徑圖中，我們也可輕易的自己算出各種影響效果。

例如：論文「品牌形象、知覺價值與品牌忠誠度關係之研究」的概念性模型，經結構方程模型分析後，所估計出的標準化模型圖，如圖 8-12 所示。我們可以利用這個模型圖，直接算出各潛在變數間的總效果、直接影響效果與間接影響效果。由圖 8-12 可知：

> 品牌形象對知覺價值的直接影響效果爲 0.378
> 品牌形象對品牌忠誠度的直接影響效果爲 0.426
> 知覺價值對品牌忠誠度的直接影響效果爲 0.240
> 品牌形象對品牌忠誠度的間接影響效果爲 0.378×0.240=0.091

直接影響效果等同於路徑圖上的路徑係數，而間接影響效果則較麻煩一點，需要自己運算，由於品牌形象可以透過知覺價值而影響品牌忠誠度，因此品牌形象對品牌忠誠度之間接影響效果的算法爲：「品牌形象→知覺價值」的路徑值（0.378）乘以「知覺價值→品牌忠誠度」的路徑值（0.240），故該間接影響效果爲 0.378×0.240=0.091。也就是說，間接影響效果爲路徑上所有路徑係數的乘積。我們可以將上述的影響效果彙整成如表 8-9，以方便研究成果之展示。較遺憾的是，在 Amos 中並沒有提供間接影響效果的檢定資訊，因此，若一定要有間接影響效果的 t 值或 p 值的話，那麼只好藉助將於第 12 章所介紹的 Bootstrap 法了。

表 8-9　整體模型的間接、直接、整體效果

潛在自變數	潛在依變數	直接效果	間接效果	整體效果	假設成立否
品牌形象	品牌忠誠度	0.426*[1]	0.091（0.378*0.240）	0.517	H2 成立
知覺價值		0.240*	—[2]	0.240	H3 成立
品牌形象	知覺價值	0.378*	—	0.378	H1 成立

註：1.「*」表 P<0.05

　　2.「—」表無該效果

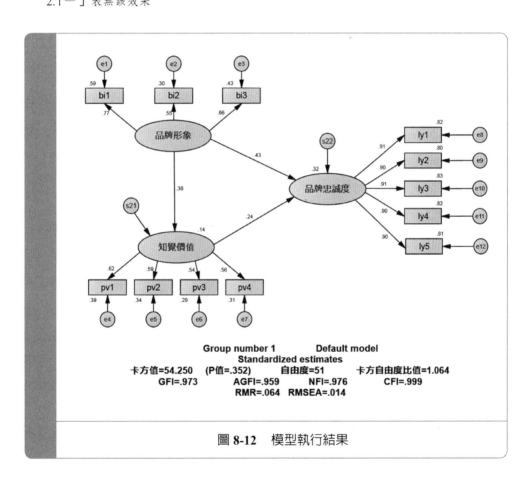

圖 8-12　模型執行結果

8-7　結構模型分析範例

▶ 範例 8-2

> 參考第 5-1 節中，論文【品牌形象、知覺價值與品牌忠誠度關係之研究】的相關說明，並開啓範例 8-1 所繪製完成的「PA_ model1_ 改變識別 .amw」，匯入 Brand Image.sav 後，試對原始論文之概念性模型進行結構模型分析（整體模型路徑分析），以驗證範例模型的三個假設是否成立？

　　爲節省讀者進行分析的時間，範例模型的結構方程模型圖已繪製並設定完成，請讀者先開啓「PA_model1_ 改變識別 .amw」並匯入「Brand Image.sav」，執行後就可開始進行評鑑測量模型的工作了。

8-7-1　評鑑整體模型前的準備工作

　　執行整體模型的路徑分析後，當可產生許多報表，爲有系統的表達輸出結果，讀者可依下列步驟整理成符合一般論文格式之表格或圖形。總共須製作四表一圖。

步驟一：製作整體模型配適度指標檢核表。如表 8-10 所示（與表 8-3 同）。爲方便於製表，本書亦提供有該表格的電子檔，其檔名爲「表 8-10 整體模型配適度指標檢核表 .doc」，請讀者自行應用。當然，更快速的方法也可使用第 7 章所介紹的「SEM 報表產生器 .xlsx」，來輔助製作表格。詳細的操作過程讀者可自行參閱影音檔「ex8-2-1. wmv」。

表 **8-10** 整體模型配適度指標檢核表

統計檢定量		標準值	檢定結果	模型配適判斷
絕對配適指標	χ^2	越小越好（P ≧ α 值）	54.25（0.352）	符合標準值
	χ^2/df	1~5 之間	1.064	符合標準值
	GFI	大於 0.9	0.973	符合標準值
	AGFI	大於 0.9	0.959	符合標準值
	RMR	小於 0.08	0.064	符合標準值
	SRMR	小於 0.08	0.030	符合標準值
	RMSEA	小於 0.08	0.014	符合標準值
增量配適指標	NFI	大於 0.9	0.976	符合標準值
	NNFI	大於 0.9	0.998	符合標準值
	CFI	大於 0.9	0.999	符合標準值
	RFI	大於 0.9	0.969	符合標準值
	IFI	大於 0.9	0.999	符合標準值
精簡配適指標	PNFI	大於 0.5	0.754	符合標準值
	PGFI	大於 0.5	0.636	符合標準值
	CN	大於 200	422	符合標準值

步驟二：製作整體模型參數估計表，如表 8-11 所示（與表 8-8）。為方便於
製表，本書亦提供有該表格的電子檔，其路徑與檔名為「表 8-11
整體模型參數估計表 .doc」。表 8-11 也可利用「SEM 報表產生
器 .xlsx」，來輔助製作表格。詳細的操作過程自行參閱影音檔「ex8-
2-2.wmv」。

步驟三：製作整體模型配適圖，以圖形的方式，展示參數之估計值，如圖
8-13。詳細的操作過程自行參閱影音檔「ex8-2-3.wmv」。

表 **8-11**　整體模型參數估計表

參數			迴歸加權係數	標準誤	t值	誤差變異數	多元相關平方
bi1	←	品牌形象	0.770*	0.321	13.143	0.608	0.594
bi2	←	品牌形象	0.551*	0.365	9.213	1.296	0.304
bi3	←	品牌形象	0.658*	0.358	11.357	1.080	0.433
pv1	←	知覺價值	0.624*	0.382	9.580	1.227	0.390
pv2	←	知覺價值	0.586*	0.388	9.050	1.376	0.343
pv3	←	知覺價值	0.540*	0.386	8.414	1.497	0.291
pv4	←	知覺價值	0.557*	0.374	8.659	1.362	0.310
ly1	←	品牌忠誠度	0.906*	0.285	18.979	0.468	0.821
ly2	←	品牌忠誠度	0.897*	0.286	18.759	0.515	0.804
ly3	←	品牌忠誠度	0.912*	0.284	19.177	0.438	0.832
ly4	←	品牌忠誠度	0.903*	0.280	18.901	0.462	0.816
ly5	←	品牌忠誠度	0.901*	0.277	18.861	0.465	0.811
知覺價值	←	品牌形象	0.378*	0.091	4.493	0.671[1]	0.143[3]
品牌忠誠度	←	品牌形象	0.426*	0.088	5.848	1.468[2]	0.316[3]
品牌忠誠度	←	知覺價值	0.240*	0.081	3.331		

註：「*」表在顯著水準 0.05 時顯著

　　「—」表無估計值

1：表知覺價值的結構誤差。

2：表品牌忠誠度的結構誤差。

3：表自變數對依變數的解釋能力 R^2。

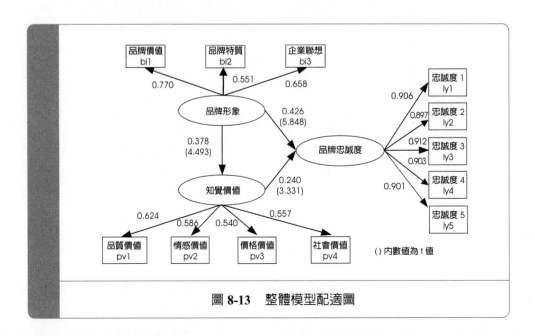

圖 **8-13**　整體模型配適圖

步驟四：製作路徑關係檢定表，以說明各路徑係數之檢定結果與假設之檢定
　　　　結果，如表 8-12。詳細的操作過程，請讀者自行參閱影音檔「ex8-2-
　　　　4.wmv」。

表 8-12　路徑關係檢定表

假　設	路　徑	假設關係	路徑值	假設成立與否
H1	品牌形象→知覺價值	正向	0.378*	成立
H2	品牌形象→品牌忠誠度	正向	0.426*	成立
H3	知覺價值→品牌忠誠度	正向	0.240*	成立

註：「*」表在顯著水準 0.05 時顯著

步驟五：製作整體模型影響效果表，以說明各構面間的直接、間接與總效
　　　　果，如表 8-13。詳細的操作過程，請讀者自行參閱影音檔「ex8-2-5.
　　　　wmv」。

表 8-13　整體模型影響效果表

潛在自變數	潛在依變數	直接效果	間接效果	整體效果	假設成立否
品牌形象	品牌忠誠度	0.426*	0.091 (0.378×0.240)	0.517	H2 成立
知覺價值		0.240*	—	0.240	H3 成立
品牌形象	知覺價值	0.378*	—	0.378	H1 成立

註：「*」表 P<0.05
　　「—」表無該效果

8-7-2 進行整體模型評鑑

經過整體模型的路徑分析後，再從繁雜的輸出內容中，整理出表 8-10、表 8-11、表 8-12、表 8-13 與圖 8-13 後，我們將依下列五個階段評鑑整體模型，詳細的評鑑過程，讀者可自行參閱影音檔「ex8-2-6.wmv」。

階段 1：檢驗違犯估計，檢驗模型的估計過程中是否具有違犯估計的情形發生。

階段 2：整體模型配適指標評鑑，檢驗模型的各種配適指標。

階段 3：模型參數估計檢驗，檢驗所估計的各類參數。

階段 4：假設檢定，檢定概念性模型中的假設是否成立。

階段 5：影響效果分析，分析各潛在變數間的影響效果。

一、階段 1：檢驗違犯估計

模型評鑑之前，需確立所估計的參數並未違反統計所能接受的範圍。亦即，沒有不適當的解產生。若產生不適當解的現象，就代表已經違犯估計了，而這就表示模型有問題存在，必須先行處理。一般常發生的違犯估計有以下三種現象：

1. 有負的誤差變異數存在。
2. 標準化係數超過或太接近 1（大於 0.95）。
3. 有太大的標準誤。

觀察表 8-11 整體模型參數估計表，所有參數的標準化迴歸加權係數介於 0.240～0.912 之間，並沒有超過或太接近 1 的現象；標準誤介於 0.081～0.388 之間，也沒有太大的標準誤；測量誤差的變異數介於 0.438～1.497 之間，全屬正。由此可研判，模型並不存在違犯估計的問題。

二、階段 2：整體模型配適指標評鑑

要驗證模型的假設，必須先評鑑模型的整體配適程度。從表 8-10 中的三類型指標得知，所有的配適指標皆能符合一般學術性研究的要求，尤其從 χ^2 值來看，其顯著值 0.352 大於 0.05。因此顯示概念性模型的共變結構與實際樣本資料的共變結構相吻合。故整體而言，三類型指標都顯示這個模型是一個配適良好的模型。

三、階段 3：模型參數估計檢驗

本研究整體模型之參數估計狀況，詳如表 8-11 所示，以下就各參數估計值進行說明：

1. 在品牌形象構面方面

品牌形象構面包含：品牌價值、品牌特質與企業聯想等三個子構面，品牌價值之負荷估計值為 0.770，R^2 值為 0.594，大於 0.5 表示具解釋能力。而品牌特質與企業聯想等因素，負荷估計值分別為 0.551、0.658，t 值亦都大於 1.96，達到顯著水準。在 R^2 方面，品牌特質與企業聯想分別為 0.304、0.433，只有品牌特質的【SMC】未大於 0.4 之理想標準，解釋能力較低。此外，由各構面之因素負荷量加以比較得知，消費者對品牌形象的認知中，以品牌價值（0.770）為最重要的因素，其次為企業聯想（0.658），而品牌特質（0.551）則相對較低。此結果顯示，若要提升消費者對個案公司之品牌形象認知，則須重視品牌價值與企業聯想等主要的關鍵因素。

2. 在知覺價值構面

知覺價值構面包含：品質價值、情感價值、價格價值與社會價值等四個子構面，品質價值之負荷估計值為 0.624，是所有子構面中最高者，此外，R^2 值為 0.390，接近於 0.4，表示具解釋能力。而情感價值、價格價值與社會價值等知覺價值構面因素，其估計值均介於 0.5～0.6 之間，t 值亦大於 1.96，達到顯著水準。在 R^2 方面，四個子構面均未達 0.4 的標準，但都相當接近。因此在消費者的知覺價值認知中，品質價值（0.624）為使消費者能知覺到價值感的關鍵因素。其次是情感價值（0.586）與社會價值（0.557），最低者為價

格價值（0.540）。因此若要提升消費者對價值感的認知，則品質價值、情感價值、價格價值與社會價值均為重要影響因素，其中又以品質價值對知覺價值之關聯性最強。

3. 在品牌忠誠度構面

品牌忠誠度構面包含：「最好的選擇」、「忠實顧客」、「優先的選擇」、「繼續購買」與「推薦親友」等五個問項，「優先的選擇」其負荷估計值為 0.912 最高，R^2 值為 0.832，遠大於 0.4，表示甚具解釋能力。而其餘問項的負荷估計值均介於 0.8～0.95 之間，t 值亦大於 1.96，達到顯著水準。在 R^2 方面，所有問項均達 0.4 之標準，具高解釋能力。由上述分析得知，「最好的選擇」、「忠實顧客」、「優先的選擇」、「繼續購買」與「推薦親友」等五個問項均為影響品牌忠誠度之主要因素，其中以「優先的選擇」對品牌忠誠度之關聯性最強。

四、階段 4：假設檢定

經由實證分析與檢定結果，本研究所建構之品牌形象、知覺價值與品牌忠誠度關係模型路徑圖，如圖 8-13 所示，圖中實線代表檢定後之顯著路徑，無括號數值為路徑係數，括號中的數值為該路徑係數估計值的檢定 t 值。本研究依據實證分析結果，進行研究之假設檢定，詳如表 8-12 所示。所獲得之結論如下：

1. 假設一：品牌形象對知覺價值有顯著的正向影響

品牌形象對知覺價值的路徑係數為 0.378，t 值為 4.493，大於 1.96 之標準，顯示路徑係數估計值顯著，故本研究之假設一成立。表示若消費者對個案公司的品牌形象認同度愈高，則消費者所感受的知覺價值也愈高。但品牌形象對知覺價值的解釋能力（R^2）為 0.143，略顯不足。

2. 假設二：品牌形象對品牌忠誠度有顯著的正向影響

品牌形象對品牌忠誠度的路徑係數為 0.426，t 值為 5.848，大於 1.96 之標準，顯示路徑係數估計值顯著，故本研究之假設二成立，表示若消費者對

個案公司的品牌形象認同度愈高，則消費者對個案公司的品牌忠誠度也愈高。此外，品牌形象與知覺價值對品牌忠誠度的解釋能力（R^2）為 0.316，已接近一般學術論文可接受之水準。

3. 假設三：知覺價值對品牌忠誠度有顯著的正向影響

知覺價值對品牌忠誠度的路徑係數為 0.240，t 值為 3.331，大於 1.96 之標準，顯示路徑係數估計值顯著，故本研究之假設三成立，表示消費者對個案公司所感受的知覺價值愈高，則品牌忠誠度也愈高。此外，品牌形象與知覺價值對品牌忠誠度的解釋能力（R^2）為 0.316，已接近一般學術論文可接受之水準。

五、階段 5：影響效果分析

各潛在變數之影響效果，詳如表 8-13 所示。品牌形象透過知覺價值對品牌忠誠度有正向的直接與間接影響效果，其總效果為 0.517；其中，品牌形象對品牌忠誠度的直接影響力為 0.426、品牌形象對知覺價值有正向的直接影響效果，其效果值為 0.378；此外，知覺價值對品牌忠誠度亦有正向的直接影響效果，總效果為 0.240。

由以上的效果分析中可發現，對於消費者的品牌忠誠度而言，影響最大的因素是品牌形象，其次是知覺價值。品牌形象對品牌忠誠度的影響，主要來自對企業組織有良好的正面形象，Biel（1992）認為品牌形象的構成因素之一，即是產品或服務提供者的形象，也就是企業形象，再轉化為品牌權益。其實，品牌形象早已被企業列為發展行銷策略非常重要之成分。不僅是行銷之基礎戰術，亦是長期建立品牌優勢上不可或缺之地位（Aaker and Keller, 1990; Keller, 1993; Keller, 2001）。由於品牌形象在品牌意涵上的重要性，因此能確切提供經理人在企業發展行銷策略之整體評估。以大型企業而言，品牌形象與企業組織的聯想連結，最適合發展企業背書型的品牌延伸策略，以企業作為品牌的背書者（Aaker,1997），而驅使消費者作出購買產品或服務之決策時，如同感受到有大型企業之良好形象保證。

第 8 章　習題

練習 8-1

參考附錄二之說明，並詳閱「遊客體驗、旅遊意象與重遊意願關係之研究」的原始問卷，開啓檔案「hw8-1.sav」，試對原始論文之概念性模型（如圖 8-14），進行結構模型分析（檔案為「體驗＿整體模型 .amw」），並完成「整體模型配適度指標檢定表」（如表 8-10）、「整體模型參數估計表」（如表 8-11）、「整體模型配適圖」（如圖 8-13）、「路徑關係與假設檢定表」（如表 8-12）與「整體模型影響效果表」（如表 8-13）的製作。

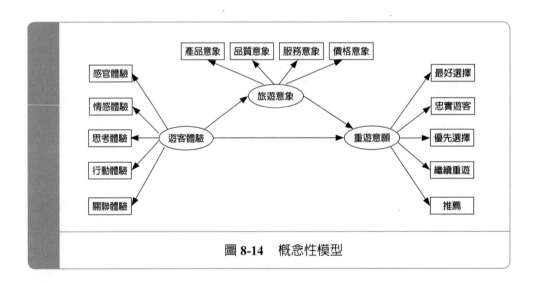

圖 8-14　概念性模型

練習 8-2

參考附錄三中，所介紹的論文「景觀咖啡廳意象、知覺價值與忠誠度—轉換成本的干擾效果」的原始問卷與說明，其原始資料檔為「hw8-2.sav」，試對原始論文之概念性架構進行結構模型分析（整體模型路徑分析）。（須製作「整體模型配適度指標檢定表」、「整體模型參數估計表」、「整體模型配適圖」、「路徑關係與假設檢定表」與「整體模型影響效果表」）。

Chapter

09

模型修正

結構方程模型的主要目的在於確認潛在變數與觀察變數間的因素結構、估計潛在變數之間的關係，並用來驗證所假設的概念性模型能否與所提供的資料配適（邱皓政，2004）。但是，在實證的過程中，研究者也往往會發現，假設模型與樣本資料並不配適，因而研究者常常會面臨假設模型是否需要修正的窘境。雖然導致模型不配適的原因很多，但是大致上，這些原因可歸納爲兩類，一類是模型界定有誤，即模型中的因素結構或因果關係之假設有錯誤，而另一類則是資料的分配問題（如非常態性、具遺漏值以及使用了名目或順序尺度資料）（黃芳銘，2002）。

模型界定誤屬結構性問題，又可分爲兩種，一是外在界定誤，另一爲內在界定誤。外在界定誤意指模型界定過程中遺漏了一些觀察變數或遺漏了一些潛在變數等；內在界定誤則是指樣本資料中缺漏或不當的假設了測量模型中的因素結構或結構模型中的因果關係（黃芳銘，2002；邱皓政，2004）。

當模型不配適的原因是因爲內在界定誤所導致時，那麼模型尚可透過不斷的修正而加以改進。至於其他原因所導致的不配適，則無法透過修正作爲而改進模型，這時就須根據導致不配適的實際原因，而採取相對應的措施來進行改進（黃芳銘，2002；邱皓政，2004）。本章討論的模型修正，是以既有的資料爲基礎，探討假設模型是否需要修正，如果需要修正並且可以修正，那麼應該在哪些方向修正以及該如何進行修正作爲。

9-1　模型修正簡介

模型修正的主要意義在於：當我們使用經由問卷設計、抽樣、蒐集資料等程序所獲得的資料來檢驗依據相關理論所提出的初始假設模型（概念性模型）時，如果假設模型已偏離資料所反映的現況事實時，那麼就需要根據資料所反映的現況對初始假設模型進行修正。而且須不斷的重複這個修正過程，直到可以得到一個能與資料配適良好，同時整體模型具有實際的意涵、潛在變數間的實際意義和參數估計值都能得到理論支持或合理解釋的模型爲止。

模型修正在結構方程模型中，往往是個爭議性很高的議題。因爲在不斷

利用既有資料從事修正的過程中，總讓人覺得研究者把本質是驗證性的研究變成是資料導向式（data-driven）的探索性研究了（黃芳銘，2002；邱皓政，2004）。所以，有些學者就呼籲，在模型發展過程中的修正行為也必須要有理論基礎或合理的解釋。也就是說修正過程不應該是盲目的、資料導向的，而是應該要有一些基本的理論性要求，如：

一、結構方程模型的分析結果必須是合理的

結構方程模型的分析結果必須是合理的，這個概念相當重要。修正模型的過程中，研究者往往會盲目的追求高配適指標值。但是，隱藏在高配適指標值背後的，往往是違犯估計問題。因此，當現存的樣本資料並不否決假設模型、模型的各項配適指標值也都能達到一般學術論文的基本要求時，我們更應該去檢查看看，每個所估計出來的參數值是否在合理的取值範圍內。例如：加權迴歸係數不要太接近 1；每個參數估計值的標準差是否太大；或者各類變異數有沒有產生負值的現象（黃芳銘，2002）。

二、整體模型具有實際的意涵且參數估計值都能得到理論支持或合理解釋

研究者在其研究歷程的初期，往往對於某些變數之間的關係並沒有充分認識或釐清，導致將來用實際樣本資料來進行驗證時，可能會確認或否決研究初期所假定的關係。或者，也很可能會發現樣本資料和假設模型並不配適，而需要進行模型的修正。但是，研究者應有正確的觀念：如果修正的過程中，沒有考慮到現實意涵或理論價值，那麼再好的配適結果都是無意義的。所以，我們總是希望，修正過程中，對於那些已可確認的關係，於模型修正後，也不能相違背或者產生矛盾的現象。而對於原本否決掉的關係，經修正後，或許能獲得重生，但我們也希望這些關係都能有合理的解釋或理論支持（邱皓政，2004）。

三、謹守精簡原則（principle of parsimony）

所謂精簡原則意指當兩個模型（互為競爭模型）利用相同資料進行配

適時，在各項配適指標所反映的配適程度，相差不大的情況下，那麼應該取兩個模型中結構較為簡單的模型。例如：某研究者對某班級所有同學的微積分、統計學和理則學的成績進行研究，該研究者最終提出了兩個假設模型，模型甲與模型乙。在模型甲中，研究者認為微積分、統計學和理則學等成績的綜合能力，可以透過一個名為「邏輯能力」的潛在變數加以描述；而在模型乙中，研究者認為微積分、統計學成績是潛在變數「數理能力」的觀察變數、理則學成績則為潛在變數「邏輯能力」的觀察變數、且「數理能力」又是「邏輯能力」的影響因素。從模型的結構來看，模型甲要比模型乙簡潔，因為僅僅需要估計三個因素負荷量，而模型乙不僅需要估計三個因素負荷量，還要估計「數理能力」對「邏輯能力」的路徑係數。

在上述的例子中，由於研究者對實際問題的認識、觀點不同，很有可能會提出不同的假設模型。當兩個模型所採用的原始資料相同時，若模型甲和模型乙的配適程度接近，那麼模型甲應該是個更可取的模型。因為採用一個潛在變數（邏輯能力）的簡單模型，已經能夠解釋各個變數之間的關係且符合實際意義和開始的假設，從精簡原則的角度來看，模型甲應該是個比較能夠被接受的模型。

9-2　模型修正指標

進行結構方程模型分析時，研究者總是希望模型各項配適指標都能達到一般學術論文之要求，且迴歸加權係數也都能顯著。但是，再強調一次，比配適度和顯著性更重要的是模型結論一定要具有理論依據。換言之，模型結果要可以被相關領域的知識所解釋。

因此，在進行模型修正時仍須考慮修正後的模型結果是否具有現實意義或理論價值。當模型配適度很差時，可以參考模型修正指標（modification index）對模型進行調整。在這種情況下，研究者可以根據初始模型的參數顯著性檢驗結果和 Amos 提供的模型修正指標來進行模型擴展（model building）或模型限制（model trimming）任務。模型擴展是指透過釋放部分原有限制的路徑或增加新路徑，使模型結構更加合理。模型擴展通常運用在

想提高模型配適程度時；而模型限制則是指透過刪除或限制部分路徑，使模型結構更加簡潔。模型限制通常是在想提高模型之可識別度時使用。

在 Amos 中，已提供了這兩種模型修正型態的修正指標，其中修正指數（modification indices, MI）可用於模型擴展的修正型態；而臨界比率（critical ratio, C.R.）則可用於模型限制的修正型態。

9-2-1　修正指數（MI）

修正指數適用於模型擴展的情況。對於假設模型中某個原本受限制的參數，若允許其被自由估計（如在模型中新增某條路徑），則進行模型修正後，整個模型所減少的最小卡方值就稱為修正指數。研究者要特別注意的是，千萬不能操之過急，也就是說，在使用修正指數修改假設模型時，原則上每次只能針對一個參數進行修改，而且要從具有最大修正指數的參數開始修改。但在實務修正過程中，千萬一定要考慮該參數自由估計是否有理論根據。

模型修正時也將會考慮到三類模型的卡方值變化：虛無模型（null model）、飽和模型（saturated model）和理論模型（theoretical model）。虛無模型即獨立模型，是限制最多的模型，其各個變數間的相關性限制為 0（最差的模型）。飽和模型是對參數間關係最無限制的模型，各個變數間都假設相關或者有因果關係（最好的模型）。理論模型（研究者所建立的模型）即根據實際意義所設定的模型亦稱為假設模型，其模型的限制條件介於獨立模型和飽和模型之間，如表 9-1。

表 9-1　三類模型的比較

項目	比較		
	獨立模型	假設模型	飽和模型
參數的限制	最多	居中	最少
自由參數的個數	最少	居中	最多
自由度	最大	居中	最小
對資料的配適程度	最差	居中	最高
χ^2 值	最大	居中	最小

如果研究者進行模型修正的企圖，是想朝模型擴展的方向進行，那麼就須考慮使用 MI 值協助模型修正之工作。如前所述，在評價模型時，一般皆以卡方值（χ^2）作為最基本的評價指標。當模型對資料的配適程度提高，卡方值就會減小。也就是說，模型對資料的配適程度愈好，卡方值就會愈小。如以修正前的模型為基準模型，假設修正的方向為將模型中，原本固定為 1 的某個參數，恢復為自由估計時，其結果是：修正後的模型比修正前的模型的配適程度更好了，那麼卡方值應該會減小。因此，可以利用卡方值的變化狀況來協助修正模型。所以，修正指數即為修正前、後兩個模型卡方值的差。

$$MI = \chi^2_{\text{修正前}} - \chi^2_{\text{修正後}} \qquad\qquad (9\text{-}1)$$

MI 所代表的意義是一個被固定或限制住的參數被恢復為自由時，卡方值可能減少的最小的量。所以若模型修正後，MI 的變化卻很小，那麼這樣的修正作為，都只是做「心酸的」，沒有實質意義。由於卡方值服從卡方分配，在顯著水準 $\alpha = 0.05$ 時，其臨界值為 3.84，因此，一般會認為：當 MI > 4 時，對模型的修正才有意義。

利用 MI 進行模型修正的方式，將會透過釋放受限制的變數間關係，使得修正後的模型之卡方值與原始模型相比能大為減少。例如：可以在兩個潛在自變數之間增加設定相關性，或將直接作用變換為間接作用等。當然，前述都是以增加路徑的方式，尋求 MI 最大值，但若發現某一路徑的實際意義並不明確時，當然也可以刪除。刪除後，若模型的配適程度不錯，這就表示刪除是合理的修正方向。一般而言，模型修正的過程中，可以調整的方向大致如下：

一、測量模型部分

1. 改變迴歸加權係數（因素負荷量）的設定狀態。例如：將原本設為固定值的迴歸加權係數改為自由估計或將原本設為自由估計的因素負荷量改為固定值。

2. 改變測量誤差之間的共變狀態。例如：如圖 2-1 中，增減各測量誤差 δ 間（外生測量誤差間）或 ε 間（內生測量誤差間）的共變假設（相關性假設）。

二、結構模型部分

1. 改變內生潛在變數與外生潛在變數間的路徑係數之狀態。例如：如圖 2-1 中，將 γ（外生潛在變數和內生潛在變數間的關係）或 β（內生潛在變數間的關係）從原本的固定值改為自由估計或將原本的自由估計改為固定值。

2. 改變外生潛在變數間的共變狀態。例如：增減外生潛在變數間的相關性假設。

3. 改變結構測量誤差（ζ）間的共變狀態。例如：若有多個 ζ（結構測量誤差）時，則可考慮增減 ζ 間的相關性假設。

　　變數間的路徑關係或相關關係都可增加或刪除。當多個路徑係數的 MI 值都大於 4 時，一般建議選擇 MI 值最大的路徑係數先釋放，如果該限制放鬆，但卻不符實際理論時，則可以選擇次之的路徑。也就是說，實際進行修正工作時，需要考慮釋放此參數是否有理論基礎，即是否能從實際意義上加以合理說明。Marsh and Hau（1996）、Joreskog（1993）更指出，在有合理解釋下，潛在變數之間的相關，可以允許自由估計其參數值，但是對於指標或變數間的誤差項相關，除有特殊理由（如其指標或變數間可能存在實際有意義的實質關係），否則，一般不要隨便假設其誤差項間具有相關性。

　　因此，原則上我們會先考慮數值最大的修正指數，但是此舉若沒有辦法對變數間的釋放動作做出合理解釋時，只能跳過這個參數，改為考慮具第二大 MI 值的參數進行修正，再檢視釋放限制的合理性，以此類推，直到得到一個合理的模型。

　　若要使修正指數能於報表中顯示出來，只需要在【Analysis Properties】視窗的【Output】標籤頁中，勾選【Modification indices】選項（如圖 9-1）即可。該選項後面的【Threshold for modification indices】指的是輸出的門檻值（預設為 4），也就是說沒有超過這個門檻值，就不顯示 MI 於報表中，當然這是我們最希望的情況。

9-2-2 臨界比率（**C.R.**）

　　臨界比率（Critical ratios, C.R.）則用於模型限制的修正型態。在 Amos

中，臨界比率是模型中的每對待估計參數（路徑係數或因素負荷量），其估計值差除以相對應的標準誤之差所構造而成的統計量（基本上，就是兩參數差的 t 值）。在模型的基本假設中，C.R. 統計量會服從常態分配，所以可以根據 C.R. 值判斷兩個待估參數間是否存在顯著性差異。若這兩個待估計參數間不存在顯著性差異，則可以限定模型在估計時，對這兩個參數賦予相同的值。Amos 所計算出來的 C.R. 值，其平方就正好是卡方值。

若要使臨界比率（C.R.）能於報表中顯示，則需要在【Analysis Properties】視窗中的【Output】標籤頁中，勾選【Critical ratios for difference】選項（如圖 9-1）即可。勾選後，將來就可在【Amos Output】視窗中的【Pairwise Parameter Comparisons】目錄中，看到【Critical Ratios for Differences between Parameters】報表，從該報表中可以理解各參數估計值差的臨界比率，如圖 9-2。

圖 9-2 的報表中讀者應可發現，所有的參數皆以代碼表示。以論文「品

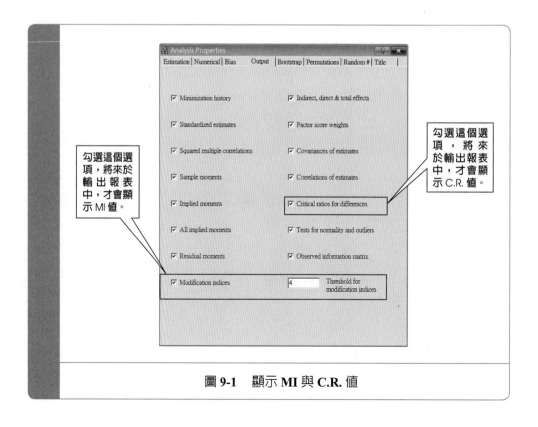

圖 9-1　顯示 MI 與 C.R. 值

牌形象、知覺價值與品牌忠誠度關係之研究」的假設模型為例，共有 27 個
參數，故代碼為 par_1～par_27，至於每一代碼各代表哪些參數，讀者可在
【Amos Output】視窗之【Estimates】目錄中的【Regression Weights】報表和
【Variances】報表找到。

　　根據圖 9-2【Critical Ratios for Differences between Parameters】報表中
的 C.R. 值大小，即可判斷兩參數的數值間是否存在顯著差異。如果經檢驗發
現，參數值間不存在顯著性差異（C.R. 絕對值小於 1.96），則可考慮於模型
估計時限制此兩參數相等。

　　由於，模型限制的修改型態較少被一般學者採用，故本章的範例將不涉
及以臨界比率輔助模型修正的情況。

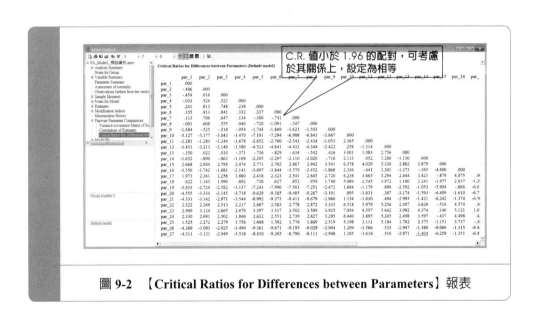

圖 9-2　【Critical Ratios for Differences between Parameters】報表

9-3　模型修正範例

　　在第 8 章中，我們曾介紹論文「品牌形象、知覺價值與品牌忠誠度關係
之探討」之整體模型的路徑分析，其分析結果中也相當完美，皆能符合一般
學術論文之要求。在此，我們將延續第 8 章的分析，但將配適另一個資料檔
案，並示範對該概念性模型進行修正的過程，以期模型能盡量臻於完美。

▶ 範例 9-1

參考第 5-1 節中，論文【品牌形象、知覺價值與品牌忠誠度關係之研究】的相關說明，並開啟範例 8-1 所繪製完成的「PA_model1_改變識別.amw」，匯入其原始資料檔為「ex9-1.sav」，試對原始論文之概念性架構進行結構模型分析（整體模型路徑分析），若模型配適未臻理想，請以模型擴展為方向，對模型作適當的修正。

論文「品牌形象、知覺價值與品牌忠誠度關係之研究」的概念性模型進行結構模型分析後（配適 ex9-1.sav），其配適指標整理成檢核表後，如表 9-2 所示。

表 9-2　整體模型配適度指標檢核表

統計檢定量		標準值	檢定結果	模型配適判斷
絕對配適指標	χ^2	越小越好（P ≧ α 值）	159.499（p = 0.000）	否
	χ^2/df	1～5 之間	3.127	是
	GFI	大於 0.9	0.919	是
	AGFI	大於 0.9	0.876	否（接近）
	RMR	小於 0.08	0.089	否（接近）
	SRMR	小於 0.08	0.043	是
	RMSEA	小於 0.08	0.080	是
增量配適指標	NFI	大於 0.9	0.913	是
	NNFI	大於 0.9	0.920	是
	CFI	大於 0.9	0.938	是
	RFI	大於 0.9	0.887	否（接近）
	IFI	大於 0.9	0.939	是
精簡配適指標	PNFI	大於 0.5	0.705	是
	PGFI	大於 0.5	0.601	是
	CN	大於 200	144	否

從表 9-2 中的絕對配適指標得知，卡方值、AGFI 與 RMR 未通過可以接受模型的標準之外，其餘指標皆顯示模型可以接受。就卡方值而言，通常其受樣本數影響很大。所以學者認為可以不必太在乎這個指標，甚至可由卡方自由度比來取代之。本範例的卡方自由度比為 3.127，已達標準值。AGFI

（0.876）略低於標準值但已很接近 0.9，顯示對於模型的複雜度尚有改進的空間，未來有必要再對模型之界定深入研究。RMR（0.089）雖未達到標準值 0.08，但亦相當接近，若考量 SRMR，其值只有 0.043，顯示模型的測量殘差應可接受。由於大部分的絕對配適指標通過標準，顯示模型可以被接受。

增量配適指標顯示，只有 RFI（0.887）未達可以接受模型的標準之外，其餘指標皆大於 0.9。此意謂模型整體表現仍屬可接受範圍。精簡配適指標中，PNFI 以及 PGFI 皆大於 0.5。唯有 CN 值未通過標準，此一指標與 AGFI 指標一樣，都是有關於模型複雜程度（即與待估參數之數量有關）的指標，未通過的現象顯示需要從事模型的再界定任務。

整體而言，三類型的配適指標顯示這個模型已是一個配適良好的模型，具有充分的建構效度。但是在模型的複雜度方面，仍有需要對模型再予修正與界定。完整的模型修正過程，詳細步驟如下：

步驟 1：請開啟「..\sem_amos\chap09\example\PA_Model1_改變識別.amw」（匯入 ex9-1.sav），然後執行分析，執行前請確認【Analysis Properties】視窗中的【Output】標籤頁中，已勾選【Modification indices】選項。以便後續我們能根據修正指數（MI）進行模型修正。

步驟 2：待執行成功後，於工具箱中按【View text】🖩 鈕，即可使用報表的格式將路徑分析的所有輸出結果顯示在【Amos Output】視窗中。【Amos Output】視窗中的內容將依先前我們在【Analyze Properties】對話框中所勾選的項目而定，由於在【Analyze Properties】對話框的【Output】標籤頁中，我們勾選了【Modification indices】選項，因此【Amos Output】視窗中將會顯示【Modification Indices】目錄，選取該目錄，即可出現【Modification Indices】表，該表中又可分為【Covariances】、【Variances】與【Regression Weights】等子報表，如圖 9-3。

步驟 3：由於我們將朝模型擴展的方向對模型進行修正，因此將利用 MI 輔助模型修正。首先觀察圖 9-3 中的【Covariances】子報表，由於 MI 最大值（44.854）發生在於「e11 ↔ e12」上，代表 MI 建議可在誤差項 e11 與 e12 上建立相關關係（雙箭頭）。再從模型圖中發現 e11 與

e12 同屬品牌忠誠度之觀察變數的誤差項，所以於 e11 與 e12 上建立相關應屬合理，故於模型圖中在 e11 與 e12 上畫雙箭頭線（建立相關性），如圖 9-4。

步驟 4：在 e11 與 e12 上建立相關性後，再執行分析一次。然後再製作配適指標檢核表後，如表 9-3 所示。觀察表 9-3，運氣不錯，AGFI、RFI 與 CN 等原本低於標準值的指標都已達標準值以上了，在此狀態下的模型已與資料相當配適。若仍不滿意，且有相當的理論支持的話，則仍可再繼續修正工作（重複步驟 3 與步驟 4），直到滿意為止。

步驟 5：詳細的操作過程，請讀者自行參閱影音檔「ex9-1.wmv」。

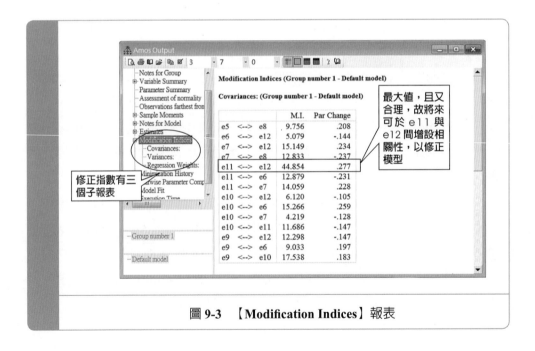

圖 9-3　【Modification Indices】報表

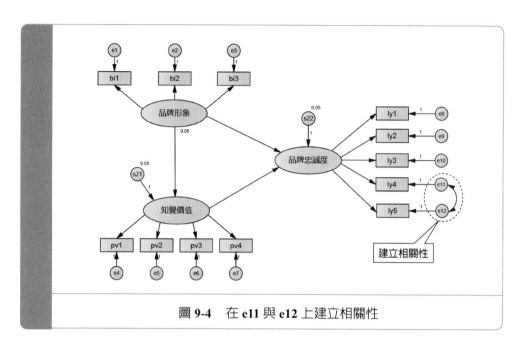

圖 9-4　在 **e11** 與 **e12** 上建立相關性

表 9-3　修正後，整體模型配適度指標檢核表

統計檢定量		標準值	檢定結果	模型配適判斷
絕對配適指標	χ^2	愈小愈好（P ≧ α 值）	103.401（p = 0.000）	否
	χ^2/df	1～5 之間	2.068	是
	GFI	大於 0.9	0.952	是
	AGFI	大於 0.9	0.925	是
	RMR	小於 0.08	0.084	否（接近）
	SRMR	小於 0.08	0.041	是
	RMSEA	小於 0.08	0.057	是
增量配適指標	NFI	大於 0.9	0.943	是
	NNFI	大於 0.9	0.960	是
	CFI	大於 0.9	0.970	是
	RFI	大於 0.9	0.925	是
	IFI	大於 0.9	0.970	是
精簡配適指標	PNFI	大於 0.5	0.715	是
	PGFI	大於 0.5	0.610	是
	CN	大於 200	218	是

　　無論如何，對模型進行修正的作爲，心態上總是會覺得這是種不得已的作法。畢竟，當你建構好假設模型後，若尚須對模型修正，那麼得再找更多的文獻，尋求「理論」支持這些修正作爲。但我們也常發現，一般論文中，對於模型修正中之修正作爲的解釋，也往往流於「自圓其說」，毫無理論支持，甚至掩飾修正作爲，連解釋都免了。所以就「論文審核者」的角度而言，當審核到某篇論文的各項配適指標都很好時，不免就想「挑戰」作者，而會去算原始假設模型的自由度和檢視現有論文中所顯示出來的模型自由度。若兩者有差異，則會認爲模型已進行過修正作爲。此時，若論文中沒有對這些修正作爲做適當、合理之解釋的話，那麼這篇論文就「前途堪慮」了。

第 9 章　習題

Ⓢ 練習 9-1

參考第 5-2 節範例模型二，論文【遊客體驗、旅遊意象與重遊意願關係之研究】的相關說明。請讀入「hw9-1.sav」，試對該論文之概念性架構進行結構模型分析（檔名：體驗＿整體模型.amw），若模型尚有修正空間的話，請以模型擴展為方向，對模型做出適當的修正。

Ⓢ 練習 9-2

參考第 5-3 節範例模型三，論文【景觀咖啡廳意象、知覺價值與忠誠度——轉換成本的干擾效果】的相關說明。請讀入「hw9-2.sav」，試對該論文之概念性架構進行結構模型分析（請自行建立模型圖），若模型尚有修正空間的話，請以模型擴展為方向，對模型做出適當的修正。

中介效果的檢驗

中介變數（mediator）在心理、教育、社會和管理等研究中扮演著重要的角色。如果自變數 X 透過某一變數 M 對依變數 Y 產生一定影響，則稱 M 為 X 和 Y 的中介變數或 M 在 X 和 Y 的關係間扮演著中介角色（具有中介效果）。中介研究的意義在於幫助我們解釋自變數和依變數關係的作用機制，也可以整合已有變數之間的關係（MacKinnon, 2008）。

在本章中，將先介紹傳統使用階層迴歸分析的方式檢驗中介效果，以瞭解 Baron and Kenny（1986）所提出的中介四條件（又稱 Causal step approach，因果步驟法）。接下來，把「因果步驟法」移植到結構方程模型中執行，以較合理的方式檢驗各潛在變數的測量問題，再來討論中介效果。最後，則介紹一種期刊論文上於檢驗中介效果時，相當熱門的一種方法—Sobel Test。

雖然，Sobel Test 方法在期刊論文上的能見度頗高，然 Sobel test 最大缺點是假設間接效果之樣本分配為常態，但此條件似又過於嚴苛（Bollen & Stine, 1990）。因此，在不能確定樣本的常態性或小樣本的情形下，學者們紛紛改採用 Boostrap 法，以估計間接效果的標準誤及信賴區間，進而分析並檢定中介效果。因此，在本書後續的第 12 章中，也將介紹如何利用 Boostrap 法來檢驗中介效果。

此外，在心理、行為和其他一些社會科學的研究領域中，研究情境複雜，經常需要多個中介變數才能更清晰地解釋自變數對依變數的效應（Mackinnon, 2008）。因此，近年來愈來愈多的中介研究採用多重中介（multiple mediation）模型。基於此，在本書的第 12 章中，更進一步的介紹如何利用 Boostrap 法來檢驗多重中介效果。

10-1　中介效果簡介

若自變數（Independent Variable, IV）對依變數（Dependent Variable, DV）有顯著的影響效果，而此效果是透過另一變數而達到影響，則此變數即為中介變數（Mediator Variables, Me）（如圖 10-1）。

通常中介變數可以用來解釋自變數是經由什麼途徑而影響了依變數。而

其間的影響程度即稱為中介效果。依此概念，一般檢測中介變數的方式為，首先，自變數對依變數要具有顯著影響效果；而單看中介變數和依變數時，中介變數的影響效果也要顯著；單獨看自變數和中介變數時，自變數也會顯著影響此中介變數；同時看自變數和中介變數對依變數的影響效果時，自變數的效果會減弱或變為不顯著。在中介變數被引入原有關係的情形之下，若自變數對依變數之影響程度變為 0，則稱該中介變數具有完全中介效果（full mediation）；若自變數對依變數之影響效果只是減弱而已，但仍具顯著性，則稱該中介變數具有為部分中介效果（partial mediation）。

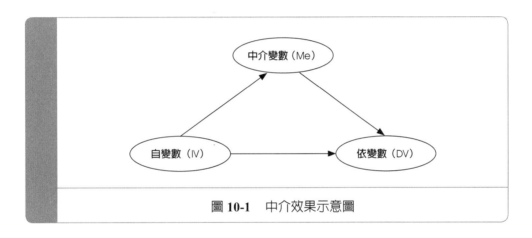

圖 10-1　中介效果示意圖

　　實務上，檢驗中介效果是否存在時，最常使用的方法為 Baron and Kenny（1986）所提出的四項條件法（又稱 Causal step approach，因果步驟法），茲將中介四條件法說明如下：

條件 1：自變數（IV）必須對依變數（DV）具有顯著的影響力（迴歸係數 α），如圖 10-2a。

條件 2：自變數（IV）必須對中介變數（Me）具有顯著的影響力，如圖 10-2b。

條件 3：自變數（IV）與中介變數（Me）同時作為預測變數，對依變數（DV）作迴歸分析時，中介變數（Me）必須對依變數（DV）有顯著影響，如圖 10-2c。

條件 4：在第三個條件的迴歸模型中，自變數（IV）對依變數（DV）的迴歸

係數（β）必須小於自變數（IV）單獨預測依變數（DV）時的迴歸係數（亦即，β＜α），或甚至是變為不顯著（β＝0）。

此外，在上述條件中，若自變數（IV）對依變數（DV）的影響程度（β）變為 0（即不顯著之意），則稱具有完全中介效果；若自變數對依變數之影響（β）小於條件 1（α）的情況，但仍具顯著性，則稱為部分中介效果。

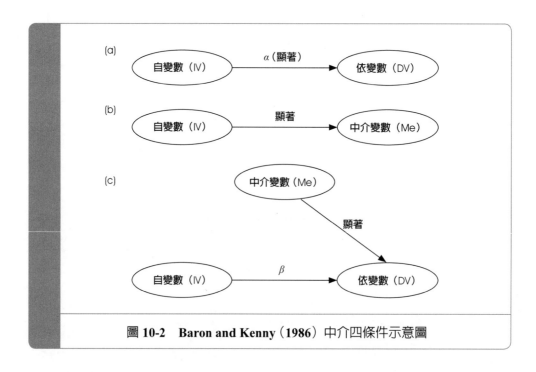

圖 10-2　Baron and Kenny（1986）中介四條件示意圖

欲依據 Baron and Kenny（1986）所提出的四項條件檢驗中介效果時，可以使用兩種統計方法，一為階層迴歸分析，另一為使用結構方程模型。使用階層迴歸分析時，由於受限於迴歸模型的基本假設，故當變數為潛在變數時，並不適用階層迴歸模型。然而，使用結構方程模型時則無此限制。

10-2　使用階層迴歸分析

階層迴歸分析（hierarchical regression）的基本原理為：當研究者想研究之主題，在某些特定理論的支持下，也可以將自變數依理論而分成數個區組

（block），然後依各區組的特定順序逐次的投入迴歸模型中。當然各區組中也可以包含一個自變數或多個自變數，如果是包含多個自變數時，那麼各自變數進入模型的方式就更多樣化了，而這取決於研究者的目的。如果研究者的目的在於解釋模型，那麼就可以利用強迫進入法讓同區組的多個變數同時進入模型中，如此就可解釋各區組自變數對依變數的影響。而當研究者建立迴歸模型的目的在於預測時，那麼變數的篩選就是重要的任務了，因此可以使用逐步迴歸分析法、刪除法、向後法與向前法來選擇最佳變數，從而建立模型。

　　總而言之，階層迴歸分析的特色在於能將自變數依特定理論分成數個區組，而投入迴歸模型。如果各區組自變數投入的方式採強迫進入法，那麼則屬解釋用途的應用；反之如果結合逐步迴歸分析法、刪除法、向後法與向前法等方法，則屬預測用途的迴歸模型。由此，讀者應不難感受階層迴歸分析的多層次分析策略與功能，兼具理論與統計導向的變數選擇程序，實為甚為彈性的迴歸分析方法。

▶ 範例 10-1

> 參考第 5-2 節，論文「遊客體驗、旅遊意象與重遊意願關係之研究」的相關內容與原始問卷（附錄二），請使用階層迴歸分析，探討旅遊意象於遊客體驗與重遊意願間是否具有中介效果？（ex10-1.sav）

　　雖然這個範例中的所有變數全都屬於潛在變數，原則上使用階層迴歸分析檢驗中介效果的方式仍有爭議（特別是自變數為潛在變數時）。為減少爭議與質疑，或許研究者可對各潛在變數（構面）的信度、建構效度先行驗證，若各構面的信度、收斂效度及區別效度均可達一般學術研究可接受之水準值的話，那麼以單一衡量指標取代多重衡量指標應是可行的。也就是說，我們或可使用各構面的衡量題項（觀察變數）得分之平均值作為該構面的得分。

　　因此雖有爭議，但在此，為了使讀者能熟悉階層迴歸檢驗中介效果的方式，我們將依前述概念，而把潛在變數的得分指定為其觀察變數（問卷之題項）的平均得分，然後將這種情形下的潛在變數視為觀察變數（無測量誤差，可作為自變數）。如此作法，純粹只是為了示範如何利用階層迴歸檢驗中介

效果的方式與過程而已，這點請讀者務必理解。

　　根據過去的研究發現，遊客體驗、旅遊意象對遊客的重遊意願皆有正向顯著的影響力，研究者現在想探討旅遊意象是否在遊客體驗與重遊意願間扮演著中介角色。在此將採取 Baron and Kenny（1986）提出的中介四條件與迴歸模型檢定方法，來驗證旅遊意象的中介效果是否存在。故依據 Baron and Kenny（1986）的中介四條件，旅遊意象是否爲遊客體驗與重遊意願的中介變數，需要檢驗下列四個條件：

條件 1：遊客體驗必須對重遊意願具有顯著的影響力（迴歸係數 α），如圖 10-3a。

條件 2：遊客體驗必須對旅遊意象具有顯著的影響力，如圖 10-3b。

條件 3：遊客體驗與旅遊意象同時作爲預測變數，對重遊意願作迴歸分析時，旅遊意象必須對重遊意願有顯著影響，如圖 10-3c。

條件 4：在第三個條件的迴歸模型中，遊客體驗對重遊意願的迴歸係數（β）必須小於遊客體驗單獨預測重遊意願時的迴歸係數（亦即，$\beta < \alpha$），或甚至是變爲不顯著（$\beta = 0$）。

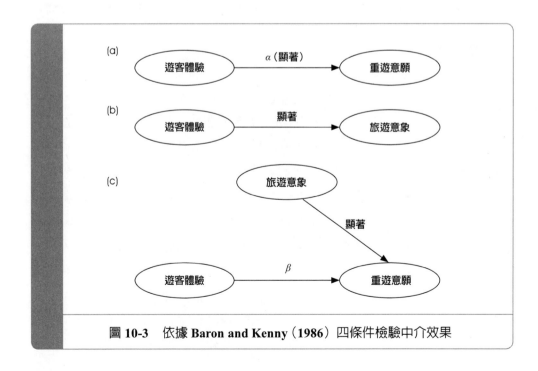

圖 10-3　依據 Baron and Kenny（1986）四條件檢驗中介效果

　　根據以上的描述，將探討以旅遊意象爲中介變數時，「遊客體驗對重遊意願之影響力」，有何變化？在此將以階層迴歸的分析方法，將兩組自變數（遊客體驗及旅遊意象）依序投入以重遊意願作爲依變數的迴歸分析中，觀察投入中介變數（旅遊意象）前後，遊客體驗對重遊意願的影響力及解釋度是否有顯著變化，以驗證旅遊意象在此關係中的中介效果。

　　在驗證上述四個條件時，因爲條件 2 中所涉及的依變數（旅遊意象）與條件 1、3 與 4 的依變數（重遊意願）不同，因此，須分別以旅遊意象、重遊意願爲依變數進行兩次階層迴歸分析。詳細說明如下：

一、以重遊意願為依變數時的階層迴歸分析

　　在本範例中，我們將透過 Baron and Kenny（1986）的四個條件，檢驗中介變數是否存在。其中，條件 1、3 與 4 的依變數都是重遊意願，因此，可集中建立一組階層迴歸模型。運用階層迴歸分析法檢驗中介效果時，須將控制變數、自變數與中介變數依其先後順序分成三個區組。

☞ 依變數

　　依題意，條件 1、3 與 4 的依變數即爲重遊意願。如前所述，雖然其本質爲潛在變數，但在此，爲示範階層迴歸分析的操作方式，我們仍將其假定爲觀察變數，且其值爲其衡量題項的平均得分。重遊意願構面中包含 5 題問項，本範例中，每個受訪者之重遊意願的平均得分已計算完成。並已存放在資料檔「..\sem_amos\chap10\example\ex10-1.sav」中，其變數名稱爲「rv_avg」。

☞ 第一區組（控制區組）

　　爲了避免我們所欲研究的自變數、中介變數與依變數間的關係，可能受某些其他變數的干擾而遭到扭曲，因此有必要將這些可能干擾的變數控制住，這些可能會干擾研究結果的變數，即稱之爲控制變數。在本研究的問卷中，除了我們所欲研究的自變數、中介變數與依變數外，尚有描述樣本特質的受訪者基本資料變數。故於階層迴歸分析中，建立區組時，首先考慮的狀況是先將受訪者的基本資料變數的影響力控制下來。基本資料變數共有性

別、婚姻狀況、年齡、職業、教育程度與平均月收入等 6 個類別變數，然而根據相關分析，這些基本資料變數中與重遊意願之關係為「顯著者」，只有平均月收入。也就是說，只有平均月收入有可能會對重遊意願產生顯著影響。因此，為了要過濾掉其干擾（因為平均月收入不是我們研究的主要變數），在此須將平均月收入納入屬控制變數性質的第一區組中，其餘基本資料變數則不納入建模考量。

☞ 第二區組

　　由於，我們想探討旅遊意象於遊客體驗與重遊意願間的中介效果，因此遊客體驗發生在前，故將遊客體驗列為第二區組。遊客體驗包含 21 題問項，故我們將先求出每個受訪者之遊客體驗的平均得分，這個計算工作相信讀者應該都能駕輕就熟。為節省時間，故在資料檔「ex10-1.sav」中已計算完成，其變數名稱為「exp_avg」。

☞ 第三區組

　　由於旅遊意象被假定為中介變數，因此旅遊意象發生在遊客體驗之後，故將旅遊意象設為第三區組，旅遊意象包含 15 題問項，因此也必須先求出每個受訪者之旅遊意象的平均得分，為節省時間，故在資料檔「ex10-1.sav」中也已計算完成，其變數名稱為「im_avg」。

二、以旅遊意象為依變數時的階層迴歸分析

　　條件 2 中，將建構的迴歸模型，由於其依變數為旅遊意象，與條件 1、3 與 4 的依變數（重遊意願）不同，因此，須另外建立迴歸模型。在條件 2 的迴歸模型中，雖然只涉及兩個變數（遊客體驗與旅遊意象），故應該可以使用簡單迴歸模型來探討遊客體驗與旅遊意象間關係的顯著性即可。但是，依前述概念為求研究的嚴謹性與精準度，我們仍須將受訪者的基本資料變數的影響力控制下來。然而，透過相關分析，基本資料變數的 6 個變數與旅遊意象間的關係全都不顯著，故若只以簡單迴歸模型來探討遊客體驗與旅遊意象間關係之顯著性的話，應該也是合情合理。但由於，在前一階段，探討以重遊意願為依變數時的階層迴歸分析中，平均月收入會顯著影響本研究的最終依變數（重遊意願），因此被納入控制變數中。故在此大原則下，雖然原本

我們可以只使用簡單迴歸模型來探討遊客體驗與旅遊意象間關係的顯著性，但在此，我們仍想把平均月收入的影響控制下來。因此，探討遊客體驗與旅遊意象間關係的顯著性時，我們仍將使用階層迴歸模型進行分析。進行階層迴歸分析時，由於只有平均月收入與遊客體驗等兩個自變數，因此階層迴歸模型只要規劃成兩個區組就夠了，各區組的說明如下：

☞ 依變數

依題意，條件 2 的依變數即為旅遊意象。如前所述，雖然其本質為潛在變數，但在此，為示範階層迴歸分析的操作方式，我們仍將其假定為觀察變數，且其值為其衡量題項的平均得分。旅遊意象構面中包含 15 題問項，因此也必須先求出每個受訪者之旅遊意象的平均得分，為節省時間，故在資料檔「ex10-1.sav」中也已計算完成，其變數名稱為「im_avg」。

☞ 第一區組（控制區組）

透過相關分析，基本資料變數的 6 個變數與旅遊意象間的關係全都不顯著。但由於在前一階段，探討以重遊意願為依變數時的階層迴歸分析中，平均月收入會顯著影響本研究的最終依變數（重遊意願），故被納入控制變數中。在此大原則下，我們仍想將平均月收入的影響力控制下來，因此，於此階層迴歸模型中，平均月收入亦被納入控制變數中。

☞ 第二區組

由於，我們想探討遊客體驗與旅遊意象間關係的顯著性，因此遊客體驗為自變數，故將遊客體驗列為第二區組。遊客體驗包含 21 題問項，故我們將先求出每個受訪者之遊客體驗的平均得分，這個計算工作相信讀者應該都能駕輕就熟。為節省時間，故在資料檔「ex10-1.sav」中已計算完成，其變數名稱為「exp_avg」。

10-2-1　操作過程

步驟 1：在此將使用 SPSS 24 版來進行階層迴歸分析。首先，開啟「ex10-1.sav」後，執行【分析】/【迴歸】/【線性】，待出現【線性迴歸】對話框後，即可開始進行階層迴歸分析的相關設定工作了。

步驟 2：先進行第一個階層迴歸分析以驗證條件 1、3 與 4。首先，設定依變數。故請將變數「rv_avg」移入【線性迴歸】對話框右方的【依變數】輸入欄內。

步驟 3：將變數「月收入」設為第一區組（模型一）。將變數「月收入」移入【區塊（B）1/1】框內的【自變數】輸入欄內，並選取【方法】為【輸入】（即 Enter 法）。

步驟 4：變數「exp_avg」設為第二區組（模型二）。按【下一個】鈕，將變數「exp_avg」移入【區塊（B）2/2】框內的【自變數】輸入欄內，並選取【方法】為【輸入】（即 Enter 法）。

步驟 5：變數「im_avg」設為第三區組（模型三）。按【下一個】鈕，將變數「im_avg」移入【區塊（B）3/3】框內的【自變數】輸入欄內，並選取【方法】為【輸入】（即 Enter 法）。如圖 10-4 所示。

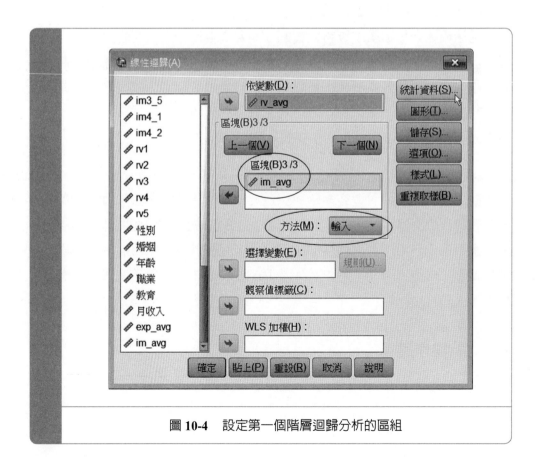

圖 10-4 設定第一個階層迴歸分析的區組

步驟6：設定好依變數與各區組之變數後，按【線性迴歸】對話框右方的【統
計資料】鈕，待出現【統計資料】對話框後，請勾選【估計值】、
【模型配適度】、【R平方變更量】等選項。按【繼續】鈕，回到【線
性迴歸】對話框。如圖10-5所示。

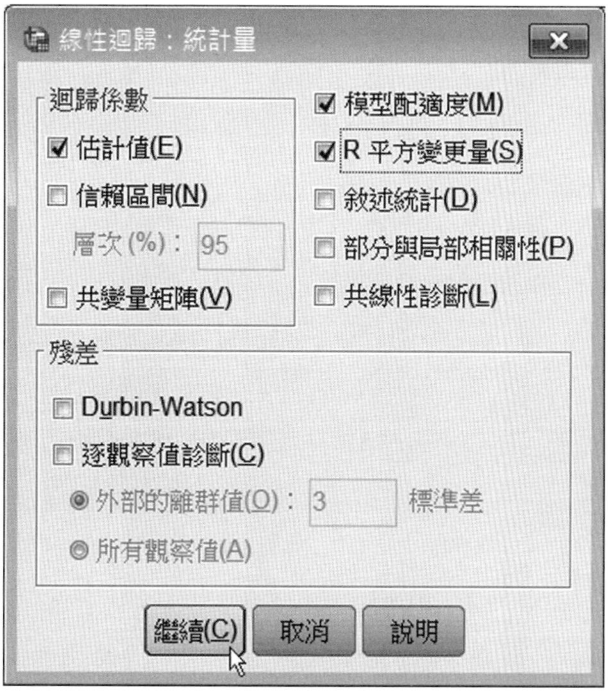

圖 10-5　設定第一個階層迴歸分析的統計量

步驟7：回到【線性迴歸】對話框後，按【確定】鈕，即可執行第一個階層
迴歸分析。

步驟8：接著，進行第二個階層迴歸分析，以驗證條件2。繼續再次的執行
【分析】/【迴歸】/【線性】，待出現【線性迴歸】對話框後，先清
空第一個階層迴歸分析所設定的依變數與各區組之變數。然後，將
變數【im_avg】設為依變數、變數【月收入】設為第一區組（模型
一）、變數【exp_avg】設為第二區組（模型二），並選取【方法】

為【輸入】（即 Enter 法）。

步驟 9：設定好依變數與各區組之變數後，按【線性迴歸】對話框右方的【統計資料】鈕，待出現【統計資料】對話框後，請勾選【估計值】、【模型配適度】、【R 平方變更量】等選項。按【繼續】鈕，回到【線性迴歸】對話框。

步驟 10：回到【線性迴歸】對話框後，按【確定】鈕，即可執行第二個階層迴歸分析。

步驟 11：執行完步驟 1 至 10 後，將輸出兩份階層迴歸分析的報表。為方便後續的分析，請將報表中的各項資料整理成表 10-1 與表 10-2。其操作過程如影音檔「ex10-1.wmv」。

表 10-1 第一次階層迴歸分析結果表

依變數　　　依變數 統計量	重遊意願		
	模型一	模型二	模型三
月收入	0.125*	0.099	0.094*
遊客體驗	—	0.524***	0.361***
旅遊意象	—	—	0.276***
R^2	0.016	0.290	0.339
$\triangle R^2$	0.016	0.274	0.049
$\triangle F$	6.260*	151.639***	29.273***

註：*: $p<0.05$, ***: $p<0.001$

表 10-2 第二次階層迴歸分析結果表

依變數　　　依變數 統計量	旅遊意象	
	模型一	模型二
月收入	0.046	0.017
遊客體驗	—	0.591***
R^2	0.002	0.350
$\triangle R^2$	0.002	0.348
$\triangle F$	0.845	210.740***

註：*: $p < 0.05$, ***: $p < 0.001$

10-2-2　報表解說

條件 1：遊客體驗必須對重遊意願有顯著影響。

　　　　由表 10-1 可知，在第一次階層迴歸的模型二中，控制變數「月收入」後，整體遊客體驗對重遊意願有顯著的影響，其迴歸係數（α）為 0.524，且顯著，因此條件 1 成立。

條件 2：遊客體驗必須對旅遊意象有顯著影響。

　　　　由表 10-2 可知，在第二次階層迴歸的模型二中，控制變數「月收入」後，整體遊客體驗對旅遊意象有顯著的影響，其迴歸係數為 0.591，且顯著，因此條件 2 成立。

條件 3：遊客體驗與旅遊意象同時作為預測變數，對重遊意願作迴歸分析時，旅遊意象必須對重遊意願有顯著影響。

　　　　由表 10-1 可知，在第一次階層迴歸的模型三中，加入中介變數（旅遊意象）後，旅遊意象對重遊意願有顯著的解釋能力，其迴歸係數為 0.276，且顯著，因此條件 3 成立。

條件 4：在第三個條件的迴歸模型中，遊客體驗對重遊意願的迴歸係數必須小於遊客體驗單獨預測重遊意願時的迴歸係數，或甚至是變為不顯著。

　　　　由表 10-1 可知，在第一次階層迴歸的模型三中，加入中介變數（旅遊意象）後，遊客體驗對重遊意願的影響力，由 0.524（α）降低至 0.361（顯著，β），且解釋力 R^2 由 0.290 提升至 0.339（顯著，ΔF 值為 29.273），因此條件 4 亦成立。

　　綜合言之，為檢驗旅遊意象的中介效果，在第一次階層迴歸的模型一中控制住基本資料的影響效果後，在模型二中檢驗遊客體驗對重遊意願的影響，並在模型三加入旅遊意象後，由表 10-1 利用階層迴歸分析所得之結果顯示，在加入中介變數（旅遊意象）後，遊客體驗對重遊意願的迴歸係數變小，解釋力增加，且皆符合中介變數檢驗的所有四個條件。綜合以上的分析，證實遊客體驗確實能夠透過旅遊意象的中介效果，而對重遊意願產生影響，且其中介效果屬部分中介效果。

10-3　使用結構方程模型

在 10-2 節中，我們使用階層迴歸分析檢驗旅遊意象於遊客體驗對重遊意願關係上的中介效果。然而，由於旅遊意象、遊客體驗與重遊意願都是屬於無法直接觀測的潛在變數，因而使用迴歸模型似乎有些過於牽強（違反迴歸模型自變數無測量誤差的假設）。故當檢驗中介變數時，如果各變數只涉及觀察變數（可直接測量而得），那麼使用階層迴歸分析就會相當適合。而使用結構方程模型的好處是，無論變數是否涉及潛在變數，都可以使用。

▶ 範例 10-2

> 參考第 5-2 節，論文「遊客體驗、旅遊意象與重遊意願關係之研究」的相關內容與原始問卷（附錄二），請使用結構方程模型，探討旅遊意象於遊客體驗與重遊意願間是否具有中介效果？（ex10-2.sav）

在結構方程模型中，中介效果與間接效果的概念類似，但絕對不相同。一般而言，中介效果可以都屬於是間接效果，但間接效果可不一定是中介效果。實際上，這兩個效果具有觀念上的差異。首先，當中介變數不止一個時，中介效果須要明確的指出到底是哪個中介變數的中介效果，而間接效果既可以指經過某個特定中介變數的間接效果（即中介效果），也可以指部分或所有中介效果的和。其次，在只有一個中介變數的情形中，雖然中介效果等於間接效果的，但兩者還是不相同。中介效果的大前提是自變數對依變數的影響力必須顯著的，否則就不用再去考慮是否存在中介變數了。但即使自變數對依變數的影響力是零，但仍然有可能存在間接效果。

因此，在圖 5-2 的概念性模型中，遊客體驗雖然可透過旅遊意象而間接影響遊客的重遊意願。然此間接效果是否為中介效果，則尚須以嚴謹的態度釐清。在此，將依據 Baron and Kenny（1986）的中介四個條件來檢驗旅遊意象是否屬中介變數，故建立了下列三個模型圖：

條件 1：遊客體驗必須對重遊意願有顯著影響（迴歸係數 α，如圖 10-6）。

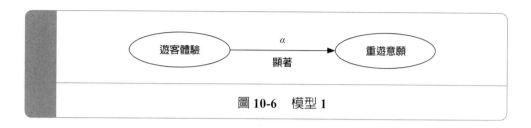

圖 10-6　模型 1

條件 2：遊客體驗必須對旅遊意象有顯著影響（如圖 10-7）。

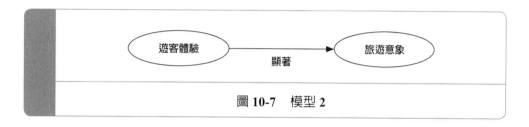

圖 10-7　模型 2

條件 3：遊客體驗與旅遊意象同時作為預測變數，對重遊意願作結構方程模型分析時，旅遊意象必須對重遊意願有顯著影響（如圖 10-8）。

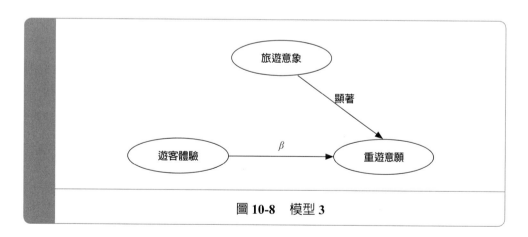

圖 10-8　模型 3

條件 4：在第三個條件的結構方程模型（圖 10-8 模型 3）中，遊客體驗對重遊意願的迴歸係數（β）必須小於遊客體驗單獨預測重遊意願時的迴歸係數（亦即，$\beta < \alpha$），或甚至是變為不顯著（$\beta = 0$）。

10-3-1　資料預處理

　　論文「遊客體驗、旅遊意象與重遊意願關係之研究」的概念性模型、假設、操作型定義與衡量題項，在第 5-2 節已有詳細介紹，請讀者自行回顧。為節省篇幅，假設遊客體驗構面、旅遊意象構面與重遊意願構面的信度、收斂效度及區別效度，經驗證性因素分析後，已皆能符合學術研究之嚴謹要求。在此情形下，分析過程即可進入結構模型分析，以驗證概念性架構的配適度、假設，並分解各構面間的直接、間接效果。

　　由於，各構面的信度、收斂效度及區別效度均已達可接受的水準值，故以單一衡量指標取代多重衡量指標應是可行的，因此在結構模型中，對於二階的遊客體驗構面、旅遊意象構面的衡量上，我們將以各子構面的衡量題項得分之平均值作為各子構面的得分，再由各子構面作為二階主構面的多重衡量指標，亦即以遊客體驗為潛在變數時，其觀察變數為感官體驗（exp1）、情感體驗（exp2）、思考體驗（exp3）、行動體驗（exp4）與關聯體驗（exp5）等五個子構面，而以旅遊意象為潛在變數時，其觀察變數為產品（im1）、品質（im2）、服務（im3）與價格（im4）等四個子構面。如此可以有效地縮減衡量指標的數目，而使結構模型的衡量在執行分析時成為可行。

　　因此，在結構模型分析之前，研究者有必要針對資料進行預處理的工作，預處理的工作內容為「針對每一位個案（受訪者），將各子構面的衡量題項得分之平均值指定給各子構面」，也就是說須要算出每一個個案（受訪者）於感官體驗（exp1）、情感體驗（exp2）、思考體驗（exp3）、行動體驗（exp4）、關聯體驗（exp5）、產品（im1）、品質（im2）、服務（im3）與價格（im4）等子構面的平均得分。其詳細操作過程，讀者可自行參閱第 5-7-1 節的說明，在本章中，為節省時間，這些子構面的平均得分已計算完成，且已存放在資料檔「ex10-2.sav」中。

10-3-2　操作過程

　　待資料進行預處理後，即可開始進行中介效果的檢驗程序了。

步驟 1：執行模型 1（檔案：中介條件 1.amw，圖 10-6）的結構方程模型分析。

詳細操作過程讀者可自行參閱影音檔「ex10-2.wmv」。結構方程模型分析的結果，如圖 10-9。

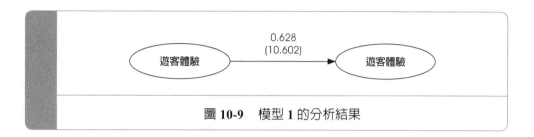

圖 10-9　模型 1 的分析結果

步驟 2：執行模型 2（檔案：中介條件 2.amw，圖 10-7）的結構方程模型分析。詳細操作過程讀者可自行參閱影音檔「ex10-2.wmv」。結構方程模型分析的結果，如圖 10-10。

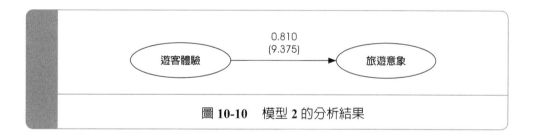

圖 10-10　模型 2 的分析結果

步驟 3：執行模型 3（檔案：中介條件 3.amw，圖 10-8）的結構方程模型分析。詳細操作過程讀者可自行參閱影音檔「ex10-2.wmv」。結構方程模型分析的結果，如圖 10-11。

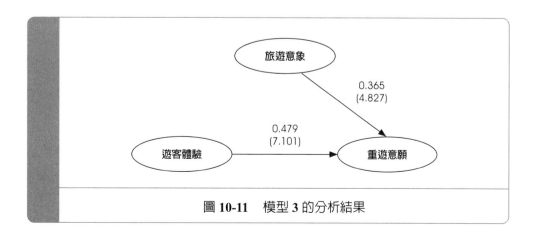

圖 10-11　模型 3 的分析結果

10-3-3　中介效果檢驗

條件 1：遊客體驗必須對重遊意願有顯著影響（模型 1）。

　　　　由圖 10-9 的路徑圖可知，遊客體驗對重遊意願的路徑係數為 0.628，t 值為 10.602，大於 1.96，顯著。顯見遊客體驗對重遊意願具有正向顯著的影響效果，因此條件 1 成立。

條件 2：遊客體驗必須對旅遊意象有顯著影響（模型 2）。

　　　　由圖 10-10 的路徑圖可知，遊客體驗對旅遊意象的路徑係數為 0.810，t 值為 9.375，大於 1.96，顯著。顯見遊客體驗對旅遊意象具有正向顯著的影響效果，因此條件 2 成立。

條件 3：遊客體驗與旅遊意象同時作為預測變數，對重遊意願作結構方程模型分析時，旅遊意象必須對重遊意願有顯著影響（模型 3）。

　　　　由圖 10-11 的路徑圖可知，旅遊意象對重遊意願的路徑係數為 0.365，t 值為 4.827，大於 1.96，顯著。顯見旅遊意象對重遊意願具有正向顯著的影響效果，因此條件 3 成立。

條件 4：在第三個條件的結構方程模型（模型 3）中，遊客體驗對重遊意願的迴歸係數必須小於遊客體驗單獨預測重遊意願時的迴歸係數（模型 1），或甚至是變為不顯著。

　　　　由圖 10-9 的路徑圖可知，原本「模型 1」中，遊客體驗單獨預測重遊意願時的路徑係數為 0.628；而「模型 3」中，遊客體驗與旅遊意象同時作為預測變數時，遊客體驗對重遊意願的迴歸係數為 0.479，t 值為 7.101，大於 1.96，顯著（如圖 10-11）。顯見路徑係數已顯著變小了。

　　綜合言之，為檢視旅遊意象的中介效果，我們依據 Baron and Kenny（1986）提出的檢驗條件，而建立了三個結構方程模型，以檢驗各潛在變數間路徑係數的大小與顯著性。在模型加入了中介變數（旅遊意象）後，遊客體驗對重遊意願的路徑係數顯著變小，證實了遊客體驗確實能夠透過旅遊意象的中介效果，而對重遊意願產生影響，且其中介效果屬部分中介效果。

10-4　中介效果的檢驗—Sobel test 法

　　一般而言，檢驗中介變數最常使用的方法是 Baron and Kenny（1986）提出的檢驗程序，依據他們的主張，構成中介變數的四條件皆成立時，中介變數才會存在。然而，自變數對於依變數的總效果（total effect）是由間接效果（indirect effect）與直接效果（direct effect）所構成（Mackinnon, Lockwood, Hoffman, West, and Sheets, 2002；Preacher and Hayes, 2004）。其中，間接效果是指自變數透過中介變數而影響依變數的效果；而直接效果則是指在控制間接效果的影響後，自變數對於依變數的影響效果。據此，Mackinnon 等人（2002）與 Preacher and Hayes（2004）認為僅依據 Baron and Kenney（1986）的中介變數檢驗會忽略了間接效果的影響。因此，建議利用數學化公式 Sobel test 來檢驗間接效果的顯著性，若 Sobel test 的 Z 值 > 1.96（$Z_{0.025}$），則表示中介效果顯著。Sobel（1982）中介效果公式為：

$$Z = \frac{a \times b}{\sqrt{b^2 \times S_a^2 + a^2 \times S_b^2}} \tag{10-1}$$

a 為自變數對中介變數之未標準化路徑係數。
b 為中介變數對依變數之未標準化路徑係數。
S_a 為自變數對中介變數之未標準化路徑係數的標準誤。
S_b 為中介變數對依變數之未標準化路徑係數的標準誤。
這個公式中，只要能知道 a、b、S_a 與 S_b，就可以代入公式，而得到 Z 值。

▶ 範例 10-3

> 參考第 5-2 節，論文「遊客體驗、旅遊意象與重遊意願關係之研究」的相關內容與原始問卷（附錄二），其資料檔為 ex10-3.sav，試利用 Sobel test，探討旅遊意象於遊客體驗與重遊意願間的中介效果是否顯著？

　　前一小節中，我們運用結構模型分析並配合 Baron and Kenny（1986）的四條件，檢驗中介變數是否存在，接下來將使用 Sobel test 來檢驗中介效果的顯著性。

步驟 1：首先，於 Amos Graphics 中，開啓結構（整體）模型圖，其路徑與檔名爲「..\sem_amos\chap10\example\ 旅遊意象 _ 整體模型圖 .amw」。然後，將資料檔設定爲「ex10-3.sav」。

步驟 2：於工具箱中按【Analysis properties】▦鈕後，會開啓【Analysis Properties】對話框（分析屬性對話框）。請於【Estimation】標籤頁中選取「Maximum likelihood」選項，然後於【Output】標籤頁勾選所有選項，以便輸出最完整的資訊。

步驟 3：當設定好【Analysis Properties】對話框後，於工具箱中，按【Calculate Estimates】▦鈕後，若是模型沒有出現任何錯誤或警告訊息，則表示觀察資料能讓 Amos 於估計參數時獲得了「收斂」（即執行成功）。此時，【Models】視窗中會出現「OK：Default Model」的訊息，而【Computation Summary】（計算摘要）視窗中會出現資料檔檔名、模型名稱、程式估計時疊代的次數、順利寫入輸出結果、卡方值與模型的自由度等訊息。

步驟 4：查看非標準化迴歸係數。於工具箱中按【View Text】（查閱輸出報表）▦鈕，待出現【Amos Output】視窗後，選取視窗左邊的【Estimates】目錄，查看「Regression Weights」（非標準化迴歸係數）報表，如圖 10-12。

步驟 5：計算 Sobel test Z 值。式 10-1 的公式，爲了計算方便，本書已研製成 Excel 檔，其路徑與檔名爲「..\sem_amos\chap10\example\Sobel test. xls」。請開啓「Sobel test.xls」，然後依照式 10-1 中的 a、b、S_a 與 S_b，依序填入適當的儲存格中，資料填製完成時，即可自動跑出 Z 值，如圖 10-13。由圖 10-13 可見，Sobel test Z 值爲 2.52，大於門檻值 1.96，故中介效果顯著，亦即旅遊意象確實會於遊客體驗與重遊意願的關係間，扮演著顯著的中介角色。此外，由於「遊客體驗→重遊意願」的直接效果仍然顯著，故旅遊意象的中介效果應屬部分中介效果。

步驟 6：詳細操作過程，讀者亦可自行參閱影音檔「ex10-3.wmv」。

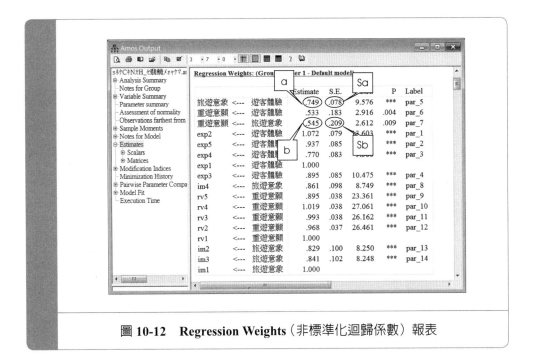

圖 10-12　Regression Weights（非標準化迴歸係數）報表

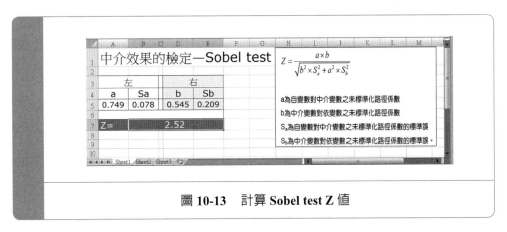

圖 10-13　計算 Sobel test Z 值

☞ 總結

　　經 Sobel test 檢定後，Sobel test Z 值為 2.52，大於門檻值 1.96，故中介效果顯著，亦即旅遊意象確實會於遊客體驗與重遊意願的關係間，扮演著顯著的中介角色。此外，由於「遊客體驗→重遊意願」的直接效果仍然顯著，故旅遊意象的中介效果應屬部分中介效果。

第 10 章　習題

練習 10-1

參考第 5-1 節，論文「品牌形象、知覺價值與品牌忠誠度關係之探討」的原始問卷，如附錄一，請使用結構方程模型，探討知覺價值於品牌形象與品牌忠誠度間是否具有中介效果？（hw10-1.sav）

練習 10-2

第 5-3 節中，所介紹的論文「景觀咖啡廳意象、知覺價值與忠誠度—轉換成本的干擾效果」的原始問卷如附錄三，其原始資料檔為「hw10-2.sav」。請使用 Sobel test，探討知覺價值於景觀咖啡廳意象與忠誠度間是否具有中介效果？

練習 10-3

參考附錄四，所介紹的論文「服務品質、知覺價值、消費者滿意與行為意向關係之研究」的原始問卷，請讀入「hw10-3.sav」。

(1) 請使用 Sobel test，探討知覺價值於服務品質與消費者行為意向間是否具有中介效果？

(2) 請使用 Sobel test，探討消費者滿意度於服務品質與消費者行為意向間是否具有中介效果？

干擾效果的檢驗

　　干擾變數（moderating variables）又稱爲調節變數或情境變數，它是指會影響自變數與依變數之間關係的方向或強度的變數。它可以是質性的（qualitative）（例如：性別、種族……）或是量化的（quantitative）（例如薪資……）。例如：學生的智商會影響其成績表現，但是其間關係的強度可能會因爲學生用功程度的不同而有所改變，在此用功程度就是一種干擾變數。干擾變數與自變數一樣對依變數都會有顯著的影響，但干擾變數除主效用（其單獨對依變數的影響力）之外，也要檢視干擾變數與自變數的交互作用對依變數的影響，也就是說，干擾變數具有干擾自變數對依變數之關係的作用。以迴歸的角度而言，所謂干擾變數就是它干擾了自變數 x 與依變數 y 間的關係式，包括方向與大小。以相關而言，x 與 y 間的相關性會因干擾變數水準的不同而得到不同程度的相關性。以 ANOVA 而言，干擾效用顯著即表示交互作用項對依變數的影響力顯著。

　　干擾效果（或稱爲調節效果、緩衝效果）的檢驗方式，基本上可分爲兩大類進行討論。一類是所涉及的變數（自變數、依變數和干擾變數）都是可以直接觀測的外顯變數，另一類則是所涉及的變數中至少有一個是潛在變數的情形。當所涉及的變數都屬於外顯變數時，可以使用階層迴歸分析法或多群組結構方程模型進行分析；而屬潛在變數時，則就只能使用多群組結構方程模型（Multiple-Group Analysis, MGA）加以分析了。

11-1　使用階層迴歸分析

　　階層迴歸的使用方法於第 10-1 節中曾有介紹過，使用上並不複雜，讀者亦可自行回顧，溫故知新一下。在本節中，我們將使用階層迴歸分析示範如何檢驗干擾效果是否存在。

　　再次強調一下，由於我們所使用的範例都是具有潛在變數的關係模型，在此情形下使用階層迴歸分析檢驗干擾效果的方式仍有爭議（特別是自變數爲潛在變數時）。爲減少爭議與質疑，或許研究者可對各潛在變數（構面）的信度、建構效度先行驗證，若各構面的信度、收斂效度及區別效度均可達一般學術研究可接受之水準值的話，那麼以單一衡量指標取代多重衡量指標

應是可行的。也就是說，我們就可將各構面的衡量題項（觀察變數）得分之平均值指定爲該構面的得分。

雖然有爭議，但在此，爲了使讀者能熟悉階層迴歸檢驗干擾效果的方式，我們將依前述概念，把潛在變數的得分指定爲其所屬之觀察變數（問卷之題項）的平均得分，然後將這樣情形下的潛在變數視爲觀察變數（無測量誤差，可作爲自變數）。如此作法，純粹只是爲了示範如何利用階層迴歸檢驗干擾效果的方式而已，這點請讀者務必理解。

▶ 範例 11-1

參考第 5-3 節範例模型三，論文【景觀咖啡廳意象、知覺價值與忠誠度—轉換成本的干擾效果】的相關說明，請使用階層迴歸分析，探討轉換成本於景觀咖啡廳意象與忠誠度間是否具有干擾效果？（ex11-1.sav）

本範例中，針對干擾效果的驗證，將透過階層迴歸分析，逐次加入控制變數（基本人口統計變數）、預測變數（自變數）、干擾變數及交互作用項（預測變數與干擾變數的相乘），其主要目的在瞭解「轉換成本」是否會干擾「景觀咖啡廳意象」與「忠誠度」間之關係。研究中「景觀咖啡廳意象」爲二階構面，包括「商品」（1～4 題）、「服務」（5～8 題）、「便利」（9～11 題）、「商店環境」（12～15 題）、「促銷」（16～18 題）與「附加服務」（19～21 題）等六個子構面。

運用階層迴歸分析，檢驗干擾效果時，實務上，會先將受訪者的基本特性控制住，然後將各自變數（景觀咖啡廳意象與轉換成本）之主效果項（main effect）放入階層迴歸模型中，最後再加入代表干擾效果的交互作用項（interaction effect，景觀咖啡廳意象 × 轉換成本），並觀察交互作用項的迴歸係數值，若迴歸係數值顯著，則代表干擾效果確實存在（Kleinbanum, Kupper and Muller, 1998）。

此外，爲避免多元共線性的問題，可以將預測變數（景觀咖啡廳意象）與干擾變數（轉換成本）予以標準化後再相乘（Aiken & West, 1991），以求得交互作用項。倘若交互作用項對忠誠度具有顯著的預測效果，即表示干擾

效果存在。此時研究者會根據 Aiken and West（1991）的做法進一步繪製交互作用圖，以檢視交互作用的型態。

11-1-1　資料規劃與預處理

進行階層迴歸分析前，須先對各自變數區組（共分四區組）與依變數的資料進行規劃與預處理，以利分析之完成與目的之達成。

☞ 依變數

依題意，本範例之依變數即為忠誠度，忠誠度包含 5 個問項，因此亦須先求出每個受訪者於這 5 個問項的平均得分，其變數名設為「ly_avg」。「ly_avg」的計算工作已於資料檔「ex11-1.sav」中計算完成。

☞ 第一區組：控制變數（模型一）

為了避免我們所欲研究的自變數、干擾變數與依變數間的關係，可能受某些其他變數的干擾而遭到扭曲，因此有必要將這些可能干擾的變數控制住，這些可能會干擾研究結果的變數，即稱之為控制變數。在本研究的問卷中，除了我們所欲研究的自變數、干擾變數與依變數外，尚有描述樣本特質的受訪者基本資料變數。故於階層迴歸分析中，建立區組時，首先要考慮的狀況是，先將受訪者的基本資料變數的影響力控制下來。基本資料變數共有性別、婚姻狀況、年齡、職業、教育程度、平均月收入與消費次數等 7 個變數。然而根據相關分析的結果得知，這些變數中與依變數（忠誠度）關係較為顯著者，只有「年齡」與「平均月收入」等兩個變數。因此，在本範例中，只將年齡與平均月收入納入屬控制變數性質的第一區組中，其餘基本資料變數則不納入建模考量。

☞ 第二區組：自變數（模型二）

第二區組將包含自變數，即景觀咖啡廳意象的六個子構面，景觀咖啡廳意象是個二階構面包括「商品」（1～4 題）、「服務」（5～8 題）、「便利」（9～11 題）、「商店環境」（12～15 題）、「促銷」（16～18 題）與「附加服務」（19～21 題）等六個子構面，由於每個子構面（潛在變數）都

包含數個問項，因此須先求出每個受訪者於這六個子構面的平均得分。這個計算工作相信讀者已都能駕輕就熟。爲節省時間，故在資料檔「ex11-1.sav」中已計算完成，「商品」子構面的平均得分其變數名稱爲「im1」、「服務」子構面的平均得分其變數名稱爲「im2」、「便利」子構面的平均得分其變數名稱爲「im3」、「商店環境」子構面的平均得分其變數名稱爲「im4」、「促銷」子構面的平均得分其變數名稱爲「im5」與「附加服務」子構面的平均得分其變數名稱爲「im6」。在此，我們把 im1、im2、im3、im4、im5 與 im6 全都視爲外顯變數（即沒有測量誤差的觀察變數），純粹只是爲了示範如何利用階層迴歸檢驗干擾效果的過程而已。

☞ 第三區組：干擾變數（模型三）

第三區組中將包含干擾變數，即轉換成本構面，由於轉換成本包含 3 個問項，因此亦須先求出每個受訪者於這 3 個問項的平均得分，其變數名設爲「sc_avg」，同樣的此計算工作已於資料檔「ex11-1.sav」中計算完成。

☞ 第四區組：交互作用項（模型四）

由於我們想探討轉換成本於景觀咖啡廳意象與忠誠度間的干擾效果，因此須先取得交互作用項（景觀咖啡廳意象 × 轉換成本）的值。然爲避免多元共線性的問題發生，計算交互作用項時，須分別將預測變數（景觀咖啡廳意象）與干擾變數（轉換成本）予以標準化後再相乘（Aiken & West, 1991）。因此，須先算出每個受訪者之景觀咖啡廳意象（21 題問項）的平均得分（存爲變數 im_avg，此計算工作已於資料檔 ex11-1.sav 中計算完成）。然後再將景觀咖啡廳意象平均得分（im_avg）的標準化值存爲變數「zim_avg」，轉換成本平均得分的標準化值存爲變數「zsc_avg」，再將 zim_avg 乘以 zsc_avg 後即可得到交互作用項的值，請將該值儲存爲變數「imxsc」。最後，再把變數「imxsc」設爲第四區組。

標準化值與交互作用項的求算方法，可依如下的步驟完成：

步驟 1：於 SPSS 中，開啓「..\sem_amos\chap11\example\ex11-1.sav」。

步驟 2：執行【分析→敘述統計→敘述統計】，待開啓【敘述統計】對話框後，於【待選變數】框中，將變數 im_avg 與變數 sc_avg 移入右邊的【變

數】輸入欄中，再勾選對話框下方的【將標準化值存成變數】核取方塊，最後按【確定】鈕，即可於資料檔中，產生兩個已標準化的新變數「zim_avg」與「zsc_avg」，如圖 11-1 與圖 11-2。

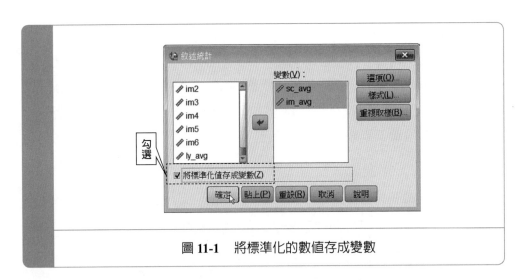

圖 11-1　將標準化的數值存成變數

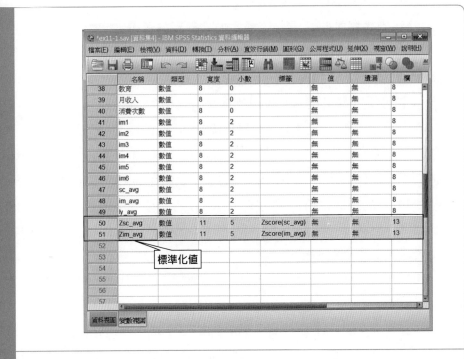

圖 11-2　產生兩個新變數「zim_avg」與「zsc_avg」

步驟 3：執行【轉換→計算】，待出現【計算變數】對話框後，於【目標變數】
　　　　輸入欄中輸入交互作用變數名稱「imxsc」，再於【數值運算式】輸
　　　　入欄中輸入「Zsc_avg*Zim_avg」，最後按【確定】鈕，即可於資料
　　　　檔中，產生一個新變數「imxsc」，如圖 11-3 所示。

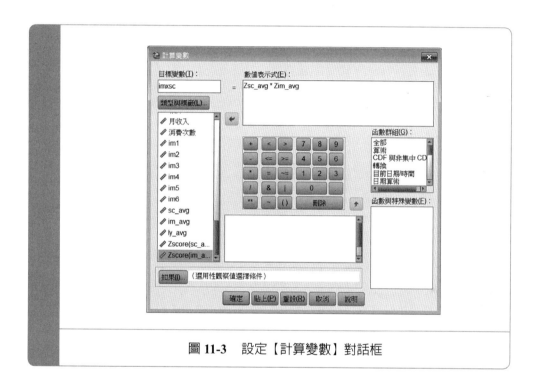

圖 **11-3**　設定【計算變數】對話框

步驟 4：詳細操作步驟，讀者可參閱影音檔「ex11-1.wmv」。

11-1-2　階層迴歸分析的操作過程

　　進行資料預處理與產生交互作用項「imxsc」後，即可進行階層迴歸分
析，以檢測轉換成本於「景觀咖啡廳意象→忠誠度」間的干擾效果，其方法
如下：

步驟 1：執行【分析→迴歸→線性】，待出現【線性迴歸】對話框後，即可
　　　　開始進行階層迴歸分析的相關設定工作了。

步驟 2：設定依變數與各區組中的變數。請將：

1. 變數「ly_avg」設爲依變數；
2. 變數「年齡」、「月收入」設爲第一區組，並選取方法爲【輸入】法；
3. 變數「im1」、「im2」、「im3」、「im4」、「im5」與「im6」設爲第二區組，並選取方法爲【輸入】法；
4. 變數「sc_avg」設爲第三區組，並選取方法爲【輸入】法；
5. 變數「imxsc」設爲第四區組，並選取方法爲【輸入】法。

如圖 11-4。

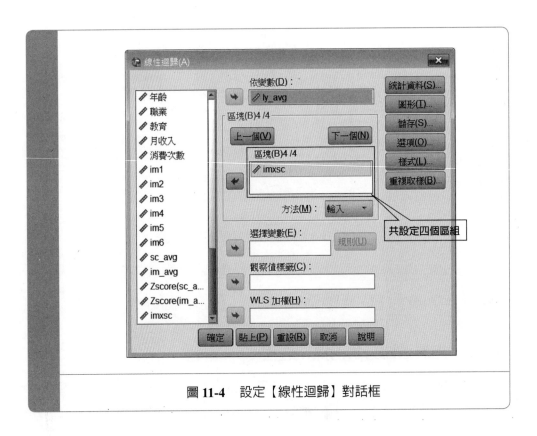

圖 11-4　設定【線性迴歸】對話框

步驟 3：設定好依變數與各區組之變數後，按【線性迴歸】對話框右方的【統計資料】鈕，待出現【線性迴歸：統計量】子對話框後，請勾選「R平方改變量」，如圖 11-5。

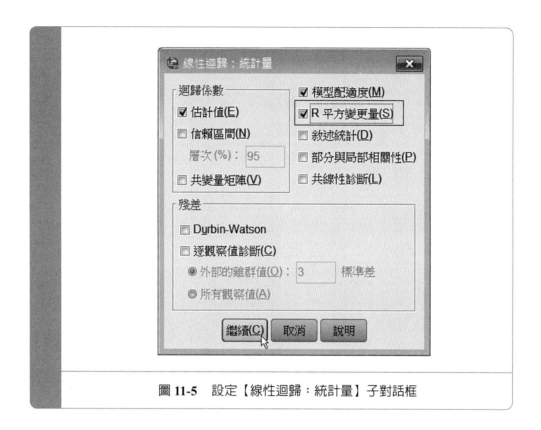

圖 11-5　設定【線性迴歸：統計量】子對話框

步驟 4：全部設定完成後，按【確定】鈕，即可執行階層迴歸分析。

步驟 5：將所產生的報表之各項統計資訊（採用標準化係數），整理成如表 11-1 的格式，以方便未來檢視與干擾效果之檢驗，其操作過程如影音檔「ex11-1.wmv」。

表 11-1 干擾變數的階層迴歸分析

自變數 \ 依變數 統計量	忠誠度			
	模型一	模型二	模型三	模型四
控制變數				
年齡	-0.069	-0.052	-0.077	-0.074
月收入	-0.055	-0.032	0.006	0.005
自變數：景觀咖啡廳意象				
商品		0.131*	0.106	0.104
服務		0.044	0.070	0.080
便利		-0.072	-0.075	-0.076
商店環境		0.109	0.110*	0.111*
促銷		0.101	0.109	0.104
附加服務		0.085	0.112*	0.120*
干擾變數				
轉換成本			0.242***	0.238***
交互作用項				
景觀咖啡廳意象 * 轉換成本				-0.109*
R^2	0.012	0.101	0.157	0.168
ΔR^2	0.012	0.089	0.056	0.012
ΔF	2.160	5.852***	23.618***	4.958*

註：*: $p<0.05$, ***: $p<0.001$

11-1-3　報表解說

　　階層迴歸的分析結果詳列於表 11-1，在表 11-1 中，模型一僅包含基本資料變數，其目的是為控制外在因素之影響力，模型二為僅放入景觀咖啡廳意象構面之六個子構面當做解釋變數的迴歸模型（亦即不考慮任何干擾變數之情形）。

　　表 11-1 中 R^2 為決定係數（coefficient of determination）代表著迴歸模型的解釋能力，而 ΔR^2 是指模型間 R^2 的變化量，如果 ΔR^2 為正且顯著，代表新變數的加入有助於模型解釋能力的提升。

　　在表 11-1 中，由模型二可發現，「景觀咖啡廳意象」的 6 個子構面中，只有「商品」子構面會顯著影響「忠誠度」（迴歸係數為 0.131，且顯著）。

當模型三加入「轉換成本」變數後，對整體「忠誠度」的解釋變異量有所提升（$\Delta R^2 = 0.056$，且顯著），這顯示「轉換成本」變數加入模型是有意義的；模型四加入「景觀咖啡廳意象」與「轉換成本」之交互作用項後，對整體「忠誠度」的解釋變異量又更加提升（$\Delta R^2 = 0.012$，且顯著），而此結果也就說明了，交互作用項對消費者的忠誠度是具有顯著影響力的。因此這意味著，轉換成本會干擾消費者對景觀咖啡廳的意象與其忠誠度間的關係。

較值得注意的是，「景觀咖啡廳意象」與「轉換成本」之交互作用（imxsc）對「忠誠度」具有負向顯著的影響，這顯示在低轉換成本下「景觀咖啡廳意象」對「忠誠度」的影響力高於高轉換成本時。也就是說，當景觀咖啡廳的特質是屬低轉換成本的狀態時，更應重視景觀咖啡廳意象的型塑，讓消費者感受到深刻的正向印象，如此才能有效的提升消費者的忠誠度。

一般而言，餐廳的轉換成本普遍較低。再由上述的分析可發現，當消費者所感受到的轉換成本較低的情形下，「景觀咖啡廳意象」對「忠誠度」的正向影響力大於轉換成本較高時。也就是說，在高轉換成本的情境下，「景觀咖啡廳意象」變的較為不敏感了。基於此，在一般餐廳普遍具有低轉換成本傾向的業態中，更可突顯出「餐廳意象」的重要性。回顧過去學者的研究，大都只強調「餐廳意象」對「忠誠度」間的正向影響關係。本研究則以在餐飲管理領域中，低轉換成本之特性的觀點，更進一步的說明了「餐廳意象」的關鍵角色。

最後，再依據概念性模型進行簡單斜率分析（simple slope analysis）以瞭解干擾效果之方向性，並比較高、低轉換成本兩條迴歸線之差異。圖 11-6 呈現出轉換成本於「景觀咖啡廳意象」對「忠誠度」關係中的簡單斜率分析圖。由圖 11-6 可明顯看出，在不同的轉換成本水準下，「景觀咖啡廳意象」對「忠誠度」關係的正向影響程度（斜率），明顯會產生差異，且低轉換成本的斜率大於高轉換成本，這也說明了在低轉換成本的特質下，「景觀咖啡廳意象」對「忠誠度」的影響力高於高轉換成本時。

繪製簡單斜率分析圖的軟體，已附於範例資料夾中，其路徑與檔名為「..\sem_amos\chap11\example\Moderator slopes.xlsm」。該 Excel 軟體原始檔名為「Stats Tools Package.xlsm」，讀者亦可自行 Google，然後下載。

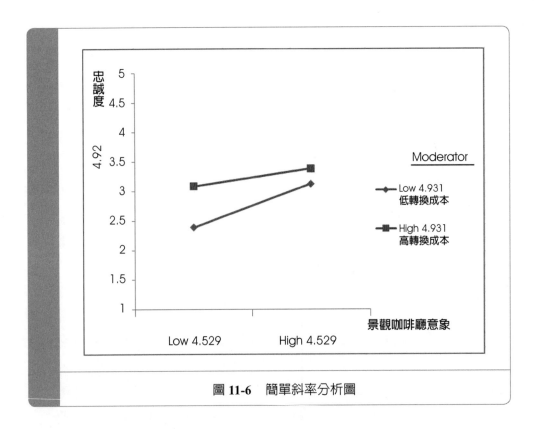

圖 11-6 簡單斜率分析圖

11-2　使用多群組結構方程模型

在第 11-1 節中，我們使用階層迴歸分析檢驗轉換成本於景觀咖啡廳意象與忠誠度間的干擾效果。由於研究中所使用的變數都是潛在變數，因此，使用階層迴歸分析其實是有爭議的，不過如前所述，第 11-1 節純粹只是為了示範如何利用階層迴歸檢驗干擾效果的方式而已。

由於潛在變數的測量會帶來測量誤差，所以有關潛在變數的干擾效果檢驗，應該還是要使用結構方程模型進行分析較為妥當。一般有潛在變數的干擾效果模型，通常只考慮如下兩種情形：一是干擾變數是類別變數，而自變數是潛在變數；另一種則是干擾變數和自變數都是潛在變數。

當干擾變數是類別變數時，一般會使用多群組結構方程模型進行分析。常見的結構方程模型分析軟體（如 Lisrel、Amos、EQS）都可以進行多群組

結構方程模型分析。其方法是，先將各分組之結構方程模型的特定路徑之迴歸係數限制為相等（簡稱受限模型），從而得到一個卡方值（χ^2）和相對應的自由度。然後去掉這個限制，重新估計模型（簡稱不受限模型），又可得到另一個卡方值和相對應的自由度。「受限模型」的卡方值減去「不受限模型」的卡方值得到一個差異卡方值（$\Delta\chi^2$），其自由度就是兩個模型的自由度之差。據此，如果 $\Delta\chi^2$ 檢驗結果是統計顯著的，則可研判干擾效果顯著。

當干擾變數和自變數都是潛在變數（通常屬連續型變數）時，則有許多不同的分析方法可用。例如 Algina 和 Moulder 的中心化乘積指標方法（Algina and Moulder, 2001）（適用於常態分布的情形），Wall and Amemiya（2000）的廣義乘積指標（GAP I）方法（可適用非常態分配的情形），這兩種方法都需要用到非線性參數限制，所以使用起來很麻煩且容易出錯。故 Marsh、Wen and Hau（2004）提出了不受限制模型的概念，這種模型不需參數限制，從而大大簡化了檢驗程序，容易被一般使用者所運用，是目前最新、最方便的方法。

當干擾變數屬連續型變數時，雖然有上述的許多方法可使用，但這些方法對一般使用者而言，都實在是太難了。因此，我們也可以使用一些分類方法（如 K 平均數集群法），而將連續型干擾變數轉換為類別變數，如此，就可使用我們所熟悉的分析軟體（如 Lisrel、Amos、EQS）檢驗干擾效果了。

▶ 範例 11-2　參考第 5-3 節範例模型三，論文【景觀咖啡廳意象、知覺價值與忠誠度─轉換成本的干擾效果】的相關說明。請使用多群組結構方程模型分析，探討轉換成本於景觀咖啡廳意象與忠誠度間是否具有干擾效果？（ex11-2.sav）

顯而易見，論文「景觀咖啡廳意象、知覺價值與忠誠度：轉換成本的干擾效果」中，所使用到的變數皆屬潛在變數（概念性模型，如圖 11-7），且其資料型態也都屬區間尺度。在這種情形下，我們欲應用結構方程模型檢驗干擾效果時，可以將干擾變數使用統計分類方法，分為兩組（如高分組與低分組）後，再進行多群組結構方程模型分析，即可檢驗出干擾效果是否存在了。

在檢驗轉換成本的干擾效果時，我們將進行以下三個步驟，以確認轉換成本在景觀咖啡廳意象與忠誠度的關係中，是否具有干擾效果。

步驟一：對干擾變數進行分組

步驟二：檢驗分組的有效性
    (1) 檢測區別函數鑑別能力
    (2) 使用獨立樣本 t 檢定

步驟三：多群組結構方程模型分析
    階段一：單樣本模型配適度檢驗
    階段二：路徑係數恆等性檢驗

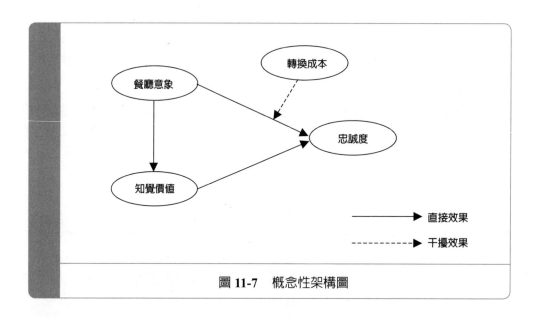

圖 11-7　概念性架構圖

11-3　步驟一：對干擾變數進行分組

對於干擾變數進行分組的方法有很多，例如：平均數法、中位數法與 K 平均數集群法等。平均數法以資料的平均數為切割點，將資料分成高、低兩組；中位數法則以資料的中位數為切割點，將資料分成高、低兩組；而 K 平均數集群法的主要目標則是要在大量高維的資料點中，找出具有代表性的資

料點,這些資料點又稱為集群中心點,然後再根據這些集群中心點,對所有資料進行分組。雖然分組方式很多,但無論如何,研究者不管使用何種方法,於分組後都必須再驗證分組的有效性。

在本書中,我們將示範 K 平均數集群法的分組方式。K 平均數集群法將針對全部樣本,依干擾變數的實際得分進行集群分析,以便能對干擾變數進行高、低分組。由分析結果得知,高分組有 195 個樣本,研究者將之命名為「高轉換成本組」;低分組有 172 個樣本,並將之命名為「低轉換成本組」。其分組過程如下:

☞ 操作過程

步驟 1:由原始問卷中可查知,轉換成本變數包含三題問項。因此,欲對轉換成本進行高低分組時,須先算出每一個受訪者於此三題項的平均得分。這個計算工作相信讀者應該都能駕輕就熟。為節省時間,故在資料檔「..\sem_amos\chap11\example\ex11-2.sav」中已計算完成,其變數名稱為「sc_avg」。

步驟 2:在 SPSS 中,執行【分析→分類→K 平均數集群】,待出現【K 平均值集群分析】對話框後,將「sc_avg」選入右邊的【變數】欄中,【集群數】輸入欄,請輸入「2」,如圖 11-8。

步驟 3:接著,於【K 平均值集群分析】對話框右方按【儲存】鈕,待開啟【K 平均數集群分析:儲存】子對話框後,請勾選【集群成員資格】,以便能將分群結果儲存在資料檔中,如圖 11-9。

步驟 4:待全部設定完成後,按【確定】鈕,即開始進行分群的工作。分群完成後,SPSS 會顯示出結果報表(表 11-2、表 11-3),並將分群的結果儲存在資料檔中,如圖 11-10。從表 11-2 中,可知集群 1 的中心點為 5.98、集群 2 的中心點為 3.74,因此,集群 1 為高分組,集群 2 為低分組。再從表 11-3 可觀察出高分組有 195 個個案,低分組有 172 個個案。此外,SPSS 也會將分群結果儲存在資料檔中,由圖 11-10,其變數名稱為「QCL_1」。變數「QCL_1」的儲存值 1 代表高分組、儲存值 2 代表低分組。

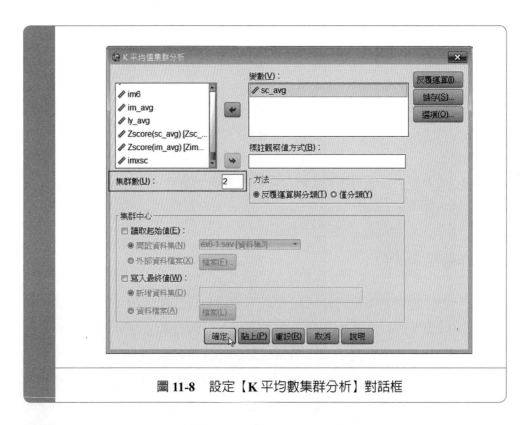

圖 11-8 設定【K 平均數集群分析】對話框

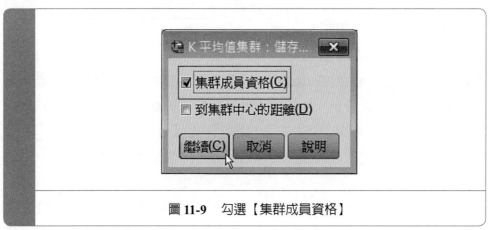

圖 11-9 勾選【集群成員資格】

表 **11-2** 集群中心點

	集 群	
	1	2
sc_avg	5.98	3.74

表 **11-3** 各集群中的觀察值個數

集群	1	195.000
	2	172.000
有效		367.000
遺漏		.000

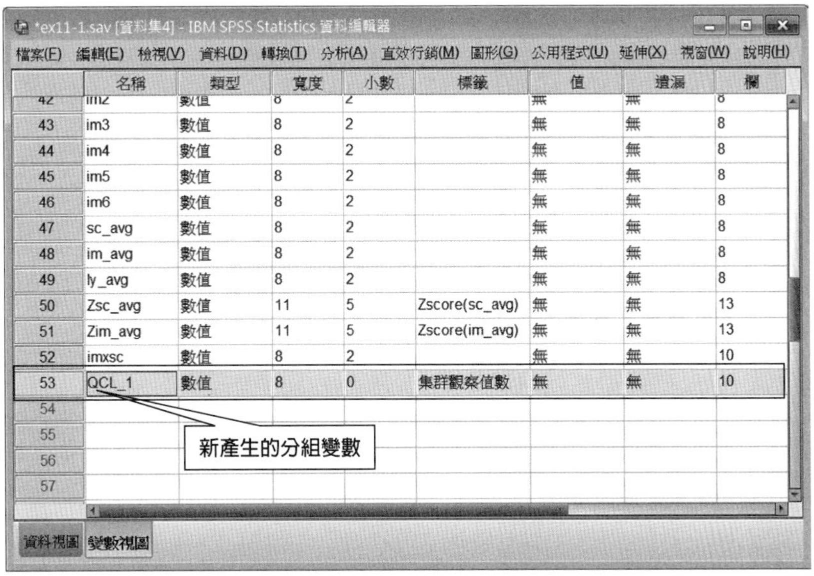

圖 **11-10** 分群結果儲存於資料檔中

步驟 5：接下來，總覺得變數的名稱「QCL_1」怪怪的，因此也可以將它改為較達意的名稱如「class」。

步驟 6：也或許會覺得 1 代表高分組、2 代表低分組，似乎不太符合常理。畢竟 1 或 2 只是代號而已，因此也可以執行【轉換→重新編碼成相同變

數】加以對換，執行後，待出現【重新編碼成相同變數】對話框後，
將變數「class」選入【數值變數】清單中，然後按【舊值與新值】鈕，
以設定對換方式，如圖 11-11。

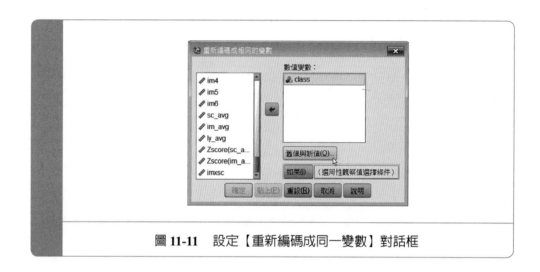

圖 11-11　設定【重新編碼成同一變數】對話框

步驟 7：按【舊值與新值】鈕後，待開啓【舊值與新值】子對話框後，將「1」
轉換爲「2」，「2」轉換爲「1」，如圖 11-12。

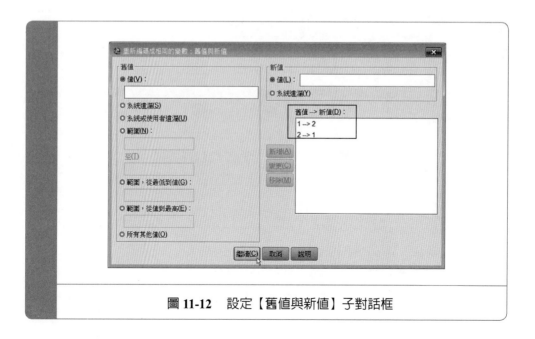

圖 11-12　設定【舊值與新值】子對話框

步驟 8：數值對換完成後，爲避免日後對變數「class」產生困擾，也可以於
SPSS 的【變數視圖】視窗之【值】欄位，爲變數「class」的欄位值
設定數值標籤。方法爲：按變數「class」後方的【值】欄位，於【值】
欄位上按灰色按鈕，待出現【值標籤】對話框後，於【值】欄位輸
入「1」，【標籤】欄位輸入「低分組」，然後按【新增】鈕，即可
設定「1=" 低分組 "」的數值標籤，使用同樣的方法，亦可設定「2="
高分組 "」的數值標籤，如圖 11-13。

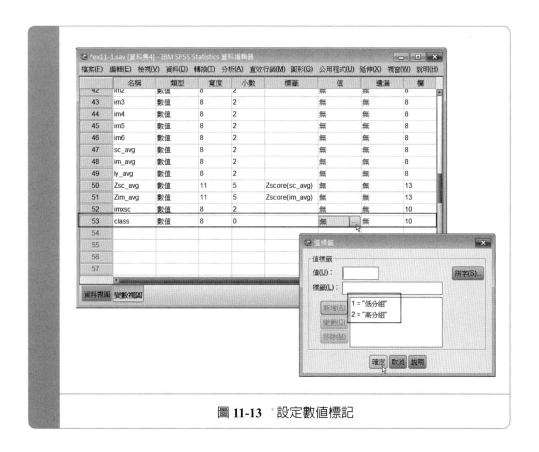

圖 11-13 · 設定數值標記

步驟 9：全部設定完成後，按【確定】鈕即可完成所有的分群工作，請記得
存檔。詳細操作過程，讀者亦可自行參閱影音檔「ex11-2-1.wmv」。

11-4　步驟二：檢驗分組的有效性

在已分群完成的情形下，爲檢驗分群的有效性，我們將利用判別分析驗證兩組樣本是否爲有效的分群結果，並以獨立樣本 t 檢定，驗證兩群樣本的平均值是否具有顯著差異。

11-4-1　判別分析

以判別函數檢測鑑別能力時，我們可以利用分群完成的實際群組別和判別分析所產生的預測群組來衡量判別函數之命中率（hit ratio），藉以作爲檢測判別函數鑑別能力之用。判別分析的操作過程如下：

☞ **操作過程**

步驟 1：接續前一節之資料檔案（ex11-2.sav）。

步驟 2：執行【分析→分類→判別】，待出現【判別分析】對話框後，將分組變數「class」選入【分組變數】欄位中，並按【定義範圍】鈕，設定組別，如圖 11-14。

步驟 3：接著，於【判別分析】對話框中，將變數「sc_avg」選入【自變數】輸入欄內，然後按下方的【分類】鈕，待出現【判別分析：分類】子對話框後，勾選【摘要表】，如圖 11-15。

步驟 4：全部設定完成後，按【確定】鈕即可完成所有工作，並跑出分類結果報表。結果報表中只要參閱【分類結果】表即可，如表 11-4。由表 11-4 中可看出，先前我們所做好的分群，再用判別分析進行交叉驗證後，分群的命中率 100%，代表先前的分組確實是有效的。

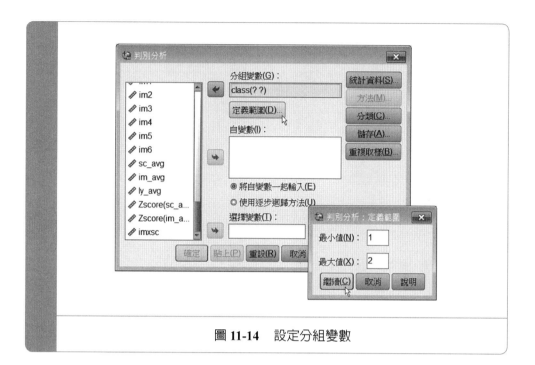

圖 11-14　設定分組變數

圖 11-15　設定【分類結果摘要】子對話框

表 **11-4** 分類結果

		class	預測的群組成員資格		總　計
			低分組	高分組	
原的	計數	低分組	172	0	172
		高分組	0	195	195
	%	低分組	100.0	.0	100.0
		高分組	.0	100.0	100.0

步驟 5：詳細操作過程，讀者亦可自行參閱影音檔「ex11-2-2.wmv」。

11-4-2　獨立樣本 t 檢定

　　為檢驗高、低分組於干擾變數（轉換成本）的認知上是否具有顯著差異，我們將進行獨立樣本 t 檢定。進行 t 檢定的目的在於證明不同組別的個案，其所認知的轉換成本是有顯著差異的。試想，若是不顯著，那分組會有意義嗎？獨立樣本 t 檢定的操作過程如下：

☞ **操作過程**

步驟 1：接續前一節之資料檔案（ex11-2.sav）。

步驟 2：執行【分析→比較平均數法→獨立樣本 t 檢定】，待出現【獨立樣本 t 檢定】對話框後，將變數「sc_avg」選入【檢定變數】輸入欄內，然後將變數「class」選入【分組變數】欄位中，並按【定義組別】鈕，設定組別，如圖 11-16。

步驟 3：全部設定完成後，按【確定】鈕即可完成所有工作，並跑出檢定報表，如表 11-5。由表 11-5 的獨立樣本檢定表中可看出，由於 Levene 檢定的顯著性為 0.424 大於 0.05，不顯著，因此可假設變異數是相等的，故後方的 t 檢定表，我們將只看「假設變異數相等」那一列，由於 t 值為 -28.680，顯著性為 0.000 小於 0.05，顯著，故可推論低分組與高分組中的受訪者對轉換成本的認知確實是存在著顯著差異的，再由【差異的 95% 的信賴區間】欄位中可發現，其上下界皆屬負值，

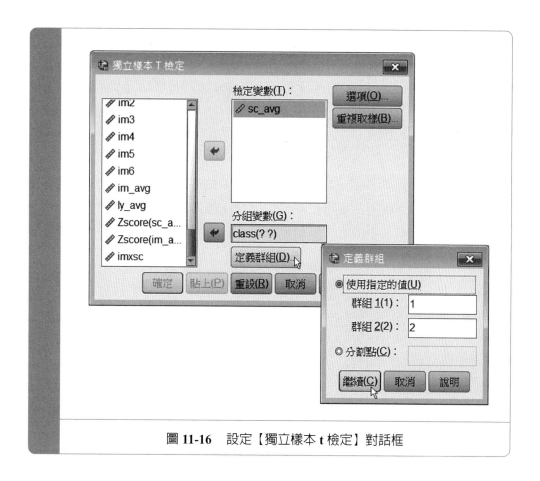

圖 11-16　設定【獨立樣本 t 檢定】對話框

表 11-5　獨立樣本檢定表

		變異數等式的 Levene檢定		平均數相等的 t 檢定						
		F	顯著性	t	自由度	顯著性（雙尾）	平均值差異	標準誤差異	差異的95% 信賴區間	
									下界	上界
sc_avg	採用相等變異數	.641	.424	−28.680	365	.000	−2.23359	.07788	−2.38674	−2.08044
	不採用相等變異數			−28.630	356.537	.000	−2.23359	.07788	−2.38702	−2.08016

　　由於「低分組減高分組」的範圍落在負數區間，由簡單的數學概念可推知，高分組中的受訪者其轉換成本的平均得分確實比低分組高。

　　而此結論也再次說明，目前我們的分組狀態是有效的、有意義的。

步驟 4：詳細操作過程，讀者亦可自行參閱影音檔「ex11-2-2.wmv」。

經判別分析與獨立樣本 t 檢定後，不論是以命中率或獨立樣本 t 檢定，其結果皆達顯著。顯示以 K 平均數集群法所呈現的分群效果十分良好，接下來將進入最後一個步驟，也就是進行干擾效果的多群組分析驗證了。

11-5　步驟三：多群組結構方程模型分析

本節將參考 Jöreskog and Sörbom（1996）的方法，採用多群組結構方程模型分析的二階段程序，進行低轉換成本與高轉換成本兩組樣本，所建構之多群組結構方程模型的恆等性檢驗來進行分析，以瞭解不同程度的轉換成本對於原始模型的現存關係是否呈現干擾效果。多群組結構方程模型分析的二階段程序中，第一階段為單樣本模型配適度檢驗；第二階段則是路徑係數恆等性檢驗。詳細操作過程之影音教學，讀者可自行觀看下列的影音檔。

11-5-1　單樣本模型配適度檢驗（階段一）

根據 Jöreskog and Sörbom（1996）的二階段檢驗程序，唯有個別群組的結構方程模型配適的情形下，才能進行多群組結構方程模型的恆等性檢驗。所謂個別群組的結構方程模型的配適度檢驗是指研究者必須先建立三個只包含單一群組的結構方程模型，包括全體樣本的結構方程模型、高轉換成本組的結構方程模型與低轉換成本組的結構方程模型，且這三個單樣本模型的配適度都須達到一般學術論文所要求的水準。

雖然，要製作三個結構方程模型看似複雜，不過不用太緊張，只是換換資料檔而已，也就是說，其實這三個模型圖都是一模一樣的，只是更換所讀取的資料而已。

一、製作三個單樣本模型

步驟 1：先製作整體模型圖

相信這個工作讀者應該已能駕輕就熟，所以為節省時間，該模型圖已先行製作完成，其路徑與檔名為「..\sem_amos\chap11\example\PA_干擾_轉換.amw」，如圖 11-17。

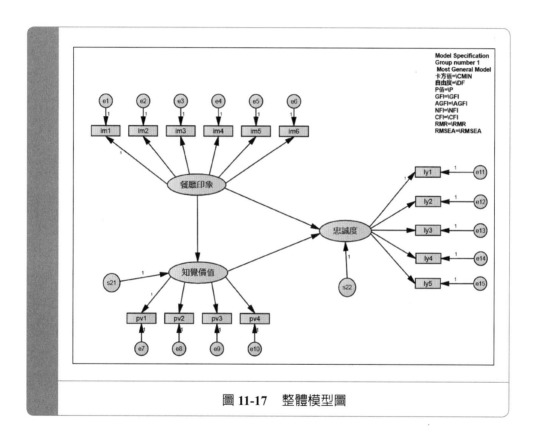

圖 11-17　整體模型圖

步驟 2：建立全樣本模型

在 Amos 中，請開啟「..\sem_amos\chap11\example\PA_干擾_轉換.amw」，就可看到論文「景觀咖啡廳意象、知覺價值與忠誠度：轉換成本的干擾效果」的整體模型圖，這個模型圖所讀取的資料為「ex11-2.sav」檔案中所有的資料，因此它就是我們所必須製作的第一個單樣本模型，即全樣本模型，請直接另存新檔，檔名：PA_干擾_轉換_全樣本.amw，如圖 11-18。

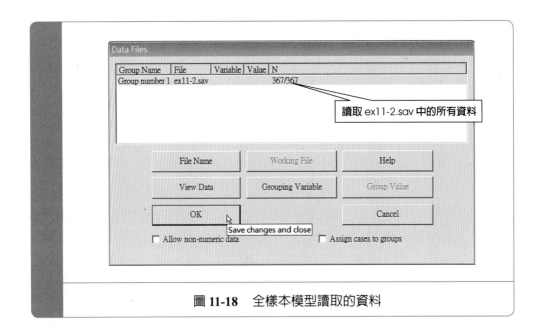

圖 **11-18** 全樣本模型讀取的資料

步驟 3：建立高轉換成本組模型

所謂高轉換成本組模型意指整體模型所讀取的資料只包含高轉換成本組的個案。也就是說檔案「ex11-2.sav」中，變數「class」值為「2」的個案，才屬高轉換成本組模型所應讀取的資料。設定方式為：開啟「PA_ 干擾 _ 轉換 .amw」後，按工具箱中的【Select data files】 鈕，待開啟【Data Files】視窗後，按【Grouping Variable】鈕，以選取分組變數，在此請選取變數「class」，然後再按【Group Value】鈕，以設定分組變數值，在此請選擇「2」，完成後按「OK」鈕，即可設定完成，如圖 11-19。完成後，請直接另存新檔，檔名：PA_ 干擾 _ 轉換 _ 高轉換成本組 .amw。

步驟 4：建立低轉換成本組模型

所謂低轉換成本組模型意指整體模型所讀取的資料只包含低轉換成本組的個案。也就是說檔案「ex11-2.sav」中，變數「class」值為「1」的個案，才屬低轉換成本組模型所應讀取的資料。設定方式與步驟 3 略同，請依圖 11-20，設定【Data Files】視窗。完成後，請直接另存新檔，檔名：PA_ 干擾 _ 轉換 _ 低轉換成本組 .amw。

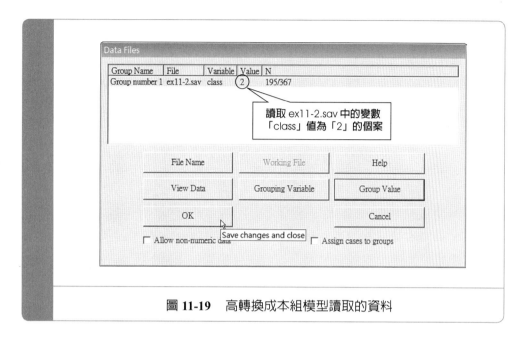

圖 **11-19** 高轉換成本組模型讀取的資料

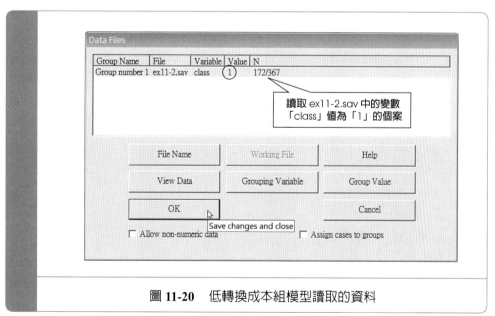

圖 **11-20** 低轉換成本組模型讀取的資料

步驟 5：詳細操作過程，讀者亦可自行參閱影音檔「ex11-2-3.wmv」

二、單樣本模型配適度檢驗

三個單樣本模型都製作完成後，即可開始評鑑這三個模型。此一階段評鑑模型的基本原則是三個模型的配適狀況全都要符合一般學術論文的基本要求。請依次執行「PA_ 干擾 _ 轉換 .amw_ 全樣本 .amw」、「PA_ 干擾 _ 轉換 .amw_ 高轉換成本組 .amw」與「PA_ 干擾 _ 轉換 .amw_ 低轉換成本組 .amw」等模型。然後將各模型的配適指標整理成表11-6。以利後續的配適評鑑工作。

觀察表 11-6，高轉換成本組模型與低轉換成本組模型中，除了少數幾個配適指標外（表 11-6 中具灰色網底的儲存格），各模型的配適指標大部分都可符合一般學術論文的要求。這個現象可能是因為高轉換成本組模型與低轉換成本組模型的樣本數較少，因而導致此兩模型的 RMR 較大、CN 值較小，遠離標準值較多，而其餘未達標準值的指標，其實是相當接近標準值的。整

表 11-6 單樣本模型配適度指標檢核表（階段一）

統計檢定量		標準值	全樣本	高轉換成本組	低轉換成本組
絕對配適指標	χ^2	越小越好	120.023（p=0.011）	121.673（p=0.008）	129.256（p=0.002）
	$\chi^2\backslash df$	1～5 之間	1.380*	1.399*	1.486*
	GFI	大於 0.9	0.959*	0.927*	0.914*
	AGFI	大於 0.9	0.944*	0.899	0.881
	RMR	小於 0.08	0.074*	0.119	0.1
	SRMR	小於 0.08	0.038*	0.061*	0.052*
	RMSEA	小於 0.08	0.032*	0.045*	0.053*
增量配適指標	NFI	大於 0.9	0.957*	0.921*	0.904*
	NNFI	大於 0.9	0.985*	0.971*	0.959*
	CFI	大於 0.9	0.988*	0.976*	0.966*
	RFI	大於 0.9	0.948*	0.905*	0.884
	IFI	大於 0.9	0.988*	0.976*	0.966*
精簡配適指標	PNFI	大於 0.5	0.793*	0.763*	0.749*
	PGFI	大於 0.5	0.695*	0.672*	0.663*
	CN	大於 200	335*	176	146

*表符合標準

體而言，在指標多數決的原則下，三個單樣本模型的配適度應已達可接受的水準。在此情形下，我們即可進入另一階段的路徑係數恆等性檢驗。

11-5-2　路徑係數恆等性檢驗（階段二）

在階段二的路徑係數恆等性檢驗中，其主要程序是，先將各分組之結構方程模型中，在欲探討干擾效果的路徑上（在本例為「餐廳意象→忠誠度」），將其路徑係數限制為相等，從而得到一個卡方值（χ^2）和相對應的自由度（模型二，此即干擾模型，又稱受限模型）。然後去掉這個限制，重新估計模型，又可得到另一個卡方值和相對應的自由度（模型一，即基準模型，又稱不受限模型）。模型二的卡方值減去模型一的卡方值而可得到一個差異卡方值（$\Delta\chi^2$），其自由度就是兩個模型的自由度之差。根據此自由度差，如果 $\Delta\chi^2$ 檢驗結果是統計顯著的，那麼就可推論干擾效果顯著。因為 $\Delta\chi^2$ 值顯著，我們就不能接受路徑係數相等的假設，而會認為不同的干擾變數水準下，同一路徑的路徑係數是不相等的，因此干擾效果確定存在。

基於此，我們需要建立多群組的結構方程模型，以建立前述的模型一與模型二，然後再比較此兩模型的卡方值、自由度與路徑係數。

模型一：基準模型（不受限模型）。群組間沒有任何恆等性假設。

模型二：恆等性模型（受限模型），即干擾模型。群組間對某些路徑係數設定為相等。

一、建立多群組結構方程模型

步驟 1：在 Amos 中，請開啟「..\sem_amos\chap11\example\PA_干擾_轉換.amw」，請先另存新檔為「PA_干擾_轉換_多群組.amw」。

步驟 2：設定為兩個群組。

目前的「PA_干擾_轉換_多群組.amw」中只有一個群組，其名稱為「Group number 1」，為進行高轉換成本組模型與低轉換成本組模型的恆等性比較，我們需要改變群組的狀態，讓模型分屬兩群組。第一群名為「Low_Switch Group」（即低轉換成本組，使用英文是為

了不使報表產生亂碼）、第二群名為「High_Switch Group」（即高轉換成本組）。

請執行【Analyze\Manage Groups】，待出現【Manage Groups】視窗後，於【Group Name】輸入欄中將目前的群組名稱「Group number 1」改為「Low_Switch Group」，然後按【New】鈕以新增一個群組，接著再於【Group Name】輸入欄中輸入第二個群組名稱「High_Switch Group」，最後按「Close」鈕，即可完成設定，並可在【模型資訊視窗】的【群組檢視區】看到所設定的兩個群組名稱，「Low_Switch Group」與「High_Switch Group」，如圖 11-21。

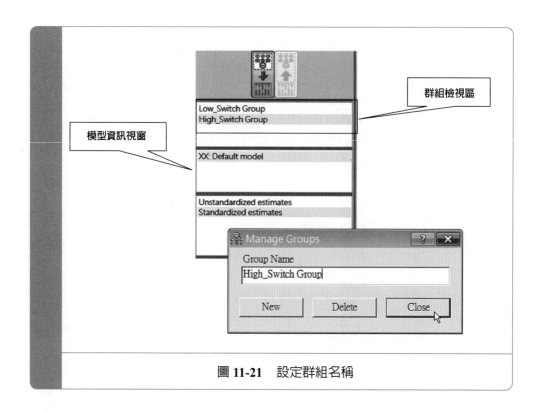

圖 11-21　設定群組名稱

步驟 3：於基準模型（模型一）中，設定各群組之路徑係數。

接著於要檢定是否存在干擾效果的路徑上設定路徑係數之名稱，以便將來能於干擾模型中設定路徑係數的恆等性。

在選取【Default Model】（即基準模型）的情形下，先於【群組檢視區】選取「Low_Switch Group」群組，然後在「餐廳意象→忠誠度」的路徑上，按滑鼠右鍵，待出現快捷功能表後，選取【Object Properties】功能，以開啟【Object Properties】視窗，視窗開啟後選取【Parameters】標籤頁，於下方的【Regression weight】輸入欄輸入「low」。也就是說，將「Low_Switch Group」群組於「餐廳意象→忠誠度」路徑上的係數設定其名稱為「low」，如圖 11-22。接著使用同樣的方法，設定「High_Switch Group」群組於該路徑上的係數名稱為「high」。

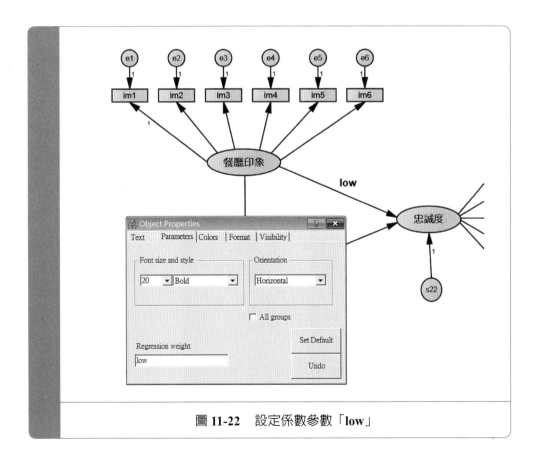

圖 11-22　設定係數參數「low」

步驟 4：新增干擾模型（模型二）並設定各群組之路徑係數。

由【模型資訊視窗】的【模型檢視區】中可查知，目前於各群組中只有一個模型，其名稱爲「Default model」，即預設模型，也就是本小節中所提及的模型一：基準模型。在此基準模型的路徑上我們將不做任何的恆等性，保留原狀即可（但已於步驟 3 設定各路徑名稱）。但是爲檢驗干擾效果，因此我們須新增一個干擾模型。

請執行【Analyze → Manage Models】，待出現【Manage Models】視窗後，於視窗下方按「New」鈕，以新增一個模型。接著在上方的【Model Name】輸入欄內輸入新模型的名稱，在此請輸入「Moderator」。然後於【Parameter Constrains】輸入欄中輸入恆等性限制式，在本例中請輸入「low=high」，如圖 11-23。完成後，【模型檢視區】應可出現兩個模型，如圖 11-24。

步驟 5： 設定各模型所該讀取的資料檔。於工具箱中，按【Select data files】
鈕，待開啟【Data Files】視窗後，將【Data Files】視窗設定成

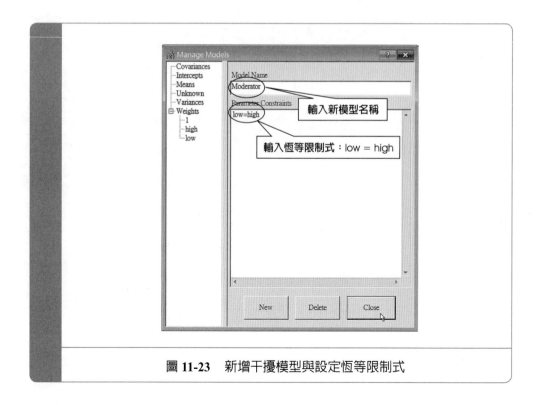

圖 11-23　新增干擾模型與設定恆等限制式

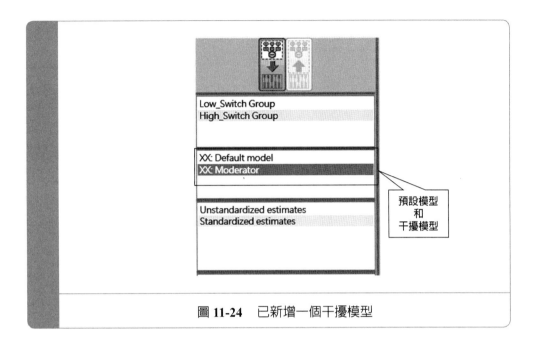

圖 11-24 已新增一個干擾模型

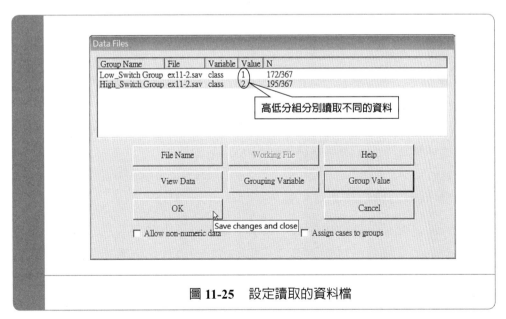

圖 11-25 設定讀取的資料檔

如圖 11-25。即「Low_Switch Group」群組的「class」設定為 1（即讀取低轉換成本組的樣本之意），而「High_Switch Group」群組的「class」設定為 2（即讀取高轉換成本組的樣本之意）。

步驟 6：建立多群組結構方程模型的過程至此已全部完成，請記得存檔。詳細操作過程，讀者亦可自行參閱影音檔「ex11-2-3.wmv」。

二、干擾效果的檢驗原則

建立好多群組結構方程模型後，就可執行「PA_干擾_轉換_多群組.amw」了，執行後將輸出資料整理成表 11-7、表 11-8、圖 11-26，根據這些圖表，我們將檢驗：

1. 基準模型（Default model）與干擾模型（Moderator model）的卡方值差（$\Delta\chi^2$）是否顯著？
2. 當證明轉換成本的干擾效果確實存在後，尚須觀察在干擾效果下，路徑係數的變化情況。

因為，卡方值差檢定的虛無假設是基準模型與干擾模型無顯著差異。基本上，這兩個模型的本質差異，只在高轉換成本組模型與低轉換成本組之「餐廳意象→忠誠度」路徑係數設為相等這個限制而以。因此，若檢定的結果不顯著，那麼所代表的意義即是基準模型與干擾模型沒有差異，換句話說，「路徑係數恆等性」這個限制式是可成立的，其所代表的意義即是高轉換成本組與低轉換成本組之路徑係數是相等的，也就是說，轉換成本無法干擾該路徑係數的大小與方向。反過來說，如果卡方值差（$\Delta\chi^2$）顯著時，那麼就意涵著轉換成本會干擾該路徑係數的大小或方向。

三、干擾效果的檢驗結果

在階段二的路徑係數恆等性檢驗中，是透過基準模型與擾模型的分析與比較來進行的。模型一為基準模型，即群組間沒有任何恆等性假設，是高、低轉換成本兩組獨立無關聯但結構相同的模型之組合，其卡方值為兩個個別樣本以同一因素結構進行估計時的總和。模型二為基準模型下加入路徑係數限制式「low=high」之模型（干擾模型），即假設高與低轉換成本組的路徑係數相等，多群組分析結果如表 11-7 所示，可知模型一（基準模型）之卡方值為 250.937（df = 174）、模型二（干擾模型）之卡方值為 254.880（df=

175），並且模型一與模型二相差 1 個自由度，而模型一與模型二的卡方值差異為 3.943，大於兩者自由度差距為 1 個自由度之卡方值 3.84（α=0.05 時），可見卡方值差異顯著。

由於此兩模型的差距只在於模型二中加入了限制式「low=high」，故在兩模型卡方值差異達顯著的情況下，代表該限制式（兩群組路徑係數相等的假設）不成立，因此高轉換成本組與低轉換成本組在「餐廳意象→忠誠度」之路徑估計值並不相等，藉此即可推知轉換成本的干擾效果顯著。

進一步比較高、低轉換成本兩組的路徑係數的大小（如表 11-8、圖 11-26 所示）。結果顯示，在餐廳意象對忠誠度的影響路徑上，高轉換成本組模型中的路徑係數（0.276）小於低轉換成本組模型中的路徑係數（0.339），亦即低轉換成本時，餐廳意象對忠誠度的正向影響力強於高轉換成本時。由此即可驗證出，轉換成本在餐廳意象對忠誠度的關係中所扮演干擾的角色。這說明了：常被歸類為屬低轉換成本的餐廳，業者更應重視景觀咖啡廳意象的型塑，讓消費者感受到深刻的正向印象，如此才能有效的提升消費者的忠誠度。

表 11-7 兩樣本路徑係數恆等性檢驗結果表（階段二）

模　型	說　明	卡方值	自由度	與模型一的卡方值差異
模型一	基準模型	250.937	174	
模型二	干擾模型	254.880	175	3.943*

表 11-8 高與低轉換本組模型之路徑係數分析表

路　徑	低轉換成本	高轉換成本
	估計值	估計值
餐廳意象→忠誠度	0.339*	0.276*

註：「*」表顯著水準為 0.05 時顯著

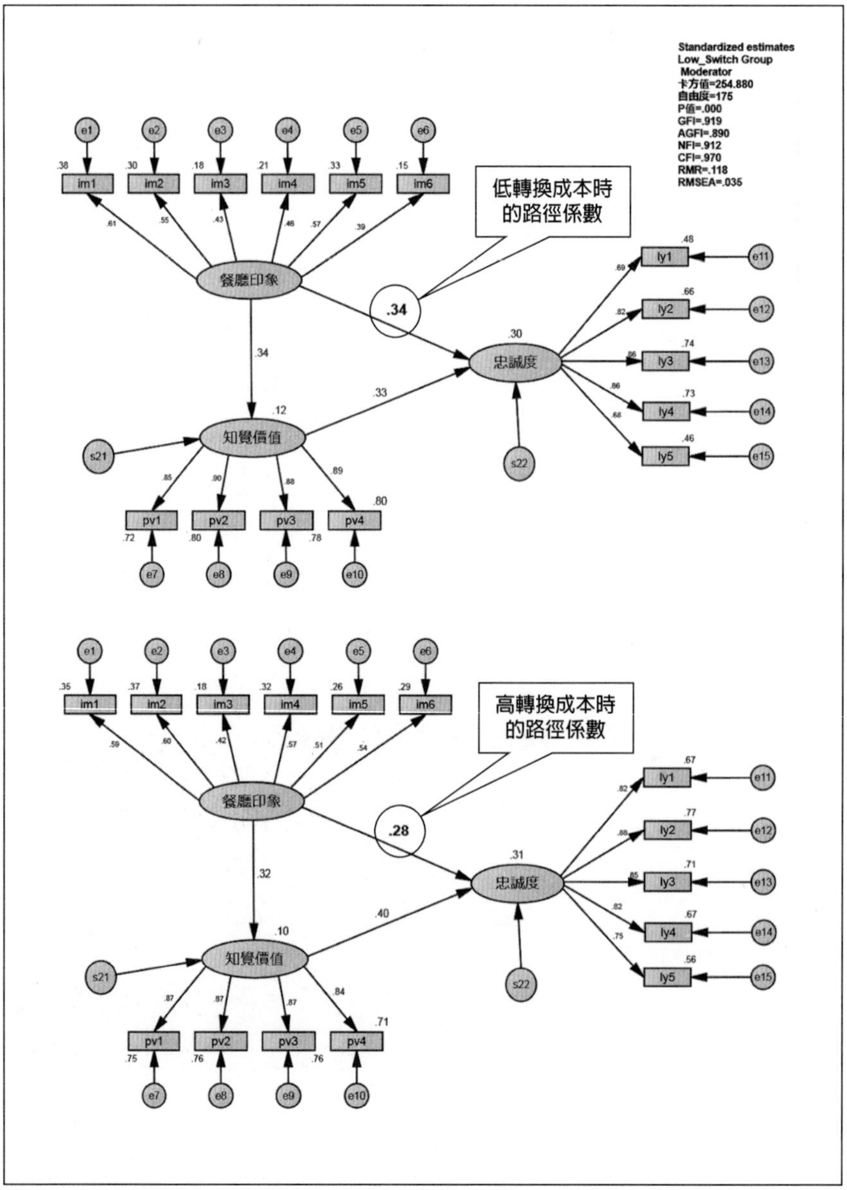

圖 11-26　高、低轉換成本組路徑分析圖

第 11 章　習題

⑤ 練習 11-1

請描述如何利用多群組結構方程模型驗證干擾效果？

⑤ 練習 11-2

論文「景觀咖啡廳意象、知覺價值與忠誠度：轉換成本的干擾效果」的原始問卷，如附錄三，請使用多群組結構方程模型，探討轉換成本於知覺價值與忠誠度間是否具有干擾效果？（路徑「..\sem_amos\chap11\exercise\」中已提供所需檔案 hw11-1.sav 與 PA_ 干擾 _ 轉換 .amw）

Chapter

12

拔靴法

本章將詳細介紹如何使用拔靴法（Bootstrp）估算標準誤的近似值以利各類參數的檢定、估計值的偏差修正與中介效果的檢定。內容主要有三：

◆ 拔靴法的基本概念
◆ Bollen-Stine 拔靴法
◆ 中介效果檢定
◆ 多重中介效果檢定

12-1　拔靴法的基本概念

拔靴法最先是由 Efron（1979）所提出的一種投返式的重複抽樣（resampling）過程。它會將原始的觀察值當作是母體，而進行投返式的重複抽樣，當抽出的樣本數達預先設定的數量（即達拔靴樣本數之意）時，即把這些已抽出的觀察值，集合成一個子樣本（或稱拔靴樣本）。每一子樣本抽出形成後，隨即進行運算並記錄執行結果的分配特性（如參數平均數、標準差等統計量），經多次重複此過程後，當特定量的子樣本數量（即拔靴抽樣數，Bootstrap samples）被抽出後（如 2,000 個子樣本），即停止運算，然後針對每次抽樣所得到的子樣本經配適後，演算結果的分配特性進行統計，以求取原先因資料不足而無法探討的資料分配特性（如標準誤）。抽樣過程中，投返式意味著每次抽樣後，隨機由母體中被抽出的觀察值會於下次抽樣前，再次被放回母體中。也就是說，每次抽樣時，母體內的觀察值之內容或數量永遠不變之意。故對某特定的觀察值而言，它可能會多次的包含於各子樣本中（被抽中），當然也可能會不屬於其他的子樣本（沒被抽中），如圖 12-1。

圖 12-1 為拔靴法之示意圖，簡略說明了拔靴法的運作原理。進行拔靴法時，必須明確說明兩件事，一為拔靴抽樣數；另一為拔靴樣本數（Bootstrap cases）。拔靴抽樣數代表從原始樣本（母體）所抽出的子樣本數量，進行拔靴法時，為使最終統計結果更精確，通常要求較大的拔靴抽樣數，且至少要大於母體中的觀察值數量。學界一般建議的拔靴抽樣數為 2,000 個。拔靴樣本數則是每個子樣本中觀察值的數量，對於拔靴樣本數的決定原則為其數量

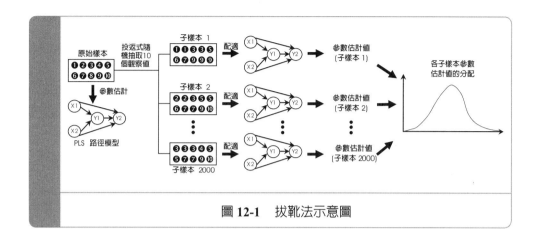

圖 12-1　拔靴法示意圖

應等於原始樣本中的觀察值數量。例如：原始樣本中有 240 個觀察值，那麼拔靴樣本數就是 240 個，當拔靴抽樣數為 2,000 時，即代表所抽出的 2,000 個子樣本中，每個子樣本內應該都須具有 240 個觀察值（拔靴樣本數），否則參數的顯著性檢定結果將產生系統性偏誤。

　　拔靴法中，每個被抽出來的子樣本都將被用來配適，以進行測量模型或結構模型之估計，亦即拔靴抽樣數為 2,000 時，就進行了 2,000 次的模型估計，這些參數估計結果將可被視為一種分配，即拔靴分配。根據拔靴分配可求算出估計參數的標準誤與標準差，進而計算出估計參數的 t 值。當 t 值大於 1.96 時，則我們可以推論在顯著水準 5% 下，估計參數顯著不為 0（或稱為具顯著性）。

12-2　Bollen-Stine Bootstrap 法

　　論文「品牌形象、知覺價值與品牌忠誠度關係之探討」的概念性架構經結構模型分析後，可從 Amos 報表中得到各種配適度指標，如表 9-2。從表 9-2 中可知：卡方值為 159.499、顯著性為 0.000。明顯的表明結構模型與資料的配適度不佳，故研究者所提出的概念性模型理應被拒絕。

　　雖然，Bagozzi and Yi（1988）曾提及卡方檢定本身易受樣本數大小的影響，因此不可只參考卡方值來判斷結構模型的配適度是否良好，故建議使用卡方值與自由度之比值（即 normed Chi-Square）來取代卡方值以檢定模型配

適度，同時建議其比值宜介於 1～5 之間，而最好是小於 3。但是，研究者心中仍難免會有「模型配適不佳，到底是因樣本數過大或者是概念性模型本身（界定）有問題呢？」的疑問。

解決此疑問，可利用 Bollen and Stine（1992）所提出的 Bootstrap 方法（即 Bollen-Stine Bootstrap 法）解決。此外，雖然在第 7 章中已證實：論文「品牌形象、知覺價值與品牌忠誠度關係之探討」的資料檔是符合多元常態性的，但是在考量非多元常態可能造成卡方值異常膨脹與違犯估計問題時，亦可利用 Bollen-Stine Bootstrap 法（又稱 Bollen-Stine p-value correction method）來進行模型適配度卡方值之 p 值（顯著性）的校正（Bollen & Stine, 1992）。當然，若校正的結果是可接受時，那麼表 9-2 中的各種模型適配度指標也要跟著卡方值之 p 值作校正才行，也就是說表 9-2 中的第 3 欄（即檢定結果欄）內的各種模型適配度指標值，全部都要修正成執行 Bollen-Stine Bootstrap 法後所得的修正值。

▶ 範例 12-1

論文「品牌形象、知覺價值與品牌忠誠度關係之探討」的原始問卷，如附錄一，其原始資料檔為「ex12-1.sav」，試利用 Bollen-Stine Bootstrap 法，以釐清造成卡方值之 p 值顯著的原因。

由於，最大概似法（Maximum likelihood, ML）所估計出的模型卡方值，表明結構模型與資料的配適度不佳（如表 9-2）。基於此，研究者想釐清造成卡方值之 p 值顯著的原因，故乃遵從 Bollen and Stine（1992）建議使用 Bootstrap 法來修正卡方值。Bollen-Stine 拔靴法的虛無假設（H_0）為「拔靴法修正後的模型卡方值與原始樣本卡方值沒有差異」。

本範例中，將藉由 Bootstrap 法的手法，而進行 2,000 次的模型估計以進行檢定。詳細操作步驟如下：

步驟 1：首先，於 Amos Graphics 中，開啟結構（整體）模型圖，其路徑與檔名為「..\sem_amos\chap12\example\ 整體模型圖 .amw」。然後，將資料檔設定為「ex12-1.sav」。

步驟 2：設定「Bootstrap」功能的執行方式。於工具箱中按【Analysis properties】鈕後，會開啟【Analysis Properties】對話框（分析屬

性對話框）。【Estimation】標籤頁與【Output】標籤頁皆已預先設定完成，在此主要將說明「Bootstrap」功能的設定。

首先，選取【Bootstrap】標籤頁後，即可設定執行 Bootstrap 法的方式。於【Bootstrap】標籤頁中，請勾選「Perform Bootstrap」選項與「Bollen-Stine Bootstrap」選項，且設定「Number of Bootstrap samples」（拔靴抽樣數）為 2,000 個後，即可完成基本設定，如圖 12-2。

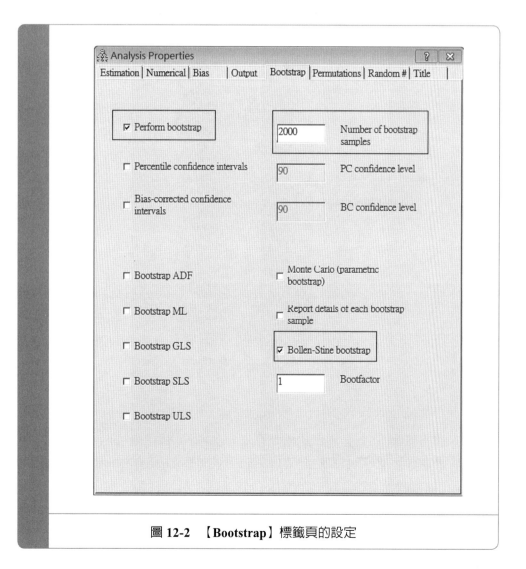

圖 12-2　【Bootstrap】標籤頁的設定

步驟 3：當設定好【Analysis Properties】對話框後，於工具箱中，按【Calculate Estimates】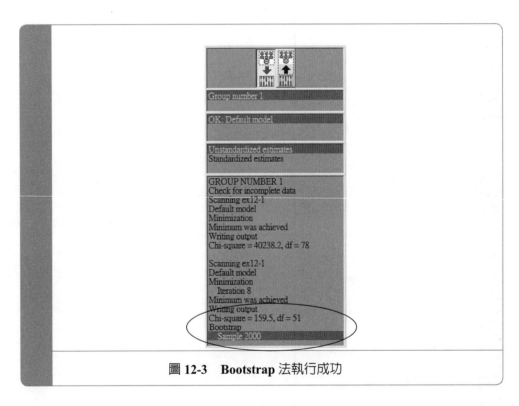 鈕後，若是模型沒有出現任何錯誤或警告訊息，則表示觀察資料能讓 Amos 於估計參數時獲得了「收斂」（即執行成功）。此時，【Models】視窗中會出現「OK：Default Model」的訊息，而【Computation Summary】（計算摘要）視窗中會出現如圖 12-3 的結果，該視窗所說明的訊息有資料檔檔名、模型名稱、程式估計時疊代的次數、順利寫入輸出結果、卡方值與模型的自由度等。

圖 12-3　Bootstrap 法執行成功

步驟 4：查看 Summary of Bootstrap Iterations（拔靴疊代摘要）。於工具箱中按【View Text】（查閱輸出報表）鈕，待出現【Amos Output】視窗後，選取視窗左邊的【Summary of Bootstrap Iterations】目錄，即可查看拔靴法進行過程中，2,000 個拔靴抽樣數之配適收斂的疊代次數狀況，如圖 12-4。疊代次數愈少表示模型配適狀況愈好。本範例於第 19 疊代即可完全收斂，故模型的配適狀況良好。

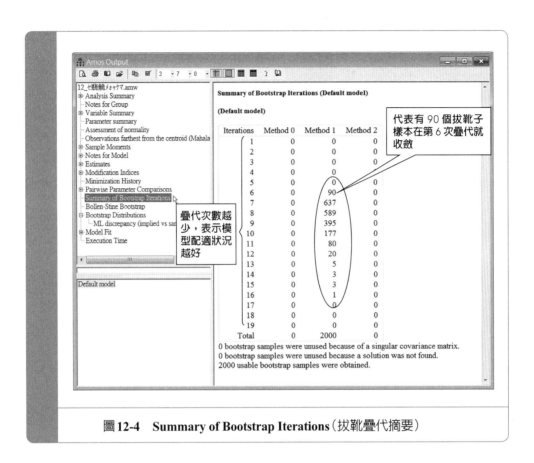

圖 12-4 **Summary of Bootstrap Iterations**（拔靴疊代摘要）

步驟 5：查看 Bollen-Stine Bootstrap p 值。於【Amos Output】視窗中選取
視窗左邊的【Bollen-Stine Bootstrap】目錄，即可查看 Bollen-Stine
Bootstrap p 值，如圖 12-5。

由圖 12-5 可知，重新計算後，2,000 個拔靴樣本之配適結果全部優
於原始樣本。且配適結果也沒有和原始樣本相等或較差者。Bollen-
Stine Bootstrap p 值爲 0.000，意指下一個出現不好模型的機率爲
0.0%。

此外，Bollen-Stine Bootstrap 法的虛無假設爲「拔靴法修正後的模型
卡方值與原始樣本卡方值沒有差異」。因爲 Bollen-Stine Bootstrap p
值爲 0.000，故應拒絕虛無假設，即表示「拔靴法修正後的模型卡方
值與原始樣本卡方值具有顯著差異」。且有 2,000 個拔靴樣本都優於

原始樣本卡方值。因此，可推論由最大概似估計法，所估算出較大的卡方值與顯著性（p 值）小於 0.05，而導致模型被認為配適不佳的現象，純粹是因為樣本數過大所造成，而不是模型界定有問題。

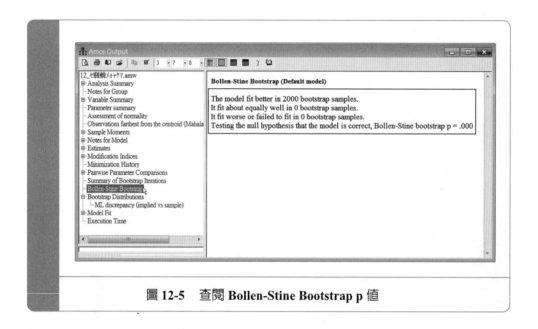

圖 12-5　查閱 Bollen-Stine Bootstrap p 值

步驟 6：查閱 2,000 個拔靴樣本配適後之卡方平均值。於【Amos Output】視窗中選取視窗左邊的【Bollen-Stine Distributions】目錄，即可查看 2,000 個拔靴樣本配適後之卡方平均值，如圖 12-6。由圖 12-6 可知，卡方平均值為 56.792，未來將以此值代表拔靴法修正後的模型卡方值，並藉以更新所有的模型配適度指標值（須依各配適度指標的公式自行計算）。

步驟 7：重新計算所有的模型配適度指標值。由於模型的卡方值將以拔靴法修正後的模型卡方值（56.792）替代，又因各配適度指標值的計算公式皆與卡方值有關，故必須重新計算所有的模型配適度指標值。然而，Amos 並無提供經 Bootstrap 法後重新計算的配適度指標值，因此必須由研究者根據各配適度指標值的計算公式自行計算。為方便計算，本書已將該計算工作研製成 Excel 檔，其路徑與檔名為「..\

sem_amos\chap12\example\bollen-stine Bootstrap corrected chi-square.
xls」，讀者可自行運算，相當方便，如圖 12-7。

步驟 8：詳細操作過程，讀者亦可自行參閱影音檔「ex12-1.wmv」。

圖 12-6　2,000 個拔靴樣本配適後之卡方平均值

	A	B	C
1	**Bollen-Stine bootstrap 估計的平均 χ 2 值，重新計算所有的模型配適度指標**		
2	原始ML估計 Chi-square	159.499	
3	Degree of freedom(DF)	51	
4	Independence model Chi-square	1827.306	
5	Independence model(DFi)	66	原始模型輸出資料，請讀者自行輸入
6	樣本數	334	
7	觀察變數個數(k)	12	
8	F_MIN	0.479	
9	原始GFI	0.919	
10	F_s0	5.914	求算新GFI用的，會自動計算
11	修正的F_MIN	0.171	
12			
13			
14	Bollen-Stine Chi-square	56.792	拔靴法修正後的模型卡方值，讀者自行輸入
15	χ^2/df	1.114	
16	Goodness of fit index (GFI)	0.971	
17	Adjusted goodness of fit index (AGFI)	0.956	
18	Normed fit index (NFI)	0.969	
19	Relative fit index (RFI)	0.960	
20	Incremental fit index (IFI)	0.997	
21	Non normed fit index (NNFI, TLI)	0.996	
22	Comparative fit index (CFI)	0.997	
23	Root mean square error of approximation (RMSEA)	0.018	
24	Root mean square residual (RMR)	0.089	原始模型輸出資料，請讀者自行輸入
25	Standardized root mean square residual (SRMR)	0.043	原始模型輸出資料，請讀者自行輸入
26	Parsimonious normed fit index (PNFI)	0.749	(df/dfi)*NFI
27	Parsimonious comparative fit index (PCFI)	0.770	(df/dfi)*CFI
28	Parsimonious goodness of fit index (PGFI)	0.635	(2df/(k*(k+1)))*GFI
29	Critical N	404	

求算配適度指標值 / 原始表單勿編輯

就緒

圖 12-7　重新計算所有的模型配適度指標

☞ 總結

經 Bollen-Stine Bootstrap 法修正卡方值後，重新計算所有的模型配適度指標值，其結果如表 12-1。從 12-1 中的絕對配適指標得知，除卡方值與 RMR 仍未通過可以接受模型的標準之外，其餘指標皆顯示模型可以接受。就卡方值而言，通常其受樣本數影響很大。所以學者認爲可以不必太在乎這個指標，甚至可由卡方自由度比來取代之。本範例的卡方自由度比爲 1.114，已達標準值。RMR（0.089）雖未達到標準值 0.08，但亦相當接近，若考量 SRMR，其值只有 0.043，顯示模型的測量殘差應可接受。由於大部分的絕對配適指標均通過標準，顯示模型可以被接受。此外，增量配適指標與精簡配適指標，經 Bollen-Stine Bootstrap 修正後，所有指標亦皆已達學術要求水準。

整體而言，三類型指標顯示這個模型是一個配適良好的模型。

表 12-1　整體模型配適度指標檢核表

統計檢定量		標準值	原始配適結果	Bollen-Stine Bootstrap 修正後結果	模型配適判斷
絕對配適指標	χ^2	愈小愈好（P ≥ α值）	159.499(p=0.000)	56.792(p=0.000)	否
	χ^2/df	1~5 之間	3.127	1.114	是
	GFI	大於 0.9	0.919	0.971	是
	AGFI	大於 0.9	0.876	0.956	是
	RMR	小於 0.08	0.089	0.089	否（接近）
	SRMR	小於 0.08	0.043	0.043	是
	RMSEA	小於 0.08	0.080	0.018	是
增量配適指標	NFI	大於 0.9	0.913	0.969	是
	NNFI	大於 0.9	0.920	0.996	是
	CFI	大於 0.9	0.938	0.997	是
	RFI	大於 0.9	0.887	0.960	是
	IFI	大於 0.9	0.939	0.997	是
精簡配適指標	PNFI	大於 0.5	0.705	0.749	是
	PGFI	大於 0.5	0.601	0.635	是
	CN	大於 200	144	404	是

12-3　中介效果檢定

傳統上，研究者經常採用 Causal step approach 來檢定中介效果，也就是 Baron and Kenny（1986）所提出的四條件法（詳見第 10-1 節）。然而，此中介四條件法須用階層迴歸分析來進行檢定，階層迴歸分析屬第一代的統計方法，於處理潛在變數的測量上，恐力不從心。Hayes（2009）認為 Sobel test 可彌補 Causal step approach 的不足，然 Sobel test 最大缺點是假設間接效果之樣本分配為常態，但此條件似又過於嚴苛（Bollen & Stine, 1990）。因此，在不能確定樣本的常態性或小樣本的情形下，學者們紛紛改採用 Boostrap 法，

以估計間接效果的標準誤及信賴區間，進而分析並檢定中介效果。

使用 SEM 分析檢驗中介效果時，近年期刊論文的主流是 Bootstrap 法。Bootstrap 法可以輔助估計間接效果的標準誤及非標準化係數，再計算非標準化係數 / 標準誤而得 z 值，據此，若 z 值大於 1.96，則可判斷中介效果顯著。另一方面，Bootstrap 法也可以藉由多次間接效果值之估算結果，而形成間接效果值的分配，進而運用信賴區間的概念，求出間接效果的信賴區間（Bias Corrected 或是 Percentile 95% 信賴區間），如果該信賴區間未包含 0，則稱中介效果顯著（Mackinnon, 2008）。

此外，Cheung and Lau（2008）、Cheung（2009）、Lau and Cheung（2012）等學者亦針對中介效果的類型（部分中介或完全中介），亦提出了具體的判斷方式：

1. 間接效果值的 95% 信賴區間內，若包含 0 值，代表未顯著，即表示無中介效果。

2. 間接效果值的 95% 信賴區間內，若不包含 0，代表顯著，即表示有中介效果。再者，如果直接效果值的 95% 信賴區間內，若包含 0 值，則表示直接效果不顯著，那麼就屬完全中介效果。

3. 間接效果與直接效果值的 95% 信賴區間內，若皆不包含 0 值，代表均顯著；且總效果值的 95% 信賴區間內不包含 0 值（顯著），則屬部分中介效果。

▶ **範例 12-2**

參考第 5-2 節，論文「遊客體驗、旅遊意象與重遊意願關係之研究」的相關內容與原始問卷（附錄二），其原始資料檔為「ex12-2.sav」，試利用 Bootstrap 法，檢驗旅遊意象是否於遊客體驗與重遊意願的關係間扮演著中介角色？

論文「遊客體驗、旅遊意象與重遊意願關係之研究」的概念模型圖，如圖 5-2。其研究假設中的第四個假設為（請參考第 5-2-2 節）：

假設四（H4）：遊客體驗透過旅遊意象間接的顯著正向影響重遊意願。

顯然，假設四的主要目的就是在檢驗「旅遊意象是否於遊客體驗與重

遊意願的關係間扮演著中介角色」。這個假設在第 10 章就曾以 Baron and Kenny（1986）的四條件法與 Sobel Test 進行檢驗。其結果也都證實了「旅遊意象確實會於遊客體驗與重遊意願的關係間扮演著部分中介角色」。

在本範例中，將示範目前於學術論文中，能見度頗高的 Bootstrap 法來檢驗旅遊意象的中介效果。

步驟 1：首先，於 Amos Graphics 中，開啓結構（整體）模型圖，其路徑與檔名爲「..\sem_amos\chap12\example\ 旅遊意象 _ 整體模型圖 .amw」。然後，將資料檔設定爲「ex12-2.sav」。

步驟 2：設定【Output】標籤頁。於工具箱中按【Analysis Properties】钮後，會開啓【Analysis Properties】對話框（分析屬性對話框）。首先，點選【Output】標籤頁，當然於【Output】標籤頁中全選的話，就萬無一失了。但也須瞭解跟間接效果有關的選項爲「Indirect, direct & total effects」。因此，至少這個選項一定要勾選。

步驟 3：設定【Bootstrap】標籤頁。接著，於【Bootstrap】標籤頁中，請先勾選「Perform Bootstrap」選項並將其後的「Number of Bootstrap samples」（拔靴抽樣數）設定爲 2,000 個，然後勾選兩個計算信賴區間的選項「Percentile confidence intervals」與「Bias-corrected confidence intervals」，且皆將其設定爲求取 95% 的信賴區間。最後，再勾選「Bootstrap ML」，以進行估計參數。如此，即可完成設定工作，如圖 12-8。

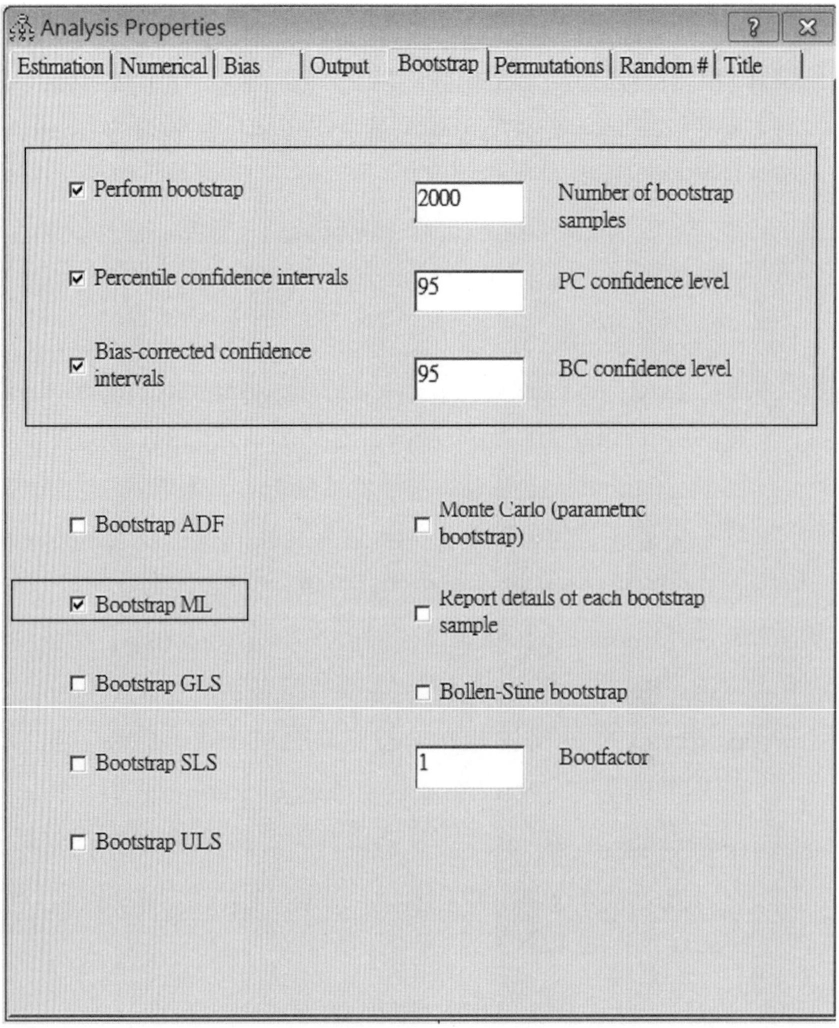

圖 12-8　設定【Bootstrap】標籤頁

步驟 4：當設定好【Analysis Properties】對話框後，於工具箱中，按【Calculate Estimates】🎛 鈕後，若是模型沒有出現任何錯誤或警告訊息，則表示觀察資料能讓 Amos 於估計參數時獲得了「收斂」（即執行成功）。此時，【Models】視窗中會出現「OK：Default Model」的訊息，而【Computation Summary】（計算摘要）視窗中會出現資料檔

檔名、模型名稱、程式估計時疊代的次數、順利寫入輸出結果、卡
方值、模型的自由度與 Bootstrap 次數等訊息。

步驟 5：查看路徑係數估計結果。於工具箱中按【View Text】（查閱輸出
報表）🖽 鈕，待出現【Amos Output】視窗後，選取視窗左邊的
【Estimates】目錄下的【Scalars】子目錄中的【Regression Weights】
報表，即可查看非標準化的路徑係數估計結果，如圖 12-9。由圖
12-9 可看出，三個潛在變數間的因果關係皆顯著（p 值皆小於 0.05）。

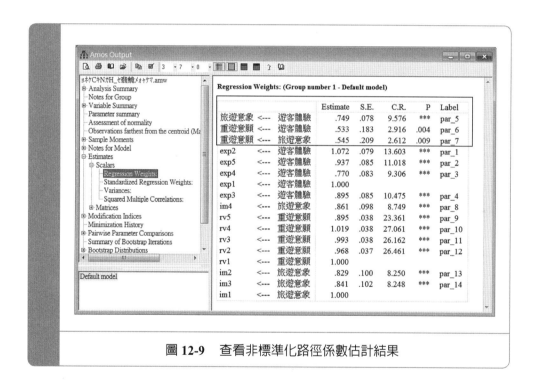

圖 12-9　查看非標準化路徑係數估計結果

步驟 6：查看標準化間接效果。接著，於【Amos Output】視窗後，選取視窗
左邊的【Estimates】目錄下的【Matrices】子目錄中的【Standardized
Indirect Effects】報表，即可查看標準化間接效果，如圖 12-10。由
圖 12-10 可看出，「遊客體驗→重遊意願」的間接效果值為 0.273。

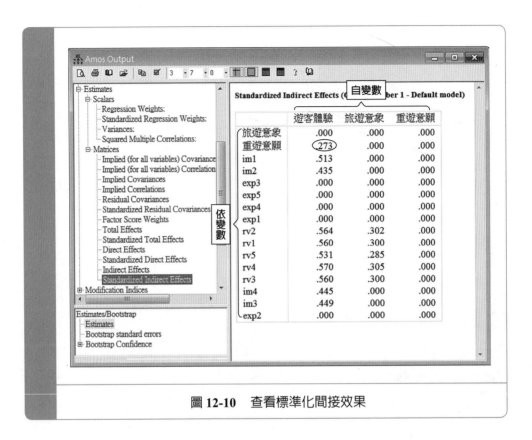

圖 12-10　查看標準化間接效果

步驟 7：查看間接效果的 Bias-corrected95% 信賴區間。於【Amos Output】視窗左上半部維持【Standardized Indirect Effects】報表的選取狀態，然後選取【Amos Output】視窗左下半部的「Bias-corrected percentile method」報表，即可查看標準化間接效果的 Bias-corrected 之 95% 信賴區間的下界（Lower Bounds）、上界（Upper Bounds ）與雙尾顯著性（Two tailed significance），如圖 12-11。由圖 12-11 可看出，「遊客體驗→重遊意願」之間接效果值的 Bias-corrected 95% 信賴區間介於 0.049～0.516 間，並未包含 0，故旅遊意象的中介效果顯著。此外，從雙尾顯著性亦可得知，間接效果的顯著性為 0.024，小於 0.05，故亦證明旅遊意象的中介效果顯著。

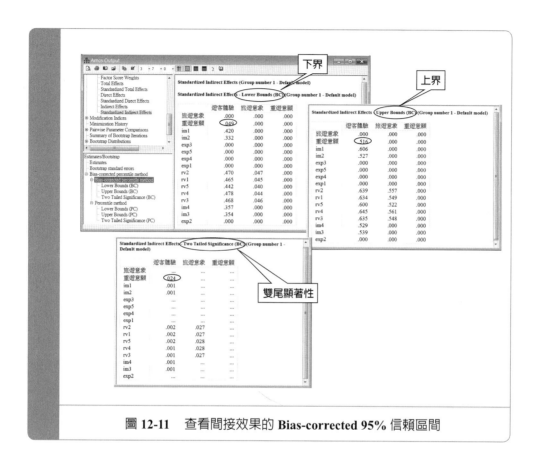

圖 12-11　查看間接效果的 Bias-corrected 95% 信賴區間

步驟8：查看間接效果的 Percentile 95% 信賴區間。於【Amos Output】視窗左上半部維持【Standardized Indirect Effects】報表的選取狀態，然後選取【Amos Output】視窗左下半部的「Percentile method」報表，即可查看標準化間接效果的 Percentile 之 95% 信賴區間的下界（Lower Bounds）、上界（Upper Bounds）與雙尾顯著性（Two tailed significance），如圖 12-12。由圖 12-12 可看出，「遊客體驗→重遊意願」之間接效果值的 Percentile 95% 信賴區間介於 0.033～0.508 間，並未包含 0，故旅遊意象的中介效果顯著。此外，從雙尾顯著性亦可得知，間接效果的顯著性為 0.030，小於 0.05，故亦證明旅遊意象的中介效果顯著。

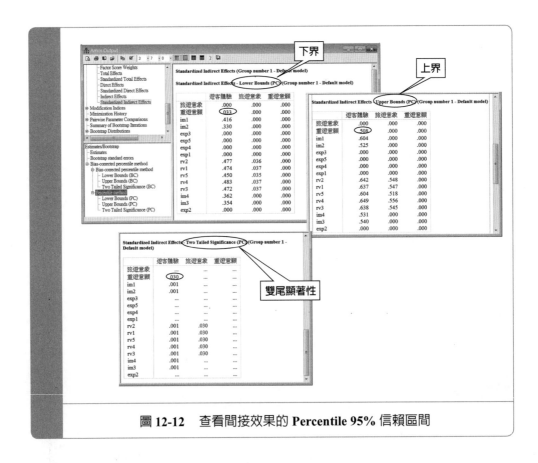

圖 12-12 查看間接效果的 **Percentile 95%** 信賴區間

步驟 9：查看標準化直接效果的 Bias-corrected 與 Percentile 95% 信賴區間。
於【Amos Output】視窗左上半部點選【Standardized Direct Effects】
報表，然後選取【Amos Output】視窗左下半部的「Bias-corrected
percentile method」與「Percentile method」報表，即可查看標準化直
接效果的 Bias-corrected 與 Percentile 之 95% 信賴區間的下界（Lower
Bounds）、上界（Upper Bounds ）與雙尾顯著性（Two tailed
significance）。

步驟 10：查看標準化總效果的 Bias-corrected 與 Percentile 95% 信賴區間。於
【Amos Output】視窗左上半部點選【Standardized Total Effects】
報表，然後選取【Amos Output】視窗左下半部的「Bias-corrected
percentile method」與「Percentile method」報表，即可查看標準化

　　總效果的 Bias-corrected 與 Percentile 之 95% 信賴區間的下界（Lower Bounds）、上界（Upper Bounds ）與雙尾顯著性（Two tailed significance）。

步驟 11：詳細操作過程，讀者亦可自行參閱影音檔「ex12-2.wmv」。

☞ 總結

　　經 Bootstrap 法後，將上述結果彙整成表 12-2。由表 12-2 顯示：

1. 間接效果值為 0.273，且 Bias-corrected 與 Percentile 的 95% 信賴區間皆不包含 0，p value 亦皆小於 0.05，表明旅遊意象確實於遊客體驗與重遊意願的關係間，扮演著顯著的中介角色。

2. 此外，「遊客體驗→重遊意願」的直接效果值為 0.357，Bias-corrected 與 Percentile 的 95% 信賴區間亦皆不包含 0，p value 亦小於 0.05，故直接效果顯著。

3. 最後，「遊客體驗→重遊意願」的總效果為 0.631，Bias-corrected 與 Percentile 的 95% 信賴區間亦皆不包含 0，p value 亦小於 0.05，故總效果顯著。

　　由以上的說明，顯示旅遊意象確實於遊客體驗與重遊意願的關係間，扮演著顯著的中介角色。且其中介效果為部分中介。

表 12-2 中介效果摘要表

	Estimate	95% Confidence Interval		
		BC/PC p value	BC	PC
Indirect effect				
遊客體驗→旅遊意象→重遊意願	0.273	0.024/0.030	0.049～0.516	0.033～0.508
Direct effect				
遊客體驗→旅遊意象	0.809	0.001/0.001	0.713～0.895	0.712～0.893
遊客體驗→重遊意願	0.357	0.018/0.014	0.060～0.636	0.081～0.654
旅遊意象→重遊意願	0.338	0.027/0.030	0.052～0.621	0.041～0.615
Total effect				
遊客體驗→重遊意願	0.631	0.001/0.001	0.532～0.713	0.537～0.715

BC: Bias-corrected percentile method
PC: Percentile method

12-4　多重中介效果檢定

　　中介變數所要回答的問題是自變數究竟是透過哪種機制而影響依變數。也就是說，中介研究的意義在於幫助我們解釋自變數和依變數關係的作用機制，也可以整合已有變數之間的關係（MacKinnon，2008）。當然，如第10章所述，中介變數在自變數對依變數之間具有中間傳導作用，即自變數會影響中介變數，然後再藉由中介變數影響依變數的過程。在本小節之前，本書中所討論的中介效果皆屬簡單的中介模型，只描述了存在一個中介變數的情況。然而，在心理、行為和其他一些社會科學研究領域中，研究情境複雜，經常需要多個中介變數才能更清晰地解釋自變數對依變數的影響效果（Mackinnon，2008）。

12-4-1　多重中介效果簡介

　　近年來，愈來愈多的中介研究採用多重中介（multiple mediation）模型。不過，卻也不難發現，多數研究是將一個多重中介模型拆解為多個簡單中介（即只含一個中介變數）模型，然後再針對這些拆解後的簡單中介模型，逐個加以分析，並據以產生結論。這樣的作法，可能會對結果的解釋產生偏誤。因為模型中變數之間的關係是同時產生，若加以拆解，將會忽略掉其他變數的影響，而失去多個變數同時互相影響的實際情境。基本上，建立結構方程模型進行多重中介分析，不僅可以同時處理觀察變數和潛在變數，還可以同時分析多個自變數、多個依變數和多個中介變數的關係，當然是個比較好、比較先進的方法。

　　顧名思義，多重中介模型是種存在多個中介變數的模型。根據多個中介變數之間是否存在相互影響的情況，多重中介模型可以分為單步多重中介模型（single step multiple mediator model）和多步多重中介模型（multiple step multiple mediator model）（Hayes，2009）。單步多重中介模型是指多個中介變數之間不存在相互影響（圖 12-13 中去掉 M1 → M2 路徑與 M3 → M2 路徑後，便是一個單步多重中介模型），又稱為平行多重中介模型。多步多重中介模型是指多個中介變數之間存在相互影響，多個中介變數表現出

順序性特徵，形成中介鏈（如圖 12-13 中的 IV → M1 → M2 → DV 路徑或 IV → M3 → M2 → DV 路徑），故又稱為鏈式多重中介模型。

　　圖 12-13 的模型圖是個含有三個中介變數 M1、M2 和 M3 的多重中介模型，此時的多重中介效果可以從三個面向進行分析：(1) 特定路徑的中介效果（specific mediation effect），如 a1c1、a2c2、a3c3、a1b1c2 和 a3b2c2；(2) 總中介效果（total mediation effect），即「a1c1+a2c2+a3c3+a1b1c2+a3b2c2」；(3) 對比中介效果，如「a1c1-a2c2」、「a1c1-a3c3」…等（Hayes, 2009; MacKinnon, 2008; Preacher & Hayes, 2008）。

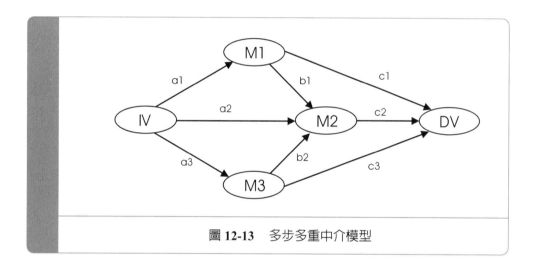

圖 12-13　多步多重中介模型

　　相較於簡單中介模型，多重中介模型具有三大優勢。首先，可以得到總中介效果。其次，可以在控制其他中介變數（如控制 M1、M2）的前提下，研究每個中介變數（如 M3）的特定中介效果。這種做法可以減少簡單中介模型因為忽略其他中介變數而導致的參數估計偏差。第三，可以計算對比中介效果，使得研究者能判斷多個中介變數的效果（如 a1c1、a2c2、a3c3、a1b1c2 和 a3b2b2）中，哪一個效果更大，即判斷哪一個中介變數的作用更強、哪個中介變數理論更有意義。因此，研究多重中介模型更能兼具理論與實務意涵（Preacher & Hayes, 2008）。

12-4-2　多重中介效果的檢定方法

在中介效果的檢定方法上，有不少研究者常用結構方程模型搭配 Sobel test 檢驗中介效果是否顯著。但現有研究發現，即使在簡單中介效果檢驗中，Sobel test 都有其局限（Hayes, 2009; Mackinnon, 2008）。在多重中介模型中，Sobel test 的局限性更是有增無減。首先，Sobel test 之檢定統計量（z 值）是以常態性假設爲前提下所推導出來的，但是，多重中介模型中的特定中介效果、總中介效果和對比中介效果的估計值都涉及了參數的乘積，而這些參數的乘積通常都不會滿足常態假設。因此，Sobel test 的結果將會是不準確的，其檢驗力並不高。其次，Sobel test 需要大樣本，Sobel test 在小樣本的表現並不好。第三，在多重中介模型中，Sobel test 之檢定統計量（z 值）的分母是中介效果估計值的標準誤，而這個標準誤常用多元 delta 法（multivariate delta method）計算，其公式十分複雜（MacKinnon, 2008; Taylor, MacKinnon, & Tein, 2008），且需要手工計算，使用上非常不方便（Cheung, 2007; Macho &r Ledermann, 2011）。

解決 Sobel test 的諸多問題，最好的方法就是改用 Bootstrap 方法，因爲 Bootstrap 方法即不需要常態性假設，也不需要大樣本，進行中介效果之 95% 信賴區間估計（如果 95% 信賴區間不包括 0，即表示中介效果顯著）時，更無須用到標準誤。此外，Cheung（2007）曾用模擬方法比較了 Bootstrap 法和 Sobel test 法在鏈式多重中介分析中的表現，發現當中介效果值和樣本量都很小的情況下，Bootstrap 法明顯優於 Sobel test 法，這和其他相關研究的結果一致。

而當使用 Bootstrap 法時，也有不少研究還表明，偏差校正百分位法（Bias-corrected percentile method，簡稱 BC 法）的分析結果優於百分位法（Percentile method，簡稱 PC 法）。因此，建議研究者進行 Bootstrap 法時，應使用偏差校正百分位法進行中介效果分析。Cheung and Law（2008）則指出使用偏差校正百分位法時，需要注意兩點：一是至少進行 1,000 以上的拔靴抽樣數，以確保結果的一致性和穩定性；二是利用交叉驗證（cross validate）技術，即利用百分位法良好的型 I 誤差表現，來控制偏差校正百分位法可能高估型 I 誤差的問題。

12-4-3　多重中介範例模型介紹

在本節中,將透過一個新的範例模型,來示範如何在 Amos 中利用 Bootstrap 法檢測多重中介效果。這個範例模型是本書作者過去所指導的研究生之碩士論文,論文題目為「第一線服務人員工作熱情與情緒耗竭關係之研究:情緒勞務策略的中介角色」。

一、範例模型簡介

論文「第一線服務人員工作熱情與情緒耗竭關係之研究:情緒勞務策略的中介角色」之主要目的在於運用二元熱情模型(Dualistic Model of Passion)(Vallerand et al., 2003),以探究具不同工作熱情類型的第一線服務人員,如何透過情緒勞務策略的採用,而影響情緒耗竭現象的程度。其概念性模型如圖 12-14:

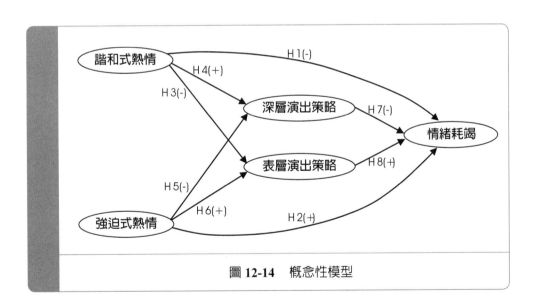

圖 12-14　概念性模型

H1:第一線服務人員對工作的諧和式熱情會負向直接影響情緒耗竭。
H2:第一線服務人員對工作的強迫式熱情會正向直接影響情緒耗竭。
H3:第一線服務人員對工作的諧和式熱情會負向影響表層演出策略的採用。

H4：第一線服務人員對工作的諧和式熱情會正向影響深層演出策略的採用。

H5：第一線服務人員對工作的強迫式熱情會負向影響深層演出策略的採用。

H6：第一線服務人員對工作的強迫式熱情會正向影響表層演出策略的採用。

H7：第一線服務人員採用的深層演出策略會負向影響情緒耗竭。

H8：第一線服務人員採用的表層演出策略會正向影響情緒耗竭。

H9：具諧和式熱情的第一線服務人員會透過深層演出策略的採用，而抑制情緒耗竭現象的發生（即：深層演出策略於諧和式熱情與情緒耗竭間扮演負向的中介角色）。

H10：具諧和式熱情的第一線服務人員由於少採用表層演出策略，而抑制情緒耗竭現象的發生（即：表層演出策略於諧和式熱情與情緒耗竭間扮演負向的中介角色）。

H11：具強迫式熱情的第一線服務人員由於少採用深層演出策略，因而導致容易觸發情緒耗竭現象（即：深層演出策略於強迫式熱情與情緒耗竭間扮演正向的中介角色）。

H12：具強迫式熱情的第一線服務人員由於常採用表層演出策略，導致容易觸發情緒耗竭現象（即：表層演出策略於強迫式熱情與情緒耗竭間扮演正向的中介角色）。

二、研究變數之操作型定義

本範例模型中所操作的變數分別爲工作熱情、情緒勞務策略與情緒耗竭，各變數之操作型定義，詳述如下：

（一）工作熱情（passion for work）

熱情（passion）是一種感情表達的抽象概念，Vallerand et al.（2003）曾定義熱情爲個體將某種活動自我定義爲重要且喜愛，並願意投入大量的時間與精力，而所展現出強烈傾向的一種態度。並認爲熱情具有兩種型態，而提出了二元熱情模型（dualistic model of passion）的概念。在 Vallerand et al.（2003）的二元熱情模型中，將熱情分爲兩種型態，一爲「諧和式熱情」（harmonious passion）；另一爲「強迫式熱情」（obsessive passion）。因此，

本研究中將依據 Vallerand et al.（2003）所提出之「二元熱情模型」，而將工作熱情分為兩個不同的熱情型態，其操作型定義如下：

1. 諧和式熱情：屬自主性內化的熱情型態，指個人具有意願，且能促動個體自願與樂意從事所選擇的工作。

2. 強迫式熱情：屬非自決性內化的熱情型態，指個人被工作的模式所控制，個體非自願性的從事所選擇的工作。

（二）情緒勞務策略（emotional labor strategies）

Grandey（2000）指出「情緒勞務」係指服務人員在面對顧客時，為使所展現的情緒能符合組織規範，而針對情緒進行調節時所做的努力。而常採用於調整情緒的策略分為「深層演出策略」（deep acting strategy）與「表層演出策略」（surface acting strategy）兩種。因此，本研究將以 Grandey（2000）所提出的概念作為定義，其包括第一線人員提供顧客服務行為時，個體發自內心的認同感，所採用的「深層演出策略」，以及個體掩飾內在情緒所採用的「表層演出策略」兩個構面，其操作型定義如下：

1. 深層演出策略：第一線服務人員在提供顧客服務時，個體內心抱持喜悅與具有認同感，所採用的情緒策略。

2. 表層演出策略：第一線服務人員在提供顧客服務時，個體掩飾內心情緒與壓抑真實感受，所採用的情緒策略。

（三）情緒耗竭（emotional exhaustion）

Freudenberger（1974）最早提出「工作倦怠」的概念，工作倦怠是種與「情緒」甚具關聯性的心理變數。Lee and Ashforth（1993, 1996）則認為 Maslach（1993）提出「工作倦怠」的三種症狀（情緒耗竭、去人性化與個人成就降低）中，以「情緒耗竭」與工作相關結果具有更強烈的關係。且「情緒耗竭」常被學界認為是工作倦怠的最佳預測指標（Piko, 2006; Schaufeli & Van Dierendonck, 1993）。基於過往文獻的研究結果，本研究將「情緒耗竭」定義為調節情緒過程中消耗過多個體本身的情緒能量，而當能量不足時所產生出的心理耗竭狀態。並針對第一線服務人員提供顧客服務時，可能在內心產生的「情緒耗竭」進行研究。

三、問卷設計

　　本研究將探討「工作熱情」、「情緒勞務策略」與「情緒耗竭」三者間的關係，以釐清不同熱情型態的餐廳第一線服務人員所採取的情緒勞務策略，與情緒勞務策略於「工作熱情與情緒耗竭」的關係間所扮演的中介角色。因此，實證研究將針對餐廳第一線服務人員發放問卷進行調查。於問卷設計的方面，將依據過往相關文獻之研究結果與相關的研究量表，建構出符合本研究題旨之量表內容。

（一）工作熱情

　　本研究將依據 Vallerand et al.（2003）所發展的二元熱情量表，並參考其研究結果制定符合本研究主題之熱情量表。原始二元熱情量表中，各問項原出現的「活動」二字，已於 2003 年 Vallerand and Houlfort 兩位學者在研究工作熱情時，更換爲「工作」二字。因此，本研究主要參考 Vallerand and Houlfort（2003）的工作熱情量表，以作爲衡量個體工作熱情之工具。

　　量表內容含有諧和式熱情與強迫式熱情等兩個構面，各七題（如表 12-3）。採李克特七點評量尺度測量，分爲「完全不同意」、「很不同意」、「不

表 12-3 工作熱情之題項

構面	衡量項目
諧和式熱情 PA1	1. 我的工作能讓我獲得更充實且多元的經驗（pa1_1）。
	2. 我能坦然面對工作中可能發生的事，包含愉快或不愉快（pa1_2）。
	3. 我很喜歡現在這份具有獨特型態的工作（pa1_3）。
	4. 現在這份工作不會影響到我的日常生活（pa1_4）。
	5. 現在這份工作對我而言是一種熱情，且我能操控這熱情（pa1_5）。
	6. 我現在的工作能讓我有難忘的經驗（pa1_6）。
	7. 我非常喜愛我的工作（pa1_7）。
強迫式熱情 PA2	1. 我的生活中不能沒有工作（pa2_1）。
	2. 有一種力量驅使我要去工作（pa2_2）。
	3. 難以想像無法工作時，生活會變得如何（pa2_3）。
	4. 我的心情會受到工作上的影響（pa2_4）。
	5. 若勉強克制自己不去工作，我就會感到很難過（pa2_5）。
	6. 工作對我而言，似乎已到了迷戀的程度（pa2_6）。
	7. 我常因能不能工作而讓心情產生波動（pa2_7）。

同意」、「沒意見」、「同意」、「很同意」、「完全同意」等 1 至 7 分七個級別進行評量，比較兩構面得分後，衡量受試者在兩個分量表上的認同程度，藉以區分出熱情的類型。

（二）情緒勞務策略

Grandey（2000）指出「情緒勞務」意指第一線員工在面對顧客時，為了符合組織規範必須調整自己的情緒，進而耗費心力來調節情緒表達的歷程。第一線員工為因應情緒勞務而常採用於調整情緒的策略，可分為「深層演出策略」與「表層演出策略」兩種。本研究將採用 Grandey（2000）所編製的情緒勞務策略量表，其中深層演出策略有 6 個題項、表層演出策略則有 5 題項。並採用李克特（Likert scale）的七點評量尺度測量，從「非常不同意（一分）至非常同意（七分）」進行評量，如表 12-4。

表 12-4 情緒勞務策略之題項

構面	衡量項目
深層演出 EL1	1. 我在服務過程中，會試著不只是外在表現出親切與和善等情緒，也會去體會與感受在工作中必須要有的表現（el1_1）。
	2. 我在服務過程中，會盡量讓自己在面對顧客時是「發自內心」的表現出親切與和善（el1_2）。
	3. 我為了工作上的需要，即使心情不好，也會讓自己暫時忘卻不愉快，並展現出好心情來面對顧客（el1_3）。
	4. 我在服務過程中，會盡量克服內心的不好情緒，並真誠地以親切和善的態度服務顧客（el1_4）。
	5. 我面對顧客時的內心感受與外在表現是一致的（el1_5）。
	6. 我在服務過程中，儘管顧客無理，仍會以顧客立場看待，並真誠地為顧客解決問題（el1_6）。
表層演出 EL2	1. 我在服務過程中，所需展現出的適切儀態，對我而言像是在演戲（el2_1）。
	2. 我在面對顧客提供服務時，會隱藏內心真正感受，讓自己表現出特有的表情與儀態（el2_2）。
	3. 我認為工作中所需的親切感，只要適時的展現一下就好（el2_3）。
	4. 我在服務過程中，為了表現出適切的服務態度，我會像戴面具般的掩飾內心真正感受（el2_4）。
	5. 我在服務過程中，只願為裝工作時應展現的情緒，不願改變自己當下的內心感受（el2_5）。

（三）情緒耗竭

Maslach（1993）理論中指出「工作倦怠」包含「情緒耗竭」、「去人性化症狀」與「個人成就降低」等三類徵兆。亦提出人們用以描述自己或他人感到倦怠最常提及的是情緒耗竭（Maslach et al, 2001）。而情緒耗竭與工作的相關結果，相較「去人化」與「個人成就降低」兩類徵兆，更具強烈的關係（Lee & Ashforth, 1993; Lee & Ashforth, 1996）。基於過去學者的論點，本研究僅針對「情緒耗竭」的部分進行研究。測量時將採用李克特（Likert scale）七點評量尺度，從「非常不同意（一分）至非常同意（七分）」進行評量，如表 12-5。

表 12-5 情緒耗竭之題項

構面	衡量項目
情緒耗竭 EH	1. 我的工作會讓我感到精力消耗殆盡、暮氣沉沉（EH1）。
	2. 當一整天的工作結束後，會讓我感到心力疲憊（EH2）。
	3. 一大早想到工作，我會覺得有疲倦感（EH3）。
	4. 想到一整天要與人們接觸的工作，就讓我感到精神緊繃（EH4）。
	5. 我的工作會讓我有倦怠感（EH5）。
	6. 我的挫折感大多來自我的工作（EH6）。
	7. 我覺得我用了太多氣力在工作上（EH7）。
	8. 這種須直接面對顧客人群的工作，帶給我很大的壓力（EH8）。
	9. 我覺得現在這個型態的工作，已經達到我最大限度了（EH9）。

12-4-4 多重中介檢定範例

 範例 12-3

參考第 12-4-3 節，論文「第一線服務人員工作熱情與情緒耗竭關係之研究：情緒勞務策略的中介角色」的相關內容與問卷設計，其原始資料檔為「Passion_all.sav」，試利用 Bootstrap 法，檢驗多重中介效果是否存在（即檢定假設 H9、H10、H11、H12 是否成立）？

　　由於本範例將同時檢定四個中介效果（多重中介效果）是否成立，第 11-3 節中所介紹的簡單 Bootstrap 法將不敷使用。在 Amos 中檢驗多重中介效果時，研究者必須使用到 Amos 的程式設計功能。看起來好像有點複雜，不過放心啦！真的還算簡單。

　　在 Amos 中，面對一個多重中介效果分析任務，研究者應當如何進行呢？根據第 11-3 節有關 Bootstrap 法的介紹與本節中有關多重中介效果的討論，我們總結出一個多重中介效果的分析流程，其內容如下：

1. 確定多重中介模型。由於中介模型是一種驗證性模型而不是探索性模型，因此必須首先根據理論確定自變數、中介變數和依變數，以及各變數之間的因果順序（即界定出正確的概念性模型圖之意）。

2. 在 Amos 中繪製模型圖，若想要以非標準化的路徑係數進行多重中介效果檢定時，則模型中的各相關路徑，須使用【Object Properties】功能設定其參數名稱。而若欲使用標準化的路徑係數檢定多重中介效果時，雖不須設定各路徑的參數名稱，但要清楚各中介路徑上之 IV、DV、Me 等變數的名稱。

3. 編寫程式碼：

(1) 以非標準化的路徑係數進行多重中介效果檢定時，須用到下列程式碼：

Return v.ParameterValue（" 路徑名稱 1"）*v.ParameterValue（ "路徑名稱 2"）

v.ParameterValue（" 路徑名稱 1"）代表「路徑名稱 1」的非標準化路徑係數，以圖 12-13 為例，在「IV → M1 → DV」檢定「M1」的非標準化中介效果時，程式碼就是：

Return v.ParameterValue（"a1"）*v.ParameterValue（"c1"）

(2) 以標準化的路徑係數進行多重中介效果檢定時，須用到下列程式碼：

Return v.GetStandardizedDirectEffectsElement（"Me","IV"）*v.GetStand ardizedDirectEffectsElement（"DV","Me"）

v.GetStandardizedDirectEffectsElement（"Me","IV"）代表「IV → Me」 的標準化路徑係數，以圖 12-13 為例，在「IV→M1→DV」檢定「M1」 的標準化中介效果時，程式碼就是：

Return v.GetStandardizedDirectEffectsElement（"M1","IV"）*v.GetStand ardizedDirectEffectsElement（"DV","M1"）

4. 繪製好模型圖後，執行前須於【Analysis Properties】功能之【Output】標 籤頁勾選「Indirect, direct & total effects」與於【Bootstrap】標籤頁中，勾 選「Perform Bootstrap」選項、設定「Number of Bootstrap samples」（拔 靴抽樣數）為 2,000 個，然後勾選「Bias-corrected confidence intervals」 （BC）的 95% 信賴區間。

5. 使用偏差校正百分位法進行中介效果分析。如果 SEM 模型的擬合程度可 接受，則根據 Bootstrap 法所得到的「Bias-corrected confidence intervals」 （BC）95% 信賴區間，判斷中介效果的顯著性，判斷方法是，對要檢驗的 中介效果（如某特定中介效果），如果 BC 95% 信賴區間不包含 0，則相 對應的中介效果顯著。但是，如果 SEM 模型的擬合程度不可接受，則停 止分析。

在此，將遵照前述流程，來完成本範例的多重中介效果檢定。

步驟 1：首先，於 Amos Graphics 中，開啓結構（整體）模型圖，其路徑與 檔名為「..\sem_amos\chap12\example\Passion_ 多重中介 .amw」。然 後，將資料檔設定為「Passion_all.sav」。

步驟 2：為路徑命名。首先點選「諧和式熱情→深層演出」的單箭頭路徑， 然後按滑鼠右鍵，從快顯功能表中選取【Object Properties】功能， 待開啓【Object Properties】視窗後，開啓【Parameters】標籤頁，於 【Regression weight】輸入欄輸入該路徑名稱為「hp1」。接著陸續 為其他路徑命名，各路徑的名稱如圖 12-15 所示。

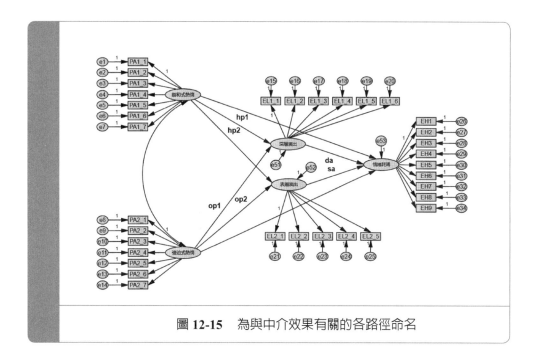

圖 12-15　為與中介效果有關的各路徑命名

步驟 3：編寫使用者自定義的程式碼（簡稱 Estimand）。點選 Amos 視窗左下
　　　　角的【Not estimating any user-defined estimand.】，在快顯功能表中
　　　　選取【Define new estimands】功能，隨即跳出程式碼編輯視窗。於程
　　　　式碼編輯視窗中執行【File → New User-defined Estimand（VB）】，
　　　　然後於「Function Value」至「End Function」之間輸入下列程式碼，
　　　　如圖 12-16。在此將同時使用「非標準化」與「標準化」路徑係數來
　　　　做檢定，通常只編寫「標準化」路徑係數的程式碼即可，在此只是
　　　　為了示範而已。這個程式碼的意義，就是算出間接效果值（兩路徑
　　　　相乘），然後檢定之意。

```
Dim x(7) As Double
' 以非標準化的路徑係數進行多重中介效果檢定
x(0)=v.ParameterValue("hp1")*V.ParameterValue("da")
x(1)=v.ParameterValue("hp2")*V.ParameterValue("sa")
x(2)=v.ParameterValue("op1")*V.ParameterValue("da")
x(3)=v.ParameterValue("op2")*V.ParameterValue("sa")
```

' 以標準化的路徑係數進行多重中介效果檢定

x(4)=v.GetStandardizedDirectEffectsElement(" 深層演出 ","
諧和式熱情 ") *v.GetStandardizedDirectEffectsElement
(" 情 緒耗竭 "," 深層演出 ")

x(5)=v.GetStandardizedDirectEffectsElement(" 表層演出 ","
諧和式熱情 ") *v.GetStandardizedDirectEffectsElement
(" 情緒耗竭 "," 表層演出 ")

x(6)=v.GetStandardizedDirectEffectsElement(" 深層演出 ","
強迫式熱情 ") *v.GetStandardizedDirectEffectsElement
(" 情緒耗竭 "," 深層演出 ")

x(7)=v.GetStandardizedDirectEffectsElement(" 表層演出 ","
強迫式熱情 ") *v.GetStandardizedDirectEffectsElement
(" 情緒耗竭 "," 表層演出 ")

Return x

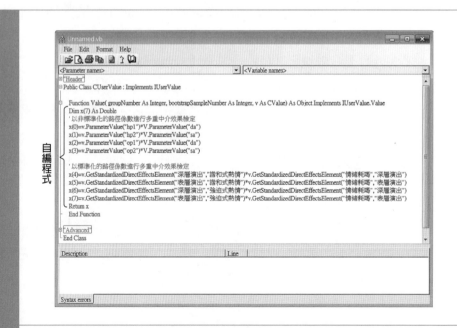

圖 12-16　編寫各特定路徑之中介效果檢定的程式碼

步驟 4：為各特定路徑之中介效果檢定結果設定標籤。上述的程式碼中，計算並檢定了四個非標準化間接效果與四個標準化間接效果（即概念模型中的 H9～H12），為了能釐清每個間接效果值，也可以透過程式編寫每個中介效果檢定結果的標籤。

接著，在「End Function」下面，按 "Advanced" 的「+」號，展開程式碼，然後在「Function Label」至「End Function」之間輸入下列代表各中介效果檢定結果之標籤的程式碼，如圖 12-17。

```
Dim labels(7) As String
labels(0)=" 諧和式熱情 - 深層演出策略 - 情緒耗竭 ( 非標準化 )"
labels(1)=" 諧和式熱情 - 表層演出策略 - 情緒耗竭 ( 非標準化 )"
labels(2)=" 強迫式熱情 - 深層演出策略 - 情緒耗竭 ( 非標準化 )"
labels(3)=" 強迫式熱情 - 表層演出策略 - 情緒耗竭 ( 非標準化 )"
labels(4)=" 諧和式熱情 - 深層演出策略 - 情緒耗竭 ( 標準化 )"
labels(5)=" 諧和式熱情 - 表層演出策略 - 情緒耗竭 ( 標準化 )"
```

圖 12-17　編寫各特定路徑之中介效果檢定結果的標籤程式碼

labels(6)=" 強迫式熱情 - 深層演出策略 - 情緒耗竭 (標準化)"
labels(7)=" 強迫式熱情 - 表層演出策略 - 情緒耗竭 (標準化)"
Return labels

步驟 5： 為 Estimand 程式碼測試並存檔。編寫好程式碼後，於程式碼編輯視窗中執行【File → Check Syntax】，若程式編碼沒有問題，程式碼編輯視窗的下方會出現「Syntax is OK」的訊息，此時就可對 Estimand 程式碼存檔了。存檔時只要執行【File → Save As】，然後輸入名稱就好，在此請輸入「多重中介檢定」即可，Estimand 程式碼的副檔名為「*.AmosEstimandVB」。存檔後，未來若需要用到該 Estimand，只要點選 Amos 視窗左下角的【Not estimating any user-defined estimand.】，在快顯功能表中於【Select an estimands】功能中選取即可。

步驟 6： 設定【Analysis properties】功能。分析多重中介效果的 Estimand 製作完成並存檔後，於 Amos 視窗左下角就可看到其名稱【Estimating 多重中介檢定】。接著，於工具箱中按【Analysis properties】▦鈕後，會開啟【Analysis Properties】對話框（分析屬性對話框）。首先，點選【Output】標籤頁，當然於【Output】標籤頁中全選的話，就萬無一失了。但也須瞭解跟間接效果有關的選項為「Indirect, direct & total effects」。因此，至少這個選項一定要勾選。

步驟 7： 設定【Bootstrap】標籤頁。接著，再於【Bootstrap】標籤頁中，請先勾選「Perform Bootstrap」選項並將其後的「Number of Bootstrap samples」（拔靴抽樣數）設定為 2,000 個，然後勾選計算信賴區間的選項「Bias-corrected confidence intervals」，且將其設定為求取 95% 的信賴區間。如此，即可完成設定工作，如圖 12-18。

步驟 8： 執行模型圖。當設定好【Analysis Properties】對話框後，於工具箱中，按【Calculate Estimates】▦鈕後，若是模型沒有出現任何錯誤或警告訊息，則表示觀察資料能讓 Amos 於估計參數時獲得了「收斂」（即執行成功）。此時，【Models】視窗中會出現「OK：

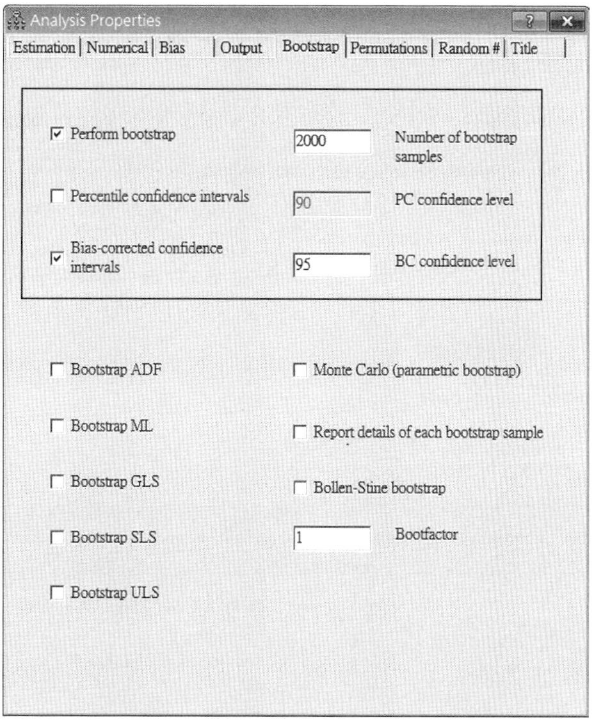

圖 12-18　設定【Bootstrap】標籤頁

Default Model」的訊息，而【Computation Summary】（計算摘要）
視窗中會出現資料檔檔名、模型名稱、程式估計時疊代的次數、順
利寫入輸出結果、卡方值、模型的自由度與 Bootstrap 次數等訊息。

步驟 9：查看間接效果估計結果。於工具箱中按【View Text】（查閱輸
出報表）▤ 鈕，待出現【Amos Output】視窗後，選取視窗左邊
的【Estimates】目錄下的【Scalars】子目錄中的【User-defined
estimand】報表，即可查看非標準化與標準化的間接效果估計結果，
如圖 12-19。

圖 12-19　查看間接效果估計結果

步驟 10：查看間接效果的檢定結果。接著，於選取【User-defined estimand】
報表的狀態下，選取【Amos Output】視窗左下角的選取【Amos
Output】視窗左下半部的「Bias-corrected percentile method」報表，
即可查看間接效果的 Bias-corrected 之 95% 信賴區間的下界（Lower
Bounds）、上界（Upper Bounds ）與雙尾顯著性（Two tailed
significance），如圖 12-20。由圖 12-20 可看出，非標準化或標準化
間接效果的檢定結果是一致的，四個中介檢定中，無論是非標準化
或標準化，「表層演出策略」於「諧和式熱情→情緒耗竭」之間接
效果值都顯示不顯著，其餘的間接效果則都顯著。

步驟 11：詳細操作過程，讀者亦可自行參閱影音檔「ex12-3.wmv」。

圖 12-20　查看間接效果之 BC 95% 信賴區間

表 12-6　多重中介效果摘要表

	Estimate	BC 95% Confidence Interval		決策
		p value	BC	
Indirect effect				
諧和式熱情→深層演出策略→情緒耗竭	−0.031*	0.001	0.056~-0.013	H9 成立
諧和式熱情→表層演出策略→情緒耗竭	0.009	0.448	−0.015~0.036	H10 不成立
強迫式熱情→深層演出策略→情緒耗竭	0.028*	0.000	0.013~0.053	H11 成立
強迫式熱情→表層演出策略→情緒耗竭	0.078*	0.001	0.047~0.116	H12 成立
Direct effect				
諧和式熱情→情緒耗竭	−0.168*	0.001	−0.248~-0.094	
強迫式熱情→情緒耗竭	0.181*	0.001	0.094~0.272	
Total effect				
諧和式熱情→情緒耗竭	−0.191*	0.001	−0.275~-0.111	
強迫式熱情→情緒耗竭	0.287*	0.001	0.209~0.366	

BC: Bias-corrected percentile method

☞ **總結**

經 Bootstrap 法進行多重檢定後，可將上述結果彙整成表 12-6。由表 12-6 顯示：

1. H9：具諧和式熱情的第一線服務人員會透過深層演出策略的採用，而抑制情緒耗竭現象的發生（即：深層演出策略於諧和式熱情與情緒耗竭間扮演負向的中介角色）。

   由表 12-6 得知「深層演出策略」於「諧和式熱情→情緒耗竭」間的標準化間接效果值為 -0.031，且 Bias-corrected 的 95% 信賴區間不包含 0，p value 為 0.001，亦小於 0.05，顯著。表明「深層演出策略」確實於「諧和式熱情→情緒耗竭」間，扮演著顯著的中介角色。且其效果為負向的部分中介效果。故 H9 成立。

2. H10：具諧和式熱情的第一線服務人員由於少採用表層演出策略，而抑制情緒耗竭現象的發生（即：表層演出策略於諧和式熱情與情緒耗竭間扮演負向的中介角色）。

   由表 12-6 得知「表層演出策略」於「諧和式熱情→情緒耗竭」間的標準化間接效果值為 0.009，但 Bias-corrected 的 95% 信賴區間皆包含 0，且 p value 為 0.448，大於 0.05，不顯著。表明「表層演出策略」不會於「諧和式熱情→情緒耗竭」間，扮演著顯著的中介角色。故 H10 不成立。

3. H11：具強迫式熱情的第一線服務人員由於少採用深層演出策略，因而導致容易觸發情緒耗竭現象（即：深層演出策略於強迫式熱情與情緒耗竭間扮演正向的中介角色）。

   由表 12-6 得知「深層演出策略」於「強迫式熱情→情緒耗竭」間的標準化間接效果值為 0.028，且 Bias-corrected 的 95% 信賴區間不包含 0，p value 為 0.000，亦小於 0.05，顯著。表明「深層演出策略」確實於「強迫式熱情→情緒耗竭」間，扮演著顯著的中介角色，且其效果為正向的部分中介效果。故 H11 成立。

4. H12：具強迫式熱情的第一線服務人員由於常採用表層演出策略，導致容

易觸發情緒耗竭現象（即：表層演出策略於強迫式熱情與情緒耗竭間扮演正向的中介角色）。

由表 12-6 得知「表層演出策略」於「強迫式熱情→情緒耗竭」間的標準化間接效果值為 0.078，且 Bias-corrected 的 95% 信賴區間不包含 0，p value 為 0.001，亦小於 0.05，顯著。表明「表層演出策略」確實於「強迫式熱情→情緒耗竭」間，扮演著顯著的中介角色，且其效果為正向的部分中介效果。故 H12 成立。

測量恆等性

　　檢驗測量恆等性（measurement invariance）的目的在於評估研究者所提出的理論模型，在不同的樣本群體間是否相等或參數具有不變性。為達成上述之目標，研究者會先從部分參數之恆等性開始檢驗，再逐一增列參數限制條件，直至全部參數恆等性檢驗完畢為止。若在參數限制條件已增多的情況下，模型間的卡方增加量仍未達顯著時，即可表示此一模型之測量結果的穩定性佳，而交互驗證的證據力也愈強。

13-1　測量恆等性簡介

　　測量恆等性又稱為測量一致性（measurement equivalence）。測量恆等性的檢測常會使用在量表開發的論文或跨文化、性別差異等跨群組的研究中。在有關跨群組的研究中，研究者均會詳實的依據理論架構建立模型，並對模型中的各構面提出若干的觀察變數（或題項），並請受試者就本身實際情況進行李克特式評估，以取得評估結果（樣本資料）。分析資料時，研究者也常依不同的構面對各題項進行加總平均，以求取受試者在各構面上的分數，最後依此結果以比較不同族群間的差異性或進行因果模型驗證。然而，值得注意的是，上述構面分數的計算卻可能是有問題的，其原因在於研究者並未確認每道測量題目對不同族群的受試者而言，是否具有相等的意義（施俊名、吳裕益，2008），此即所謂的測量恆等性問題。

　　如 Meredith（1993）就曾提及在進行跨群組的比較研究前，必須要先確保量表具有測量恆等性，亦即每道測量題目與所屬構面之間的因素負荷量、變異數、共變數以及誤差變異量，在不同族群之間必須是恆等的，否則原始分數及潛在構面分數計算出來的結果若不相同，則將衍生出許多爭議以及錯誤的結果推論（Cheung & Rensvold, 1998）。此外，Drasgow 在 1987 年進一步提出，測量恆等性應該包括測量恆等（Measurement equivalence）和關係恆等（Relational equivalence）兩個部分。測量恆等是指觀察變數和潛在變數（構面）的關係，在相比較的各群組之間等價；而關係恆等是指潛在變數間的關係，在相比較的各群組之間等價。受 Drasgow（1987）的概念啟發，Byrne（1989）亦認為測量恆等性應包含「測量模型恆等」和「結構模型恆等」兩

部分，並將測量恆等性導入結構方程模型之中。他認為「測量模型恆等」是指觀察變數與潛在變數之間的關係在相比較的各樣本群組間相等；而「結構模型恆等」則是指當潛在變數不只一個的時候，其潛在變數與潛在變數之間的關係在相比較的各樣本群組間相等。

恆等性的概念若被使用在結構模型時，其討論的議題則大部分是在檢測研究者所開發之模型的可泛化程度（generalizability）或穩健程度。所謂模型的可泛化程度意味著概念性模型，不會因受訪者特質、抽樣地點的差異而產生變化，模型中各構面間的路徑關係會恆久不變之意。一般運用結構模型分析的論文，常於蒐集一個資料集後，即開始驗證研究者所建立的概念性模型（假設模型），從而獲致分析結果，進而驗證各構面因果關係是否顯著，再透過與文獻對話而進行討論，最後論述具體研究成果與意涵。然而，卻也不難發現，這類論文的研究限制常出現類似下列的文字敘述。基本上，這些限制其實都屬於模型的泛化（或稱概化、一般化）問題。

一、*本研究採用立意抽樣法以尋找已婚之自行車活動參與者為研究對象。在此抽樣方式下，研究結果的推廣性難免受限。*

二、*本研究之活動對象為自行車活動參與者，可能無法概化至所有遊憩活動，後續研究可進一步延伸至其他遊憩活動參與者，並藉以檢驗研究模式的效度延展性。*

三、*本研究僅針對中部地區自行車活動參與者進行調查研究，並未包含其他地區之自行車活動參與者，後續研究可考慮將研究對象擴展至其他地區之自行車活動參與者，以探討研究模式的適用性。*

有趣的是，研究者明知這些問題都屬模型的泛化問題，然卻也未曾於其論文中，檢驗泛化問題。最主要的原因在於，或許研究者驗證出所提出的概念性模型後，已經有氣無力了，實在懶的再去蒐集另一群組的資料集來檢驗泛化問題；也或許怕冒風險，因為資料具有隨機性，新蒐集的資料集於檢驗泛化問題時不一定能成功，而避免落入「費時又費力」、「拿磚塊砸腳」的窘境；更大的原因，也或許研究者認為，能以目前的研究為基礎，由泛化問題而可再衍生出另一篇論文也說不定。

13-2 測量恆等性的檢定

檢測測量恆等性的方法，一般而言，有結構方程模型與項目反應理論（Item Response Theory）兩種方法。這兩種方法的主要差異在於：結構方程模型認為潛在變數與觀察變數之間的關係為線性關係；而項目反應理論則認為潛在變數與觀察變數之間的關係為非線性關係。項目反應理論的非線性關係假設較適合於觀察變數為二元變數（binary variable）的情境。然而，隨著觀察變數的尺度增加，結構方程模型的線性關係假設便較符合這樣的情境。因此，運用結構方程模型來進行測量恆等性檢測，會是種較佳的選擇（Raju, Laffitte, & Byrne, 2002）。

運用結構方程模型檢驗測量恆等性時，通常會採用多組群分析技術。多組群分析技術最早是由 Byrne 等人（1989）所提出，其後不少學者也跟進，而提出了多種有關檢驗測量恆等性之流程的相關研究（如：Steenkamp & Baumgartner, 1998; Jöreskog & Sörbom, 1993; Vandenberg & Lance, 2000; Cheung & Rensvold, 2002; Raju, Laffitte, & Byrne, 2002; Gregorich, 2006 等）。儘管這些流程存在著不同程度的差異，但其中包含的共同之處遠大於差異。通常都是透過一系列的檢定來達成檢驗測量恆等性的目的。目前，在文獻中最常用的分析步驟可以稱之為七步驟法：

步驟一：形態恆等（Configural Invariance）

檢驗潛在變數的構成形態或模型是否相同，也稱為因素結構恆等（Horn & McArdle, 1992）。由於只要求潛在變數、觀察變數之間的基本結構關係對等，並沒有設定任何參數跨組相等，所以若用嚴格的角度來看，形態恆等其實不能算是種恆等性檢驗。簡單的講，形態恆等就是因素結構模型在不同群組間，外觀（如潛在變數數量、觀察變數數量、潛在變數間的連線數量、潛在變數與觀察變數間的連線數量）「看起來」是否相同之意。因此，在進行多群組分析時，於參數的設定上，並不會去限定任何參數於跨組間等值，如圖13-1。

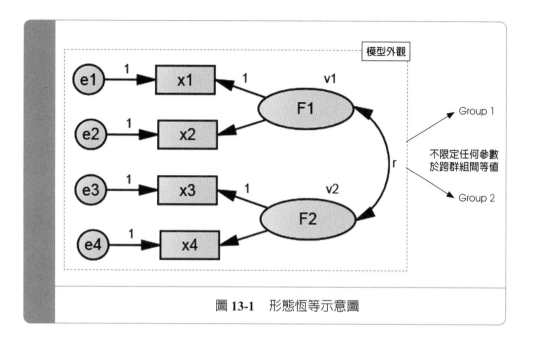

圖 13-1　形態恆等示意圖

步驟二：量尺恆等（Metric invariance）

量尺恆等又稱爲因素恆等（factorial invariance），而在 Amos 的多群組分析中則稱之爲「measurement weight」恆等。就檢定程序而言，若研究者的測量恆等性檢驗，只進行了形態恆等與量尺恆等，且都證明恆等性確實存在，那麼則稱這種狀態下的恆等性爲弱因素恆等（weak factorial invariance）（Meredith, 1993）。

量尺恆等主要檢驗測量指標（觀察變數）與構面（潛在變數）之間的關係，即因素負荷量在各群組中是否等值，如圖 13-2。如果每一個觀察變數在對應之潛在變數上的因素負荷量能跨群組相等，就可以說明觀察變數和潛在變數之間在不同的群組間具有著相同的意義。或者也可以說，每一個潛在變數在不同群組之間具有相同的量尺，即潛在變數每變化一個單位，觀察變數在不同群組中，也都將會產生同樣程度的變化。這樣就意味著，潛在變數和觀察變數間的關係與意涵，能在不同群組間等同。

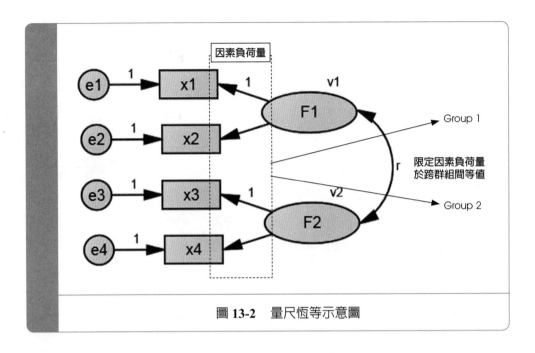

圖 **13-2**　量尺恆等示意圖

步驟三：純量恆等（Scalar invariance）

　　純量恆等又稱爲截距恆等（Intercepts invariance），而在 Amos 的多群組分析中則稱之爲「measurement intercepts」恆等。就檢定程序而言，若研究者的測量恆等性檢驗，進行了形態恆等、量尺恆等與純量恆等，且都證明恆等性確實存在，那麼則稱這種狀態下的恆等性爲強因素恆等（strong factorial invariance）（Meredith, 1993）。

　　純量恆等主要在檢驗觀察變數的截距是否具有不變性，如圖 13-3。如果純量恆等性成立，則表示該測量在不同群組間都具有相同的參照點。只有量尺和參照點都相同，那麼使用觀察變數所估計出來的潛在變數得分才是無偏的。在此情形下，進行群組間的比較也才會有意義。因此，同時滿足弱因素恆等和強因素恆等是進行跨群組間潛在變數之平均值比較的前提要件（Cheung & R ensvold 2000; Little, 1997; Meredith, 1993）。如果強因素恆等不成立，則說明了各群組原始得分在衡量上可能會有差異，而這種差異主要也是由於截距不等值所造成的，那麼就不能進而探討跨群組間之潛在變數平均值上的差異了。

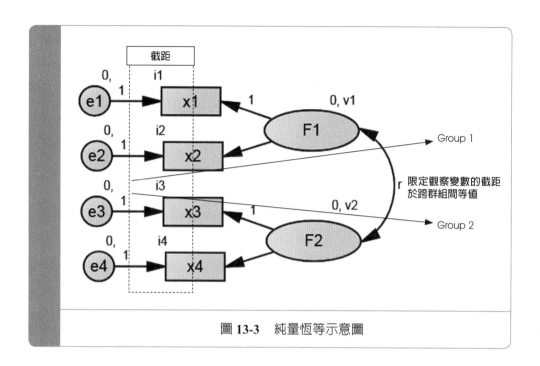

圖 13-3　純量恆等示意圖

步驟四：因素變異數恆等（Factor variance invariance）

　　因素變異數恆等在 Amos 的多群組分析中則稱為「Structural covariances」恆等。「Structural covariances」恆等若在結構恆等性中就是在檢驗結構的共變數與結構的變異數是否跨群組恆等，而在因素分析模型（測量模型）則是在檢驗因素（潛在變數、構面）的共變數與因素的變異數是否跨群組恆等。故應可理解，檢驗測量恆等性時，當在 Amos 的多群組分析中設定檢驗「Structural covariances」恆等時，就同時會檢驗因素變異數恆等與因素共變數恆等（Factor covariance invariance）。

　　因素變異數恆等主要在檢驗潛在變數的變異數是否能跨群組恆等，如圖 13-4。潛在變數的變異數反映了潛在變數的離散程度，潛在變數的變異數跨群組等值，則意味著潛在變數的得分有相同寬度的變化尺度（Schaubroeck & Green, 1989; Schmitt, 1982; Vandenberg & Self, 1993）。

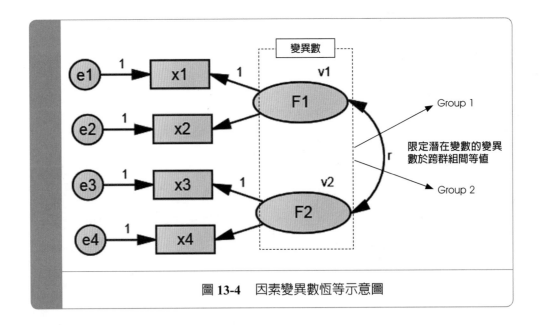

圖 13-4　因素變異數恆等示意圖

步驟五：因素共變數恆等（Factor covariance invariance）

　　因素共變數恆等主要在檢驗潛在變數間的共變數是否跨群組恆等，如圖 13-5。潛在變數間的共變數反映了潛在變數之間的相關程度。若能確認潛在變數間的共變數具有不變性，則說明了潛在結構之間的關係可以在不同群組中間重現。如前所述，通常會將因素變異數恆等和因素共變數恆等合併檢驗，而在 Amos 的多群組分析中即稱之為「Structural covariances」恆等。

步驟六：測量殘差恆等（Measurement residual invariance）

　　測量殘差恆等主要在檢驗相同觀察變數（測量題項）的獨特變異（殘差，即測量誤差項）在不同群組間是否等值，如圖 13-6。測量殘差恆等在 Amos 的多群組分析中則稱為「Measurement residual」恆等。在測量恆等性的實務研究中，要滿足測量殘差恆等性的要求，確實顯得過於嚴苛。況且多數實證性研究其實並不會太關注於測量殘差是否會跨群組等值（Bentler, 2005; Widaman & Reise, 1997）。但根據對期刊論文的統計分析，仍有大約 50% 的實證性應用研究，檢驗了測量殘差恆等性（Schmitt & Kuljanin, 2008; Vandenberg & Lance, 2000）。故測量殘差恆等性又有嚴格因素恆等性（Strict factorial invariance）之稱。

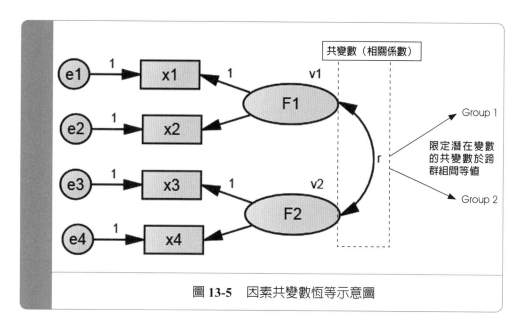

圖 **13-5** 因素共變數恆等示意圖

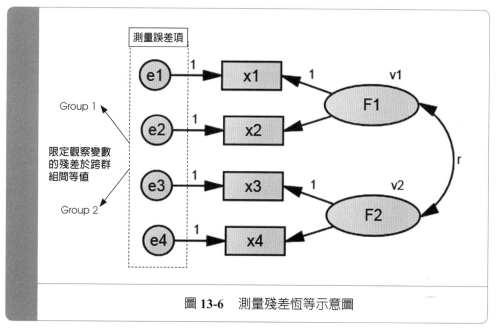

圖 **13-6** 測量殘差恆等示意圖

步驟七：平均值恆等（Latent Mean Invariance）

平均值恆等主要在檢驗潛在變數的平均值是否能跨群組恆等，如圖 13-7。平均值恆等在 Amos 的多群組分析中則稱為「Structural means」恆等。潛在變數的平均值是考慮誤差後的實際值，平均值上的差異可看作理論建構本身的實際差異。

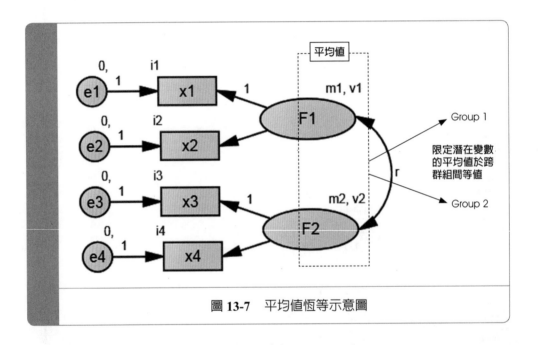

圖 13-7　平均值恆等示意圖

雖然，在文獻中最常用以檢測測量恆等性分析步驟有上述的七步驟法，但是學者們說法略有差異，例如：Bollen（1989）認為測量恆等性有兩種面向：模型的形態以及模型參數的恆等性。研究者可以依據其理論或意圖，決定要比較模型形態或是某部分參數的不同。而 Byrne et al.（1989）則只將形態恆等、量尺恆等、純量恆等以及測量殘差恆等四種恆等性的檢定歸類為測量恆等性，因為這四種恆等性檢定都關注於觀察變數與潛在構念間的關係以及測量尺度的心理特質恆等檢定；另一類別則是結構恆等，其主要關注於潛在變數本身，包括因素變異數（factor variance）、共變數（factor covariance）與平均值恆等的檢測。

13-3　檢驗測量恆等性的統計方法

在結構方程模型中，檢驗測量恆等性時，通常是採用多組群分析技術，此一方法最早由 Byrne 在 1989 年提出，其後年有許多學者提出相關的研究。進行測量恆等性時，本書主要將依據 Vandenberg & Lance 在 2000 年所建議的流程圖，在此將檢驗測量恆等性的步驟，簡述如下：

一、模型是否具有測量恆等性的假設。

1. 各群組在模型上具有相同的因素結構，每一因素連結相同的衡量題項，亦即具有形態恆等。
2. 各群組在模型中具有量尺恆等性。亦即因素連結到衡量題項的因素負荷量於跨群組中是等值的。
3. 各群組在模型中具有純量恆等性。亦即因素對相同衡量題項的截距項於跨群組中是等值的。
4. 各群組在模型中的衡量題項具有測量殘差恆等性。亦即衡量題項的獨特變異於跨群組中是等值的。

二、模型是否具有結構恆等性的假設

1. 各群組在模型上具有相等的因素變異數（因素變異數恆等），亦即跨群組在因素上具有同質性。
2. 各群組在模型上具有相等的因素共變數（因素共變數恆等），亦即跨群組在因素之間的關係是等同的。
3. 各群組在模型中具有相等的因素平均數（平均值恆等）。

在統計方法的運用上，首先必須先確認：當各群組樣本皆獲得適配後，才可以依序檢定前述測量恆等性假設。評鑑模型的配適度時，將以 Chi-Square（χ^2）、NNFI、CFI、RMSEA 等四個指標做為模型評鑑的指標。其中由於 χ^2 會受樣本數的多寡而影響虛無假設的檢定，當樣本數夠大時，χ^2 並非實用的統計檢定量，因此學者們建議在此情形之下，可以不用考慮此一指標，但仍須呈現此一指標數值（Hoyle & Panter, 1995; Hu & Bentler, 1998）。

NNFI 以及 CFI 則需大於 0.90（Hu & Bentler, 1995），RMSEA 則需小於 0.08（Byrne, 2010）。

首先，形態恆等的檢定也是以上述四個適配指標為判斷基準，所界定的模型若是缺乏適配性，表示不同群組中，模型的因素結構是不同的。其次，因素負荷量、截距、測量殘差、因素變異與共變數的檢定則是使用巢套模型（Nested Model），此種模型的檢定方式是採用卡方值（χ^2）的差異來進行顯著性檢定。方法是以「受限模型的卡方值」減去「較不受限模型的卡方值」，此卡方差異值以 $\Delta\chi^2$ 表示之，若 $\Delta\chi^2$ 在 Δdf（兩模型的自由度差）下達「顯著」，則表示恆等性的假設不成立。然而「顯著水準」應該定為多少，則是測量恆等性長久以來一直相當爭議的議題，卡方值對樣本數相當敏感，當樣本數很大時，或許些微的參數差距，就可能產生較大的 $\Delta\chi^2$（Brannick, 1995; Cheung & Rensvold, 2002; Kelloway, 1998），導致於判斷恆等性時產生偏誤。

針對卡方值異常膨脹問題，Cheung and Rensvold（2002）提出了可以使用 ΔCFI 來作為取代指標，其用法為「當 ΔCFI 指標值高於 0.01 時，代表適配產生有意義的差距」。然而，不少學者卻指出 ΔCFI 指標太過保守。因為研究顯示，即使 p 值已經小於 0.00001 了，ΔCFI 的改變依然小於 0.01（Chen et al., 2005; Mannetti et al., 2002; Ployhart et al., 2003）。這種保守性將容易導致縱使明顯有差異的測量題項，依然會呈現恆等的結果。基於此，可以參考 LISREL 指導手冊上的標準（Jöreskog and Sorbom, 1996），即 $\Delta\chi^2$ 值達到顯著性小於 0.005 時，就表示兩參數之間不具恆等性（Byrne et al., 1989; Steenkamp & Baumgartner, 1998）。

此外，也有學者採用卡方值差（$\Delta\chi^2$）、ΔTLI 與 ΔCFI 作為檢驗跨群組之恆等性的指標（Wang & Wang, 2012; 吳中勤，2014）。$\Delta\chi^2$、ΔTLI 與 ΔCFI 分別為受限的模型與較不受限的模型間在 χ^2、TLI 與 CFI 的差值（Cheung & Rensvold, 2002）。當巢套模型間的 $\Delta\chi^2$ 未達顯著（顯著性大於 0.05）、ΔTLI $\leq$ 0.02，ΔCFI $\leq$ 0.01 時，表示模型的恆等性成立（Wang & Wang, 2012）。

13-4　第一個範例模型介紹

　　本小節中所將介紹的範例是本書作者過去所指導的研究生之碩士論文，論文題目爲「背包客探索好奇心之概念化與量表發展」。對一般碩士生而言，以量表發展爲主題而撰寫碩論是相當大的挑戰，其過程繁雜、質性與量化工具並用、多次搜集樣本等作爲，若非極具耐心且統計能力亦具相當水準，實難準時於兩年內完成。

　　爲了能確實理解背包客的探索好奇心，本研究將開發背包客探索好奇心量表（Backpackers Exploratory Curiosity Scale，簡稱 BECS 量表）。建構BECS 量表時，主要將依據 DeVellis（2003）與 Hinkin, Tracey and Enz（1997）所主張的量表發展典範。此典範不僅簡單明確且廣爲學術研究者所採用。圖13-8 顯示了詳細的量表建構流程。

圖 13-8　量表發展與分析程序

13-4-1 建立初始題庫（Item Pool）

DeVellis（1991）曾建議題庫的理想大小為最終量表題項數的四倍以上。為能產生較大的題庫，本研究為衡量背包客探索好奇心所選擇的初步題項，主要來自兩個管道：

管道一：整理過去的相關文獻，有的文獻提供在旅遊情境下的新奇、刺激與探索好奇心的觀念，而有的文獻則提供探索好奇心的衡量題項，由此發展出一部分的題項。

管道二：經由背包客的深度訪談來發掘題項或確認題項。

因此，「管道一」首先從和好奇心有關的現存量表中搜集適合的題項。最初題項的來源包含刺激尋求量表（Sensation Seeking Scale）（Zuckerman, 1979）中的刺激與冒險尋求（Thrill and Adventure Seeking, TAS）與經驗尋求（Experience Seeking, ES）、新奇尋求量表（Novelty Seeking Scale, NSS）（Lee & Crompton, 1992）、好奇與探索量表（Curiosity and Exploration Inventory, CEI）（Kashdan et al., 2004）、運動迷探索好奇心量表（Sport Fan Exploratory Curiosity Scale, SFECS）（Park et al., 2010）與國際遊客角色量表（International Tourism Role Scale,ITRS）（Mo, Howard & Havitz, 1993）。經由「管道一」從上述的相關文獻中選取了 70 個題項。

接續管道二，在訪談方面，以焦點團體法進行訪談。訪談對象將針對各大背包客相關論壇、協會網站採取便利抽樣，尋求曾經從事背包旅行經驗豐富的 9 位自願受訪者（背包客）以焦點團體法進行調查。訪談對象的選取原則包括：（一）出國從事背包旅遊活動經驗較為豐富的背包客（背包旅行 3 次以上）及經驗較資淺的背包客（背包旅行 3 次以下）。（二）為了讓訪談過程中能夠讓受訪者間所言及之內容得以明確化，必須對受訪者的背景有所瞭解。因此在取樣上，將篩選出職業類別相似的背包客為優先考慮之訪談對象。最後，經由深度訪談所蒐集到的資料，進行內容分析，分析結果顯示背包客對於探索好奇心的看法，僅 12 個論點為超越過去文獻的範疇，因此深度訪談的結果除了作為文獻確認的依據與題目文字修正的參考外，並新增了 12 個題項。最後，經由上述兩個管道，總計採用了 82 個題項，以供後續研究使

用。

雖然題庫中的題項有些冗長，但重複與多餘的題項是重要的（DeVellis, 1991），因為透過量表純化過程（scale purification process），可以將含有不重要或不相關特質的題項予以刪除。因此，考量到發展新量表時重複性（redundancy）的重要性，期待由 82 個題項組成的題庫能完全涵蓋背包客探索好奇心的內涵與概念。

這 82 個題項所組成的問卷，待蒐集實際的樣本資料完成後，將供給後續量表發展的三個階段所使用。第一個階段（Study 1）的分析，將聚焦於保留具有相關性且識別性良好的題項。第二個階段（Study 2）的分析，將探索現有題項間的因素結構。最後，第三個階段（Study 3）的分析，將使用不同前述兩階段的樣本資料進行驗證分析，以再次檢驗因素結構的收斂性與區別性。

13-4-2 抽樣計畫

本研究抽樣對象以便利抽樣的方式於背包客網站、背包客相關論壇、社群網站進行問卷發放。問卷發放對象取自各大背包客相關論壇、協會網站，張貼公告徵求自願填寫問卷之背包客。抽樣期間分為三階段，依序為問卷的預試施測、準正式施測及正式施測；共發放了 690 份問卷，有效回收為 610 份問卷，回收結果如表 13-1。

表 13-1 問卷施測統計表

階段	發放問卷數	有效問卷數	回收率
預試階段	140	116	82.9%
準正式施測	250	228	91.2%
正式施測	300	276	92%
總計	690	620	89.9%

13-4-3 第一個階段分析（Study 1）—項目分析

透過文獻解析並佐以焦點團體法進行深度訪談後，經修正統整出 82 個

題項作爲本研究的預試問卷並進行預試抽樣，對象爲曾經有背包旅行經驗者 140 位，扣除無效問卷，僅存 116 份有效問卷，進行問卷調查。

在預試階段將以信度分析法刪除不適切的題項。亦即以項目分析法中的「題項 - 總分相關法」以提升本問卷的品質。在信度分析的過程中，我們可以得到「修正後的項目總相關」（corrected item-to-total correlation）的資料，該資料可藉以評估預試問卷的可靠度、一致性與穩定度。

Churchill（1979）建議純化測量工具的工作可由 Cronbach's α 的計算開始。若題項的修正後項目總相關小於 0.3 時，這題項不應包含在正式問卷中，則其將被移除，以提升量表的整體信度（Churchill, 1979）。此移除題項之過程爲遞迴過程，即當某題項被移除後，則將再次重新計算 Cronbach's α 值，以便判斷未來是否繼續移除題項。經反覆 4 次計算 Cronbach's α 值後，共有 61 個題項被移除，移除後剩餘題項的 Cronbach's α 值爲 0.90，Cronbach's α 值已符合一般學術性要求，因此剩餘 18 個題項被保留，以利未來的因素結構探索。

接著，委請觀光領域的專家學者與經驗豐富的背包客再次審核現存題項是否適當。審核結果建議，有 2 個題項可予以合併，另外有 1 個題項被刪除，因爲此題之意涵較不具有表面效度（face validity）。

故經專家與實務經驗者再次審核後，題項總數由 18 題縮減至 16 題，此外有些題項的譴詞用句也予以修正，以讓題項能清楚表達出其所屬之因素意涵。因此 BECS 量表中剩餘的 16 個題項應已較能滿足表面效度與內容效度的要求。此外，經初步執行探索式因素分析後，所得到的因素結構中，前三個因素也與 Park, et al.（2010）的運動迷探索好奇心量表一致。然而，也可發現，比運動迷探索好奇心量表多了一個因素，即社會接觸因素。雖然，在國際遊客角色量表（Mo, et al., 1993）中，社會接觸被視爲是國際遊客的旅遊動機之一，且在本研究最初的題項庫中亦包含了社會接觸的題項（來自國際遊客角色量表），但卻於先前的分析過程中，因社會接觸概念的相關係數太低而予以刪除了。在考量理論效度（theoretical validity）的情形下，爲了確認社會接觸的意涵是否也可視爲一種刺激，導致個體做出好奇心反應，喚起探索行爲。因此在下一階段的研究中，將把國際遊客角色量表（Mo, et al., 1993）

中的社會接觸（social contact）因素（6 個題項）再次納入考量。故下一階段的分析中，BECS 量表將包含四個因素，旅遊目的地（5 個題項）、興奮感（5 個題項）、觀光事件（4 個題項）與為加強理論效度而新增的社會接觸（8 個題項），總計包含 22 個題項，這 22 個題項所組成的問卷即本研究之準正式問卷。

13-4-4　第二個階段分析（Study 2）─探索式因素分析

在量表發展的第二個階段中，將應用前述的準正式問卷（22 個題項），再次蒐集樣本資料以評估量表的穩健度（robustness）。以便利抽樣的方式，蒐集第二次的問卷資料，共蒐集了 228 份有效問卷，並進行第二階段量表純化的工作。這些資料將進行分析以求取 α 值與以最大變異法轉軸後的因素負荷矩陣。

如同第一階段分析的結果，因素分析共萃取出四個因素。然而，第四個因素社會接觸的題項數與第一階段略有差異。新加入的國際遊客角色量表（Mo, et al., 1993）中的 6 個與社會接觸相關的題項中，有 2 個題項被保留，而有 4 個題項因修正後的項目總相關（item-to-total correlations）太低或因素負荷量不及 0.5 而被刪除。這說明了將國際遊客角色量表（Mo, et al., 1993）中，與社會接觸相關的題項加入量表中，確實可保全量表的理論效度。

透過因素分析所得到的四個因素總計解釋了 83.22% 的變異量，其中「興奮感」因素解釋了 23.91% 的變異量、「旅遊目的地」解釋了 22.66% 的變異量、「社會接觸」解釋了 18.71% 的變異量與「觀光事件」解釋了 17.94% 的變異量。如預期，所有題項的因素負荷量皆大於 0.5，且皆能落在其所該隸屬的因素中。在信度分析方面，興奮感因素（5 個題項）、旅遊目的地（5 個題項）、社會接觸（4 個題項）與觀光事件（4 個題項）的 α 值分為 0.96、0.94、0.94 與 0.92，代表各因素中所包含的題項間皆具有良好的內部一致性。至此，應可初步確認 BECS 量表的發展已獲得令人滿意的結果。

13-4-5 第三個階段分析（Study 3）—驗證性因素分析

在量表發展的最後一個階段中，將使用驗證性因素分析（confirmatory factor analysis, CFA）再次評估 BECS 量表的因素結構，並檢驗量表的收斂效度（convergent validities）與區別效度（discriminant validities）。此一階段中，以便利抽樣的方式，但針對不同於第一、第二階段的背包客群體，蒐集第三次的問卷資料，共蒐集了 276 份有效問卷，以進行驗證性因素分析。

一、模型比較（Model comparison）

首先將以競爭模型策略執行驗證性因素分析以決定最佳模型。在第二階段的分析中，得到一個包含四因素 18 個題項的因素結構，為了證明四因素結構優於其他的模型，本研究將比較 5 個競爭模型：(1) 基線模型（baseline model）；(2) 一階單因素模型（one-factor model）；(3) 一階 4 因素直交模型（uncorrelated factors model）；(4) 一階 4 因素斜交模型（correlated factors model）；(5) 二階因素模型（hierarchical model）。本研究將使用前一階段分析中所獲得的 18 個題項建立一系列的巢狀模型（nested model），以使各模型皆具有相同數量的測量指標。

經競爭模型分析後，一階 4 因素斜交模型之整體評鑑優於其他四個模型，無論是絕對適配指標與相對適配指標，均能通過所要求的可以接受值範圍，顯示一階 4 因素斜交模型為最佳模型，且已可充分描述「背包客探索好奇心」量表之結構，如圖 13-9。

二、收斂效度

收斂效度是指用來測量相同構念的觀測變項，彼此之間應具備高度的相關性。在評鑑收斂效度之建議值方面，Bentler and Wu（1993）及 Jöreskog and Sörbom（1989）建議標準化後殘差值過高或因素負荷量太低的題項應當刪除，保留標準化後因素負荷量在 0.45 以上者，且各題項的多元相關平方值（squared multiple correlation, SMC），應至少 0.50 以上（Bagozzi and Yi, 1988），才符合學術上對收斂效度之要求。

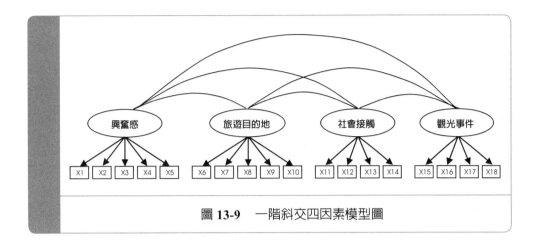

圖 13-9　一階斜交四因素模型圖

　　基於此，本研究依照上述學者建議各指標之評鑑標準，對測量模型之各題項因素負荷量及顯著性 t 值加以檢測，當因素負荷量滿足 0.45 以上、SMC 值符合 0.20 以上，及各估計參數 t 值大於 1.96，則代表此測量題項達顯著水準。由表 4-4-2 顯示，18 個觀察變項的標準化因素負荷量介於 0.87 至 0.91 間，皆高於 0.45 之判定準則，且皆達顯著水準（t > 1.96, p < 0.05），而 SMC 值介於 0.75 至 0.84 間皆大於 0.20，故本研究之測量模型應具有收斂效度。此外，本研究各構面與各測量指標（問項）的信度係數介於 0.75～0.96 間高於 0.7，且組合信度（composite reliability, CR）（0.93～0.96）與平均變異萃取量（average variance extracted, AVE）（0.77～0.81）亦分別高於 Bagozzi and Yi（1988）的所建議的標準值 0.6（CR）與 0.5（AVE）。因此，綜合而言，BECS 量表之測量模型的內部一致性大致可被接受。

三、區別效度（discriminant validity）

　　區別效度是指對兩個不同的構念進行測量，若此兩個構念經相關分析後，其相關程度很低，則表示此兩個構念具有區別效度（Anderson and Gerbing, 1988; Churchill, 1979）。在區別效度檢定方面，本研究之判斷準則為，每一個構面的 AVE 平方根大於各構面的相關係數之個數，至少須占整體的比較個數 75% 以上（Hair, Anderson, Tatham and Black, 1998）。基於此，觀察可發現，各構面之 AVE 的平方根介於 0.88～0.90，均大於各構面間的相

關係數（0.10～0.26），此分析結果顯示各構面皆滿足判斷準則，顯示量表具有區別效度。

四、總結

　　至此，量表發展過程已告一段落，最後可發現 BECS 量表包含四個主要構面，分別為興奮感因素（5 個題項）、旅遊目的地（5 個題項）、社會接觸（4 個題項）與觀光事件（4 個題項），共 18 個題項。且各因素中所包含的題項間皆具有良好的內部一致性。此外，收斂效度與區別效度亦能達到學術要求。至此，更可確認 BECS 量表的發展已獲得令人滿意的結果。

　　後續若欲瞭解 BECS 量表在兩個不同群組上的測量情形，可進行測量恆等性檢測，以確認 BECS 量表之每道測量題目對不同族群的受試者而言，都具有相等的意義。

13-5　檢驗測量恆等性的範例

▶ 範例 13-1

「背包客探索好奇心」量表的發展過程中，經歷了三個階段的統計分析後，發現「背包客探索好奇心」量表包含四個主要構面，分別為興奮感因素（5 個題項）、旅遊目的地（5 個題項）、社會接觸（4 個題項）與觀光事件（4 個題項），共 18 個題項。試運用第二階段分析所使用的資料檔（stage2.sav，樣本數 228）與第三階段所使用的資料檔（stage3.sav，樣本數 276）等的兩組樣本，檢驗「背包客探索好奇心」量表的測量恆等性。

　　本範例的測量恆等性檢定，主要將參考第 13-3 節中 Vandenberg and Lance（2000）年所建議檢定流程，故將建立內含五種恆等性的巢套模型。模型 1 為基線模型，表示各群組模型不做任何參數限制（即形態恆等）；模型 2 為量尺恆等（measurement weight），將設定跨群組模型中相對應的因素負荷量等值；模型 3 為純量恆等（measurement intercepts），將設定跨群組模型中相對應的觀察變數之截距等值；模型 4 為因素變異數／共變數恆等（structural

covariances），將設定跨群組模型中相對應之因素的變異數／共變數等值；
模型 5 為測量殘差恆等（measurement residual），將設定跨群組模型中相對
應之殘差等值。

步驟 1：首先，於 Amos Graphics 中，開啓「背包客探索好奇心」量表之驗證
性因素分析圖，其路徑與檔名為「..\sem_amos\chap13\example\CFA_
BECS.amw」。

步驟 2：設定群組名稱。開啓「CFA_BECS.amw」後，於群組視窗中的「Group
number 1」上快按兩下，即可開啓「Manage Groups」對話方塊，將
輸入欄內現有之群組名稱「Group number 1」改為「Stage 2」，如圖
13-10。接著，按「New」鈕新增一個群組，並將新群組名稱設定為
「Stage 3」，輸入完成後按「Close」鈕，即可在群組視窗中看到兩
個剛設定好的群組名稱「Stage 2」與「Stage 3」。

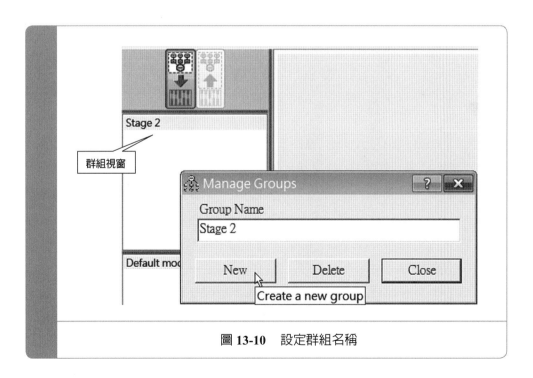

圖 13-10　設定群組名稱

步驟 3：設定各群組的資料檔。設定好的群組名稱後，接著須要為各群組設
定所欲配適的資料檔，按【Select data files】▦鈕即可開啓「Data

Files」視窗，並將「Stage 2」群設定讀取「stage2.sav」；「Stage 3」
群則設定讀取「stage3.sav」，如圖 13-11。

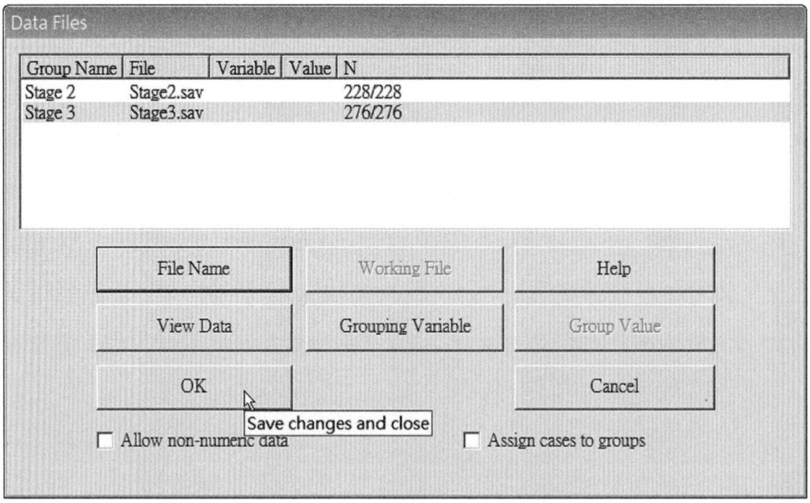

圖 13-11　設定各群組的資料檔

步驟 4：設定要估計平均數與截距。於工具箱中按【Analysis properties】
　　　　鈕後，會開啓【Analysis Properties】對話框（分析屬性對話框）。
　　　　選取【Estimation】標籤頁後，勾選「Estimate means and intercepts」
　　　　以讓 Amos 能估計各潛在變數的平均值與各觀察變數的截距。勾選
　　　　後，再選取【Output】標籤頁，並勾選所有選項，以便將來能輸出最
　　　　完整的資訊。

步驟 5：設定巢套模型。按工具箱中的　　鈕開啓「Multiple-Group Analysis」
　　　　視窗，該視窗已預設了五個模型（如圖 13-12），這五個模型正好包
　　　　含了本範例所要檢定的模型，故可直接按「OK」鈕，即可在模型視
　　　　窗中看到五個已建立好的模型名稱。此外，繪圖視窗中的模型圖也
　　　　有些許變化，即各參數都有了名稱代號，如圖 13-13。

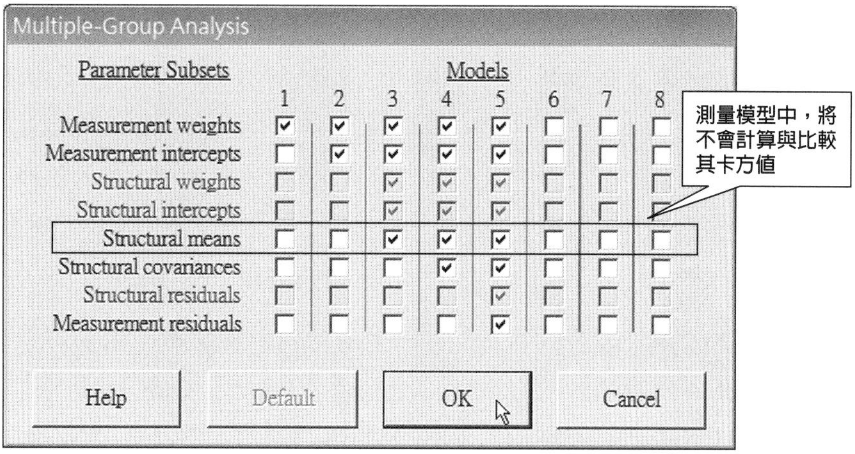

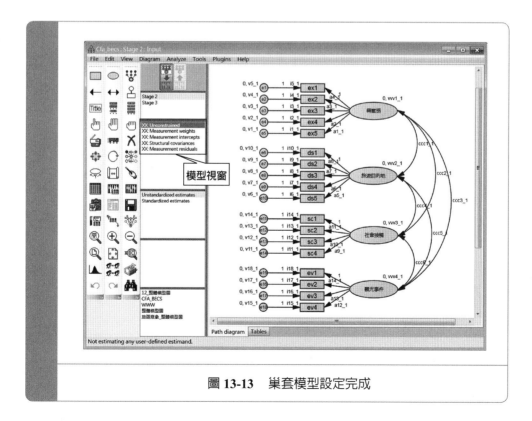

圖 13-12　設定巢套模型

圖 13-13　巢套模型設定完成

步驟 6：執行多群組分析。於工具箱中，按【Calculate Estimates】██ 鈕後，若是模型沒有出現任何錯誤或警告訊息，則表示觀察資料能讓 Amos 於估計參數時獲得了「收斂」（即執行成功）。此時，模型視窗中會出現「OK：模型名稱」的訊息，而【Computation Summary】（計算摘要）視窗中會出現相關的計算摘要訊息。

步驟 7：查閱 Model Fit 報表。於工具箱中，按【View Text】（查閱輸出報表）██ 鈕，待出現【Amos Output】視窗後，選取視窗左邊的【Model Fit】目錄，即可查看各模型的卡方值與各種配適指標，如圖 13-14。

步驟 8：查閱各模型的比較報表。於【Amos Output】視窗，選取視窗左邊的【Model Comparison】目錄，即可查看巢套模型的比較報表，如圖 13-15。

步驟 9：詳細操作過程，讀者亦可自行參閱影音檔「ex13-1.wmv」。

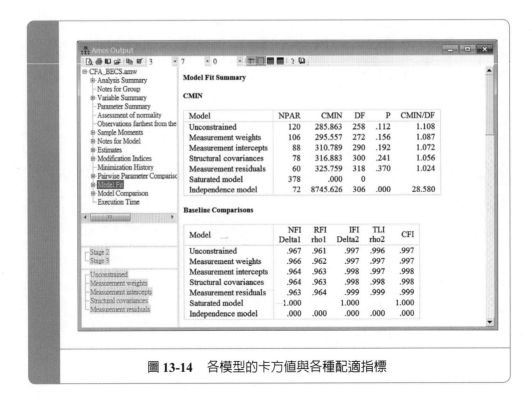

圖 13-14　各模型的卡方值與各種配適指標

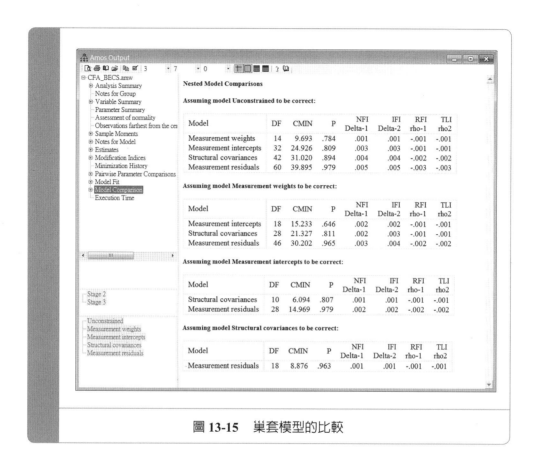

圖 13-15　巢套模型的比較

☞ 總結

　　本範例以多群組分析技術檢驗「背包客探索好奇心」量表的測量恆等性。檢驗過程將從「基線模型」是正確的假設下，來評鑑逐一加上「量尺恆等」、「純量恆等」、「因素變異數／共變數恆等」及「測量殘差恆等」之限制條件的 4 個模型之配適度，然後再依此類推，在假設「量尺恆等」為真的前提下，來評鑑逐一加上「純量恆等」、「因素變異數／共變數恆等」及「測量殘差恆等」之限制的模型之配適度，依序類推。茲將巢套模型的分析結果彙整成表 13-2，以利模型之比較與檢定。表 13-2 顯示 $\Delta\chi^2$ 的顯著性大於 0.05，且 ΔCFI 皆小於 0.01、ΔTLI 皆小於 0.02，因此可接受「背包客探索好奇心」量表在不同的背包客群組間具有「量尺恆等」、「純量恆等」、「因素變異數／共變數恆等」及「測量殘差恆等」之假設。表示同一母群體之不同背包

客在「背包客探索好奇心」量表之得分具有測量恆等性之特徵，即「背包客探索好奇心」量表具有跨樣本的有效性及穩定性之意。

表 13-2 測量恆等性檢驗表

模型	$\Delta\chi^2$(df)	$\Delta\chi^2$(Δdf)	p值	CFI	ΔCFI	TLI	ΔTLI
模型 1 基線模型	285.863 （258）	—	0.112	0.997		0.996	
模型 2 量尺恆等	295.557 （272）	9.693 （14）	0.784	0.997	0.000	0.997	0.001
模型 3 純量恆等	310.789 （290）	15.233 （18）	0.646	0.998	0.001	0.997	0.000
模型 4 因素變異數／共變數恆等	316.883 （300）	6.094 （10）	0.807	0.998	0.000	0.998	0.001
模型 5 測量殘差恆等	325.759 （318）	8.876 （18）	0.963	0.999	0.001	0.999	0.001

13-6　檢驗模型泛化的範例

多群組分析中，通常會將原始的樣本依特定的類別型變數而分群（通常分為兩群），然後再比較各分群中測量模型或結構模型中的各種參數（如因素負荷量、路徑係數）是否相等。如果多群組分析的目的是檢測測量模型中的各種參數是否相等時，通常稱之為測量恆等性檢測或測量一致性（measurement equivalence）檢測。而用於檢測結構模型中各路徑係數是否跨群組等值時，則稱為模型泛化（model generalization）的檢測。

▶ 範例 13-2

陳同學完成論文【第一線服務人員工作熱情與情緒耗竭關係之研究：情緒勞務策略的中介角色】之資料蒐集（Passion_高雄.sav，260份有效樣本）後（概念性模型、假設與衡量題項，請參考第12-4-3節），即刻進行統計分析，待論文完稿後，隨即投稿某國際知名期刊。2個月後，收到期刊首次的審核意見。其中，有位匿名審核者提出了下列問題：

The paper deals with an interesting topic, but at this stage I do not have the impression that it is suitable for publication. I would elaborate on the theoretical background as well as the empirical study. Especially, a second study is desirable to see whether the results can be replicated. Moreover, a second data collection would offer the possibility to integrate moderators and additional dependent variables, and thus, increase the paper's contribution.

試問，陳同學該如何回應審核者的意見？

　　當然，期刊投稿過程中，審核者的意見也是見仁見智。不過，對於投稿者來說，為了稿件能被接受，投稿者應有的認知是「審核者最大，遵從便是」。

　　陳同學閱讀了審核者上述的審核意見，尤其是「whether the results can be replicated」後，當下心就死了一半，因為遇到大麻煩了。原因在於，審核者的重點就是在質疑陳同學於論文中所建之概念性模型的泛化問題。原則上，要解決這類的模型泛化問題，必須再蒐集一份異質性的資料集（如調查地點不同），然後再配適概念性模型一次，看看兩次結果中，各路徑係數是否具有差異性，若差異性顯著不存在，那麼就可推論概念性模型具有泛化性，亦即模型穩健，可一般化、概化至不同調查群組。

　　這真是個須要花時間、體力、耐力與心力，而且還不一定有好結果的任務啊！但是「做雞著筅，做人著反」，人在屋簷下，不得不低頭呀！認命吧！於是，陳同學只得再到另一地點（臺中），重新再進行問卷調查一次，且總共蒐集了298份有效樣本（Passion_臺中.sav），經分析完成後，寄修訂版回期刊。不久後，陳同學又再次收到了新的審核意見，如下：

Thank you for your adaptations which are totally fine to me. I have one minor issue: I would appreciate more information on sample 1 and sample 2, and how they are related or differ.

　　這當然是值得慶祝啦！因為再小修說明一下，高雄樣本和臺中樣本的差異性後，一篇頂級 SSCI 論文就到手了啊！接下來，就來示範陳同學檢驗模型泛化的過程吧！

☞ 操作步驟

步驟 1：資料檔介紹。在本範例中，總共蒐集了兩個資料集，一為「Passion_高雄 .sav」；另一為「Passion_臺中 .sav」。兩個原始資料集中，除「工作熱情」、「情緒勞務策略」與「情緒耗竭」等構念之主要題項（共 34 題）外，尚包含了「性別」、「婚姻狀況」、「年齡」、「教育」、「年資」等類別型受訪者基本資料。這些類別型的資料，為了將來能進行多群組分析，已將其值進行分組規畫，例如：性別分為女 (1)、男 (2) 兩組；婚姻狀況分為未婚 (1)、已婚 (2) 兩組；年齡分為 20 歲以下 (1)、20 歲以上 (2) 兩組；教育分為大學以下 (1)、大學以上 (2) 兩組；年資分為一年以下 (1)、一年以上 (2) 兩組。最後，為了將來檔案合併後，能分辨樣本的來源，因此，於資料檔中新增了一個變數「調查地點」，其值為 1 時，代表高雄；2 則代表臺中。

步驟 2：合併檔案。為了能運用多群組分析方式驗證模型的泛用性，須先將兩個資料集合併。合併後的檔案將命名為「Passion_all.sav」。進行多群組分析時，模型將配適「Passion_all.sav」，然後以 6 個類別變數（調查地點、性別、婚姻狀況、年齡、教育、年資）分別當作分組變數，以檢驗跨群組（兩群）間，結構模型的所有路徑係數是否全部相等（模型泛化性）。

　　首先，在 SPSS 中開啓「Passion_高雄 .sav」，然後，執行「資料／合併檔案／新增觀察值」。待開啓【選取檔案】對話框後，選取「Passion_臺中 .sav」，然後按【開啓】鈕。隨即開啓【從…新增觀察值】對話框後，檢查變數都相同後，直接按【確定】鈕，即可完成合併檔案的作業。合併完成後，請將檔案再另存新檔為「Passion_all.

sav」。

步驟 3：接著，於 Amos Graphics 中，開啓範例模型圖，其路徑與檔名爲「..\
sem_amos\chap13\example\ Passion_MGA.amw」。

步驟 4：設定群組名稱。開啓「Passion_MGA.amw」後，執行
【Analyze → Manage groups】，即可開啓「Manage Groups」對話方
塊，於輸入欄內將現有之群組名稱「Group number 1」改爲「高雄」。
接著，按「New」鈕新增一個群組，並將新群組名稱設定爲「臺
中」，輸入完成後按「Close」鈕，即可在群組視窗中看到兩個剛設
定好的群組名稱「高雄」與「臺中」。

步驟 5：於不受限模型中，設定各群組中 8 個路徑的名稱。運用多群組分析技
術檢驗模型的泛化性時，實務上的作法將使用不受限模型和受限模
型的卡方值差異（$\Delta\chi^2$）之顯著性，來判斷模型中的 8 個路徑係數是
否能跨群組等值，若 $\Delta\chi^2$ 爲顯著時，代表跨群組之路徑係數不相等，
因此模型的泛化性就不存在；而若 $\Delta\chi^2$ 爲不顯著時，則代表跨群組的
路徑係數相等，因此模型就具有泛化性。

以「調查地點」爲分群變數時，模型將被分爲高雄、臺中兩群，所謂
的不受限模型就是目前模型圖中的「Default model」，在不受限模型
中高雄、臺中各自的模型之 8 個路徑全部不做任何限制而自由估計，
但是在受限模型中則會將兩分模型中的 8 個路徑全部假設爲相等。因
此，爲了能建立路徑係數相等的假設，就必須先爲各群組中的 8 個路
徑命名。

在目前的模型中，共有 8 條因果關係路徑，分別爲「諧和式熱情→
情緒耗竭」、「諧和式熱情→深層演出策略」、「諧和式熱情→表
層演出策略」、「強迫式熱情→深層演出策略」、「強迫式熱情→
表層演出策略」、「強迫式熱情→情緒耗竭」、「深層演出策略→
情緒耗竭」與「表層演出策略→情緒耗竭」。以高雄群爲例，可將
8 個路徑分別命名爲 K_1～K_8；而臺中群則命名爲 T_1～T_8。因
此，將來於受限模型中，就可假設「K_1=T_1」、「K_2=T_2」、
「K_3=T_3」、「K_4=T_4」、「K_5=T_5」、「K_6=T_6」、

「K_7=T_7」與「K_8=T_8」。

有上述的概念後，就來為各群組中的 8 個路徑命名吧！首先，於群組視窗中，選取「高雄」群，然後於模型圖中選取「諧和式熱情→情緒耗竭」這條路徑，選取後，按滑鼠右鍵，出現快顯功能表後，選取【Object Properties】功能。隨即跳出【Object Properties】視窗，於該視窗的【Parameters】標籤頁之【Regression weight】輸入欄中輸入該路徑的名稱「K_1」，如此即可為第一條路徑「諧和式熱情→情緒耗竭」命名成功，如圖 13-16。

依此原則，請讀者自行為「高雄」群後續的 7 條路徑命名，其名稱分別為 K_2～K_8；然後再為「臺中」群的 8 條路徑命名，其名稱分別為 T_1～T_8。命名完成後，模型圖如圖 13-17 與圖 13-18。

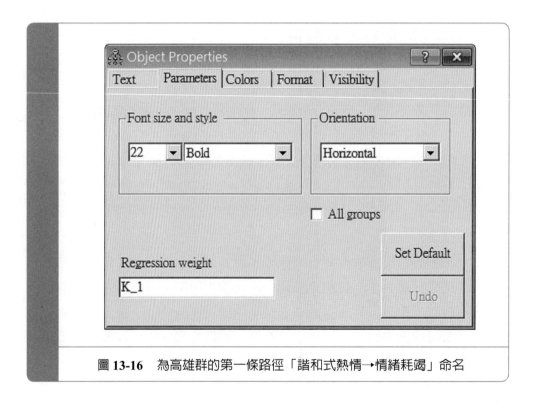

圖 13-16　為高雄群的第一條路徑「諧和式熱情→情緒耗竭」命名

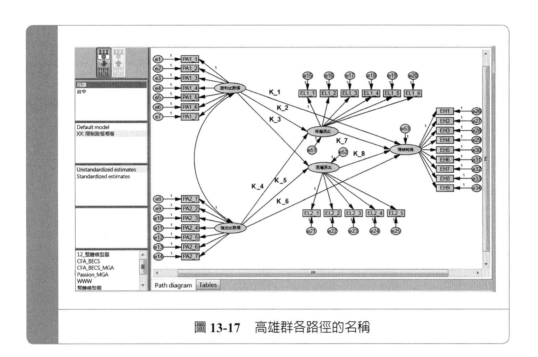

圖 **13-17**　高雄群各路徑的名稱

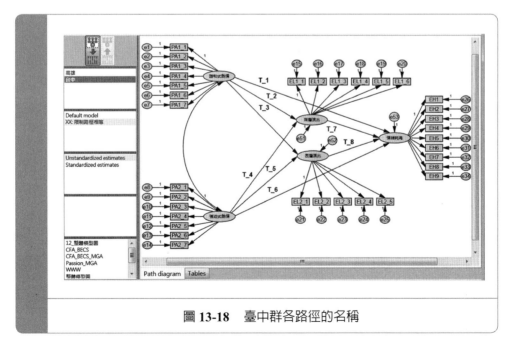

圖 **13-18**　臺中群各路徑的名稱

步驟 6：建立受限模型。受限模型中將假設「高雄」群與「臺中」群的 8 條路
徑的路徑係數皆相等。首先，執行【Analyze → Manage models】，
待出現【Manage models】視窗後，於【Model Name】輸入欄內輸
入受限模型的名稱「限制路徑相等」，然後在於下方的【Parameters
Constrains】輸入方塊內分別輸入「K_1=T_1」、「K_2=T_2」、
「K_3=T_3」、「K_4=T_4」、「K_5=T_5」、「K_6=T_6」、
「K_7=T_7」與「K_8=T_8」，如圖 13-19。輸入完成後，即可建立
好受限模型。

圖 **13-19**　建立受限模型

步驟7：設定各分群所該讀取的資料。接著，需要為各群組設定所欲配適的
資料檔，按【Select data files】🔳鈕即可開啟「Data Files」視窗，
請於該視窗中，依圖13-20設定好各分群所該讀取的資料。

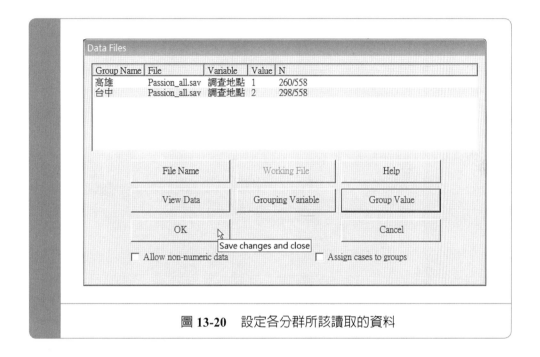

圖 13-20　設定各分群所該讀取的資料

步驟8：設定分析屬性。於工具箱中按【Analysis properties】🔳鈕後，
會開啟【Analysis Properties】對話框（分析屬性對話框）。選取
【Estimation】標籤頁後，勾選「Maximum likelihood」以讓Amos能
以最大概似估計法進行估算。勾選後，再選取【Output】標籤頁，並
勾選所有選項，以便將來能輸出最完整的資訊。

步驟9：執行多群組分析。於工具箱中，按【Calculate Estimates】🔳鈕後，
若是模型沒有出現任何錯誤或警告訊息，則表示觀察資料能讓Amos
於估計參數時獲得了「收斂」（即執行成功）。此時，模型視窗中
會出現「OK：模型名稱」的訊息，而【Computation Summary】（計
算摘要）視窗中會出現相關的計算摘要訊息。

步驟10：查閱Model Fit報表。於工具箱中，按【View Text】（查閱輸出

報表）![報表鈕] 鈕，待出現【Amos Output】視窗後，選取視窗左邊的
【Model Fit】目錄，即可查看各模型的卡方值與各種配適指標，如
圖 13-21。

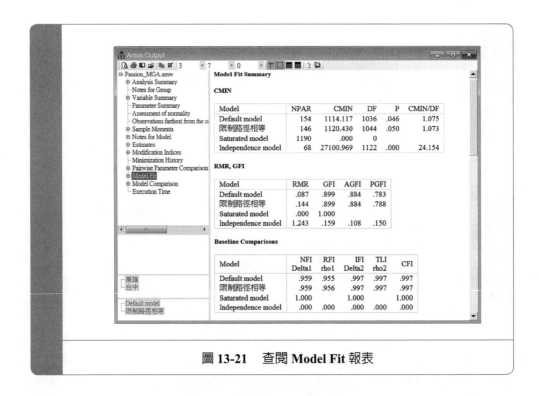

圖 13-21　查閱 Model Fit 報表

步驟 11：查閱各模型的比較報表。於【Amos Output】視窗，選取視窗左邊的
　　　　【Model Comparison】目錄，即可查看不受限模型與受限模型的比
　　　　較報表，如圖 13-22。

步驟 12：完成後，請另存新檔為「Passion_MGA_ 地點 .amw」。

步驟 13：進行其他各分群變數的多群組分析。製作完「調查地點」的多群
　　　　組分析後，請讀者自行重複步驟 3 到步驟 12，以進行「性別」、
　　　　「婚姻狀況」、「年齡」、「教育」、「年資」等分群變數的多
　　　　群組分析。若讀者不想自己製作的話，也可直接於「..\sem_amos\
　　　　chap13\example\」路徑中直接開啟「Passion_MGA_ 性別 .amw」、
　　　　「Passion_MGA_ 婚姻 .amw」、「Passion_MGA_ 年齡 .amw」、

「Passion_MGA_ 教育 .amw」與「Passion_MGA_ 年資 .amw」等檔案，而直接執行。

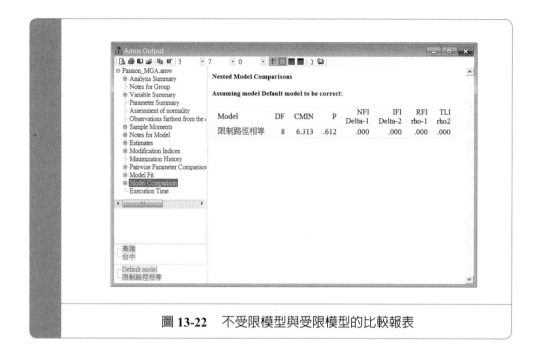

圖 13-22 不受限模型與受限模型的比較報表

☞ **總結**

本範例的主要目的在於檢驗概念性模型是否具有泛化性。為能順利進行多群組分析，共蒐集了兩個資料集，一個是高雄資料集，包含有 260 個樣本；另一個為臺中資料集，包含有 298 個樣本。概念型模型中共有 8 個假設路徑，為證明概念型模型可泛化（也就是證明這 8 個假設路徑之路徑係數，在不同的分群中，都不會具有顯著性的差異），研究者除以調查地點進行分群外，另對受訪者的基本屬性進行分群，如性別、婚姻狀況、年齡、教育、年資等。多群組分析時，即檢驗 8 個假設路徑之路徑係數，不會因群組不同而產生顯著性差異。檢驗結果如表 13-3，由表 13-3 可明顯看出，經「調查地點」、「性別」、「婚姻狀況」、「年齡」、「教育」、「年資」等分群進行多群組分析後，可發現 6 個分群變數，其 $\Delta\chi^2$ 的顯著性皆大於 0.05，

且 ΔCFI 皆小於 0.01、ΔTLI 皆小於 0.02。因此，不受限模型和受限模型是沒有顯著差異的，也就是說，結構模型的 8 個路徑係數，確實並不會因分群而產生差異，顯見概念性模型具有可泛化性或可稱模型具有可複製性（model replication）。

表 13-3 模型泛化性檢驗表

分群變數	$\Delta\chi^2$(df)	p值	ΔCFU	ΔTLI	顯著否
調查地點	6.313(8)	0.612	0.000	0.000	不顯著
性別	4.938(8)	0.764	0.000	0.000	不顯著
婚姻狀況	12.323(8)	0.137	−0.001	0.000	不顯著
年齡	13.995(8)	0.082	0.000	0.000	不顯著
教育	14.042(8)	0.081	0.000	0.000	不顯著
年資	7.533(8)	0.480	0.000	0.000	不顯著

【品牌形象、知覺價值對品牌忠誠度關係之研究】原始問卷

問卷編號：_____

親愛的先生、小姐您好：
　　這是一份學術性的研究問卷，目的在瞭解品牌形象、知覺價值對品牌忠誠度的影響程度，您的寶貴意見，將是本研究成功的最大關鍵。問卷採不記名方式，全部資料僅作統計分析之用，絕不對外公開，請安心填寫。懇請您撥幾分鐘協助填答問卷，謝謝您的熱心參與。
　　敬祝您　順　心　如　意

研究所

指導教授：　　博士
研究生：　　　敬上

※ 請針對您的服務經驗，回答下列相關問項，請於□中打「✓」，謝謝！

第一部分：品牌形象	極不同意	很不同意	不同意	普通	同意	很同意	極為同意
1.85 度 C 的產品風味很特殊。	□	□	□	□	□	□	□
2.85 度 C 的產品很多樣化。	□	□	□	□	□	□	□
3.85 度 C 和別的品牌有明顯不同。	□	□	□	□	□	□	□
4.85 度 C 很有特色。	□	□	□	□	□	□	□
5.85 度 C 很受歡迎。	□	□	□	□	□	□	□
6.我對 85 度 C 有清楚的印象。	□	□	□	□	□	□	□
7.85 度 C 的經營者正派經營。	□	□	□	□	□	□	□
8.85 度 C 形象清新。	□	□	□	□	□	□	□
9.85 度 C 讓人聯想到品牌值得信任。	□	□	□	□	□	□	□

第二部分：知覺價值	極不同意	很不同意	不同意	普通	同意	很同意	極為同意
1.我認為 85 度 C 的產品，其品質是可以接受的。	□	□	□	□	□	□	□
2.我喜歡購買 85 度 C 的產品。	□	□	□	□	□	□	□
3.我會想使用 85 度 C 的產品。	□	□	□	□	□	□	□
4.使用 85 度 C 的產品後，會讓我感覺很好。	□	□	□	□	□	□	□
5.我認為 85 度 C 的產品價格不甚合理。	□	□	□	□	□	□	□
6.我認為以此價格購買 85 度 C 的產品是不值得的。	□	□	□	□	□	□	□
7.我認為 85 度 C 的產品，能符合大部分人的需求。	□	□	□	□	□	□	□
8.使用 85 度 C 的產品後，能讓其他人對我有好印象。	□	□	□	□	□	□	□

第三部分：品牌忠誠度	極不同意	很不同意	不同意	普通	同意	很同意	極為同意
1.購買 85 度 C 的產品對我來說是最好的選擇。	☐	☐	☐	☐	☐	☐	☐
2.我是 85 度 C 的忠實顧客。	☐	☐	☐	☐	☐	☐	☐
3.當我有需求時，我會優先選擇 85 度 C。	☐	☐	☐	☐	☐	☐	☐
4.我願意繼續購買 85 度 C 的產品。	☐	☐	☐	☐	☐	☐	☐
5.我會向親朋好友推薦 85 度 C 的產品。	☐	☐	☐	☐	☐	☐	☐

第四部分：基本資料，請於☐中打「✓」。

1.性　　別：　☐ 女　　☐ 男
2.婚姻狀況：　☐ 未婚　☐ 已婚
3.年　　齡：　☐ 20 歲以下　☐ 21～30 歲　☐ 31～40 歲　☐ 41～50 歲　☐ 51～60 歲
　　　　　　　☐ 61 歲以上
4.目前職業：　☐ 軍公教　☐ 服務業　☐ 製造業　☐ 買賣業　☐ 自由業　☐ 家庭主婦
　　　　　　　☐ 學生　☐ 其他（請註明＿＿＿＿＿＿＿）
5.教育程度：　☐ 國小（含）以下　☐ 國中　☐ 高中（職）　☐ 專科　☐ 大學
　　　　　　　☐ 研究所（含）以上
6.平均月收入：☐ 15,000 元以下　　☐ 15,001～30,000 元　☐ 30,001～45,000 元
　　　　　　　☐ 45,001～60,000 元　☐ 60,001～75,000 元　☐ 75,001～90,000 元
　　　　　　　☐ 90,001～120,000 元　☐ 120,001 元以上

本問卷到此結束，非常感謝您的耐心填答，謝謝！！

Appendix

02

【遊客體驗、旅遊意象與重遊意願關係之研究】原始問卷

問卷編號：_____

親愛的先生、小姐您好：

　　這是一份學術性的研究問卷，目的在瞭解遊客體驗、旅遊意象對重遊意願的影響程度，您的寶貴意見，將是本研究成功的最大關鍵。問卷採不記名方式，全部資料僅作統計分析之用，絕不對外公開，請安心填寫。懇請您撥幾分鐘協助填答問卷，謝謝您的熱心參與。

　　敬祝您　順　心　如　意

研究所

指導教授：　　　博士

研究生：　　　敬上

※ 請針對您的服務經驗，回答下列相關問項，請於 □ 中打「✓」，謝謝！

第一部分：遊客體驗	極不同意	很不同意	不同意	普通	同意	很同意	極為同意
1. 秀麗的山水風景，非常吸引我。	□	□	□	□	□	□	□
2. 豐富的歷史文物，非常吸引我。	□	□	□	□	□	□	□
3. 我覺得這次旅遊，非常富有趣味。	□	□	□	□	□	□	□
4. 我覺得這次旅遊，行程豐富精彩。	□	□	□	□	□	□	□
5. 看到美麗的景致，令我心情放鬆。	□	□	□	□	□	□	□
6. 看到豐富的文物，能激發我思古之情。	□	□	□	□	□	□	□
7. 看到美麗的景致，讓我感到歡樂愉快。	□	□	□	□	□	□	□
8. 當地的景色，令我感動。	□	□	□	□	□	□	□
9. 當地歷史文物，令我感動。	□	□	□	□	□	□	□
10. 透過這次旅遊，頗發人省思，令我有所思考。	□	□	□	□	□	□	□
11. 透過這次旅遊，引發我的好奇心。	□	□	□	□	□	□	□
12. 透過這次旅遊，引發我去做一些聯想或靈感的啟發。	□	□	□	□	□	□	□
13. 透過這次旅遊，能激發我創意思考。	□	□	□	□	□	□	□
14. 看到美景，我很想分享觀賞的心得。	□	□	□	□	□	□	□
15. 看到歷史文物，我很想分享觀賞的心得。	□	□	□	□	□	□	□
16. 看到美景，我很想拍照、錄影留念。	□	□	□	□	□	□	□
17. 看到歷史建物，我很想拍照、錄影留念。	□	□	□	□	□	□	□
18. 我會想購買與當地相關的紀念品。	□	□	□	□	□	□	□
19. 透過這次旅遊，讓我產生環境維護的認同感。	□	□	□	□	□	□	□
20. 會因美麗的景致，而聯想到西拉雅國家風景區。	□	□	□	□	□	□	□
21. 透過這次旅遊，西拉雅會成為我平常談論的話題。	□	□	□	□	□	□	□

第二部分：旅遊意象	極不同意	很不同意	不同意	普通	同意	很同意	極為同意
1. 自然風景優美。	☐	☐	☐	☐	☐	☐	☐
2. 平埔族文化保存良好。	☐	☐	☐	☐	☐	☐	☐
3. 知名度高。	☐	☐	☐	☐	☐	☐	☐
4. 開車環湖賞景令人愉悅。	☐	☐	☐	☐	☐	☐	☐
5. 整體氣氛令人心情放鬆。	☐	☐	☐	☐	☐	☐	☐
6. 通往本風景區交通便利。	☐	☐	☐	☐	☐	☐	☐
7. 遊憩安全設施良好。	☐	☐	☐	☐	☐	☐	☐
8. 地方公共服務設施完善。	☐	☐	☐	☐	☐	☐	☐
9. 整體旅遊環境乾淨。	☐	☐	☐	☐	☐	☐	☐
10.旅遊資訊充足。	☐	☐	☐	☐	☐	☐	☐
11.相關服務人員能提供遊客迅速且即時的服務。	☐	☐	☐	☐	☐	☐	☐
12.區內相關服務人員的服務態度良好。	☐	☐	☐	☐	☐	☐	☐
13.旅遊活動的各項安排均能提供遊客便利。	☐	☐	☐	☐	☐	☐	☐
14.個人平均旅遊花費價格合理。	☐	☐	☐	☐	☐	☐	☐
15.收費合理。	☐	☐	☐	☐	☐	☐	☐

第三部分：重遊意願	極不同意	很不同意	不同意	普通	同意	很同意	極為同意
1.到西拉雅風景區旅遊，對我來說是最好的選擇。	☐	☐	☐	☐	☐	☐	☐
2.我將會是西拉雅風景區的忠實遊客。	☐	☐	☐	☐	☐	☐	☐
3.當我有旅遊需求時，我會優先選擇西拉雅風景區。	☐	☐	☐	☐	☐	☐	☐
4.我願意繼續到西拉雅風景區旅遊。	☐	☐	☐	☐	☐	☐	☐
5.我會向親朋好友推薦到西拉雅風景區。	☐	☐	☐	☐	☐	☐	☐

第四部分：基本資料，請於☐中打「✓」。

1.性　　別：　☐ 女　　☐ 男
2.婚姻狀況：　☐ 未婚　☐ 已婚
3.年　　齡：　☐ 20 歲以下　☐ 21～30 歲　☐ 31～40 歲　☐ 41～50 歲　☐ 51～60 歲
　　　　　　☐ 61 歲以上
4.目前職業：　☐ 軍公教　☐ 服務業　☐ 製造業　☐ 買賣業　☐ 自由業　☐ 家庭主婦
　　　　　　☐ 學生　☐ 其他（請註明＿＿＿＿＿＿）
5.教育程度：　☐ 國小（含）以下　☐ 國中　☐ 高中（職）　☐ 專科　☐ 大學
　　　　　　☐ 研究所（含）以上
6.平均月收入：☐ 15,000 元以下　　☐ 15,001～30,000 元　☐ 30,001～45,000 元
　　　　　　☐ 45,001～60,000 元　☐ 60,001～75,000 元　☐ 75,001～90,000 元
　　　　　　☐ 90,001～120,000 元　☐ 120,001 元以上

本問卷到此結束，非常感謝您的耐心填答，謝謝！！

【景觀咖啡廳意象、知覺價值與忠誠度：轉換成本的干擾效果】原始問卷

問卷編號：＿＿＿＿＿＿＿＿＿＿＿

親愛的先生、小姐您好：
　　這是一份學術性的研究問卷，目的在瞭解景觀咖啡廳意象、知覺價值、忠誠度與轉換成本的關係，您的寶貴意見，將是本研究成功的最大關鍵。問卷採不記名方式，全部資料僅作統計分析之用，絕不對外公開，請安心填寫。懇請您撥冗協助填答問卷，謝謝您的熱心參與。
　　　敬祝您　順　心　如　意
　　　　　　　　　　　　　　　　　　　　　　　　　　　　　　研究所
　　　　　　　　　　　　　　　　　　　　指導教授：　　博士
　　　　　　　　　　　　　　　　　　　　研究生：　　　敬上

※ 請針對您的消費經驗，回答下列相關問項，請於 □ 中打「✓」，謝謝！

第一部分：景觀咖啡廳商店意象	極不同意	很不同意	不同意	普通	同意	很同意	極為同意
1. 餐飲品質好，新鮮度佳。	□	□	□	□	□	□	□
2. 餐飲商品種類多，選擇性高。	□	□	□	□	□	□	□
3. 餐飲價格合理。	□	□	□	□	□	□	□
4. 菜單內容會不定時更換。	□	□	□	□	□	□	□
5. 服務人員親切有禮，服裝整齊。	□	□	□	□	□	□	□
6. 服務人員會主動提供餐點之訊息。	□	□	□	□	□	□	□
7. 服務人員結帳時，快速準確。	□	□	□	□	□	□	□
8. 服務人員出餐快速，等待食物時間短。	□	□	□	□	□	□	□
9. 營業時間滿足需要。	□	□	□	□	□	□	□
10.周邊交通便利，地點易達。	□	□	□	□	□	□	□
11.停車空間足夠。	□	□	□	□	□	□	□
12.店內裝潢高雅舒適，氣氛良好。	□	□	□	□	□	□	□
13.燈光音樂宜人。	□	□	□	□	□	□	□
14.店內環境舒適整潔。	□	□	□	□	□	□	□
15.走道空間寬敞，不會影響鄰座客人的交談。	□	□	□	□	□	□	□
16.配合節慶主題性有促銷活動。	□	□	□	□	□	□	□
17.發行貴賓卡成立會員俱樂部。	□	□	□	□	□	□	□
18.提供商品折價券。	□	□	□	□	□	□	□
19.店內提供無線上網。	□	□	□	□	□	□	□
20.可使用信用卡付款。	□	□	□	□	□	□	□
21.提供書報雜誌閱讀。	□	□	□	□	□	□	□

第二部分：知覺價值	極不同意	很不同意	不同意	普通	同意	很同意	極為同意
1.和其他同業相較，本餐廳服務或商品非常吸引我。	☐	☐	☐	☐	☐	☐	☐
2.和其他同業相較，本餐廳物超所值。	☐	☐	☐	☐	☐	☐	☐
3.和其他同業相較，本餐廳提供了較多的免費服務。	☐	☐	☐	☐	☐	☐	☐
4.和其他同業相較，本餐廳提供比我預期更高的價值。	☐	☐	☐	☐	☐	☐	☐

第三部分：忠誠度	極不同意	很不同意	不同意	普通	同意	很同意	極為同意
1.本餐廳會是我優先的選擇。	☐	☐	☐	☐	☐	☐	☐
2.我願意再來本餐廳消費。	☐	☐	☐	☐	☐	☐	☐
3.我認為我是本餐廳的忠實顧客。	☐	☐	☐	☐	☐	☐	☐
4.我會向本餐廳申請貴賓卡。	☐	☐	☐	☐	☐	☐	☐
5.我會主動向親朋好友介紹本餐廳。	☐	☐	☐	☐	☐	☐	☐

第四部分：轉換成本	極不同意	很不同意	不同意	普通	同意	很同意	極為同意
1.我覺得轉換到另一間餐廳是費時費力的。	☐	☐	☐	☐	☐	☐	☐
2.轉換到另一間餐廳需花費較高的成本。	☐	☐	☐	☐	☐	☐	☐
3.我覺得要轉換到其他餐廳消費是一件麻煩的事。	☐	☐	☐	☐	☐	☐	☐

第五部分：基本資料，請於 ☐ 中打「 」。

1. 性　　別：　☐ 女　☐ 男
2. 婚姻狀況：　☐ 未婚　☐ 已婚
3. 年　　齡：　☐ 20 歲以下　☐ 21～30 歲　☐ 31～40 歲　☐ 41～50 歲　☐ 51～60 歲
　　　　　　　☐ 61 歲以上
4. 目前職業：　☐ 軍公教　☐ 服務業　☐ 製造業　☐ 零售業　☐ 自由業　☐ 家庭主婦
　　　　　　　☐ 學生　☐ 其他（請註明＿＿＿＿＿＿）
5. 教育程度：　☐ 國小（含）以下　☐ 國中　☐ 高中（職）　☐ 專科　☐ 大學
　　　　　　　☐ 研究所（含）以上
6. 平均月收入：☐ 15,000 元以下　　　☐ 15,001～30,000 元　☐ 30,001～45,000 元
　　　　　　　☐ 45,001～60,000 元　☐ 60,001～75,000 元　☐ 75,001～90,000 元
　　　　　　　☐ 90,001～120,000 元　☐ 120,001 元以上
7. 消費次數：　☐ 1 次　☐ 2 次　☐ 3 次　☐ 4 次　☐ 5 次（含）以上

本問卷到此結束，非常感謝您的耐心填答，謝謝！！

04

【服務品質、知覺價值、消費者滿意與行為意向關係之研究】原始問卷

一、研究架構與假設

本研究主要採用 Cronin, Brady and Hult（2000）建立的模式為本研究之消費者行為意向模式架構。模式中，消費者的滿意度會受服務品質與知覺價值所影響；消費者行為意向會受服務品質、知覺價值、消費者滿意度所影響，整體研究架構如圖附 4-1 所示。

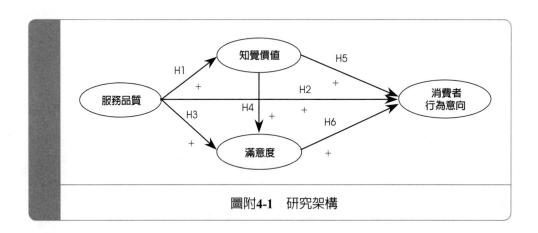

圖附4-1　研究架構

根據上述之研究架構，本研究提出以下六項研究假設：

H1：消費者感受到的服務品質對知覺價值有正向的直接影響關係。

H2：消費者感受到的服務品質對消費者行為意向有正向的直接影響關係。

H3：消費者感受到的服務品質對消費者滿意度有正向的直接影響關係。

H4：消費者感受到的知覺價值對消費者滿意度有正向的直接影響關係。

H5：消費者感受到的知覺價值對消費者行為意向有正向的直接影響關係。

H6：消費者的滿意度會對消費者行為意向有正向的直接影響關係。

二、問卷設計與衡量變數

在社會科學研究領域中，變數如何有效衡量是長久以來被研究者所關注的重要問題。本研究中的服務品質、知覺價值、消費者滿意度與消費者行為

意向等構面（潛在變數），都屬於受測者「知覺」的感受，是無法被直接觀察而獲得的，因此需要透過觀察變數來加以推論。本研究將引用過去相關文獻或量表所採行並經驗證為有效之觀察變數以設計所需的問項。

本研究中，各潛在變數的操作型定義如表附 4-1 所示，而衡量問項皆以正向敘述，並詢問使用者對該敘述的同意程度，並採李克特 7 點式尺度，分為「極度同意」、「非常同意」、「同意」、「普通」、「不同意」、「非常不同意」、「極度不同意」，各潛在變數之衡量問項詳述如下：

表附 4-1 潛在變數之操作定義

潛在變數	操作型定義
服務品質	顧客對期望服務與知覺服務比較的結果
知覺價值	消費者在整個服務中獲得之效用與所付出之成本的比較結果
消費者滿意度	消費者擁有或使用該項服務所帶來的正面感受的程度
消費者行為意向	消費者在獲得滿意的服務後，所表現出正面的行為意向

(一) 服務品質

服務品質至今已被廣泛的研究與討論，根據 PZB 的定義「服務品質為顧客對期望服務與知覺服務比較的結果」，而本研究用來衡量服務品質的問項，將以 PZB 提出的五個衡量構面之 SERVQUAL 量表做為衡量服務品質的基礎，以衡量複合式餐廳之服務品質，且是以消費者的知覺服務品質為衡量標準。因此服務品質量表主要將分成五個構面，分別為「有形性」有 7 個問項（sr1）、「可靠性」有 5 個問項（sr2）、「回應性」有 3 個問項（sr3）、「保證性」有 4 個問項（sr4）與「同理心」有 3 個問項（sr5），共 22 題問項。服務品質的相關問項，如表附 4-2 所示。

表附 **4-2** 服務品質之問卷設計表

構　面	服務品質問項
有形性 sr1	餐飲區裝潢美觀大方（sr1_1）
	座位舒適（sr1_2）
	餐飲區舒適開闊（sr1_3）
	菜單清晰（sr1_4）
	員工穿著整齊（sr1_5）
	餐飲區清潔衛生（sr1_6）
	餐飲區相關標誌能標示清楚（sr1_7）
可靠性 sr2	員工能迅速解答顧客的問題（sr2_1）
	能讓顧客感到自在安心（sr2_2）
	能讓顧客感到安全（sr2_3）
	餐點的種類及口味符合需求（sr2_4）
	餐點價格可接受（sr2_5）
回應性 sr3	能提供迅速服務（sr3_1）
	分量能滿足顧客特殊的要求（sr3_2）
	忙碌時員工能相互支援以保持服務品質（sr3_3）
保證性 sr4	能提供正確的菜單（sr4_1）
	餐點內容符合要求（sr4_2）
	準時提供服務（上菜、點菜的時間長短）（sr4_3）
	能迅速更正錯誤（sr4_4）
同理心 sr5	營業時間的長短符合需求（sr5_1）
	員工會預先考量顧客的需要（sr5_2）
	以顧客的利益為依歸（sr5_3）

(二) 知覺價值

目前一般學者所認同的知覺價值之定義為「消費者在整個服務中所獲得的效用與所付出之成本的比較結果」，亦即消費者至複合式餐廳所帶來的利益，及其所付出的代價兩者間的整體評估。本研究採用 Dodds, Monroe and Grewal（1991）衡量知覺價值的方式，因此知覺價值的相關問項如表附 4-3 所示。

表附 **4-3** 知覺價值之問卷設計表

構　面	知覺價值問項
知覺價值 pv	認為本餐廳所提供的服務是有價值的（pv1）
	在此價格下，本餐廳提供的服務水準是可以接受的（pv2）
	認為至本餐廳消費，比至其他餐廳值得（pv3）

(三) 消費者滿意度

本研究認為消費者滿意度為「消費者擁有或使用該項服務所帶來的正面感受的程度」（Rust and Oliver, 1994），且消費者滿意度是一種對情緒感覺的衡量（Hunt, 1977），因此本研究在衡量消費者滿意度上，將採用 Westbrook and Oliver（1991）所發展出的衡量方式，包含 5 個衡量情緒感覺，以及 1 個衡量整體服務滿意度的衡量變數，此 6 個衡量變數如表附 4-4 所示。

表附 **4-4** 滿意度之問卷設計表

構　面	滿意度問項	備註
滿意度 sa	接受服務後覺得有趣（sa1）	
	接受服務後覺得愉快（sa2）	
	接受服務後覺得驚喜（sa3）	
	接受服務後覺得憤怒（sa4）	反向題
	接受服務後覺得羞愧（sa5）	反向題
	整體服務讓我覺得滿意（sa6）	

(四) 消費者行為意向

本研究在行為意向的衡量上，主要將參考 Cronin et al.（2000）所衡量出來的構面，即再光顧意願、推薦意願與付出更多的意願，來衡量消費者的行為意向，共包含 3 題問項，行為意向的相關問項如表附 4-5 所示。

表附 **4-5** 消費者行為意向之問卷設計表

構　面	滿意度問項
消費者行為意向 it	下次若有需要，我願意再次到本餐廳用餐（it1）
	我願意推薦其他人到本餐廳用餐（it2）
	我願意購買本餐廳的餐券或成為會員（it3）

三、原始問卷

問卷編號：＿＿＿＿＿＿＿＿＿

親愛的先生、小姐您好：

　　這是一份探討有關「複合式餐廳服務品質、知覺價值、顧客滿意與行為意向關係之研究」的研究問卷，目的是希望能以學術性的探討，增加對研究主題的瞭解；並希望藉由問卷的調查，將消費者的意見傳達給業者，以作為經營管理上的參考。

　　本問卷採匿名方式作答，且資料僅供學術研究統計，絕不單獨對外公開，敬請放心作答。所有問題均無標準答案，請依照您真實的狀況及感受回答，誠摯地感謝您的撥冗協助！

　　敬祝　身體健康・事事如意

研究所

指導教授：　博士

研究生：　　敬上

※ 請回想您至複合式餐廳消費後的滿意程度及實際感受，並請在適合的空格內勾選複合式餐廳對您的認同強烈程度，謝謝！

第一部分：服務品質	極不同意	很不同意	不同意	普通	同意	很同意	極為同意
1.餐飲區裝潢美觀大方。	□	□	□	□	□	□	□
2.座位舒適。	□	□	□	□	□	□	□
3.餐飲區舒適開闊。	□	□	□	□	□	□	□
4.菜單清晰。	□	□	□	□	□	□	□
5.員工穿著整齊。	□	□	□	□	□	□	□
6.餐飲區清潔衛生。	□	□	□	□	□	□	□
7.餐飲區相關標誌能標示清楚。	□	□	□	□	□	□	□
8.能提供迅速服務。	□	□	□	□	□	□	□
9.分量能滿足顧客特殊的要求。	□	□	□	□	□	□	□
10.忙碌時員工能相互支援以保持服務品質。	□	□	□	□	□	□	□

第一部分：服務品質	極不同意	很不同意	不同意	普通	同意	很同意	極為同意
11.能提供正確的菜單。	☐	☐	☐	☐	☐	☐	☐
12.餐點內容符合要求。	☐	☐	☐	☐	☐	☐	☐
13.準時提供服務（上菜、點菜的時間長短）。	☐	☐	☐	☐	☐	☐	☐
14.能迅速更正錯誤。	☐	☐	☐	☐	☐	☐	☐
15.員工能迅速解答顧客的問題。	☐	☐	☐	☐	☐	☐	☐
16.能讓顧客感到自在安心。	☐	☐	☐	☐	☐	☐	☐
17.能讓顧客感到安全。	☐	☐	☐	☐	☐	☐	☐
18.餐點的種類及口味符合需求。	☐	☐	☐	☐	☐	☐	☐
19.餐點價格可接受。	☐	☐	☐	☐	☐	☐	☐
20.營業時間的長短符合需求。	☐	☐	☐	☐	☐	☐	☐
21.員工會預先考量顧客的需要。	☐	☐	☐	☐	☐	☐	☐
22.以顧客的利益為依歸。	☐	☐	☐	☐	☐	☐	☐
第二部分：知覺犧牲	極不同意	很不同意	不同意	普通	同意	很同意	極為同意
1.餐廳的消費價格是可以接受的。	☐	☐	☐	☐	☐	☐	☐
2.使用餐廳的服務不會耗費我太多時間。	☐	☐	☐	☐	☐	☐	☐
3.使用餐廳的服務不會耗費我太多精神。	☐	☐	☐	☐	☐	☐	☐
第三部分：顧客滿意	極不同意	很不同意	不同意	普通	同意	很同意	極為同意
1.我在接受複合式餐廳的服務後覺得有趣。	☐	☐	☐	☐	☐	☐	☐
2.我在接受複合式餐廳的服務後覺得愉快。	☐	☐	☐	☐	☐	☐	☐
3.我在接受複合式餐廳的服務後覺得驚喜。	☐	☐	☐	☐	☐	☐	☐
4.我在接受複合式餐廳的服務後覺得憤怒。	☐	☐	☐	☐	☐	☐	☐
5.我在接受複合式餐廳的服務後覺得羞愧。	☐	☐	☐	☐	☐	☐	☐
6.複合式餐廳提供的整體服務讓我覺得滿意。	☐	☐	☐	☐	☐	☐	☐
第四部分：消費者行為意向	極不同意	很不同意	不同意	普通	同意	很同意	極為同意
1.下次若有需要，我願意再次到本餐廳用餐。	☐	☐	☐	☐	☐	☐	☐
2.我願意推薦其他人到本餐廳用餐。	☐	☐	☐	☐	☐	☐	☐
3.我願意購買本餐廳的餐券或成為會員。	☐	☐	☐	☐	☐	☐	☐

第五部分：基本資料，請於 □ 中打「✓」。

1. 您的性別：□ 男　□ 女
2. 您的婚姻：□ 未婚　□ 其他
3. 您的學歷：□ 國小及以下　□ 國中　□ 高中或高職　□ 大學或專科　□ 研究所及以上
4. 您的年齡：□ 19 歲以下　□ 20～24 歲　□ 25～29 歲　□ 30～34 歲（足歲）
　　　　　　□ 35～39 歲　□ 40～44 歲　□ 45～49 歲　□ 50 歲或以上
5. 您的職業：□ 學生　　　□ 軍警　　□ 教職　　□ 工人　　□ 商人
　　　　　　□ 農林漁牧　□ 上班族　□ 家庭主婦　□ 其他
6. 平均月收入：□ 20,000 元以下　　□ 20,001～30,000 元　□ 30,001～40,000 元
　　　　　　　□ 40,001～50,000 元　□ 50,001～60,000 元　□ 60,001～70,000 元
　　　　　　　□ 70,001 元以上
7. 每月至複合式餐飲店平均消費次數：□ 1 次　　□ 2～3 次　□ 4～5 次
　　　　　　　　　　　　　　　　　□ 6～7 次　□ 8～9 次　□ 10 次及以上
8. 每次平均消費額：□ 100～200 元　□ 201～300 元　□ 301～400 元
　　　　　　　　　□ 401～500 元　□ 501～600 元　□ 601 元以上

本問卷到此結束，非常感謝您的耐心填答，謝謝！！

服務品質問卷

問卷編號：＿＿＿＿＿＿＿＿＿＿＿＿

親愛的先生、小姐您好：

　　這是一份學術性的研究問卷，目的在瞭解您對醫院服務品質的感覺及看法，您的寶貴意見，將是本研究成功的最大關鍵。問卷採不記名方式，全部資料僅作統計分析之用，絕不對外公開，請安心填寫。懇請您撥幾分鐘協助填答問卷，謝謝您的熱心參與。

　　敬祝您　順　心　如　意

研究所

指導教授：　　　　博士

研究生：　　　　敬上

※ 請針對您的消費經驗，回答下列相關問項，請於 □ 中打「✓」，謝謝！

第一部分：服務品質	極不同意	很不同意	不同意	普通	同意	很同意	極為同意
1.醫院擁有現代化的設備。	□	□	□	□	□	□	□
2.醫院的實體設施相當完善。	□	□	□	□	□	□	□
3.醫院服務人員的穿著整潔、清爽。	□	□	□	□	□	□	□
4.醫院有完善的業務或服務說明資料。	□	□	□	□	□	□	□
5.醫院附近停車很方便。	□	□	□	□	□	□	□
6.候診時，醫院備有舒適空間及足夠座椅。	□	□	□	□	□	□	□
7.這家醫院對病患詳盡解釋病情。	□	□	□	□	□	□	□
8.當病患遭遇問題時，醫院會盡力協助解決。	□	□	□	□	□	□	□
9.這家醫院在病患第一次就診時就能對症下藥。	□	□	□	□	□	□	□
10.這家醫院能在門診時段內準時為病患服務。	□	□	□	□	□	□	□
11.這家醫院所提供服務能保持不犯錯的記錄。	□	□	□	□	□	□	□
12.醫院對病患的個人資料能善盡保密之責。	□	□	□	□	□	□	□
13.醫院會告訴病患執行服務的正確時間。	□	□	□	□	□	□	□
14.醫院服務人員能夠提供病患立即性的服務。	□	□	□	□	□	□	□
15.醫院服務人員能以病患為尊。	□	□	□	□	□	□	□
16.醫院服務人員常保高度的服務病患意願。	□	□	□	□	□	□	□
17.醫院服務人員不會因為太忙碌而疏於回應顧客。	□	□	□	□	□	□	□
18.繳費之排隊等候時間相當短。	□	□	□	□	□	□	□
19.服務人員的行為建立了病患對醫療服務的信心。	□	□	□	□	□	□	□
20.治療時讓病患覺得很安全。	□	□	□	□	□	□	□
21.醫院服務人員能保持對病患的禮貌態度。	□	□	□	□	□	□	□

第一部分：服務品質	極不同意	很不同意	不同意	普通	同意	很同意	極為同意
22.醫院服務人員有足夠的專業知識因應病患的問題。	☐	☐	☐	☐	☐	☐	☐
23.計費資料之正確性，令人滿意。	☐	☐	☐	☐	☐	☐	☐
24.服務人員會主動協助病患解決問題。	☐	☐	☐	☐	☐	☐	☐
25.醫院會給予不同病患不同的關懷。	☐	☐	☐	☐	☐	☐	☐
26.醫院會因應病患的需要訂定適當的服務執行時間。	☐	☐	☐	☐	☐	☐	☐
27.醫院會給予不同病患不同的照顧。	☐	☐	☐	☐	☐	☐	☐
28.醫院的人員瞭解病患的特殊需要。	☐	☐	☐	☐	☐	☐	☐
29.醫院服務人員對病患能給予個別化的服務。	☐	☐	☐	☐	☐	☐	☐
30.醫院服務人員對病患的病情能感同身受。	☐	☐	☐	☐	☐	☐	☐

References

參考文獻

參考文獻

中文部分

方世榮，（2005），《統計學導論》，臺北：華泰。

方傑，溫忠麟，張敏強，孫配貞，（2014），〈基於結構方程模型的多重仲介效應分析〉，《心理科學》，37(3)，735-741。

余民寧，（2006），《潛在變項模式：SIMPLIS 的應用》，臺北：高等教育。

吳中勤，（2014），〈以多群組結構方程模式檢驗成就目標理論模式的測量恆等性〉，《教育科學研究期刊》，59(3)，59-95。

吳忠宏，（2001），〈解說在自然保育上的應用〉，《自然保育季刊》，36，6-13。

吳忠宏，黃文雄，李介祿，李雅鳳，（2007），〈旅遊動機、滿意度與忠誠度之模式建構與驗證：以宜蘭賞鯨活動為例〉，《觀光研究學報》，13(4)，347-367。

吳明隆，（2007），《結構方程模式：AMOS 的操作與應用》，臺北：五南。

李世寶，（2003），〈東勢林場賞螢活動解說員服務效果之研究〉，朝陽科技大學休閒事業管 研究所未出版之碩士論文。

李宜曄，林詠能，（2008），〈十三行博物館導覽服務滿意度與重遊意願研究〉，《博物館學季刊》，22(1)，93-105。

李明聰，黃儀蓁，（2006），〈遊客對解說服務願付價格之研究—以墾丁國家公園生態保護區為例〉，《休閒暨觀光產業研究》，1(1)，19-33。

邱皓政，（2004），《結構方程模式：LISREL 的理論、技術與應用》，臺北：雙葉。

侯杰泰，溫忠麟，成子娟，（2002），《結構方程模型及其應用》，北京：教育科學出版社。

施俊名、吳裕益（2008）。〈大學生身心健康量表構念效度驗證之研究〉。《教育研究與發展期刊》，4(4)，201-229。

夏業良，魯煒編譯，（2003），《體驗經濟時代》，臺北：城邦文化。

張穎仁，（2004），〈臺中縣休閒農場解說導覽滿意度之研究〉，朝陽科技大學企業管理研究所未出版之碩士論文。

陳宗玄，陸地，（2006），〈遊客對導覽解說人員需求與付費意願之研究：國立自然科學博物館植物園為例〉，《博物館季刊》，20(4)，7-23。

陳榮方，葉惠忠，蔡玉雯，李麗娟，（2006），〈顧客忠誠度、生活型態及商店形象之結構關係模式分析—以高雄市連鎖咖啡店為例〉，《高雄應用科技大學學報》，35，145-160。

陳寬裕，王正華，（2017），《論文統計分析：SPSS 與 AMOS 的運用》。臺北：五南。

陳耀茂，（1997），服務品質管理手冊，臺北市：國家圖書館出版。

黃芳銘，（2002），《結構方程模式理論與應用》，臺北：五南。

楊勝評，（2003），觀光工廠論壇—服務的品質及工廠觀光化的優勢，【線上資料】，來源：http://proj.moeaidb.gov.tw/cluster/taiwanplace21/experience/ interview_03.htm [2009, March 21]。

榮泰生（2008），《AMOS 與研究方法》，臺北：五南。

劉正山、莊文忠（2012）。〈項目無反應資料的多重插補分析〉。臺灣選舉與民主化調查（TEDS）2012 年國際學術研討會：成熟中的臺灣民主：TEDS2012 調查資料的分析。臺灣選舉與民主化調查（TEDS）規劃與推動委員會主辦。

簡惠珠，（2006），〈顧客價值、價格知覺、顧客滿意度、轉換成本對顧客忠誠度影響之研究—以量販店為例〉，成功大學高階管理碩士班未出版之碩士論文。

顏上晴，（2001），〈應用 SERVQUAL 服務品質模式分析國立科學工藝博物館導覽解說服務績效缺口〉，《科技博物》，5(4)，23-39。

英文部分

Aaker, D. A. (1997). Should you take your brand to where the action is ?. Harvard Business Review, 75(5), 135-144.

Aaker, D. A., & Keller, K. L. (1990). Consumer evaluations of brand extensions. Journal of Marketing, 54(1), 27-41.

Aiken, L. S., & West, S. G. (1991). Multiple regression: Testing and interpreting interactions. Newbury Park, CA: Sage.

Algina,J., & Moulder, B. C. (2001). A note on estimating the JÊreskog-Yang model for latent variable interaction using LISREL 8.3. Structural Equation Modeling, 2001, 8 (1) ,40-52.

Anderson, J. C., & Gerbing, D. G. (1988). Structural equation modeling in practice: a review and recommended two-step approach. Psychological Bulletin, 103(May), 411-423.

Baron, R. M., & Kenny, D. A. (1986). The moderator-mediator variable distinction in social psychological research: Concepual, strategic, and statistical considerations. Journal of Personality and Social Psychology, 51(6), 1173-1182.

Babin, B. J., & Attaway, J. S. (2000). Atmospheric affect as a tool for creating value and gaining share of Customer. Journal of Business Research, 49(2), 91-99.

Babin, B. J., & Darden, W. R. (1995). Consumer self-regulation in a retail environment. Journal of Retailing, 71 (Spring), 47-70.

Baker, J., Grewal, D., & Parasuraman, A. (1994). The influence of store environment on quality inferences and store image. Journal of the Academy of Marketing Science, 22 (Fall), 328-339.

Baker, J., Levy, M., & Grewal, C. (1992). An experimental approach to making retail store environment decisions. Journal of Retailing, 68(4), 445-460.

Bagozzi, R. P., & Yi, Y.(1988). On the evaluation for structural equation models. Journal of the Academy of Marketing Science, 16, 74-94.

Bentler, P. M. (1990). Comparative fit indexes in structural models. Psychological Bulletin, 107(2), 238-246.

Bentler, P. M., & Bonett, D. G. (1980). Significant tests and goodness of fit in the analysis of covariance structures. Psychological Bulletin, 88(3), 588-606.

Bentler, P. M., & Wu, E. J. C. (1993). EQS/Windows User's Guide. Los Angeles: BMDP Statistical Software.

Biel, A. L. (1992). How brand image drives brand equity. Journal of Advertising Research, 32(6), 6-12.

Bitner, M. J. (1992). Servicescapes: The impact of physical surrounding on customer and employees. Journal of Marketing, 56(2), 57-71.

Bollen, K. A. (1989). Structural equations with latent variables. New York: Wiley.

Bollen, K. A., & Long, J. S. (1993). Testing structural equation models. Newbury Park, CA: Sage.

Bollen, K. A., & Stine, R. (1990). Direct and indirect Effects: Classical and Bootstrap Estimates of Variability. Sociological Methodology, 20(1), 115-140.

Bolton, R. N., & Drew, J. H. (1991). A multistage model of customers' assessments of service quality. Journal of Consumer Research, 17(4), 375-384.

Boomsma A. (1982). The robustness of LISREL against small sample sizes in factor analysis models. In H. Wold & K. Jöreskog (Eds.), Systems under indirect observation (pp. 149-173). New York: Elsevier North-Holland.

Brannick, M. T. (1995). Critical Comments on Applying Covariance Structure Modeling. Journal of Organizational Behavior, 16(3), 201-213.

Browne, M. W. (1984). Asymptotically distribution-free methods for the analysis of covariance structures. British Journal of Mathematics and Statistical Psychology, 37, 62-83.

Browne, M. W., & Cudeck, R. (1993). Alternative ways of assessing model fit. In Bollen, K. A. & Long, J. S. (Eds.). Testing structural equation models (pp. 136-162). Newsbury Park, CA: Sage.

Byrne, B. M., Shavelson, R. J. & Muthén, B. (1989). Testing for the equivalence of factor covariance and mean structures: the issue of partial measurement invariance. Psychological Bulletin, 105(4), 456-466..

Byrne, B. M. (2010). Structural Equation Modeling with AMOS: Basic Concepts, Applications, and Programming, Multivariate Applications Series, 2nd ed., New York: Routledge.

Chaudhuri, A., & Holbrook, M. B. (2001). The chain of effects from brand trust and brand affect to brand performance: The role of brand loyalty. Journal of Marketing, 65(2), 81-93.

Chen, F. F., Sousa, K. H., & West, S. G. (2005). Teacher S Corner: Testing Measurement Invariance of Second-Order Factor Models. Structural Equation Modeling: A Multidisciplinary Journal, 12(3), 471-492.

Cheung, G. W., & Lau, R. S. (2008). Testing mediation and suppression effects of latent variables: Bootstrapping with structural equation models. Organizational Research Methods, 11(2), 296-325.

Cheung, G. W., & Rensvold, R. B. (1998). Cross-cultural comparisons using non-invariant measurement items. Applied Behavioral Science Review, 6(1), 93-110.

Cheung, G. W., & Rensvold, R. B. (2002). Evaluating goodness-of-fit indexes for testing measurement invariance. Structural Equation Modeling, 9(2), 233-255.

Cheung, M. W. L. (2009). Comparison of methods for constructing confidence intervals of standardized indirect effects. Behavior Research Methods, 41, 425- 438.

Cheung, M. W. L. (2007). Comparison of approaches to constructing confidence intervals for mediating effects using structural equation models. Structural Equation Modeling, 14, 227-246.

Churchill, G. A. (1979). A paradigm for developing better measures of marketing constructs. Journal of Marketing Research, 16(1), 64-73.

Cronin, J. J., Brady, M. K., & Hult, G. T. M. (2000). Assessing the effects of quality, value, and customer satisfaction on consumer behavioral intentions in service environments. Journal of Retailing, 76(2), 193-218.

Curhan, R. C. (1972). The relationship between shelf space and unit sales in supermarkets. Journal of Marketing Research, 9(4), 406-412.

Curran, P. J., West, S. G., & Finch, J. F. (1996). The robustness of test statistics to non-normality and specification error in confirmatory factor analysis. Psychological Methods, 1, 16-29.

Darden, W. R., & Reynolds, F. D. (1971). Shopping orientations and product usage rates. Journal of Marketing Research, 8(4), 505-508.

DeVellis, R. F. (1991). Scale development theory and applications, London: SAGE.

DeVellis, R. F. (2003). Scale development: Theory and applications, 2nd edn. Newbury Park, CA: Sage Publications.

Dodds, W. B., Monroe, K. B., & Grewal, D. (1991). Effects of Price, Brand and Store Information on Buyers' Product Evaluation. Journal of Marketing Research, 28, 307-319.

Drasgow, F. (1987). Study of the measurement bias of two standardized psychological tests. Journal of Applied Psychology, 70(4), 662-680.

Efron, B. (1979). Bootstrap methods: another look at the jackknife. Annals of Statistics 7, 1-26.

Fornell, C., & Larcker, D. (1981). Evaluating structural equation models with unobservable variables and measurement errors. Journal of Marketing Research, 18(1), 39-50.

Freudenberger, H. J. (1974). Staff burnout. Journal of Social Issues, 30, 159-165.P.3.

Grandey, A. A. (2000). Emotion regulation in the workplace: A new way to conceptualize emotional labor. Journal of Occupational Health Psychology, 5(1), 95-110.

Gregorich, S. E. (2006). Do self-report instruments allow meaningful comparisons across diverse population groups? Testing measurement invariance using the confirmatory factor analysis framework. Medical Care, 44(11), 78-94.

Grinder, A. L., & McCoy, E. S. (1985). The good guide: a source book for interpreters, docents and tour guides. Phoenix, Arizona: Ironwood Press.

Hair, J. F., Anderson, R. E., Tatham, R. L., & Black, W. C. (1998). Multivariate data analysis (5th ed.). Upper Saddle River, New Jersey: Prentice-Hall International.

Hair, J.F., Hult, G.T., Ringle, C., & Sarsedt, M. (2014). A Primer on Partial Least Squares Structural Equation Modeling (PLS-SEM). Washington, DC: Sage Publications.

Hayes, A. F. (2009). Beyond Baron and Kenny: Statistical mediation analysis in the new millennium. Communication Monographs, 76, 408-420.

Hayduk, L. A. (1987). Structural equation modeling with LISREL: Essentials and advances. Baltimore: The John Hopkins University Press.

Henry, J. W., & Stone, R. W. (1994). A structural equation model of end-user satisfaction with a computer-based medical information systems. Information Resources Management Journal, 7(3), 21-33.

Hightower, R., Brady, M. K., & Baker, T. L. (2002). Investigating the role of the physical environment in hedonic service consumption: an exploratory study of sporting events. Journal of Business Research, 55(4), 697-707.

Hinkin, T. R., Tracey, J. B. & Enz, C. A. (1997). Scale construction: developing reliable and valid measurement instruments. Journal of Hospitality and Tourism Research, 21, 100-120.

Hoelter, J. W. (1983). The analysis of covariance structures: Goodness-of-fit Indices. Sociological Methods and Research, 11, 325-344.

Hoyle, R. H. & Panter, A. T. (1995). Writing About Structural Equation Models, In R. H. Hoyle (Ed.), Structural equation modeling: Concepts, issues, and applications, Thousand Oaks, CA: Sage, 158-176.

Horn, J. L., & McArdle, J. J. (1992). A practical and theoretical guide to measurement invariance in aging research. Experimental Aging Research, 18(3-4), 117-144.

Hu, L. T. & Bentler, P. M. (1995). Evaluating Model Fit, In R. H. Hoyle (Ed.), Structural equation modeling: Concepts, issues, and applications, Thousand Oaks, CA: Sage, 76-99.

Hu, L., & Bentler, P. M.(1999). Cutoff criteria for fit indexes in covariance. Structural Equation Modeling , 6(1), 1-55.

Hu, L. T. & Bentler, P. M.(1998). Fit Indices in Covariance Structure Modeling: Sensitivity to Underparameterized Model Misspecification. Psychological Methods, 3(4), 424-453.

Hulland, J. (1999). Use of partial least squares in strategic management research: A review of four recent studies. Strategic Management Journal, 20(2), 195-204.

Hunt, K. H. (1977). Conceptualization and Measurement of consumer satisfaction and dissatisfaction. Cambridge, Mass: Marketing science institute.

Hwang, S. N. , Lee, C., & Chen, H. J. (2005). The relationship among tourists ' involvement, interpretation service quality & place attachment in Taiwan National Park. Tourism Management, 26(2), 143-156.

Ittelson, W. H. (1973). Environment perception and contemporary perceptual theory. In Ittelson, W. H. (Eds.), Environment and Cognition (pp.1-19). New York: Seminar Press.

Jones, M. A., Mothersbaugh D. L. & Beatty S. E. (2002). Why customers stay: Measuring the underlying dimensions of services switching costs and managing their differential strategic outcomes. Journal of Business Research, 55, 441-450.

Jones, T. O., & Sasser, J. R. (1995). Why satisfied customer defect. Harvard Business Review, 85(2), 88-99.

Jöreskog, K. G. (1970). A general method for analysis of covariance structures. Biometrika, 57, 239-251.

Jöreskog, K. G. (1973). A general method for estimating a linear structural equation system. In Goldberger, A. S., & Duncan, O. D. (Eds). Structural Models in the Social Sciences. New York: Academic Press.

Jöreskog, K. G. (1993). Testing structural equation models, In Bollen, K. A., & Long, J. S. (Eds.). Testing Structural Equation Models, 294-316, Newbury Park, CA: Sage.

Jöreskog, K. G., & Sörbom, D. (1979). Advances in factor analysis and structural equation models. Cambridge, MA: Abt Books.

Jöreskog, K. G., & Sörbom, D. (1981). LISREL V: Analysis of linear structural relationships by the method of maximum likelihood. Chicago: National Educational Resources.

Joreskog, K. G., & Sorbom, D. (1986). LISREL VI: Analysis of linear structural relationships by maximum likelihood and least square method. Mooresville, IN: Scientific Software, Inc.

Jöreskog, K. G., & Sörbom, D. (1989). LISREL 7: A guide to the program and applications (2nd ed.). Chicago: SPSS Inc.

Jöreskog, K. G. , & Sörbom, D. (1993). LISREL 8: Structural equation modeling with the SIMPLIS command language. Chicago, IL: Scientific Software International.

Jöreskog, K. G., & Sörbom, D. (1996), LISREL 8: User's reference guide, Chicago: Scientific Software International.

Kashdan, T. B., Rose, P., & Fincham, F. D. (2004). Curiosity and exploration: Facilitating positive subjective experiences and personal growth opportunities. Journal of Personality Assessment, 82, 291-305.

Kessling, J. W. (1972). Maximum likelihood approaches to causal analysis. Ph.D. Dissertation, University of Chicago.

Keller, K. L. (1993). Conceptualizing, measuring, and managing customer- based brand equity. Journal of Marketing, 57, 1-22.

Keller, K. L. (2001). Building customer-based brand equity. Marketing Management. 10(2), 14-19.

Kelloway, E. K. (1998). Using LISREL for Structural Equation Modeling: A Researcher's Guide. Thousand Oaks, CA: Sage Publications.

Kisang, R., Heesup, H., & Tae-Hee, K. (2008). The relationships among overall quick-casual restaurant image, perceived value, customer satisfaction, and behavioral intentions. International Journal of Hospitality Management, 27 459-469.

Kline, R. B. (1998). Principles and practice of structural equation modeling. New York: Guilford Press.

Kline, R. B. (2005). Principles and practice of structural equation modeling (2nd ed.). New York: Guilford.

Kleinbanum, D. G., Kupper, L. L., & Muller, K. E. (1998). Applied regression analysis and other multivariable methods. North Scituate, MA: Duxbury Press.

Kotler, P. (1973). Atmospherics as a marketing tool. Journal of Retailing, 49(4), 48-64.

Kotzan, J. A., & Evanson, R. V. (1969). Responsiveness of drug store sales to shelf space allocations. Journal of Marketing Research. 6(11), 465-469.

Kozak, M. (2001). Repeaters' behavior at two distinct destinations. Annals of Tourism Research, 28(3), 784-801.

Lau, R. S., & Cheung, G. W. (2012). Estimating and comparing specific mediation effects in complex latent variable models. Organization Research Methods, 15(1), 3-16.

Lee, R. T. & Ashforth, B. E. (1993). A longitudinal study of burnout among supervisors and managers: Comparisons between the Leiter and Maslach (1988) and Golembiewski et al. (1986) models. Organizational Behavior and Human Decision Processes, 54(3), 369-398.

Lee, R. T. & Ashforth, B. E. (1996). A meta-analytic examination of the correlates of the three dimensions of job burnout. Journal of Applied Psychology, 81(2), 123-133.

Lee, T. H., & Crompton, J. L. (1992). Measuring novelty seeking in tourism. Annals of Tourism Research, 19(4), 732-751.

Lovelock, C. H. (1983). Classifying services to gain strategic insights. Journal of Marketing, 47(2), 9-20.

Lehtinen, U., & Lehtinen, J. P. (1982). Service quality: a study of quality dimensions. Unpublished working paper. Helsinki, Finland OY: Service Management Institute.

MacKinnon, D. P. (2008). Introduction to Statistical Mediation Analysis. New York, NY: Lawrence Erlbaum Associates.

MacKinnon, D. P., Lockwood, C. M., Hoffman, J. M., West, S. G., & Sheets, V. (2002). A Comparison of Methods to Test Mediation and Other Intervening Variable Effects. Psychological Methods, 7, 83-104.

Mannetti, L., Pierro, A., Kruglanski, A., Taris, T., & Bezinovic, P. (2002). A Cross-Cultural Study of the Need for Cognitive Closure Scale: Comparing Its Structure in Croatia, Italy, USA and the Netherlands. British Journal of Social Psychology, 41(1), 139-156.

Macho, S., & Ledermann, T. (2011). Estimating, testing, and comparing specific effects in structural equation models: The phantom model approach. Psychological Methods, 16, 31-43.

Mardia, K. V. (1970). Measures of multivariate skewness and kurtosis with applications. Biometrika, 57(3), 519-530.

Mardia, K. V. (1985). Mardia's test of multinormality. In Kotz, S., & Johnson, N. L. (Eds). Encyclopedia of statistical sciences, 5, 217-221.

Mardia, K. V., & Foster, K. (1983). Omnibus tests of multi-normality based on skewness and kurtosis. Communication in Statistics, 12(2), 207-221.

Marsh,H. W., Wen, Z., & Hau, K. T. (2004). Structural equation models of latent interactions: evaluation of alternative estimation strategies and indicator construction. Psychological Methods, 9 (3), 275-300.

Marsh, H. W., & Hau, K.T. (1996). Assessing goodness of fit: is parsimony always desirable?. Journal of Experimental Education, 64 (4), 364-390.

Maslach, C. (1993). Burnout: A multidimensional perspective. In W.B. Schaufeli, C. Maslach, & T. Marek (Eds.), Professional burnout: Recent developments in theory and research (pp. 19-32). Washington, DC: Taylor & Francis.

Maslach, C., Schaufeli, W. B., & Leiter, M. P. (2001). Job burnout. Annual Review of Psychology, 52, 397-422.

Martineau, P. (1958). The personality of the retail store. Harvard Business Review, 36, 47-55.

McDonald, R. P., & Ho, M. R. (2002). Principles and practice in reporting structural equation analysis. Psychological Methods, 7, 64-82.

Mehrabian, A., & Russell, J. A. (1974). An approach to environmental psychology. Cambridge, Mass: MIT Press.

Meredith, W. B. (1993). Measurement invariance, factor analysis and factorial invariance. Psychometrika, 58(4), 525-543.

Mo, C., Howard, D., & Havitz, M. (1993). Testing an International Tourist Role Typology. Annals of Tourism Research, 20 (2), 319-335.

Mulaik, S. A., James, L. R., Altine, J. V., Lind, B. S. & Stilwell, C. D. (1989). Evaluation of goodness-of-fit indices for structural equation models. Psychological Bulletin, 105(3). 430-445.

Nunnally, J. C. (1967). Psychometric theory, New York: McGraw-Hill Book Company.

Odin, Y., Odin, N. & Valette-Florence, P. (2001). Conceptual and operational aspects of brand loyalty: An empirical investigation. Journal of Business Research, 53, 75-85.

Oh, M. (1999). Service quality, customer satisfaction, and customer value: A holistic perspective. International Journal of Hospitality Management, 18(1), 67-82.

Oliver, R. L. (1997). Satisfaction: A behavioral perspective on the consumer. Boston, MA: Irwin, McGrew-Hill.

Parasuraman, A., Zeithaml, V. A. & Berry, L. L. (1988). SERVQUAL: A multiple-item scale for measuring consumer perceptions of service quality. Journal of Retailing, 64(1), 12-40.

Park, S., Mahony, D. F., & Greenwell, T. C. (2010). The measurement of sport fan exploratory curiosity. Journal of Sport Management, 24, 434-455.

Piko, B. F. (2006). Burnout, role conflict, job satisfaction and psychosocial health among Hungarian health care staff: A questionnaire survey. International Journal of Nursing Studies, 43, 311-318. P.4.

Pine, B. J. , & Gilmore, J. H. (1999). The experience economy: Work is theatre and every business a state. Massachusetts: Harvard Business School Press.

Ployhart, R. E., Wiechmann, D., Schmitt, N., Sacco, J. M., & Rogg, K. (2003). The Cross-Cultural Equivalence of Job Performance Ratings. Human performance, 16(1), 49-79.

Preacher, K. J., & Hayes, A. F. (2004). SPSS and SAS procedures for estimating indirect effects in simple mediation models. Behavior Research Methods, Instruments, and Computers, 36, 717-731.

Preacher, K. J. & Hayes, A. F. (2008). Asymptotic and resampling strategies for assessing and comparing indirect effects in multiple mediator models. Behavior Research Methods, 40, 879-891.

Raju, N. S., Laffitte, L. J., & Byrne, B. M. (2002). Measurement equivalence: A comparison of methods based on confirmatory factor analysis and item response theory. Journal of Applied Psychology, 87(3), 517-529.

Raykov, T., & Widaman, K. F. (1995). Issues in structural equation modeling, research. Structural Equation Modeling: A Multidisciplinary Journal, 2, 289-318.

Raykov, T. & Marcoulides, G.A. (2008). An introduction to applied multivariate analysis. New York: Routledge

Rust, R. T., & Oliver, R. L. (1994). Service quality: insights and managerial implications from the frontier. In Rust, R.T., & Oliver, R. L. (Eds.). Service quality: new directions in theory and practice (pp.1-19). Thousand Oaks, CA: Sage Publications.

Schmitt, B. H. (1999). Experiential Marketing: How to get customers to sense, feel, think, a ct and relate to your company and brand. New York: The Free Press.

Schaufeli, W. B., & Van Dierendonck, D. (1993). The construct validity of two burnout measures. Journal of Organizational Behavior, 14, 631-647.

Schumacker, R. E., & Lomax, R. G. (2004). A beginner's guide to structural equation modeling (2nd ed.). Mahwah, NJ: Lawrence Erlbaum Associates.

Sobel, M. E. (1982). Asymptotic confidence intervals for indirect effects in structural equation models. In S. Leinhardt (Ed)., Sociological methodology 1982 (pp. 290-312). Washington, DC: American Sociological Association.

Steenkamp, J. E. M., & Baumgartner, H. (1998). Assessing Measurement Invariance in Cross-National Consumer Research. Journal of Consumer Research, 25(1), 78-90.

Sweeney, J. C., Soutar, G. N., & Johnson, L. W. (1997). Retail service quality and perceived value: A comparison of two models. Journal of Retailing and Consumer Service, 4(1), 39-48.

Sweeney, J. C., & Soutar, G. N. (2001). Consumer perceived value: The development of a multiple Item scale, Journal of Retailing, 77(2), 203-220.

Tabachnick, B. G., & Fidell, L. S. (2001). Using multivariate statistics (4th Edition). Boston, MA: Allyn & Bacon.

Taylor, A. B., MacKinnon, D. P., & Tein, J. Y. (2008). Tests of the three-path mediated effect. Organizational Research Methods, 11, 241-269.

Vallerand, R. J., Blanchard, C., Mageau, G. A., Koestner, R., Ratelle, C., Léonard, M., Gagné, M., & Marsolais, J. (2003). Les Passions de L'Âme: On obsessive and harmonious passion. Journal of Personality and Social Psychology, 85 (4), 756-767.

Vallerand, R. J., & Houlfort, N. (2003). Passion at work: Toward a new conceptualization. In D. Skarlicki, S. Gilliland, & D. Steiner (Eds), Social issues in management: Vol. 3. Emerging perspectives of values in organizations (pp. 175-204). Greewich, CT: Information Age Publishing.

Vandenberg, R. J., & Lance, C. E. (2000). A review and synthesis of the measurement invariance literature: Suggestions, practices, and recommendations for organizational research. Organizational Research Methods, 3(1), 4-69.

Velicer, W. F., & Fava, J. L. (1987), An evaluation of the effects of variable sampling on component, image, and factor analysis, Multivariate Behavioral Research, (22), 193-209.

Velicer, W. F., & Fava, J. L. (1998). Effects of variable and subject sampling on factor pattern recovery. Psychological Methods, 3,231-251.

Wakefield, K. L., & Blodgett, J. G. (1994). The importance of servicescapes in leisure service setting. Journal of Services Marketing, 8(3), 66-76.

Wakefield, K. L, & Barnes, J. A. (1996). Retailing hedonic consumption: a model of sales promotion of a leisure service. Journal of Retailing, 72(4), 9-27.

Wall, M. M., & Amemiya, Y. (2000). Estimation for polynomial structural equation models. The Journal of the American Statistical Association, 95, 929-940.

Wang, J.-C., & Wang, X.-Q. (2012). Structural equation modeling: Applications using Mplus. Chichester, UK: Wiley.

Westbrook, R. A., & Oliver, R. L. (1991). The dimensionality of consumption emotion patterns and consumer satisfaction. Journal of Consumer Research, 18(June), 84-91.

Wiley D. E. (1973). The identification problem for structural equation models with unmeasured variables. In Goldberger, A. S., & Duncan, O. D. (Eds.). Structural Models in the Social Sciences. New York: Academic Press.

Williams, L. J., & Hazer, J. T. (1986). Antecedents and consequence of satisfaction and commitment in turnover models: A reanalysis using latent variable structural equation models. Journal of Applied Psychology, 71, 219-231.

Wright, S. (1921). Correlation and causation. Journal of Agriculture Research, 20, 557-585.

Yang, Z., & Peterson, R. T. (2004). Customer perceived value, satisfaction, and loyalty: The role of switching costs. Psychology and Marketing, 21(10), 799-822.

Yoo, B., & Donthu, N. (2001). Developing and validating a multi- dimensional consumer-based brand equity scale. Journal of Business Research, 52, 1-14.

Zeithaml, V. A. (1988). Consumer perceptions of price, quality and value: A means-end model and synthesis of evidence. Journal of Marketing, 52(3), 2-22.

Zuckerman, M. (1979). Sensation seeking: Beyond the optimal level of arousal. Hillsdale, NJ: Erlbaum.

30小時學會
用AMOS搞定SEM

課程編號 **V1H0100**

課程特色：

AMOS是比傳統迴歸，更貼近「人」的統計方法，SEM 模型的立體、多層次，
與人類的思維模式更加靠近， 至今已是社科領域的主流統計方法。
從學術研究到職場技能，從品牌管理到顧客滿意度，都是它的主場！

★ 漸進式學習，step-by-step

★ 真實範例，身歷其境，學習 so easy！

★ 一機在手，課程帶著走，隨時隨地 level up！

★ 專業大專教授／作者／影音，教學三棲

★ 輕鬆學會運用Amos繪製各式SEM模式圖、並進行模式估計

誰適合這門課：

● 任何希望使用 AMOS 軟體，進行結構方程模型分析的人
● 碩士生
● 博士生
● 老師
● 資料分析師
● 研究方法學家
● 社會科學研究人員

講者介紹：

台灣統計分析名師—陳寬裕（寬哥）

● 專精結構方程模型分析、多變量統計分析、SPSS統計
  分析、PYTHON程式應用等。
● 現任屏東科技大學休閒運動健康系，資歷27年。
  在台灣已出版數本論文統計分析方面專業書籍。

52小時學會用SPSS 搞定統計分析

課程編號 V1H0200

課程特色：

幫助讀者熟悉並掌握SPSS突出的優越性，強化分析數據的能力。內容涵蓋一般論文或專題寫作時，所須用到的各種統計方法。跟著課程條理分明的解說，搭配實用的範例，培養統計分析之眼，透析龐大數據背後的結果。

★ 漸進式學習，step-by-step

★ 真實範例，身歷其境，學習 so easy！

★ 一機在手，課程帶著走，隨時隨地 level up！

★ 專業大專教授／作者／影音，教學三棲

★ 一目了然的圖表，整頓雜亂資料集！

誰適合這門課：

● 任何想了解並運用SPSS軟體統計分析的人

● 對量化研究有興趣，剛踏入統計學領域的學習者

● 撰寫研究論文及專題研究需借助SPSS的研究者

● 大專院校「統計學」或「應用統計學」授課教師和修課同學

● 資料分析師

● 研究方法學家

● 社會科學研究人員

講者介紹：

台灣統計分析名師——陳寬裕（寬哥）

● 專精結構方程模型分析、多變量統計分析、SPSS統計分析、PYTHON程式應用等。

● 現任屏東科技大學休閒運動健康系，資歷27年。在台灣已出版數本論文統計分析方面專業書籍。

國家圖書館出版品預行編目資料

結構方程模型：運用AMOS分析／陳寬裕
著.－－二版.－－臺北市：五南圖書出版股
份有限公司，2023.01
面；　公分
ISBN 978-626-343-642-8（平裝）

1.CST：統計套裝軟體　2.CST：統計分析

512.4　　　　　　　　　　　111020990

1H1M

結構方程模型：運用AMOS分析

作　　　者 ― 陳寬裕

發 行 人 ― 楊榮川

總 經 理 ― 楊士清

總 編 輯 ― 楊秀麗

主　　　編 ― 侯家嵐

責任編輯 ― 侯家嵐

文字校對 ― 黃志誠、許宸瑞

封面設計 ― 姚孝慈

出 版 者 ― 五南圖書出版股份有限公司

地　　　址：106台北市大安區和平東路二段339號4樓

電　　　話：(02)2705-5066　　傳　　真：(02)2706-6100

網　　　址：https://www.wunan.com.tw

電子郵件：wunan@wunan.com.tw

劃撥帳號：01068953

戶　　　名：五南圖書出版股份有限公司

法律顧問　林勝安律師

出版日期　2018年 9 月初版一刷
　　　　　　2022年 1 月初版二刷
　　　　　　2023年 9 月二版二刷

定　　　價　新臺幣590元

經典永恆・名著常在

五十週年的獻禮——經典名著文庫

五南，五十年了，半個世紀，人生旅程的一大半，走過來了。
思索著，邁向百年的未來歷程，能為知識界、文化學術界作些什麼？
在速食文化的生態下，有什麼值得讓人雋永品味的？

歷代經典・當今名著，經過時間的洗禮，千錘百鍊，流傳至今，光芒耀人；
不僅使我們能領悟前人的智慧，同時也增深加廣我們思考的深度與視野。
我們決心投入巨資，有計畫的系統梳選，成立「經典名著文庫」，
希望收入古今中外思想性的、充滿睿智與獨見的經典、名著。
這是一項理想性的、永續性的巨大出版工程。
不在意讀者的眾寡，只考慮它的學術價值，力求完整展現先哲思想的軌跡；
為知識界開啟一片智慧之窗，營造一座百花綻放的世界文明公園，
任君遨遊、取菁吸蜜、嘉惠學子！